Tanja Carstensen, Christina Schachtner,
Heidi Schelhowe, Raphael Beer (Hg.)
Digitale Subjekte

Tanja Carstensen, Christina Schachtner,
Heidi Schelhowe, Raphael Beer (Hg.)

Digitale Subjekte
**Praktiken der Subjektivierung
im Medienumbruch der Gegenwart**

[transcript]

Das Verbundprojekt »Subjektkonstruktionen und digitale Kultur«, dessen Ergebnis dieses Buch ist, wurde mit Mitteln der Volkswagen-Stiftung und des Fonds zur Förderung der wissenschaftlichen Forschung (FWF) gefördert.

Bibliografische Information der Deutschen Nationalbibliothek
Die Deutsche Nationalbibliothek verzeichnet diese Publikation in der Deutschen Nationalbibliografie; detaillierte bibliografische Daten sind im Internet über http://dnb.d-nb.de abrufbar.

© 2014 transcript Verlag, Bielefeld

Die Verwertung der Texte und Bilder ist ohne Zustimmung des Verlages urheberrechtswidrig und strafbar. Das gilt auch für Vervielfältigungen, Übersetzungen, Mikroverfilmungen und für die Verarbeitung mit elektronischen Systemen.

Umschlaggestaltung: Kordula Röckenhaus, Bielefeld
Druck: Majuskel Medienproduktion GmbH, Wetzlar
ISBN 978-3-8376-2252-2

Gedruckt auf alterungsbeständigem Papier mit chlorfrei gebleichtem Zellstoff.
Besuchen Sie uns im Internet: *http://www.transcript-verlag.de*
Bitte fordern Sie unser Gesamtverzeichnis und andere Broschüren an unter: *info@transcript-verlag.de*

Inhalt

Dank | 7

Subjektkonstruktionen im Kontext Digitaler Medien
Tanja Carstensen, Christina Schachtner, Heidi Schelhowe
& Raphael Beer | 9

Arbeitsalltag im Internet
Umgang mit mehrdimensionalen Entgrenzungen
Tanja Carstensen, Jana Ballenthien & Gabriele Winker | 29

Kommunikationsort Internet
Digitale Praktiken und Subjektwerdung
Christina Schachtner & Nicole Duller | 81

Lernen in Interaktion mit Digitalen Medien
Corinne Büching, Julia Walter-Herrmann & Heidi Schelhowe | 155

Das Subjekt im Wandel der Zeit
Raphael Beer | 215

Das Potenzial der Grounded Theory für die
Technik- und Medienforschung
Jana Ballenthien, Corinne Büching & Katja Koren Ošljak | 273

Autorinnen und Autoren | 293

Dank

Dieses Buch ist das Ergebnis mehrjähriger Forschung, die ohne die Unterstützung Anderer nicht möglich gewesen wäre. Wir möchten uns zuallererst bei der Volkswagen-Stiftung und beim österreichischen Fonds für wissenschaftliche Forschung (FWF) bedanken, die die finanzielle Förderung dieses binationalen Forschungsprojekts möglich gemacht haben. Ein besonderer Dank gilt Dr. Vera Szöllösi-Brenig, die durch ihre kompetente Beratung und ihr Interesse an diesem Projekt für die ForscherInnen eine große Bereicherung und Unterstützung dargestellt hat. Sehr anregend und ermutigend waren auch die Beiträge der Mitglieder des wissenschaftlichen Beirats. Wir danken dafür Prof. Dr. Helga Bilden, Prof. Dr. Andrea Bührmann, Prof. Dr. Tanja Paulitz und Prof. Dr. Wolfgang Coy.

InterviewpartnerInnen aus verschiedenen Ländern beteiligten sich an den Interviews. Wir danken ihnen für die Bereitschaft, von ihren Erfahrungen zu berichten, und für die Zeit, in der wir mit ihnen im Gespräch sein konnten; ihnen ist es zu verdanken, dass wir unseren Forschungsfragen nachgehen konnten.

Die erste gemeinsame Präsentation der Forschungsergebnisse hat die Evangelische Akademie Loccum ermöglicht, vertreten durch Dr. Albert Drews, der auch Herausgeber des Tagungsbands ist.[1] Bedanken möchten wir uns zudem bei Prof. Dr. Helga Bilden, Prof. Dr. Friedrich Krotz und Prof. Dr. Christian Stegbauer, dass sie mit ihren Beiträgen unsere Tagung bereichert haben.

---

1 Drews, Albert (Hg.): Vernetztes Leben. Kommunizieren, Arbeiten und Lernen in der digitalen Kultur. Loccumer Protokoll Nr. 65/11, Rehburg-Loccum.

Abschließend möchten wir darauf hinweisen, dass – ebenfalls gefördert durch die Volkswagen-Stiftung – eine Reihe von Projekten zur Wissenschaftskommunikation verwirklicht wurden, in denen wir unsere Ergebnisse auch über die wissenschaftlichen Fachcommunitys hinaus an eine breitere Öffentlichkeit vermitteln konnten. Auf der Website http://www.skudi.org finden sich die Ergebnisse auf einer interaktiven Landkarte. Ebenfalls auf dieser Seite finden sich die Links zu verschiedenen Filmen, die der Filmemacher Manuel Stettner im Projektkontext produziert hat. Der Künstler Herwig Turk entwickelte auf Grundlage unserer Ergebnisse die Ausstellung »Mirror Systems« (http://vimeo.com/55857321), die ab November 2012 in Klagenfurt zu sehen war. Das Bremer Theater der Versammlung unter der Leitung von Jörg Holkenbrink schließlich realisierte eine Performance zur Mensch-Technik-Interaktion (http://www.tdv.uni-bremen.de), die zu verschiedenen Anlässen in Bremen und darüber hinaus zu sehen war. Auch hierfür gilt unser Dank allen Beteiligten, die es uns möglich gemacht haben, unkonventionelle Wege der Ergebnispräsentation zu gehen.

Hamburg, Klagenfurt, Bremen & Münster im Juni 2013
Die HerausgeberInnen

Subjektkonstruktionen im Kontext Digitaler Medien

TANJA CARSTENSEN, CHRISTINA SCHACHTNER,
HEIDI SCHELHOWE & RAPHAEL BEER

1 GESELLSCHAFTLICHE UMBRÜCHE – DIGITALE MEDIEN

Wir erleben gegenwärtig, getragen von ökonomischen, technisch-medialen und kulturellen Entwicklungen, einen tiefgreifenden Wandel der Gegenwartsgesellschaft. Ökonomie, Arbeit, Politik, Soziales und Kultur verändern sich unter den Bedingungen der Globalisierung, Transnationalisierung, Entgrenzung und Prekarisierung. Alltag und Lebensentwürfe werden individualisiert, Garantien für sichere Arbeitsplätze und Jobs gibt es kaum, tradierte Werte- und Normsysteme werden relativiert, neue Formen des Zusammenlebens und neue Lebensorientierungen zeichnen sich ab. Während einerseits die Sicherheiten tradierter Strukturen in sozialen und ökonomischen Zusammenhängen schwinden, kündigen sich andererseits neue Arbeits- und Lebensoptionen an.

Die Digitalen[1] Medien und Technologien haben einen nicht unerheblichen Anteil an der Erosion vertrauter Zusammenhänge. Digitale Artefakte konfrontieren uns mit neuen Handlungsaufforderungen, eröffnen Optionen

---

1 »Digital« schreiben wir bei der Verwendung des Ausdrucks Digitale Medien in diesem Buch groß, weil er als feststehender Begriff und »digital« nicht als beschreibendes Adjektiv verstanden wird (Robben/Schelhowe 2012: 1).

für neue Praktiken, erschweren andere. Bereits in frühen Phasen des World Wide Web in den 90er Jahren hat mit der öffentlichen Selbstdarstellung auf eigenen Homepages eine Entwicklung begonnen, in der traditionelle Grenzen zwischen Öffentlichkeit und Privatsphäre in Frage gestellt wurden. Diese Verschiebungen haben sich mit Weblogs und den Sozialen Netzwerken[2] in den letzten Jahren noch einmal zugespitzt; es ist mittlerweile weit verbreitete Praxis, in (Teil-)Öffentlichkeiten über ›Privates‹ zu kommunizieren. Kommunikation hat durch die digitalen Technologien neue Impulse und Formen erhalten. Die Netzstruktur dieser Technologien erlaubt eine Ausweitung und Intensivierung »kommunikativer Vernetzung« (Hepp/Krotz 2012) über geografische Grenzen hinweg und fördert neue Formen der Vergemeinschaftung. Das Tempo, das die digitalen Technologien ermöglichen, führt zur Beschleunigung von Kommunikation; in den medialen Anwendungen des Internets entstehen neue Sprach- und Kommunikationsmuster. Auch Erwerbsarbeit hat sich in vielen Bereichen gewandelt: Mit dem Internet sind neue Tätigkeiten und Anforderungen entstanden, außerdem haben sich neue Berufsbilder wie Social-Media-Management, Webdesign und Communitymanagement entwickelt. Lebenslanges und oftmals autodidaktisches Lernen, das einen hohen Grad an Selbstverantwortung und Eigenständigkeit sowie den Gebrauch Digitaler Medien und Lernmedien voraussetzt, wird in vielen Bereichen erwartet.

Computer sind technologischer Kern der Digitalen Medien, sowohl als Medien, die Menschen miteinander vernetzen, wie auch als Maschinen, mit denen Menschen direkt interagieren. Durch die Allgegenwärtigkeit des Internets und den zunehmenden Einzug von Computertechnologien in die Gegenstände des Alltags in Form ›intelligenter‹ Artefakte fordern Digitale Medien Aufmerksamkeit und evozieren unablässig Aktivität von Seiten der Subjekte. Als interaktive Objekte, die mit ihrer Umwelt kommunizieren, besitzen Webanwendungen und ›smarte‹ Dinge unmittelbar Aufforderungscharakter für die Individuen und fordern zur Auseinandersetzung und zum Handeln auf. Digitale Medien und Technologien enthalten, so kann man in Anlehnung an Bruno Latour sagen, Handlungspotenzial, mischen sich in Handlungsabläufe ein, ohne das Handeln der menschlichen AkteurInnen zu determinieren (Latour 2007: 124; Schachtner 2011: 82f.). Die Ausprägungen,

---

2   »Soziale Netzwerke« verstehen wir als feststehenden Begriff und schreiben »sozial« daher groß.

die die digitalen Technologien heute angenommen haben, sind aber selbst auch wiederum Ausdruck gesellschaftlicher Veränderungen (Castells 2001; Wardrip-Fruin/Montford 2003). Digitale Technologien haben zwar keine einseitigen Wirkungen auf Gesellschaft und Subjekte, sie sind aber auch nicht nur passive Objekte in gesellschaftlichen Prozessen. Vielmehr stehen beide zueinander in engem Wechselverhältnis, in einem wechselseitigen Konstitutionsverhältnis (Schachtner 1997; Winker 2005; Schelhowe 2007; Carstensen 2012).

Was verstehen wir unter *Digitalen Medien*? In technischer Hinsicht ist das Digitale, das Vorliegen aller Daten in numerischer Form, letztlich im Binärkode, die Basis, die Voraussetzung, auf der sich das Neue, das mit dem Computer entstanden ist, nämlich die Möglichkeit der automatischen Generierung und Verarbeitung von Daten und deren Programmierbarkeit, entfalten kann (Manovich 2001). Der Begriff des Mediums bezeichnet den Unterschied, den wir heute im Zugang zum und im Umgang mit dem Computer haben: Nicht die Vorstellung, etwas verarbeiten zu lassen oder selbst bearbeiten zu wollen, was den Umgang mit dem Computer bis in die 80er Jahre prägte, stehen bei den heutigen Aneignungsweisen im Vordergrund, sondern der Umgang mit Information, Präsentation und Kommunikation sind das dominierende Anliegen. Dahinter ›verstecken‹ sich die automatischen Prozesse. Die Programmierbarkeit ist auch die entscheidende Bedingung für die Interaktivität der neuen Art von Medien. Sie senden ständige Aufforderungen an ihre Umwelt, mit ihnen in Kontakt zu treten, sich zu ihnen in Beziehung zu setzen, mit ihnen zu kommunizieren. In dieser Interaktion mit seiner Umwelt ist das Medium in der Lage, sich selbst zu verändern und weiterzuentwickeln (Schelhowe 1997, 2007).

Für eine medienwissenschaftliche Betrachtung Digitaler Medien ist der von dem kanadischen Medienwissenschaftler Marshall McLuhan formulierte Medienbegriff relevant, wie er in dem häufig zitierten Satz »the medium is the message« (McLuhan 1968: 15) zum Ausdruck kommt. Die Botschaft eines Mediums ist nach McLuhan die »Veränderung des Maßstabs, Tempos, Schemas, die es der Situation der Menschen bringt« (ebd.: 22). Das heißt, dass Medien unabhängig vom transportierten Inhalt neue Maßstäbe setzen (ebd.: 21). Digitale Medien setzen im Bereich der Informations-, Kommunikations-, Arbeits- und Lernmöglichkeiten neue Maßstäbe. Der McLuhan'sche Medienbegriff steht im Kontrast zu einem Medienverständnis, wonach Medien neutral sind und lediglich als Übermittler von Botschaften dienen.

Mediale technische Artefakte materialisieren eine bestimmte Logik, bestimmte Normen, die wir als Botschaften empfangen und die in der Wechselwirkung mit dem menschlichen Subjekt Wirkkraft entfalten (Schachtner 2013; Hepp 2011: 60; Meyrowitz 1995).

2 SUBJEKTE VOR NEUEN HERAUSFORDERUNGEN

Begleitet werden die technologisch-medialen Veränderungen von polaren Hoffnungen und Befürchtungen, insbesondere was die erwarteten Konsequenzen für die Subjekte betrifft. Innerhalb der begeisterten ›Netzgemeinde‹, unter BloggerInnen und Social-Media-AktivistInnen werden Digitale Medien als Chance für Partizipation, Ent-Hierarchisierung und User-Beteiligung gefeiert, die für die Subjekte Autonomiegewinn und Partizipation bedeuten (z.B. Jenkins et al. 2006). Der Medienwissenschaftler Stefan Münker (2009) sieht im Web 2.0 eine Bereicherung unserer Ausdrucks- und Handlungsmöglichkeiten und die historisch neue Möglichkeit der massenhaften Nutzung gemeinschaftlich geteilter interaktiver Medien. Nicht zuletzt der Arabische Frühling hat verdeutlicht, dass Digitale Medien neue Bühnen für die Konstitution einer kritischen Öffentlichkeit darstellen sowie als Instrumente für die schnelle Verbreitung von Information und die Mobilisierung von politischem Protest genutzt werden können.

Demgegenüber stehen kulturpessimistische Positionen, die die negativen Auswirkungen Digitaler Medien auf Kultur, Denken und Privatsphäre betonen. So warnt der Publizist Frank Schirrmacher (2009) vor Informationsflut, Überforderung durch Multitasking und der Macht der Technik. Manfred Spitzer diagnostiziert eine »Digitale Demenz« (Spitzer 2012). DatenschützerInnen werden nicht müde, die Gefahr, die von der Vernetzbarkeit der digitalen Daten ausgeht, zu kritisieren. Während sich in öffentlichen Debatten oftmals solch extreme Positionen gegenüberstehen (Carstensen 2007), werden die konkreten alltäglichen Lebensrealitäten der Subjekte, ihre Gestaltungs- und Nutzungsweisen der Digitalen Medien und die veränderten Bedingungen von Subjektwerdung weniger differenziert analysiert und zur Kenntnis genommen.

Wir verstehen die *Subjekte* als aktive GestalterInnen der eigenen Biografie und Umwelt; sie agieren jedoch nicht als abgeschlossene, autarke Einheiten, sondern befinden sich in ständiger Auseinandersetzung mit ihrer

Umgebung (Meyer-Drawe 1990: 20f.; Sutter 1999; Beer 2007). Damit ist ein Subjektbegriff gewählt, der einerseits die Frage nach der je eigenen Subjekt*konstruktion* zulässt und der andererseits die Wechselwirkungen zwischen Subjekt und sozialer und dinglicher Umgebung berücksichtigt (Schachtner 1997). Wir ziehen im Unterschied zu zahlreichen geistes- und sozialwissenschaftlichen Studien im Bereich Digitaler Medien den Begriff Subjekt dem Identitätsbegriff vor. Wenngleich es Überschneidungen zwischen den beiden Begriffen gibt, erscheint uns der Subjektbegriff geeigneter, die Komplexität und Dynamik des menschlichen Seins im Umgang mit Digitalen Medien zu erfassen. Mit dem Subjekt meinen wir die gesamte kulturelle Form, in der die Einzelnen zu gesellschaftlichen Wesen werden, nicht nur ihre Selbstinterpretationen (vgl. auch Reckwitz 2006: 17), vielmehr die Wechselwirkungen zwischen Identitäten, symbolischen Repräsentationen und sozialen Strukturen (Degele/Winker 2011). Zudem rückt der Subjektbegriff den in einem Kontext handelnden Menschen stärker ins Blickfeld.

Die Brücke zwischen dem Ich und dem Anderen bildet das Handeln, das wir als soziokulturelle *Praktiken* bezeichnen. Praxistheoretische Konzepte bilden gegenwärtig zwar ein heterogenes Feld, lassen sich aber durch drei Grundannahmen kennzeichnen (Reckwitz 2003): Erstens ist das Soziale im praktischen, impliziten Wissen und Können verankert, zweitens besteht ein Spannungsfeld von Routiniertheit und systematisch begründbarer Unberechenbarkeit von Praktiken, und drittens ist die Materialität sozialer Praktiken in ihrer Abhängigkeit von Körpern und Artefakten kennzeichnend. Praktiken werden durch Artefakte – wie Digitale Medien – ermöglicht und zugleich begrenzt und sind dabei weder nur erleichternde Hilfsmittel noch totalisierende, determinierende Fakten (auch Carstensen/Derboven/Winker 2012: 17). Im Kontext Digitaler Medien sind gleichzeitig Praktiken in Form kommunikativer Akte zentral; diese setzen sich aus Zeichen, Wörtern, Bildern, kurz: aus Symbolen zusammen. Praktiken sind somit Bedeutungsträger und generieren Kultur – wenn man den symbolistischen Kulturbegriff zugrunde legt (Dickhardt/Häuser-Schäublin 2003: 29), der in der Tradition von Ernst Cassirer steht.

Da sich Subjekte stets in der Auseinandersetzung mit der sie umgebenden Welt konstituieren, impliziert die beschriebene Umbruchsituation im Kontext neuer Medien und Technologien eine besondere Herausforderung für die Subjektbildung (Schachtner 2010: 115ff.). Das Thema der

Subjektkonstruktion in der Gegenwartsgesellschaft wurde bereits allgemein in der postmodernen Identitätsdiskussion (Welsch 1990: 179; Baumann 1997: 136ff.; Bilden 1997; Keupp 1997) aufgegriffen. Heute geht es im Subjektdiskurs auch darum, Fragen der Subjektkonstruktion in den Kontext der Digitalen Medien zu stellen, denn die sogenannten virtuellen Räume bzw. die Interaktion mit technisch-medialen Artefakten bilden in immer stärkerem Ausmaß den Bedingungsrahmen für soziokulturelle Praktiken und Subjektbildung (Dickhardt/Hauser-Schäublin 2003: 33; Paulitz 2005; Illouz 2006; Schelhowe 2007; Schachtner 2008a, 2008b).

Diese Fragen sind nicht neu: Einer der Ersten, der die psychologischen und kulturellen Dimensionen der Computertechnologie thematisierte, war der amerikanische Informatikprofessor Joseph Weizenbaum, der in seinem Buch »Die Macht der Computer und die Ohnmacht der Vernunft« (1977) die These vertrat, dass die Ausbreitung der Computertechnologie weltweit den Imperialismus instrumenteller Vernunft verstärke. Ähnlich wie Weizenbaum sah eine Berliner Forschergruppe in dem von ihr herausgegebenen Buch »Maschinen-Menschen, Mensch-Maschinen« (Bammé et al. 1983) die formale Logik, die den Kern der Software bildet, als Gemeinsamkeit von Mensch und Maschine. Mit dem Computer war eine Maschine entstanden, mit der die Menschen auf einer sprachlich-geistigen Ebene kommunizierten (Schachtner 1993: 32ff.). Das provozierte die Frage, inwiefern sich Mensch und Maschine ähnlich sind bzw. was das Besondere des Menschlichen sei. Diese Frage durchzieht auch das Buch »Die Wunschmaschine« (1984), das die amerikanische Soziologin Sherry Turkle Mitte der 80er Jahre publizierte. Turkle untersuchte vor allem die Perzeption des Computers durch Kinder und hält dazu fest: »Der Computer an seinem Standort zwischen dem Physischen und dem Psychischen, zwischen dem Belebten und Unbelebten, sorgt für neue Unordnung und veranlasst das Kind zu neuen Begriffsbestimmungen« (ebd.: 33). Eine andere Perspektive, die aber gleichwohl an dem Charakter des Computers als »Geistmaschine« (Schachtner 1993) anknüpft, entwickelte Seymour Papert (1985: 47): »Der Computer ist ein Gegenstand, mit dem man denkt«. Ihn interessierte die Computernutzung in Verbindung mit der Frage, ob Computer als Lernmedien das Denken befördern können und ob sie einen anderen Zugang zu Wissen ermöglichen (ebd.: 25).

Dass es sich bei der Frage nach neuen Subjektkonstruktionen im Kontext einer medien- und technikbasierten Umwelt nicht nur um eine akademische Frage handelt, zeigte bereits die Forrester-Studie 2006 mit dem Titel »Is Europe Ready for the Millenials?«, die von dem internationalen Unternehmen Xerox in Auftrag gegeben wurde. Millenials sind junge Erwachsene, geboren Anfang der 80er Jahre, die mit dem Internet aufgewachsen sind und erwarten, dass es in allen Aspekten ihres Lebens eine Rolle spielt (Forrester Consulting 2006: 5). Untersucht wurden in der Forrester-Studie die Haltungen und Arbeitsstile dieser jungen Erwachsenen, die als neue Generation in die Betriebe einzieht.

Tatsächlich ist es die Generation der Jugendlichen und jungen Erwachsenen, die in besonderer Weise herausgefordert ist, sich mit dem gesellschaftlichen Wandel auseinanderzusetzen, denn sie ist in einer Lebensphase, in der sie sich neu gesellschaftlich positionieren muss, andernfalls besteht die Gefahr der Marginalisierung (Shell 2006: 15ff.). Auch unsere Studie hat ihr Erkenntnisinteresse auf die Altersgruppe der Kinder, Jugendlichen und jungen Erwachsenen (Elf- bis 32-Jährige) gerichtet. Es handelt sich um die erste Generation, die potenziell von Kind auf mit Digitalen Medien konfrontiert war mit der Konsequenz, dass sich ihre Persönlichkeitsentwicklung bereits in einer Frühphase in Interaktion mit diesen Medien vollzogen hat (Singer 2003: 111). Die Shell-Studie 2006 attestiert den heutigen Jugendlichen und jungen Erwachsenen eine sensible Problemwahrnehmung und eine geschärfte Auseinandersetzung mit dem gesellschaftlichen Wandel. Im Abschlussreport der von 2009 bis 2011 durchgeführten EU-Kids-Online-Studie, in der über 25.000 Kinder und Jugendliche im Alter zwischen neun und 16 Jahren in 25 europäischen Ländern befragt wurden, wird berichtet, dass die Digitalen Medien heutzutage einen festen Bestandteil im Alltag der Heranwachsenden bilden (Livingstone et al. 2011). Schmidt/Paus-Hasebrink/Hasebrink (2009) machen drei zentrale Entwicklungsaufgaben insbesondere für Jugendliche aus, die u.a. mit Hilfe Digitaler Medien zu bewältigen versucht werden: Selbst-, Sozial- und Sachauseinandersetzung. Dass die Bewältigung dieser vielfältigen Herausforderungen den Jugendlichen und jungen Erwachsenen unterschiedlich gelingt, wird nicht nur an quantitativen Studien deutlich, die auf Grundlage repräsentativer Daten unterschiedliche Nutzungstypologien erstellen (u.a. Initiative D21 2011; DIVSI 2012). Nach wie vor zeigt sich hinsichtlich der Nutzung Digitaler Medien sowie hinsichtlich der Bewältigung der damit verbundenen Herausforderungen die Relevanz von sozialen Ungleichheitskategorien wie

Bildung, Qualifikation, Alter, Einkommen, Geschlecht und Herkunft (Carstensen/Winker 2012a, 2012b).

3 »SUBJEKTKONSTRUKTIONEN UND DIGITALE KULTUR«

Ausgehend von den Ergebnissen vorangegangener eigener Untersuchungen (Schachtner 2005; Schachtner/Winker 2005), wonach sich virtuelle Räume als immer wichtigere Aufenthaltsorte für die junge Generation erweisen bzw. das Interagieren mit technischen Artefakten zu einer alltäglichen Selbstverständlichkeit geworden ist (Schachtner 2001; Schelhowe 2007), wurden im Rahmen unseres Verbundprojekts »Subjektkonstruktion und digitale Kultur«, kurz: SKUDI, die Möglichkeiten neuer Subjektkonstruktionen im Kontext technisch-medialer Verhaltensschauplätze untersucht. Gefördert von der Volkswagen-Stiftung und dem österreichischen Fonds zur Förderung der Wissenschaft (FWF) suchten wir nach neuen Subjektformen im Kontext gegenwärtiger gesellschaftlicher Umbrüche und medien- und technikbasierter sozialer Praktiken. Insbesondere ging es uns darum herauszufinden, wie junge Menschen mit den Herausforderungen der Digitalen Medien umgehen, wie sich ihr Alltag und ihre Lebenswirklichkeiten verändern, welche Praktiken die Subjekte im Umgang mit Internet und ›intelligenten‹ Artefakten entwickeln und wie sie sich in ihren Praktiken selbst entwerfen.

Das Verbundprojekt arbeitete interdisziplinär mit vier Teilprojekten an dieser Frage. Beteiligt waren WissenschaftlerInnen aus Soziologie, Medienwissenschaften, Philosophie, Politikwissenschaft, Informatik, Kulturwissenschaften und Gender Studies:

- Das Teilprojekt »Webbasierte Erwerbsarbeit« (TU Hamburg-Harburg) fragte, wie sich (Erwerbs-)Arbeit mit den digitalen Technologien verändert und wie die Subjekte das Internet konkret im Arbeitsalltag nutzen. Im Zentrum standen die Tätigkeiten und Anforderungen in neuen Berufsfeldern wie Onlinejournalismus, Webdesign oder Social-Media-Beratung.

- Das Teilprojekt »Kommunikation in virtuellen Öffentlichkeiten« (Alpen-Adria-Universität Klagenfurt) untersuchte am Beispiel der Netzkommunikation von Kindern, Jugendlichen und jungen Erwachsenen in deutsch- und englischsprachigen Netzwerken (aus sieben europäischen Ländern, aus den USA, Kanada sowie aus vier arabischen Ländern), über welche Fragen und Themen die jungen NetzakteurInnen miteinander kommunizieren, wie sie die medialen Angebote nutzen, welche Kommunikationspraktiken sie entwickeln und welche Subjektentwürfe sich in diesen Praktiken abzeichnen.
- Das Teilprojekt »Lernen in der Interaktion mit technischen Artefakten« (Universität Bremen) betrachtete das Subjekt in pädagogisch-informatischen Experimentalsituationen. Hierbei ging es um die Frage, wie Bildung in der digitalen Kultur umgesetzt, Medienkompetenz und Medienbildung durch bewusste Reflexion gestärkt und Abstraktionsvermögen und Transferleistungen gefördert werden.
- Das Teilprojekt »Formen und Inhalte des Subjekts« (Universität Münster) ging der Frage nach, welche Vorstellungen über das Subjekt sich philosophiegeschichtlich herleiten lassen. Um die Selbst- und Weltbilder der jungen NetzakteurInnen einordnen und kontrastieren zu können, wurden diese zu Theoriediskursen über das Subjekt in Geschichte und Gegenwart in Beziehung gesetzt.

Die Auswahl der drei Bereiche Arbeit, Kommunikation und Lernen begründet sich damit, dass gesellschaftliche Felder einbezogen wurden, in denen die Digitalisierung deutlich sichtbar ist, dass diese Handlungsarenen für die im Internet stark vertretene Generation von Jugendlichen und jungen Erwachsenen besonders relevant sind und als zentrale virtuelle Verhaltensschauplätze betrachtet werden können. Das theoretisch-historische Projekt diente als Kontrastfolie, anhand derer aktuelle Subjektkonstruktionen vergleichend diskutiert werden können.

Unsere Fragestellungen und unser Erkenntnisinteresse erforderten notwendigerweise eine methodologische Herangehensweise, die sich am Prinzip der Offenheit (Hoffmann-Riem 1980; Lamnek 1995) orientiert und auf Hypothesenbildung ex ante verzichtet. Dieser Anspruch schließt an die methodologischen Prinzipien der Grounded Theory (Strauss 1991; Strauss/Corbin 1996) an. Mit dieser methodologischen Herangehensweise war es uns möglich, aus der Empirie heraus die philosophischen, medien-, kultur-, technik- und sozialwissenschaftlichen Facetten von Subjektkonstruktionen theoretisch weiterzuentwickeln (ausführlicher Ballenthien/Büching/Koren Ošljak in diesem Band).

Um die neuartigen Praktiken analysieren zu können, wurde mit vielfältigen Methoden gearbeitet: mit thematisch strukturierten Interviews, mit Visualisierungen, mit Häufigkeitsauszählungen, mit softwarebasierten Aufzeichnungen von Internetsessions, Inhaltsanalysen und fokussierten Netzanalysen, Beobachtungsstudien im Netz und Design Methodology.

4 ZU DEN EINZELNEN BEITRÄGEN

Das Buch gliedert sich entlang der vier Teilprojekte. Der erste Beitrag des Teilprojekts der TU Hamburg-Harburg »Arbeitsalltag im Internet. Umgang mit mehrdimensionalen Entgrenzungen« von Tanja Carstensen, Jana Ballenthien und Gabriele Winker widmet sich der Frage, wie sich (Erwerbs-)Arbeit mit den digitalen Technologien verändert, wie junge Menschen, die in diesen neuen Berufen mit Digitalen Medien arbeiten, mit den neuen Anforderungen umgehen, welche Herausforderungen sie für ihr Leben sehen, welche (neuen) Praktiken sie dabei entwickeln und wie sie sich damit gesellschaftlich positionieren. Der Beitrag skizziert zunächst sowohl den Wandel in der Erwerbsarbeit und in anderen Arbeitsbereichen als auch die gesellschaftlichen Implikationen des Internets und arbeitet dabei einige Parallelen der sozialen und technischen Entwicklungen heraus. Auf der Grundlage von 30 Interviews mit jungen Menschen, die in Internetberufen arbeiten, sowie von softwaregestützten Aufzeichnungen von Internetpraktiken und Webanalysen konnten vier zentrale Herausforderungen ausgemacht werden, mit denen sich die Subjekte konfrontiert sehen und die alle auf ihre Weise Phänomene von Entgrenzungsprozessen sind. Diese betreffen die Bereiche Erwerbsarbeit, Öffentlichkeit, Technik und Lernen. Es wird deutlich, dass sich fast alle Interviewten aktiv mit diesen Phänomenen auseinandersetzen, dass die Umgangsweisen und Bewältigungsstrategien aber sehr divers sind. Abschließend diskutiert der Artikel Fragen nach sozialer Ungleichheit, Privilegien und Ausschlüssen im Feld der webbasierten Erwerbsarbeit aus intersektionalen Perspektiven (Winker/Degele 2009) und die Bedeutung von »Grenzmanagement« als zentraler Anforderung an die Subjekte.

Unter dem Titel »Kommunikationsort Internet: Digitale Praktiken und Subjektwerdung« beschäftigen sich Christina Schachtner und Nicole Duller vom Forschungsteam der Alpen-Adria-Universität Klagenfurt mit den wechselseitigen Beziehungen zwischen den Strukturen Digitaler Medien und den von den NetzakteurInnen im virtuellen Raum entwickelten Kommunikationspraktiken. An der Erhebung und Auswertung der empirischen Daten haben auch Katja Koren Ošljak und Heidrun Stückler mitgewirkt. In Anlehnung an George H. Mead wird zunächst ein Modell entwickelt, wonach die Konstitution des Subjekts durch kommunikative Auseinandersetzung des Subjekts mit seiner Sozial- und Dingwelt erfolgt. Der »verallgemeinerte Andere« (Mead 1973: 198) repräsentiert gesellschaftliche Normen und Regeln und begegnet den NetzakteurInnen im Cyberspace in Gestalt anderer NetzakteurInnen und in Gestalt der medialen Technik. Sowohl das menschliche als auch das technische Gegenüber besitzen einen Aufforderungscharakter (Lewin 1926/1982: 64), der sprachsymbolische und sinnlich-symbolische Interaktionsspiele initiiert. In diesen Interaktionsspielen entwickeln die NetzakteurInnen im Hinblick auf die Strukturen des Mediums und im Hinblick auf andere NetzakteurInnen spezifische kommunikative Praktiken. Vorgestellt werden in diesem Beitrag folgende Praktiken: Praktiken des Formwandelns, der Selbstinszenierung, der Vernetzung, des Boundary Managements, der Grenzüberschreitung, des Verkaufens und Handelns sowie Spaß- und Spielpraktiken. Diese Praktiken dienen der Auseinandersetzung mit gesellschaftlichen Herausforderungen, aber auch der Sorge um sich selbst. Sie erweisen sich als Praktiken der Subjektivation[3]. In den kommunikativen Anwendungen des Internets tritt uns ein Subjekt entgegen, das weder nur Untertan noch nur Souverän, sondern beides zugleich ist und insofern das klassische Subjektverständnis, wonach die Subjekte autonom oder heteronom sind (vgl. Beer in diesem Band), durchbricht. Abschließend wird noch einmal nach der Rolle des Mediums für die festgestellten digitalen Subjektivationen gefragt. Das uneindeutige Subjekt, so lautet unsere abschließende These, sucht sich Orte, an denen es nicht ständig zur Eindeutigkeit aufgerufen wird; einer dieser Orte ist heutzutage der Cyberspace.

---

3 Ausführlicher zum Begriff Subjektivation auf S. 140 im Beitrag von Schachtner/Duller.

Der Beitrag zum »Lernen in Interaktion mit Digitalen Medien« ist an der Universität Bremen angesiedelt und wurde von Corinne Büching, Julia Walter-Herrmann und Heidi Schelhowe bearbeitet. Ausgehend von Überlegungen zu den Spezifika und zu den Potenzialen der Digitalen Medien, mit der Annahme ihres evokativen Charakters, der zunehmenden Unsichtbarkeit der prozessierenden Maschinen, den Entwicklungen in der Informatik zur »Be-Greifbaren Interaktion« (Robben/Schelhowe 2012), wurden Lernumgebungen (Workshops) arrangiert, die Entwicklungsmöglichkeiten des Subjekts in der Interaktion und im konstruierenden Handeln mit Digitalen Medien ermöglichen und beobachten lassen. Der Beitrag zeigt die grundlegenden Spezifika auf und skizziert die Workshops, die sich an der Pädagogik des Konstruktivismus nach Jean Piaget (1995, 1974) und dem darauf aufbauenden Konzept des Konstruktionismus nach Seymour Papert (1985, 1980) orientieren. Die Workshops stellen einerseits ein Bildungsangebot dar, das an den Interessen der jungen Menschen anknüpft, stoffliche mit semiotischen Prozessen verbindet und die Möglichkeit bietet, Digitale Dinge des persönlichen Bedarfs zu entwickeln. Andererseits bilden sie die Basis für die Generierung von empirischen Daten, die in Form von Beobachtungs-, Video- und Bildmaterial, Gruppeninterviews während und im Anschluss an die Workshops und Einzelinterviews erfolgen. Drei zentrale Fragen werden in dem Beitrag behandelt: Wie gestalten sich die Interaktionsverläufe der Menschen mit den Digitalen Medien? Wie konstruieren sich die Subjekte in der Interaktion mit Digitalen Medien? Welche Wirkungen hat die Interaktion mit Digitalen Medien für Bildungsprozesse? Mit dem K-Modell der Interaktion wird auf die erste Frage eine Antwort gegeben, und Aspekte von Agency, Eigensinn des Materials, Macht und Be-greifbarkeit in Interaktionsverläufen werden diskutiert. Eine Typologie von Subjektkonstruktionen in Interaktion mit den Digitalen Medien dient als Antwort auf die zweite Frage. Biografische Aspekte der Mediennutzung im Alltag und sechs verschiedene Typen subjektiver Perspektiven und Zugehörigkeiten zur digitalen Kultur werden aus den Interviews entwickelt und auch hinsichtlich der historischen Aufarbeitung von Subjektkonstruktionen von Raphael Beer diskutiert. Die Implikationen für Lernen und für Bildungsprozesse werden als Konzepte von Immersion, Imagination, Abstraktion und Reflexion vorgestellt.

An der Universität Münster wurde von Raphael Beer unter dem Titel »Formen und Inhalte des Subjekts« der Versuch unternommen, eine ideengeschichtliche Skizze des Subjektbegriffes zu entwickeln. Der Zeitraum der dabei zugrunde gelegt wurde, reicht vom 17. Jahrhundert bis in die Gegenwart. Die Idee zu einer solchen Skizze ist, dass dadurch die historische Genese des Denkens über das Subjekt verfügbar gemacht wird, um in einem zweiten Schritt die empirischen Ergebnisse der oben genannten Artikel kontrastieren zu können. Die Skizze umfasst die klassischen erkenntnistheoretischen Fragestellungen des 17. und 18. Jahrhunderts, in denen das Subjekt der Moderne thematisiert wurde. Mit der Französischen Revolution bzw. dem 19. Jahrhundert ändert sich indessen die Fragestellung von ›Wie erkennen wir unsere Umwelt?‹ zu ›Wie ist das Verhältnis des Subjekts zur Gesellschaft?‹ Grundsätzlich erhalten bleibt dabei die Frage nach der Stellung des Subjekts: Kann dieses aktiv auf seine dingliche und soziale Umwelt zugreifen, oder wird es eher passiv von dieser präjudiziert? Diese generellere Frage fügt sich in den zweiten Teil der Skizze. Wenngleich der Subjektbegriff in den Zusammenhängen der praktischen Philosophie oder Soziologie eher nicht verwendet wird, sollen auch diese Diskurse zu Wort kommen, um den Blick auf die Stellung des Subjekts gegenüber seiner sozialen Umwelt komplettieren zu können. Im Zentrum steht dabei die Differenz zwischen der Privatsphäre des Subjekts und dem Bereich der Öffentlichkeit.

Alle empirischen Teilprojekte eint der methodische Zugang mit dem offenen Verfahren der Grounded Theory (Glaser/Strauss 1967/2005). Ausgehend von der historischen Entwicklung und der Darstellung des Verfahrens stellen Jana Ballenthien, Corinne Büching und Katja Koren Ošljak grundlegende Studien vor. Die Offenheit für das bislang Unbekannte ist ein wichtiges Fundament der qualitativen Forschung mit dem Potenzial, Neues zu entdecken. So begaben sich die ForscherInnen ohne Vorannahmen ins Feld digital gestützten Arbeitens, Kommunizierens und Lernens. Einhergehend mit einem offenen Feldzugang und über das theoretical sampling (Strauss/Corbin 1996) ergab sich im SKUDI-Projekt ein breit gefächertes Gesamtsample, welches allgemein und projektspezifisch in dem Beitrag dargelegt wird. Mit einer Vielzahl an qualitativen Erhebungsmethoden wurde das Forschungsfeld erschlossen. Detailliert werden die unterschiedlichen Erhebungssettings offengelegt. Zur Auswertung der Daten wurde das Kodierparadigma der Grounded Theory herangezogen. Welchen Beitrag das Verfahren der Grounded Theory für das Forschungsfeld der interdisziplinären Medien- und

Technikforschung leisten kann, wird in einem abschließenden Kapitel beleuchtet.

LITERATUR

Bammé, Arno/Feuerstein, Günter/Genth, Renate/Holling, Eggert/Kahle, Renate/Kempin, Peter (1983): Maschinen-Menschen, Mensch-Maschinen, Reinbek bei Hamburg: Rowohlt.

Baumann, Zygmunt (1997): Flaneure, Spieler und Touristen. Essays zu postmodernen Lebensformen, Hamburg: Hamburger Edition.

Beer, Raphael (2007): Erkenntniskritische Sozialisationstheorie. Kritik der sozialisierten Vernunft, Wiesbaden: VS Verlag für Sozialwissenschaften.

Bilden, Helga (1997): »Das Individuum – ein dynamisches System vielfältiger Teil-Selbste. Zur Pluralität in Individuum und Gesellschaft«, in: Heiner Keupp/Renate Höfer (Hg.): Identitätsarbeit heute, Frankfurt a.M.: Suhrkamp, S. 227-250.

Carstensen, Tanja (2007): Die interpretative Herstellung des Internet. Eine empirische Analyse technikbezogener Deutungsmuster am Beispiel gewerkschaftlicher Diskurse, Bielefeld: Kleine.

Carstensen, Tanja (2012): »Die Technologien des ›Arbeitskraftunternehmers‹. Zur Bedeutung des Web 2.0 für den Wandel der (Erwerbs-)Arbeit«, in: Hans-Georg Soeffner (Hg.): Transnationale Vergesellschaftungen: Verhandlungen des 35. Kongresses der Deutschen Gesellschaft für Soziologie in Frankfurt a.M. 2010, Wiesbaden: Springer VS, CD-ROM, S. 1-13.

Carstensen, Tanja/Derboven, Wibke/Winker, Gabriele. Unter Mitarbeit von Kathrin Englert, Doris Gerbig und Betje Schwarz (2012): Soziale Praxen Erwerbsloser. Gesellschaftliche Teilhabe – Internetnutzung – Zeithandeln, Münster: LIT.

Carstensen, Tanja/Winker, Gabriele (2012a): »Intersektionalität in der Internetforschung«, in: Medien & Kommunikationswissenschaft 60, 1, S. 3-23.

Carstensen, Tanja/Winker, Gabriele (2012b): »Von Gender & Internet zu Intersektionalität & Web 2.0. Über notwendige Verschiebungen in der Analyse sozialer Ungleichheiten«, in: Christian Stegbauer (Hg.): Ungleichheit.

Medien- und kommunikationssoziologische Perspektiven, Wiesbaden: Springer VS, S. 223-242.

Castells, Manuel (2001): Das Informationszeitalter: Wirtschaft, Gesellschaft, Kultur, Opladen: Leske + Budrich.

Degele, Nina/Winker, Gabriele (2011): »Intersektionalität als Beitrag zu einer gesellschaftstheoretisch informierten Ungleichheitsforschung«, in: Berliner Journal für Soziologie 21, 1, S. 69-90.

Dickhardt, Michael/Hauser-Schäublin, Brigitta (2003): »Eine Theorie kultureller Räumlichkeit als Deutungsrahmen«, in: Brigitta Hauser-Schäublin/Michael Dickhardt (Hg.): Kulturelle Räume – Räumliche Kultur, Münster: LIT, S. 13-43.

DIVSI – Deutsches Institut für Vertrauen und Sicherheit im Internet (2012): DIVSI Milieu-Studie zu Vertrauen und Sicherheit im Internet, Hamburg: Deutsches Institut für Vertrauen und Sicherheit im Internet.

Drews, Albert (Hg.) (2012): Vernetztes Leben. Kommunizieren, Arbeiten und Lernen in der digitalen Kultur, Reihe Loccumer Protokolle Bd. 65/11, Rehburg-Loccum: Evangelische Akademie Loccum.

Forrester Consulting (2006): Is Europe Ready For the Millenials? Innovate to Meet the Needs of the Emerging Generation, Cambridge: Forrester Consulting.

Glaser, Barney G./Strauss, Anselm L. (1967/2005): Grounded Theory: Strategien qualitativer Forschung, Bern: Hans Gruber.

Hepp, Andreas (2011): »Netzwerke, Kultur und Medientechnologie: Möglichkeiten einer kontextualisierten Netzkulturforschung«, in: Maren Hartmann/Jeffrey Wimmer (Hg.): Digitale Medientechnologien. Vergangenheit – Gegenwart – Zukunft, Wiesbaden: VS Verlag für Sozialwissenschaften, S. 53-74.

Hepp, Andreas/Krotz, Friedrich (2012): Mediatisierte Welten. Forschungsfelder und Beschreibungsansätze – Zur Einleitung, in: Friedrich Krotz/Andreas Hepp (Hg.): Mediatisierte Welten. Forschungsfelder und Beschreibungsansätze, Wiesbaden: VS Verlag für Sozialwissenschaften, S. 7-23.

Hoffmann-Riem, Christa (1980): »Die Sozialforschung einer interpretativen Soziologie. Der Datengewinn«, in: Kölner Zeitschrift für Soziologie und Sozialpsychologie 32, 2, S. 339-372.

Illouz, Eva (2006): Gefühle in Zeiten des Kapitalismus, Frankfurt a.M.: Suhrkamp.

Initiative D21 (2011): Digitale Gesellschaft 2011, Berlin: Initiative D21.
Jenkins, Henry/Purushotma, Ravi/Weigel, Margaret/Clinton, Katie (2006): Confronting the Challenges of Participatory Culture. Media Education in the 21st Century, Chicago: MacArthur Foundation.
Keupp, Heiner (1997): »Diskursarena Identität, Lernprozesse in der Identitätsforschung«, in: Heiner Keupp/Renate Höfer (Hg.): Identitätsarbeit heute, Frankfurt a.m.: Suhrkamp, S. 11-39.
Lamnek, Siegfried (1995): Qualitative Sozialforschung. Bd. 1: Methodologie, 3. korrigierte Auflage, Weinheim: Beltz.
Latour, Bruno (2007): Eine neue Soziologie für eine neue Gesellschaft, Einführung in die Akteur-Netzwerk-Theorie, Frankfurt a.M.: Suhrkamp.
Lewin, Kurt (1926): »Filmaufnahmen über Trieb- und Affektäußerungen psychopathischer Kinder«, in: Kurt Lewin/Franz Emanuel Weinert/ Horst Gundlach (Hg.) (1982): Psychologie der Entwicklung und Erziehung, Bern/Stuttgart: Huber Klett Verlag, S. 41-75.
Livingstone, Sonia/Haddon, Leslie/Görzig, Anke/Ólaffson, Kjartan (2011): EU Kids Online: Final Report, http://www2.lse.ac.uk/media@lse/ research/EUKidsOnline/EU Kids II (2009-11)/EUKidsOnlineIIReports/ Final report.pdf [letzter Zugriff: 08.08.2012].
Manovich, Lev (2001): The Language of New Media, Cambridge: MIT Press.
McLuhan, Marshall (1968): Die magischen Kanäle. Understanding Media, Düsseldorf: Econ.
Mead, George Herbert (1973): Geist, Identität und Gesellschaft, Frankfurt a.M.: Suhrkamp.
Meyer-Drawe, Käte (1990): Illusionen von Autonomie, München: Kirchheim.
Meyrowitz, Joshua (1995): »Medium Theory«, in: David Crowley/David Mitchell (Hg.): Communication Theory Today, Cambridge: Polity Press, S. 50-77.
Münker, Stefan (2009): Emergenz digitaler Öffentlichkeiten. Die sozialen Medien des Web 2.0, Frankfurt a.M.: Suhrkamp.
Papert, Seymour (1985): Kinder, Computer und Neues Lernen, Basel/Boston/Stuttgart: Birkhäuser
Papert, Seymour (1987): Constructionism: A New Opportunity for Elementary Science Education. Award Abstract #8751190, National Science

Education, http://nsf.gov/awardsearch/showAward?AWD_ID=8751190 [letzter Zugriff: 22.02.2013].

Paulitz, Tanja (2005): Netzsubjektivität/en. Konstruktionen von Vernetzung als Technologien des sozialen Selbst, Münster: Westfälisches Dampfboot.

Piaget, Jean (1974): Theorien und Methoden der modernen Erziehung. Frankfurt a.m.: Fischer.

Piaget, Jean (1995): Intelligenz und Affektivität in der Entwicklung des Kindes, Frankfurt a.M.: Suhrkamp.

Reckwitz, Andreas (2003): »Grundelemente einer Theorie sozialer Praktiken. Eine sozialtheoretische Perspektive«, in: Zeitschrift für Soziologie 32, 4, S. 282-301.

Reckwitz, Andreas (2006): Das hybride Subjekt. Eine Theorie der Subjektkulturen von der bürgerlichen Moderne zur Postmoderne, Weilerswist: Velbrück.

Robben, Bernd/Schelhowe, Heidi (Hg.) (2012): Be-greifbare Interaktionen – Der allgegenwärtige Computer: Touchscreens, Wearables, Tangibles und Ubiquitous Computing, Bielefeld: transcript.

Schachtner, Christina (1993): Geistmaschine. Faszination und Provokation am Computer, Frankfurt a.M.: Suhrkamp.

Schachtner, Christina (1997): »Die Technik und das Soziale. Begründung einer subjektivitätsorientierten Technikforschung«, in: Christina Schachtner (Hg.): Technik und Subjektivität, Frankfurt a.M.: Suhrkamp, S. 7-25.

Schachtner, Christina (2001): »Mensch und Maschine – Irritationen und Befreiungspotentiale einer neuen/alten Verbindung«, in: Gesellschaft für Medienpädagogik und Kommunikationskultur (GMK) (Hg.): Mensch & Medien. Pädagogische Konzepte für eine humane Mediengesellschaft, Bielefeld: AJZ-Druck, S. 18-25.

Schachtner, Christina (2005): »Netze verbinden, fangen auf und bilden Raum«, in: Christina Schachtner/Gabriele Winker (Hg.): Virtuelle Räume – neue Öffentlichkeiten, Frankfurt a.M./New York: Campus, S. 127-143.

Schachtner, Christina (2008a): »Virtualität, Identität, Gemeinschaft, Reisende im Netz«, in: Herbert Willems (Hg.): Weltweite Welten, Internet – Figurationen aus wissenssoziologischer Perspektive, Wiesbaden: VS Verlag für Sozialwissenschaften, S. 103-118.

Schachtner, Christina (2008b): »Emotionalität und Rationalität im digitalen Zeitalter. Eine Auseinandersetzung mit der Position von Eva Illouz«, in: Hajo Greif/Oana Mitrea/Matthias Werner (Hg.): Information und Gesellschaft, Technologien einer sozialen Beziehung, Wiesbaden: Deutscher Universitätsverlag, S. 185-206.

Schachtner, Christina (2010): »Kommunikation und Subjektivierung. Verbundenheit als anthropologische Größe und die Absage an das ›starke Subjekt‹«, in: Manuela Pietraß/Rüdiger Funiok (Hg.): Mensch und Medien. Philosophische und sozialwissenschaftliche Perspektiven, Wiesbaden: VS Verlag für Sozialwissenschaften, S. 115-138.

Schachtner, Christina (2011): »Das Soziale im Kontext digitaler Netzwerke: Auf den Spuren von Bruno Latour«, in: Hajo Greif/Matthias Werner (Hg.): Vernetzung als soziales und technisches Paradigma, Wiesbaden: VS Verlag für Sozialwissenschaften, S. 79-100.

Schachtner, Christina (2013): »Digital Media Evoking. Interactive Games in Virtual Space«, in: Subjectivity 6, 1, S. 33-54.

Schachtner, Christina/Winker, Gabriele (Hg.) (2005): Virtuelle Räume – neue Öffentlichkeiten. Frauennetze im Internet, Frankfurt a.M./New York: Campus.

Schelhowe, Heidi (1997): Das Medium aus der Maschine. Zur Metamorphose des Computers, Frankfurt a.M.: Campus.

Schelhowe, Heidi (2007): Technologie, Imagination und Lernen. Grundlagen für Bildungsprozesse mit Digitalen Medien, Münster/New York/München/Berlin: Waxmann.

Schirrmacher, Frank (2009): Payback: Warum wir im Informationszeitalter gezwungen sind zu tun, was wir nicht tun wollen, und wie wir die Kontrolle über unser Denken zurückgewinnen, München: Blessing.

Schmidt, Jan/Paus-Hasebrink, Ingrid/Hasebrink, Uwe (Hg.) (2009): Heranwachsen mit dem Social Web. Zur Rolle von Web 2.0-Angeboten im Alltag von Jugendlichen und jungen Erwachsenen, Berlin: Vistas Verlag.

Shell Deutschland Holding (Hg.) (2006): Jugend 2006. Eine pragmatische Generation unter Druck, Frankfurt a.M.: Fischer.

Singer, Wolf (2003): »In der Bildung gilt: Je früher, desto besser«, in: Wolf Singer (Hg.): Ein neues Menschenbild, Frankfurt a.M.: Suhrkamp, S. 110-123.

Spitzer, Manfred (2012): Digitale Demenz: Wie wir uns und unsere Kinder um den Verstand bringen, München: Droemer.

Strauss, Aselm L. (1991): Grundlagen qualitativer Sozialforschung, München: Fink.

Strauss, Anselm L./Corbin, Juliet M. (1996): Grounded Theory: Grundlagen qualitativer Sozialforschung, Weinheim: Beltz.

Sutter, Tilmann (1999): Systeme und Subjektstrukturen. Zur Konstitutionstheorie des interaktionistischen Konstruktivismus, Opladen/Wiesbaden: Westdeutscher Verlag.

Turkle, Sherry (1984): Die Wunschmaschine. Der Computer als zweites Ich, Reinbek bei Hamburg: Rowohlt.

Turkle, Sherry (1986): Die Wunschmaschine, Vom Entstehen der Computerkultur, Reinbek bei Hamburg: Rowohlt.

Wardrip-Fruin, Noah/Montfort, Nick (2003): The New Media Reader. Cambridge: MIT Press.

Weizenbaum, Joseph (1977): Die Macht der Computer und die Ohnmacht der Vernunft, Frankfurt a.M.: Suhrkamp.

Welsch, Wolfgang (1990): »Identität im Übergang«, in: Wolfgang Welsch (Hg.): Ästhetisches Denken, Stuttgart: Reclam, S. 168-200.

Winker, Gabriele (2005): »Ko-Materialisierung von vergeschlechtlichten Körpern und technisierten Artefakten: Der Fall Internet«, in: Maria Funder/Steffen Dörhöfer/Christian Rauch (Hg.): Jenseits der Geschlechterdifferenz? Geschlechterverhältnisse in der Informations- und Wissensgesellschaft, München: Rainer Hampp Verlag, S. 157-178.

Winker, Gabriele/Degele, Nina (2009): Intersektionalität. Zur Analyse sozialer Ungleichheit, Bielefeld: transcript.

Arbeitsalltag im Internet
Umgang mit mehrdimensionalen Entgrenzungen

TANJA CARSTENSEN, JANA BALLENTHIEN & GABRIELE WINKER

Arbeit ist stets durch die zur Verfügung stehenden Arbeitsmittel geprägt. Dass Digitale Medien und insbesondere das Internet auch in der (Erwerbs-)Arbeit[1] neue Praktiken evozieren, überrascht daher wenig. Der Umgang mit Information und Kommunikation im Arbeitsprozess ändert sich, Anforderungen und Tätigkeiten verschieben sich, und es entwickeln sich neue Berufsbilder, beispielsweise Onlinejournalismus, Social-Media-Management, Contentmanagement, Communitymanagement und Webdesign.

Gleichzeitig hat sich (Erwerbs-)Arbeit in den vergangenen Jahren grundlegend verändert; Entgrenzung, Subjektivierung und Prekarisierung sind nur einige Phänomene dieses Wandels. Die nähere Betrachtung der Veränderungen im Bereich der (Erwerbs-)Arbeit und der jüngeren Entwicklungen des

---

1   Mit dieser Schreibweise, »(Erwerbs-)Arbeit«, soll deutlich gemacht werden, dass der Fokus dieses Beitrags auf Erwerbsarbeit liegt, dass die Abgrenzung von Erwerbsarbeit zu anderen Arbeiten aber zunehmend schwieriger wird. Zum einen verwischen die Grenzen zwischen Erwerbsarbeit und Hobby, insbesondere in Internetberufen, wie unsere Untersuchung zeigt. Zum anderen wird gerade im Internet viel Arbeit geleistet, die unbezahlt stattfindet (z.B. Arbeit an einem Start-up, das noch kein Geld einbringt; Arbeit als Konsument_in). Gleichzeitig sprechen wir nicht nur von »Arbeit«, um nicht die implizite Gleichsetzung von Arbeit mit Erwerbsarbeit, bei der insbesondere Reproduktionsarbeiten ausgeblendet werden, fortzuführen.

Internets zeigt, dass diesen beiden ähnliche Prinzipien zugrunde liegen. Das Hamburger Teilprojekt »Webbasierte Erwerbsarbeit« im Projekt »Subjektkonstruktionen und digitale Kultur« widmete sich der Frage, wie sich dieser Wandel aus Sicht der Subjekte darstellt, mit welchen Herausforderungen insbesondere junge Erwachsene, die in neuen Berufen mit Digitalen Medien arbeiten, konfrontiert sind, wie sie mit den neuen Anforderungen umgehen, welche (neuen) Praktiken sie dabei entwickeln und wie sie sich damit gesellschaftlich positionieren.[2]

Der Artikel skizziert zunächst sowohl den Wandel in der Erwerbsarbeit und anderen Arbeitsbereichen als auch die mit dem Internet verbundenen gesellschaftlichen Anforderungen und Aufforderungen. Dabei werden auf Grundlage arbeits- und internetsoziologischer Diagnosen Parallelen der sozialen und technischen Entwicklungen herausgearbeitet. Nach Erläuterungen zur Erhebung und Auswertung des Teilprojekts werden die empirischen Ergebnisse vorgestellt. Zum einen zeigt sich, dass junge Erwachsene, die webbasiert arbeiten, sich vor allem mit vier Herausforderungen konfrontiert sehen, die alle auf ihre Weise Ergebnis von Entgrenzungsprozessen sind. Diese betreffen die Bereiche (Erwerbs-)Arbeit, Öffentlichkeit, Technik und Lernen. Zum anderen wird an den Ergebnissen auch deutlich, dass sich zwar fast alle Interviewten aktiv mit den genannten Herausforderungen auseinandersetzen, dass die subjektiven Umgangsweisen und Bewältigungsstrategien aber bemerkenswert divers sind und unterschiedlichste Praktiken evoziert werden. Abschließend diskutiert der Artikel die Ergebnisse vor dem Hintergrund des Forschungsstands, hinsichtlich Fragen nach Privilegien und Ausschlüssen im Feld der webbasierten Erwerbsarbeit sowie die Bedeutung von »Grenzmanagement«.

1 ARBEIT IM UMBRUCH: EIGENVERANTWORTUNG, AUTONOMIEGEWINNE UND BELASTUNGEN

Erwerbsarbeit unterliegt seit einigen Jahren verschiedenen, durchaus widersprüchlichen Transformationsprozessen (für einen Überblick u.a. Trinczek 2011). In der Arbeits- und Industriesoziologie wird dieser Wandel seit

---

2 Anna Köster-Eiserfunke, Juliana Ramm und Bertold Scharf haben die Untersuchung als studentische Hilfskräfte unterstützt.

einigen Jahren unter verschiedenen Stichworten diskutiert. Eine der folgenschwersten Entwicklungen ist die *Entgrenzung* von Erwerbsarbeit. Hierunter wird die Auflösung, Dynamisierung und Erosion von Normen, Strukturen und Regulierungen der Arbeitswelt gefasst, was u.a. zeitliche, räumliche, inhaltliche und arbeitsorganisatorische Dimensionen der Erwerbsarbeit betrifft (Voß 1998). Dies wird als ambivalenter Prozess diskutiert, der erhöhte Anforderungen an Flexibilität, Selbstorganisation und eigene Strukturierungsleistungen der Subjekte stellt. Er bietet Chancen weitergehender Autonomie innerhalb der Arbeitsverhältnisse, birgt aber auch Gefahren erhöhter Belastung und die Tendenz zur Selbstausbeutung (Döhl/Kratzer/Sauer 2000).

Verschärft wird diese Entwicklung durch die Zunahme brüchiger Arbeitsverhältnisse (Befristungen, Leiharbeit, Zeitarbeit, Ich-AG, geringfügige Beschäftigung, Niedriglohnarbeit, Teilzeit). Diese *Destandardisierung*, vor allem aber *Prekarisierung* führt bei den Subjekten zu erhöhten Anforderungen an Flexibilität und den Umgang mit Unsicherheit (Brinkmann/Dörre/Röbenack 2006). Castel (2000) beobachtet in diesem Zusammenhang die Entstehung einer »Zone der Verwundbarkeit« in der Gesellschaft. Friebe/Lobo (2006) betonen hingegen die Chancen jenseits der Festanstellung und betrachten die »digitale Bohème« als Ausdruck eines neuen, selbstbestimmten Arbeitens.

Mit der These der *Subjektivierung* von Erwerbsarbeit ist zudem die Beobachtung verbunden, dass den individuellen Handlungen und Deutungen der Subjekte im Arbeitsprozess eine zunehmende Bedeutung zukommt (Kleemann/Matuschek/Voß 1999). Die Individuen tragen mehr ›Subjektives‹ in die Erwerbsarbeit hinein, und die Erwerbsarbeit fordert immer mehr ›Subjektives‹ von den Individuen. Die Subjekte sind also gefordert, sich zunehmend als ›ganze Person‹ mit Gefühlen, Kreativität, Eigenmotivation und Leidenschaft in den Arbeitsprozess einzubringen.

Trinczek (2011) macht darüber hinaus die *Intensivierung* von Erwerbsarbeit als wichtige Veränderung von Arbeitskonstellationen aus. Dass die Arbeitslast bei gleicher Arbeitszeit gestiegen ist, ist dabei ein regelmäßiger Befund arbeitssoziologischer Untersuchungen seit der Nachkriegszeit. Während allerdings lange Zeit der Eindruck vorherrschte, die Beschäftigten würden den gestiegenen Leistungsdruck gut bewältigen, gerät mittlerweile zunehmend auch in die öffentliche Debatte, dass die Belastungen ein Niveau erreicht haben, das ungesund ist. Dies zeigen arbeitsmedizinische

Untersuchungen, Krankenkassenberichte und aktuelle Diskurse um Burnout genauso wie die steigende Nachfrage nach individuellen kompensatorischen Gegenmaßnahmen wie Sport, Wellness, Entspannungstrainings, Coaching etc. (ebd.: 610f.).

Die *Flexibilisierung* von Erwerbsarbeit schließlich ist Ausdruck verstärkten Wettbewerbs, der zunehmend in die Betriebe und Unternehmen verlagert wird. Material-, Zeit- und Personalpuffer werden verknappt, flexible Randbelegschaften aufgebaut und insbesondere flexible Arbeitszeiten ausgeweitet. So können die Flexibilitätsanforderungen des Marktes direkt an die Beschäftigten weitergereicht werden. Dies wird zugespitzt durch neue Verfügbarkeits- und Erreichbarkeitsansprüche an die Beschäftigten, die durch Internet und mobile Kommunikation auch technisch ermöglicht werden.

Insgesamt kommt es zu einer Reduzierung der Kontrolle und zur Förderung eigenverantwortlichen und selbst organisierten Arbeitens. Zunehmend müssen die Subjekte ihre Erwerbsarbeit selbst organisiert gestalten und sich eigene Strukturen und Handlungsvorgaben zur Orientierung schaffen. Daher, so Voß/Pongratz (1998), hat sich auch der Typus der Arbeitskraft verändert. Nicht mehr der klassische Arbeitnehmer ist gefragt. Der neue Typus, der »Arbeitskraftunternehmer«, zeichnet sich durch folgende Merkmale aus: die zunehmende zweckgerichtete Produktion und Vermarktung der eigenen Fähigkeiten und Leistungen – auch innerhalb von Betrieben (Selbst-Ökonomisierung); die wachsende bewusste Durchorganisation von Alltag und Lebensverlauf und damit tendenziell die Verbetrieblichung von Lebensführung (Selbst-Rationalisierung); sowie die verstärkte selbstständige Planung, Steuerung und Überwachung der eigenen Tätigkeit (Selbst-Kontrolle).

Aber auch außerhalb der Erwerbsarbeit finden sich ähnliche Entwicklungen. So sind z.B. Konsument_innen zunehmend gefordert, eigenverantwortlich Entscheidungen zu treffen, gut informiert zu sein und Tätigkeiten und damit Mehraufwand zu übernehmen, die früher Teil des betrieblichen Produktionsprozesses waren (Möbel zusammenbauen, Fahrtkartenkauf am Automaten, Onlinebanking). Voß/Rieder (2005) sprechen daher vom »arbeitenden Kunden«, um deutlich zu machen, dass auch in diesem Bereich aufwändige zweckgerichtete Tätigkeiten – und damit Arbeit – geleistet werden (müssen). Diese Art der Arbeit hat mit dem Internet an Intensität gewonnen und neue Formen der Kollaboration von User_innen und Unternehmen hervorgebracht (Beyreuther et al. 2012; Kleemann et al. 2012). Auch die Umstrukturierungen der Arbeitsmarktgesetzgebung im Zuge der sogenannten Hartz-Reformen sind entlang des Gestaltungsparadigmas der »Aktivierung« ausgerichtet. Erhöhte Eigenbemühungen zur Stellensuche gehen mit finanziellen Einbußen und einer Verschärfung von Zumutbarkeits- sowie Sanktionsregelungen einher.

Darüber hinaus haben sich auch im Bereich der Haus- und Sorgearbeit die Bedingungen verändert. Familienplanung und Kindererziehung müssen heutzutage bewusst geplant, gesteuert und überwacht werden und unterliegen stärker als früher Orientierungen an Leistung und Effizienz. Verschärft durch Bedingungen entgrenzter Erwerbsarbeit wird Familienalltag zunehmend zu einer aktiven Herstellungsleistung (Jurczyk et al. 2009). Winker/Carstensen (2007) sprechen daher von »ArbeitskraftmanagerInnen«, um deutlich zu machen, dass auch in der Reproduktionsarbeit die Anforderungen gestiegen sind. In Familien übernehmen nach wie vor insbesondere Frauen das Management und die Organisation des gesamten Alltags, koordinieren beispielsweise die Aktivitäten und Zeitpläne der verschiedenen Familienmitglieder.

Die Liste der Beispiele, an denen sich die gesellschaftlichen Entwicklungen hin zu Orientierungen an Selbst-Ökonomisierung, Aktivierung, Eigenverantwortung, Leistung und Effizienz verdeutlichen lassen, lässt sich zudem ergänzen um die Veränderungen im Bildungsbereich, in denen beispielsweise die Umstellung auf Bachelor- und Masterabschlüsse auf eine stärkere Verwertbarkeit von Bildung und Wissen abzielt. Und nicht zuletzt die hohen Ansprüche an den Umgang mit dem eigenen Körper und der eigenen Gesundheit (Schlankheitsideale, Sportlichkeit, Leistungsfähigkeit, Wellness etc.), die in Fitnessmagazinen und Castingshows vermittelt werden, sorgen dafür, dass selbst die sogenannte Freizeit von Leistungs- und Aktivierungsnormen geprägt ist.

Zusammenfassend zeigt sich damit ein Bild, in dem die Subjekte einerseits Autonomie und Handlungsspielräume gewonnen haben, da Kontrolle, feste Regelungen und Strukturen in vielen Bereichen abgenommen haben und stattdessen Kreativität und Selbstbestimmtheit gefordert werden. Andererseits gehen damit Mehraufwand, Gefahren der Selbstausbeutung, zunehmender ökonomischer Druck, größere Verantwortung und größere Belastungen einher. Foucault (2006) betrachtet das Subjekt daher als

»Unternehmer seiner Selbst«; er formuliert die gestiegenen Anforderungen an Selbstführung als zentrales Moment neoliberaler Regierungsrationalität. Diese Ökonomisierung des Sozialen ist bei ihm als alle Lebensbereiche umfassender Prozess zu verstehen. In dieser ambivalenten Situation sind die Einzelnen gefordert, sich selbst zu kontrollieren, zu rationalisieren, zu vermarkten und zu managen und dabei stets eigenverantwortlich und unternehmerisch zu handeln (vgl. hierzu auch Bührmann 2012 sowie Beer in diesem Band: 259ff.).

2 INTERNET: ÖFFENTLICHE SELBSTINSZENIERUNG, VERNETZUNG UND WAHLMÖGLICHKEITEN

Die sozialwissenschaftliche Internetforschung hat seit Mitte der 1990er Jahre einen umfangreichen Forschungskorpus hervorgebracht und sich intensiv mit Fragen des Zugangs und der Nutzung des Internets von verschiedenen Gruppen, der Qualität und Beschaffenheit von sogenannten virtuellen Welten im Vergleich zur ›realen‹ Welt sowie Veränderungen von Öffentlichkeiten und politischen Teilhabemöglichkeiten befasst (für einen Überblick u.a. Strübing 2003; Carstensen/Winker 2012a). Die Frage, welche Bedeutung das Internet für die Erwerbsarbeit hat, wurde dabei in der Internetforschung deutlich seltener behandelt.[3] Neuere Forschungen zur Nutzung und Bedeutung insbesondere von Web-2.0-Technologien in Arbeitskontexten widmen sich u.a. den (prekären) Arbeitsbedingungen in der Internetbranche (Manske 2007; Lengersdorf 2011; Streit 2011), neuen Raum-Zeit-Arrangements (Wajcman et al. 2010; Roth-Ebner 2011), den Potenzialen des Internets für Innovationsprozesse (Hanekop/Wittke 2012; Menez/Kahnert/Blättel-Mink 2012; Pfeiffer/Schütt/Wühr 2012), der Arbeit, die

---

3   Zu dieser ›Arbeitsvergessenheit‹ der ersten Phase der Internetforschung gibt es einige Ausnahmen: Der Sammelband »Neue Medien im Arbeitsalltag« gibt z.B. einen Überblick über neue Arbeitsformen in Callcentern, virtuelle Organisationen und Telearbeit (Matuschek/Henninger/Kleemann 2001). Funken/Schulz-Schaeffer (2008) analysieren das Verhältnis von Formalität und Informalität im Kontext der Digitalisierung von Arbeit. Schönberger/Springer (2003) untersuchen die subjektiven Leistungen, die im Zuge der Informatisierung erforderlich werden.

Konsument_innen als Internetuser_innen (Papsdorf 2009; Beyreuther et al. 2012; Kleemann et al. 2012; auch Andrejevic 2011) oder der Arbeit, die Erwerbslose im Umgang mit dem Internet leisten (Carstensen/Derboven/ Winker 2012).

Dass technologische Entwicklungen nicht losgelöst von gesellschaftlichen Veränderungen verlaufen oder einseitig auf diese wirken, gilt in der Techniksoziologie mittlerweile als unbestritten. Das wechselseitige Konstitutionsverhältnis von Technik und Gesellschaft wird als »Ko-Konstruktion« bzw. »Ko-Materialisierung« (Winker 2005) oder als Wechselverhältnis (Schachtner 1997) von technischen und gesellschaftlichen Entwicklungen diskutiert. Damit besteht Einigkeit darüber, dass Technologien als Ausdruck, Materialisierung bzw. Vergegenständlichung gesellschaftlicher Verhältnisse und damit auch in ihrer Herstellung analysiert werden müssen (u.a. MacKenzie/Wajcman 1985; Bijker/Hughes/Pinch 1987). Sie enthalten Spielräume in ihrer Nutzung und Gestaltung (Oudshoorn/Pinch 2003) und entfalten ihre Wirkungsmacht erst im Rahmen der Praktiken und Diskurse der beteiligten Akteur_innen (Carstensen 2007). Gleichzeitig sind sie nicht auf ihre soziale Konstruiertheit reduzierbar; sie sind nicht nur passive Objekte in gesellschaftlichen Auseinandersetzungen, sondern in ihrer Materialität durchaus eigensinnig und aktive Teilhaber_innen an gesellschaftlichen Entwicklungen (Haraway 1995; Latour 2002; Rammert/Schulz-Schaeffer 2002). Sie wirken handlungsnormierend, werfen Probleme auf, stellen Anforderungen an die Subjekte, die mit ihnen umgehen (Joerges 1988), und sind damit als konstitutive Bestandteile der Gesellschaft zu betrachten, die immer auch neue Handlungsmöglichkeiten bzw. Zwänge hervorbringen (u.a. Degele 2002: 162; Dolata/Werle 2007).

Mit diesem Verständnis von Technik und Gesellschaft als ko-konstruiert ist es nicht überraschend, dass die Entwicklungen des Internets insbesondere hin zum partizipationsorientierten Web 2.0 einige Ähnlichkeiten zum Wandel der (Erwerbs-)Arbeit aufweisen und von den Subjekten ebenfalls eigenverantwortliches, unternehmerisches und selbstorganisiertes Handeln verlangen:

Paulitz (2005) zeigt bereits für das frühe Internet, dass die Nutzung und Gestaltung des Netzes mit Aufforderungen, Aktivierungen und Adressierungen der Nutzer_innen als aktive, sich zu vernetzende Subjekte einhergeht, die mit Foucault als »Technologien des sozialen Selbst« interpretiert werden können. Sie macht dabei folgende Ambivalenz aus: Selbstregierung wird hiernach mit Hilfe von Anregungen, appellierenden Artefakten, pädagogischen Interventionen und normativen Regulierungen gefördert, was die Akteur_innen allerdings nicht als Zwang, sondern als soziale Handlungsfähigkeit erfahren.

Reckwitz (2006: 574ff.) betont insbesondere Navigation und Immersion als Anforderungen an das »Computersubjekt«, das im Umgang mit Interaktivität, Hypertextualität und ständigen Wahlsituationen trainieren muss, permanent Entscheidungen zu treffen.

Reichert (2008) beobachtet in Wikis, Weblogs und Sozialen Netzwerken vor dem Hintergrund gouvernementalitätstheoretischer Überlegungen Praktiken wie Selbstführung und Bekenntnis, Buchführung und akribischer Leistungsvergleich, Selbstinszenierung sowie die Selbstverständlichkeit, über sich selbst Auskunft zu geben und sich als Objekt der Betrachtung in Szene zu setzen. Er bezeichnet das Web 2.0 daher als »Prototyp neoliberaler Regierungstechnologie« (ebd.: 13).

»Persönlichkeitsprofile, Rankingsysteme, Fragebögen, Checklisten, Eignungsdiagnosen, Hierarchiediagramme, Bedarfsanalysen, Kontroll- und Feedbackmechanismen, Beurteilungssysteme, Kompetenzdatenbanken, Korrespondenz-Support, Laufbahn- und Beförderungsplanung, Bildungscontrolling und Anreizsysteme sind operative Bestandteile der Social Software des Web 2.0« (ebd.: 19).

Die Nutzung der zitierten Tools bewegt sich dabei im Spannungsfeld zwischen ›begeisterter‹ Selbstdarstellung und ›verinnerlichten‹ Kontrolldiskursen (ebd.: 29). Herrschaft, so auch Münte-Goussar (2008: 191), »verschwindet im Postulat der Selbstbeherrschung. Genau dies kann man in den Web-Communities trainieren«. Reichert und Münte-Goussar sehen im Web 2.0 eine neue Qualität der Herrschaftstechnologie, die Ausdruck und Trainingsmöglichkeit für diese Selbstpraktiken zwischen Selbst- und Fremdführung sind (ähnlich auch Wiedemann 2010).

Schmidt (2011) betont den Managementaspekt der neu geforderten Praktiken und macht insbesondere drei Anforderungen aus, die für den Umgang mit dem Internet zentral sind: Identitätsmanagement als Handlungen, bei denen Menschen Aspekte ihrer eigenen Person für andere zugänglich machen; Beziehungsmanagement als Nutzungsweisen, mit denen Menschen alte oder neue Beziehungen pflegen oder aufbauen; Informationsmanagement als Praktiken, mit denen Menschen Informationen erstellen, filtern, auswählen, bearbeiten, teilen etc.

Anhand dieser Studien wird ersichtlich, dass die Subjekte offensichtlich in zweierlei Hinsicht – in Bezug auf Arbeit *und* Internet – mit neuen, aber in eine ähnliche Richtung weisenden Anforderungen konfrontiert sind.

3 METHODISCHE ANLAGE

3.1 Die Erhebung

Um die Fragen zu beantworten, wie sich vor dem Hintergrund der veränderten Anforderungen (Erwerbs-)Arbeit mit den digitalen Technologien verändert, wie junge Erwachsene in den neuen Berufen mit Digitalen Medien arbeiten, wie sie die neuen Anforderungen wahrnehmen, mit ihnen umgehen und welche Praktiken sie dabei entwickeln, gingen wir wie folgt vor:

Zunächst führten wir narrativ-biografische Leitfadeninterviews mit 30 jungen Menschen zwischen 22 und 30 Jahren, die in Berufen arbeiten, in denen sie in ihrer Erwerbsarbeit das Internet in Inhalt oder Design mitgestalten (z.B. Onlinejournalismus, Webdesign, Social-Media-Beratung, Programmierung).

Das Sample umfasst sowohl Personen, die selbstständig arbeiten, als auch Festangestellte. Einzelne verdienen mit ihrer Internetarbeit momentan (noch) kein Geld. Die meisten von ihnen haben Abitur; einige haben ein Hochschulstudium bereits abgeschlossen, viele studieren noch oder haben ihr Studium abgebrochen. Der Versuch, auch Menschen zu interviewen, die ein niedrigeres Bildungsniveau haben, ist nicht geglückt, was wir als Hinweis deuten, dass in der Internetbranche ein hohes Bildungsniveau Voraussetzung ist. Das Sample hat zudem einen leichten Männerüberhang (18 Männer, elf Frauen, eine Femme). Insgesamt war es deutlich einfacher, männliche Interviewpersonen zu gewinnen. Nur eine Person hatte bereits ein Kind. Einige wenige haben einen Migrationshintergrund. Das Sample ist damit in vielerlei Hinsicht eher privilegiert. Mit der hohen Medien- und Technikkompetenz verfügen die Interviewten zudem über gesellschaftlich hoch bewertete und nachgefragte Fähigkeiten.

Themen des Interviewleitfadens waren u.a. ihre Internetsozialisation, ihre beruflichen Tätigkeiten, Anforderungen und Belastungen bei der Arbeit mit dem Internet sowie andere Lebensbereiche, die ihnen wichtig sind, Zufriedenheiten und Unzufriedenheiten sowie Zukunftsperspektiven.

Interviews geben vor allem Aufschluss über Bedeutungskonstruktionen und Sinnhorizonte und nur begrenzt über konkrete Praktiken von Individuen, da Handeln und Sprechen über das Handeln oftmals auseinanderfallen (Wetterer 2003). Auch hat sich gezeigt, dass insbesondere im Umgang mit neuen Technologien teilweise die konkrete Sprache fehlt, z.b. Begrifflichkeiten und Formulierungen, um alltägliche Routinen und Tätigkeiten sowie ungeübte Handlungen zu beschreiben (Carstensen/Winker 2005: 92). Im Anschluss an das Interview baten wir die Interviewten daher, an einem von uns zur Verfügung gestellten Notebook einige ihrer alltäglichen Routinen im Umgang mit dem Internet nachzustellen. Diese zeichneten wir mit Hilfe einer Software (»Morae«) auf (Carstensen/Ballenthien 2012).

Außerdem zogen wir ergänzend Webanalysen von Selbstpräsentationen hinzu, um zusätzlich zu den Aussagen der Interviewten und den beobachtbaren Praktiken noch Daten zu ihren ›materialiserten‹ Praktiken und Selbstbildern zu erhalten. Diese unterschiedlichen Erhebungsmethoden ermöglichten es uns, die Suche nach (neuen) Praktiken im Umgang mit dem Internet aus verschiedenen Perspektiven zu betrachten. Von Praktiken sprechen wir, um im Anschluss an praxistheoretische Perspektiven zum einen die Verankerung von Handeln im impliziten Wissen und Können, zum anderen die Abhängigkeit von Körpern und Artefakten, also Materialität, zu betonen (Reckwitz 2003).

3.2 Die Auswertung: Intersektionale Mehrebenenanalyse & Grounded Theory

Das Material werteten wir anhand einer Kombination aus dem Kodierparadigma der Grounded Theory (Strauss/Corbin 1996; vgl. Ballenthien/Büching/Koren Ošljak in diesem Band) und der Intersektionalen Mehrebenenanalyse (Winker/Degele 2009) aus. Die Grounded Theory wählten wir aufgrund ihrer großen Offenheit gegenüber neuen Phänomenen sowie der Möglichkeit, über das Kodierparadigma die einzelnen Ausprägungen zueinander in Beziehung setzen zu können. Die Intersektionale Mehrebenenanalyse mit ihrem Blick auf soziale Praktiken schärfte unseren Blick für soziale Ungleichheiten und unterschiedliche Positionierungen innerhalb unseres Samples. Insbesondere ermöglicht die Intersektionale Mehrebenenanalyse zu untersuchen, wie sich Subjekte selbst begreifen, welche Kategorien sie als entscheidend wahrnehmen, wie sie diese erleben, wo sie sich anpassen und wo sie sich widersetzen. Außerdem bietet sie einen strukturierten methodischen Zugang zur empirischen Analyse von Subjektkonstruktionen (auch Degele/Winker 2011; Winker 2012).

Winker/Degele (2009) schlagen ein achtschrittiges Auswertungsverfahren vor, in dem in den ersten drei Schritten die Identitätskonstruktionen der untersuchten Personen herausgearbeitet werden (1) sowie danach gefragt wird, auf welche Normen, Leitbilder und Deutungsmuster sich die untersuchten Personen beziehen (2) und auf welche sozialen Strukturen sie verweisen (3). Damit werden in diesen ersten drei Schritten die Selbstpositionierungen von Subjekten innerhalb gesellschaftlicher Verhältnisse rekonstruiert. In Schritt vier werden die Wechselwirkungen zwischen diesen drei Ebenen (Identität, Repräsentation, Struktur) herausgearbeitet und als zusammenfassende Aussagen zu zentralen Subjektkonstruktionen gebündelt.

Das offene Kodieren in den ersten drei Schritten ist dem der Grounded Theory sehr ähnlich. Allerdings erhält man mit der Intersektionalen Mehrebenenanalyse ausdifferenziertere Kodes, die durch die getrennte Sichtbarmachung von Identitäten, Repräsentationen und Strukturen Aufschluss darüber bieten, wie die Person sich selbst sieht, welche gesellschaftlichen Strukturen und welche Normen und Diskurse sie wahrnimmt, und gewinnt damit Ergebnisse, die für soziale Ungleichheiten sensibel sind.

Der Faden der Grounded Theory wurde von uns im anschließenden axialen Kodieren wieder aufgenommen, welches dazu dient, die ermittelten Kodes zueinander in Beziehung zu setzen – und zwar danach, inwiefern sie Bedingungen, Strategien, Konsequenzen etc. des ausgemachten Phänomens sind. Anhand dieser Form des Kodierens ließ sich die Frage nach Wechselwirkungen, die in Schritt vier der Intersektionalen Mehrebenenanalyse erfolgt, detailliert und strukturiert beantworten. So wurde beispielsweise deutlich, inwiefern Bedingungen für bestimmte Praktiken eher strukturell, normativ oder individuell begründet werden. Es zeigte sich, dass die Interviewten bestimmte gesellschaftliche Phänomene (Entgrenzung von Erwerbsarbeit, Entgrenzung von Öffentlichkeit) in ihren strukturellen Merkmalen bzw. als Bedingungen ähnlich wahrnehmen; welche Haltung sie dazu einnehmen (Identität) und welche Handlungen (Strategien) daraus erfolgen (Konsequenzen), variierte hingegen – und zwar vor allem in Abhängigkeit davon, welche Diskurse (Repräsentationen) sie als relevant wahrnehmen (z.B.

Selbstpräsentationsdruck vs. Datenschutz) und welche Ressourcen (Bedingungen) sie zur Verfügung haben.

An denen auf diese Weise gewonnenen Subjektkonstruktionen wurde deutlich, dass die jungen Internetarbeiter_innen mit ähnlichen Themen beschäftigt sind: So behandeln die meisten der herausgearbeiteten Subjektkonstruktionen Entgrenzungsprozesse in den Bereichen Erwerbsarbeit, Öffentlichkeit, Technik und Lernen. Beispiele für Subjektkonstruktionen sind »die von technischen Entwicklungen, Nutzungs- und Erreichbarkeitsanforderungen Bedrängte« oder »der vorsichtige Kommunikator zwischen dem Wunsch nach Zugehörigkeit und der Angst vor Kontrollverlust«.

Daher stellten wir diese vier Themen als zentrale Phänomene in den Mittelpunkt unserer weiteren Analyse und rekonstruierten, welche unterschiedlichen Praktiken die Interviewten im Umgang mit der Entgrenzung dieser vier Bereiche entwickeln. In Schritt fünf der intersektionalen Mehrebenenanalyse werden Typen gebildet; wir bildeten an dieser Stelle fünf unterschiedliche Muster von Umgangsweisen, in denen die unterschiedlichen Praktiken gebündelt wurden. Diese Muster fokussieren im Gegensatz zu einer Typenbildung mehr auf Praktiken als auf Personen. Sie bündeln die Unterschiedlichkeit der Praktiken, die wir im Sample finden konnten. Dahinter stehen keine klar voneinander abgrenzbaren Gruppen; vielmehr gab es einzelne Interviewpersonen, die mit ihren Praktiken für ein Muster ›typisch‹ sind; andere entwickeln diverse Mischformen von Umgangsweisen und sind dementsprechend mit einer Praktik in einem Muster vertreten, mit einer anderen Praktik wiederum in einem anderen.

Gleichzeitig bildete sich im Sinne des selektiven Kodierens der Grounded Theory, bei dem zum Ende hin immer mehr auf eine zentrale und übergreifende Kategorie hin kodiert wird, »Grenzmanagement«, verstanden als Umgang mit und Bewältigung von Entgrenzung, als Schlüsselkategorie heraus.

In der Intersektionalen Mehrebenenanalyse werden in den letzten drei Schritten die bis dahin erarbeiteten Ergebnisse mit theoriegeleiteten Vorgaben konfrontiert. Dabei werden die Verweise der Interviewten auf soziale Strukturen und symbolische Repräsentationen mit bestehenden Theorien und Forschungsergebnissen konfrontiert und auf diese Weise mit den deduktiv gesetzten vier Herrschaftsverhältnissen, nämlich mit Klassismen, Heteronormativismen, Rassismen und Bodyismen, in einen Zusammenhang gebracht. Für unsere empirische Auswertung bedeutete dieser Schritt, am

Ende der Analyse die identifizierten Praktiken mit Ergebnissen zu Internetdiskursen, Netzpolitik, Öffentlichkeit, Medien und Arbeitsstrukturen zu konfrontieren und auf soziale Ungleichheiten, Privilegien und Herrschaftsverhältnisse hin zu untersuchen. Da für unsere Fragestellung nicht nur Sozialstrukturen, sondern auch technische Strukturen und Vorgaben handlungsrelevant waren, bezogen wir an dieser Stelle auch die Materialität des Internets mit ein. Über die Ergebnisse zu den Interaktionen der Subjekte mit dem Internet, die wir über die Aufzeichnung von Internetpraktiken gewonnen hatten, wurden Aussagen darüber möglich, inwiefern die Praktiken der Subjekte durch Technik ermöglicht, erleichtert, begrenzt, erzwungen oder verunmöglicht werden.

4 Herausforderungen der digitalen Arbeitskultur

Wie bereits erwähnt, zeigte sich bei der Erarbeitung der Subjektkonstruktionen der Interviewten, dass diese im Wesentlichen mit vier zentralen Themen beschäftigt sind. Dies ist nur bedingt auf unser Erkenntnisinteresse und den Leitfaden zurückzuführen, sondern zeigt eher markant, welche Herausforderungen die jungen Internetarbeiter_innen für ihr Leben momentan sehen. Diese vier Herausforderungen, die sich als zentrale Themen der Interviewten erwiesen, drehen sich um folgende Themen:

- Entgrenzung von Erwerbsarbeit und anderen Lebensbereichen: Normen und feste Regelungen in der Erwerbsarbeit verschwinden insbesondere für Selbstständige zunehmend: Es verschwimmen die Grenzen zwischen Erwerbsarbeitszeit und Freizeit, zwischen Beruf und Hobby, zwischen Kolleg_innen und Freund_innen sowie zwischen bezahlten und unbezahlten Tätigkeiten. Mobile Internetnutzungen vergrößern die Möglichkeiten der und die Ansprüche an Erreichbarkeit und flexible Arbeitszeiten. Der Wunsch, sich selbst zu verwirklichen, führt teilweise in prekäre finanzielle Verhältnisse.
- Grenzverschiebungen zwischen Öffentlichkeit und Privatsphäre: Das Verhältnis von Öffentlichkeit und Privatsphäre verändert sich insbesondere mit Sozialen Netzwerken und muss von den Subjekten selbst neu definiert werden. Die Frage, wie viel und welche Informationen eine

Person bei Facebook veröffentlicht, wird reflektiert und bewusst entschieden. Die Interviewten sind gezwungen, sich zwischen den Anforderungen an den Selbstvermarktungsdruck im Netz auf der einen Seite und Datenschutzdiskursen, die vor zu viel Preisgabe warnen, auf der anderen Seite zu positionieren und Strategien zu entwickeln (auch Ballenthien/Carstensen 2011).

- Entgrenzter technologischer Wandel: Zudem setzen sich die Interviewten mit dem beschleunigten technologischen Wandel und den wachsenden Angeboten im Internet auseinander. Neue Tools, eine steigende Zahl an Sozialen Netzwerken, sich ständig weiterentwickelnde Software, Programme, Programmiersprachen und Hardware, verbunden mit der Aufforderung, diese auch zu nutzen oder zumindest zu kennen, stellen die Subjekte vor die Herausforderung, sich permanent auf neue Technologien einzustellen, sich diese anzueignen, Nutzungspraktiken für diese zu entwickeln oder sich diesen zu verwehren.
- Entgrenzung von Lernen: In diesem Kontext bekommt auch Lernen eine neue Dimension. Die Interviewten thematisieren auf der einen Seite eine Unzufriedenheit und Kritik am Lernen und der Ausbildung, wie sie sie in Institutionen kennengelernt haben. Auf der anderen Seite werden ausgeprägte Formen des autodidaktischen Sichweiterentwickelns und neue Formen informellen Lernens (über Freund_innen, Internetforen) jenseits klassischer Bildungsinstitutionen sichtbar. Das Internet als neuer Lernort ist hierbei zentral.

5 UMGANG MIT ENTGRENZUNGEN: NEUE SOZIOTECHNISCHE PRAKTIKEN

In allen Fällen geht es demnach um den Umgang mit Entgrenzung, mit sich verändernden Grenzen oder um Anforderungen an Abgrenzung (auch Carstensen 2012c). Im Umgang mit diesen Herausforderungen der Entgrenzung sind die Praktiken, die die Subjekte entwickeln, allerdings sehr unterschiedlich. Im Wesentlichen lassen sich fünf verschiedene Umgangsweisen feststellen: 1. genussvolles Grenzverwischen, 2. sehnsüchtige Mehrarbeit, 3. kontrolliert-strategische Grenzziehungen, 4. Umgang mit Entgrenzung als Belastung und 5. pragmatische Abgrenzung. Diese Muster von Umgangsweisen stellen wir im Folgenden vor. Sie fokussieren wie bereits erwähnt mehr auf Praktiken als auf Personen. Dahinter stehen keine klar voneinander abgrenzbaren Gruppen, sondern teilweise einzelne Interviewpersonen, die mit ihren Praktiken für ein Muster ›typisch‹ sind; teilweise andere, die eher diverse Mischformen von Umgangsweisen entwickeln.

5.1 Genussvolles Grenzenverwischen: Technikgestaltung und Öffentlichsein als leidenschaftliche Mission

Einige Personen aus unserem Sample genießen das Leben mit dem Internet in jeder Hinsicht, sei es, um damit Geld zu verdienen, damit Freundschaften zu pflegen oder sich das Leben zu vereinfachen. Internettätigkeiten begleiten den kompletten Alltag: Über das Smartphone wird permanent getwittert, um Informationen und Gedanken, Freud und Leid zu teilen, es wird sich bei Foursquare eingeloggt, um den eigenen Aufenthaltsort bekannt zu geben, es wird diskutiert, geflirtet und gearbeitet. Bei all diesen Tätigkeiten agieren die Subjekte scheinbar grenzenlos, denn die Grenzen zwischen Erwerbsarbeit und anderen Lebensbereichen, zwischen Öffentlichkeit und Privatsphäre verwischen, werden bewusst nicht gezogen, oft wird sogar Entgrenzung bewusst forciert.

Dieses genussvolle Grenzenverwischen finden wir insbesondere bei (überwiegend selbstständigen) Entwickler_innen, Social-Media-Berater_innen sowie netzpolitisch Aktiven, für die die Mitgestaltung des Internets eine Art Mission, Berufung oder politisches Anliegen ist, das sie in verschiedenen Lebensbereichen verfolgen. Insgesamt finden sich zudem auch etwas mehr Männer, die diese Umgangsweisen entwickeln. In der Regel verdienen sie sehr gut mit ihrer Internetarbeit.

Dabei profitieren sie von ihren großen Netzwerken, in denen sie teilweise intim, im Großen und Ganzen aber eher oberflächlich miteinander bekannt sind. Diese soziologisch als »weak ties« (Granovetter 1973) bekannten Beziehungen stellen für die berufliche Sphäre einen profitablen Pool an Möglichkeiten dar:

»Der Gründer [von einer Kooperation] kam irgendwie auf mich, wahrscheinlich weil er mich halt von Twitter und Facebook und Xing und LinkedIn kennt und meinte, ja du bist doch da ganz fit und komm doch mal nach München da zu diesem Treffen, und da lernte ich ihn halt besser kennen. Und der macht jetzt halt ein weiteres Projekt und meint, willst du nicht da entwickeln und so, wir brauchen so. Oder über [einen Bekannten] hatten wir jetzt wieder zwei Anfragen, die kennen uns aus der Berlin-Zeit, oder über Freunde halt, was die nicht handeln können oder wo die Unterstützung brauchen oder über irgendwelche Freunde von Freunden oder hier mal zufällig gesehen.«

Menschen, die das entsprechende Knowhow haben, können so aus einer privilegierten Position heraus niedrigschwellige Zugänge zu offenen Stellen oder lukrativen Aufträgen erleben, die entkoppelt sind von einer institutionalisierten Arbeitsvermittlung. Zudem beruht das Wahrnehmen passender Angebote auf großer Freiwilligkeit, die ihre privilegierte Position, sich Aufträge aussuchen zu können, deutlich macht:

»Ich will auch keine Akquise machen, ich habe eigentlich von Anfang an gesagt, ich arbeite auch arschlochfrei, also ich [...] muss auch nicht irgendwie betteln oder so. Also ich weiß, dass ich gut bin, in dem, was ich mache, ich kann mir auch aussuchen, mit wem ich arbeiten will, ich bin auch überzeugt davon, dass man das durchhalten kann, ohne Probleme. Bisher hatte ich auch noch keine.«

Bei dieser Haltung überrascht es wenig, dass Erwerbsarbeit nicht unbedingt als Stress oder Anstrengung erlebt wird:

»Für mich kann Arbeit auch erholsam sein, wenn ich ein interessantes Projekt habe, was mir Spaß macht, dann ist auch für mich durchaus irgendwie erfrischend, das zu machen, ich brauche nicht irgendwie so einen krassen Ausgleich. Also es ist nicht so, dass ich jetzt sage, ich muss jetzt abends noch eine Stunde ins Fitnesscenter oder so um abzureagieren, also brauche ich nicht, also ich glaube, bin eigentlich so durchweg entspannt irgendwie.«

Die Interviewten möchten Erwerbsarbeit nicht vom ›restlichen‹ Leben trennen und halten ›Freizeit‹ für einen überholten Begriff. Sie wollen und können im Job Dinge tun, die ihnen Spaß machen und die ihnen ein persönliches Anliegen sind. Oder wie es eine unserer Interviewpartner_innen ausdrückte: »Genieße das, was du tust, und du wirst nicht einen Tag deines Lebens arbeiten«. Oftmals bestehen Job und Hobby dabei aus identischen Tätigkeiten, z.B. Programmieren während der Erwerbsarbeit und anschließendes Programmieren zur Entspannung von der Erwerbsarbeit. Wenn nachts gearbeitet wird, kann tagsüber unbezahlten Tätigkeiten nachgegangen werden, was von den Interviewten als Freiheit empfunden wird. Oft ist der Umgang mit Zeit nicht strategisch geplant oder diszipliniert. Onlineaktivitäten sind vollständig und untrennbar mit den Tätigkeiten jenseits des Internets verwoben. Durch das Smartphone befinden sich die Subjekte in einer Art Standbymodus. Sie sind rund um die Uhr immer und überall erreichbar und bereit zu reagieren, zu kommunizieren, zu arbeiten. Dieser Modus wird nicht als Belastung, sondern als Freiheit und Bereicherung empfunden. Ein Social-Media-Berater beschreibt, wie ihn seine Internetnutzung den ganzen Tag begleitet:

»Ja [ich] kommuniziere zwischendurch mal mit der Freundin per Twitter, wollen wir zusammen in den Park […], twitter auch noch was für den Hund, […] also ich glaube, es gibt den ganzen Tag über wenig Zeit, wo man nicht mal aufs Handy guckt oder auf'n Rechner.«

Der Umgang mit den Grenzen von Privatsphäre und Öffentlichkeit ist eher von Leidenschaft als von strategischen Überlegungen geprägt. Meist vertreten die Subjekte offensiv Post-Privacy-Positionen und machen sich wenige Gedanken über Datenschutz. Die eigene Privatsphäre wird selbstverständlich und offen dargelegt.

»Über mich findest du alles im Internet, weil eigentlich kannst du mein ganzes Leben nachvollziehen. Ich benutze auch viele Locationdienste wie Friendticker oder Foursquare, also du kannst auch nachschauen, wo ich grade bin […] Also man findet quasi mein ganzes Privatleben im Internet.«

Das Subjekt ist bewusst ein ›gläsernes‹. Nicht nur feststehende Daten wie Klarnamen, Wohnort und Arbeitgeber_in werden veröffentlicht, sondern gesamte Bewegungsprofile werden in Echtzeit der Netzöffentlichkeit zur Verfügung gestellt. Der Beziehungsstatus wird ebenso offengelegt wie das Lieblingsessen oder der Musikgeschmack. Tools und Apps erleichtern diese Wissensübermittlung sortiert nach den unterschiedlichen Bereichen. Und für alles, was noch nicht beantwortet wurde, wird Formspring genutzt, ein Tool, mit dem die Netzöffentlichkeit Einzelnen Fragen stellen kann, die diese daraufhin öffentlich beantworten (können). Diese Tools und Apps werden nicht als Aufforderung oder Anforderung wahrgenommen, sondern als Ermöglichung der Befriedigung eigener Bedürfnisse. Nach dem Motto

»Wer nichts Böses tut, hat auch nichts zu verbergen« stellen die Subjekte ein Maximum an Informationen zur Verfügung. Die Befürchtung, dass die umfassende Präsentation des Privatlebens für das berufliche Leben Nachteile haben könnte, haben sie nicht; vielmehr erwarten sie, dass das Private in der Erwerbsarbeit akzeptiert wird, wie das folgende Zitat exemplarisch verdeutlicht:

»Also ich twittere relativ viel Privates […] also da muss man dann auch mit leben können, ich meine, jeder hat ein Privatleben, und jeder geht mal irgendwo was trinken, und wenn das irgendwie 'ne Rolle spielt im Job, dann ist es auch nicht der richtige Arbeitgeber, finde ich.«

Nur in geringem Maße werden Probleme, Unsicherheiten oder Ängste preisgegeben. Gleichzeitig entstehen durchaus Gemeinschaften mit Unterstützung, Verbundenheit, Vertrauen und Zusammenhalt, die bei Problemen helfen:

»Also das ist bei Twitter halt das Phänomen, da folgen einem Leute, die kennt man nicht, die hat man sein Lebtag noch nicht gesehen, und die interessieren sich dafür, was man schreibt. […] Es entsteht so Art Freundschaften, eine bestimmte Bindung auch an virtuelle Leute […] man hat dann so seine Gemeinde, und die auch einen gewissen Zusammenhalt hat, und die einem auch mal bei schwierigen Sachen beistehen.«

Typischerweise sind die Interviewten in zahlreichen Sozialen Netzwerken und oft mit eigener Website vertreten. Die eigene Website ist minimalistisch und vom Layout professionell. Meist enthält sie wenig Informationen, sondern dient vor allem als Knotenpunkt für die Verweise auf die zahlreichen Netzwerkprofile. Insbesondere der Kurznachrichtendienst Twitter ist zu einem der wichtigsten Tools zur Kommunikation, aber auch der Informationsbeschaffung geworden. Das Nutzen anderer Informationsmedien wie Fernsehen oder das Lesen analoger Zeitungen wird damit häufig als überflüssig empfunden, denn die Subjekte sind über das Internet längst von gesellschaftlich relevanten Geschehnissen oder politischen Entwicklungen informiert.

»Die enorme Geschwindigkeit des Informationsflusses finde ich halt extrem genial im Internet, also ich kann auch keine Zeitung mehr lesen, weil ich habe den ganzen Kram sowieso schon vor zwei Tagen meistens gelesen, und das ist halt so der große Reiz am Internet, dass man immer am Puls der Zeit [ist].«

Auch der technische Wandel wird in Echtzeit begleitet, ohne sich von ihm abzugrenzen. Die Vielfalt der Angebote im Internet wird breit genutzt und nicht als Überforderung erlebt. Autodidaktische Herangehensweisen und eine neugierige, faszinierte, experimentierfreudige Haltung sind die Kennzeichen der Technikaneignung. Technik wird als aktiv gestaltbar begriffen. »Alles geht« ist die Haltung, mit der die Interviewten Technik nutzen und auch mitgestalten. Der Umgang mit den neuesten Technologien, bestimmten Marken oder einer bestimmten Software (Linux, Open Source, Apple) wirkt stark identitätsbildend und ist oftmals auch Ausdruck der Zugehörigkeit zu einer bestimmten Technikcommunity. Mit dieser Haltung haben sich die Interviewten selbst oder durch Freund_innen und Communitys ihre technischen Kompetenzen autodidaktisch angeeignet.

»Ich folge halt auch vielen Webentwicklern, die ich so auch privat kenne, und dann kriegt man da mal einen Link zugesteckt mit coolen neuen Sachen, und dann schaut man sich das an, also ist schon viel Informationen am Tag, die da durchrauschen.«

Die autodidaktische Haltung erleichtert den Bildungszuwachs im technischen Bereich. In herkömmlichen Bildungsinstitutionen haben die Internetarbeiter_innen damit aber oft Probleme; diese bieten ihnen aus ihrer Sicht nicht das Knowhow und auch nicht den Raum für ihre Lernstile, die sie für die Erlangung ihrer Profession brauchen. So wurde das Informatikstudium oftmals abgebrochen, weil es als langweilig oder nicht zielführend erlebt wurde.

Entgrenzung wird in diesem ersten Muster an Umgangsweisen also alles andere als negativ erlebt. Grenzen gegenüber Erwerbsarbeit, Öffentlichkeit oder dem technischen Wandel werden nicht für nötig erachtet. Vielmehr werden Grenzen (bewusst oder unbewusst) genussvoll verwischt, verschoben oder ignoriert.

5.2 Sehnsüchtige Mehrarbeit: Beziehungsarbeit im Internet und Netzwerkpflege werden zu freiwilligen Überstunden

Auch in den Praktiken, die wir als ›sehnsüchtig‹ bezeichnen, finden sich viel Internetfaszination, -begeisterung und -leidenschaft. Ähnlich wie bei den ›Genussvollen‹ werden die Grenzen zwischen Privatsphäre und Öffentlichkeit aktiv verwischt, weil die Interviewten keine Angst vor Datenmissbrauch haben und über die öffentliche Kommunikation mit anderen Austausch, Anerkennung, gute Kontakte und Feedback bekommen. Auch sie genießen den technischen Wandel, können es manchmal kaum abwarten, wie sich das Internet weiterentwickelt oder wann das neue Smartphone auf den Markt kommt.

Was diese Praktiken von den ersteren unterscheidet, ist ihr Verhältnis zur Erwerbsarbeit. Diese Gruppe, die keine Auffälligkeiten hinsichtlich Geschlecht aufweist, arbeitet nach einem (nichttechnischen) abgeschlossenen Studium überwiegend fest angestellt im Medien-, Kultur- oder Bildungsbereich. Sie haben in ihrer Arbeit viel mit dem Internet zu tun, allerdings weniger oder anders als es ihren Bedürfnissen entspricht. Dadurch hat Erwerbsarbeit viel mehr den Charakter von Pflicht als im vorangegangenen Typ. Es wird unterschieden in »Sachen, die ich machen muss«, und »Sachen, die ich machen möchte«.

»Erwerbsarbeit hat für mich, glaube ich, vor allen Dingen die Bedeutung, auch wenn's mir sehr viel Spaß macht, dass ich darüber Geld verdiene. Also wenn ich mir aussuchen könnte, ich würde jetzt das Geld, was hier irgendwie jeden Monat auf meinem Konto ankommt, so nehmen und dann Sachen machen irgendwie, mit denen ich mich verwirkliche und so, dann würde ich ganz bestimmt was anderes machen, und dann würde ich auch definitiv meinen Job kündigen.«

Es liegt teilweise an den inhaltlichen Aufgaben, aber auch dem Niveau oder der fehlenden Anerkennung, dass die Erwerbsarbeit als unbefriedigend erlebt wird:

»Ich wünschte, es wäre anders, weil das ist eigentlich ein bisschen langweilige Arbeit und ist so bisschen traurig, dass so viel von dieser Hausmeisterarbeit [im Internetforum] übrig ist und man nichts Besseres, Sinnvolleres machen kann.«

So besteht der Wunsch, das Internet im Job viel mehr zu nutzen. Für die Subjekte hat dies zwei Konsequenzen: Erstens können die Ansprüche an den eigenen Weblog, den eigenen Twitter-Account oder das eigene Facebook-Profil erst nach Feierabend eingelöst werden. Das ist auf Dauer anstrengend und belastend, zumal die Tätigkeiten von den Subjekten als Arbeit, nämlich als ›Beziehungs*arbeit*‹ oder ›Netzwerk*pflege*‹ verstanden werden – unabhängig davon, dass diese freiwillig erfolgt:

»Arbeit ist für mich, glaube ich, so unterteilt in Erwerbsarbeit, Familien- und Haushaltsarbeit, dann noch irgendwie sowas wie Beziehungsarbeit und auch so soziale Kontakte pflegen, also das ist jetzt irgendwie der Teil Arbeit, der mir am meisten Spaß macht, aber es ist natürlich schon, es wird schon so was, wo ich dann denke, das ist Arbeit [...] Netzwerken für mich auch irgendwie Arbeit.«

Zweitens nutzen sie die (mehr oder weniger großen) inhaltlichen Freiräume innerhalb ihrer Erwerbsarbeit, um ihre Internetinteressen durch Mehrarbeit in ihrem Job unterzubringen, indem sie beispielsweise selbst initiiert und freiwillig für ihre Einrichtung oder ihr Unternehmen twittern, bloggen, facebooken oder Ähnliches und sich auch die erforderlichen Kompetenzen dafür selbst aneignen. Dass der private und der berufliche Twitter-Account dabei manchmal durcheinander geraten, stört sie nicht:

»Wobei ich jetzt irgendwie nichts dagegen habe, wenn [von] den Leuten [die mir] auch bei dem Arbeits-Account folgen, auch irgendwie der privaten quasi folgen, [...] also, ich habe dann zwar irgendwie versucht irgendwie, meinen Privat- und meinen dienstlichen Twitter-Account zu trennen, aber ich arbeite auch sehr viel über meinen privaten Account.«

Es kann vorkommen, dass die eigenen Ansprüche, beide Kanäle zu bedienen, nicht eingelöst werden. Dies ist in besonderem Maße der Fall, wenn der Job Spaß macht und sich mit den Inhalten auch privat identifiziert wird. So wird auf Veranstaltungen vergessen, dass das Erlebte auch für das Unternehmen und damit für dessen Twitter-Account interessant sein könnte:

»[Ich] habe überhaupt nicht darüber nachgedacht, dass man das ja auch irgendwie zu Vernetzungszwecken eigentlich mal ganz schlau wäre, dann gezielt über den anderen irgendwie, so ein paar Sachen, ein paar Tweets zu schreiben. Habe ich leider nicht gemacht also, weil es auch, weil ich dann auch eigentlich aus privatem Interesse da war, und nicht aus: ich muss jetzt irgendwie da unser Unternehmen irgendwie pushen oder so.«

Die Subjekte nehmen eine Intensivierung der Erwerbsarbeit in Kauf, die sie sich selbst auferlegen, um ihre Internetleidenschaft auszuleben. Auch sie haben zahlreiche Profile in diversen Netzwerken, sind stark an Internetcommunitys interessiert und investieren viel Zeit in ihre Netzwerke. Von diesen profitieren sie sehr, da sie dort Anregungen und Unterstützung bekommen sowie die Anerkennung, die ihnen sowohl für ihren Job als auch als Privatperson wichtig ist.

»Ich mache das im Internet ja nicht irgendwie, um irgendwie damit irgendwie Geld zu verdienen, auch nicht, also auch nicht wirklich, um damit jetzt berühmt zu werden oder irgendwie was besonders irgendwie darzustellen, aber das ist schon schön, wenn man dann irgendwie für die Sachen, die man bekommt, auch irgendwie 'n, irgend 'ne Form Anerkennung bekommt und äh, das is' mir relativ egal, ob ich 'n netten Kommentar in 'n Blog bekomme oder ob dann jemand drauf anspricht oder so, äh, das find ich schon, toll.«

Wenn sie es schaffen, das Internet in ihre Erwerbsarbeit zu integrieren, haben sie einen Raum geschaffen, ihre Sehnsüchte auch im Beruflichen auszuleben. Doch das ist kein Garant dafür, insgesamt mit dem Job und dem Verhältnis zwischen Arbeit und anderen Bereichen des Lebens zufrieden zu sein. Diese Situation zu ändern, scheitert in der Regel an dem Bedürfnis nach sozialer Absicherung, das dem Bedürfnis nach Selbstverwirklichung gegenübersteht.

»[I]rgendwie vom Verdienst her, von der Sicherheit irgendwie, dass man irgendwelche, eine feste Stelle hat also, ich könnte mir zum Beispiel überhaupt nicht vorstellen […] mich selbstständig zu machen oder so, freiberuflich zu arbeiten, weil ich irgendwie, überhaupt keine Lust hätte […] dann so 'ne, so 'ne soziale Sicherheiten dann irgendwie aufzugeben.«

Einige entscheiden sich aber auch für eine Selbstständigkeit statt einer Festanstellung, wenn das Bedürfnis, die eigenen Projekte zu verwirklichen und flexibel zu arbeiten, zu groß wird.

Somit sind auch diese Personen bewusst mit dem Auflösen der Grenzen zwischen Erwerbsarbeit und anderen Lebensbereichen beschäftigt, vielmehr als im ersten Handlungsmuster allerdings aus einer Unzufriedenheit und Sehnsucht heraus. Mit den selbst gewählten Überstunden und dem Gefühl, den eigenen Anliegen nicht gerecht zu werden, sind sie zudem in größerem Umfang belastet.

5.3 Kontrolliert-strategisches Grenzmanagement: Disziplinierte Selbstpräsentation als Imagepflege

Eine weitere Gruppe nutzt das Internet ebenfalls permanent und ist begeistert von den technischen Möglichkeiten. Anders als die beiden vorangegangenen trennen diese Interviewten aber gerade *mit* dem Internet sehr klar zwischen Erwerbsarbeit und anderen Lebensbereichen sowie zwischen Privatsphäre und Öffentlichkeit. Dieser kontrollierte und strategische Umgang mit Entgrenzung beginnt im Bereich Erwerbsarbeit. Zwar ist der Blick auf das Smartphone und den Twitter-Account die erste Tätigkeit am Morgen und die letzte vor dem Einschlafen:

»Also das ist relativ das Erste, was man macht, noch bevor man irgendwie im Badezimmer ist, dass man einmal aufs iPhone schaut, guckt, was für Nachrichten sind eingegangen hier, und da was ist los, Welt untergegangen, oder wurde Youtube in Deutschland gesperrt.«

Berufliche E-Mails werden hingegen erst im Büro gecheckt und nach Feierabend ebenfalls ignoriert. Genauso diszipliniert wird der Ablenkungsgefahr des Internets begegnet und auch mal abgeschaltet, wenn konzentriert an etwas gearbeitet werden muss. Diese Praktiken finden sich u.a. bei Festangestellten, die in größeren Firmen für den Internetauftritt, die Social-Media-Strategie oder die Systemadministration zuständig sind. Die strikten Grenzziehungen werden oftmals durch eine Unternehmenskultur ermöglicht, die klare und geregelte Arbeitszeiten beinhaltet:

»Also ich habe meine Kernarbeitszeiten, und die bin ich im Büro, und darüber hinaus wird auch nichts von mir erwartet, also wie gesagt, wir sind da auch erst am Aufbau, das kann irgendwann mal vorkommen, aber bisher ist es nicht passiert.«

Zum Teil werden diese Grenzziehungen aber auch von den Interviewten aus privilegierten Positionen heraus vehement und selbstbewusst durchgesetzt und verteidigt:

»Wenn man auch beispielsweise seine Kunden erziehen muss, […] die sind sowieso immer wach und auf Tour und sonst was, die schicken um neun eine Nachricht, eine E-Mail, wollen eine Antwort drauf haben oder dass ich irgendwas erledige, und er sieht, dass ich irgendwie nachmittags ihm immer noch nicht geantwortet habe, aber ich irgendwie bei den Schwiegereltern bin und da irgendwie was Lustiges bei Facebook reinstelle, […] wenn er sich da anstellt, dann sage ich: Ja dann rechnet es sich für mich nicht, und dann musst du dir jemand anders suchen.«

Diese disziplinierten Praktiken finden sich aber auch bei Selbstständigen, die sich mit ihrer beruflichen Tätigkeit öffentlich darstellen müssen, um für sich zu werben, z.B. als Webdesigner_innen. Sie nutzen das Internet zur Distinktion, um sich von anderen abzuheben. Die Interviewten präsentieren sich strategisch, um sich mit ihren Kompetenzen in den neuesten Programmiersprachen oder Onlinetools ihr Marktsegment zu sichern.

»Gerade ist Facebook da ja eine riesengroße Werbefläche, man wird ja quasi bombardiert mit Werbung, und genau so mache ich's halt auch, also wenn ich was Neues habe, was ich in mein Portfolio stelle, dann kommt ein Post bei Facebook rauf, dann sollen die Leute rauf gehen, weil letztendlich profitiere ich ja auch von dem Traffic auf meiner Website, das ist ja dann wieder für's Google-Ranking gut, und dann steht man wieder ein bisschen weiter [oben].«

Dies wird auch deutlich an eigenen Webseiten, die durch ihre Gestaltung die Kreativität, Technik- oder Medienkompetenz der Betreiber_innen deutlich machen. Sehr kontrolliert betreiben sie ihre öffentliche Selbstdarstellung, legen viel Wert auf ihr Image, löschen beispielsweise ihr StudiVZ-Profil, wenn sie sich bei Facebook anmelden, weil sie der Meinung sind, zu viele, nicht gepflegte Profile würden nicht seriös aussehen:

»Man will dann auch irgendwie nicht unseriös wirken […] und ich finde, das reicht dann, wenn [man] einfach ein privates Profil und ein Geschäftsprofil hat, und das ist dann genug.«

Private Informationen werden nur vereinzelt und gezielt zur Selbstvermarktung preisgegeben und ansonsten in rein privaten Gruppen innerhalb der Netzwerke wenig öffentlich verhandelt.

»Privat würd' ich's nicht machen, weil ich find', das interessiert kein Schwein, dass ich mir grade irgendwie Mittagessen mache oder so deswegen, beruflich kann man's schon, gebrauchen. [...] Dass man bei einer realen Welt alles dort macht, was man in der virtuellen macht, würde man ja nicht auf'm Sofa von wildfremden Leuten nackt sitzen und Fotoalben aus seiner Kindheit zeigen und noch alle Geliebte nebenbei und irgendwie den Chef noch obendrauf. [...] also ich persönlich behandle auch diese ganzen Facebook-Twitter-MySpace-Dinger immer sehr, was heißt professionell, aber halt beruflich.«

Sehr überlegt wird klar unterschieden, wie welches Netzwerk genutzt wird. Xing wird beispielsweise überhaupt nicht für Privates genutzt, und bei Facebook wird bedacht, dass Bekannte und Familie mitlesen:

»Das halt wirklich für Privates so für mich gedacht, also grade Twitter ist so eine Plattform, wo halt auch die Hemmschwelle wahnsinnig niedrig ist, was zu posten, wo man auch sich mal betrunken ans Handy setzt und [...] so was würde ich bei Facebook auch nicht unbedingt machen, weil bei Facebook hat man dann doch eher Freunde als Kontakte oder auch mal Familie und Ähnliches.«

Diese aktiven und strategischen Begrenzungen setzen sich fort in einer Trennung von privaten und beruflichen Kontakten, die zwar beide auch über das Internet gepflegt werden, hierbei aber technisch auseinandergehalten werden:

»Facebook ist mehr privat, aber mittlerweile auch schon mit Beruf vermischt, weil, wie erklärt man dem Arbeitskollegen oder der Arbeitskollegin, dass man sie auf Xing added, aber auf Facebook nicht [...] ist manchmal ein bisschen schwierig, deswegen hat sich das irgendwann vermischt, aber man kann Gruppen anlegen, und dann ist alles wieder in Ordnung.«

Die Interviewten entwickeln aber auch Strategien, spezifische als sensibel definierte Bereiche des Privaten aus unterschiedlichen Motivationen vor der Öffentlichkeit zu schützen. Bestimmte Themen und Diskussionen werden in anonyme Zweit-Accounts verlagert, die ganz bewusst strikt getrennt werden von den sonstigen Internetpräsentationen. So schaffen sich die Interviewten Räume, um über sehr intime Dinge schreiben zu können, sich auch darüber austauschen zu können, ohne von dem beruflichen oder auch Teilen des privaten Umfelds dafür diskreditiert werden zu können.

»Ja, der zweite Account ist schon so, dass er ganz, ganz viele intime Dinge auch schreibt, wo ich auch wüsste, wenn das jeder Mensch, den ich so kenne, mit mir in Verbindung bringen würde, dann wäre das nicht gut, also da weiß ich ja, das wäre für mich nicht gut, und von daher ist das eben anonym.«

Andere nutzen geschützte, nicht für alle einsehbare Accounts und Räume, um Privates zu diskutieren, oder blocken Personen, mit denen sie sich nicht länger auseinandersetzen wollen. Sie nutzen also geschickt, reflektiert und kompetent die vielfältigen Tools, Einstellungen und Gruppenoptionen im Internet. Die Grenzziehungen zwischen Privatsphäre und Öffentlichkeit, aber auch der Kampf um Aufmerksamkeit ist den Interviewten sehr wichtig, weshalb sie viel Zeit darauf verwenden, ihre Privatsphäreneinstellungen in Sozialen Netzwerken nach ihren Bedürfnissen vorzunehmen und sich mit Tools und technischen Feinheiten auseinanderzusetzen. Dabei entwickeln sie ausgefeilte Nutzungsstrategien und sehr viel Knowhow über Social-Media-Tools.

»Also es reicht nicht, nur wenn man irgendwann mal ein Facebook-Profil hatte, und man hat da seine 20 besten Freunde drauf, man muss auch mal ein bisschen gucken, wie gestaltet man eine Facebook-Seite, was steckt dahinter, was gibt es für Möglichkeiten, auch zu überwachen, worauf reagieren die Leute, was ist besonders spannend für die, was finden die ganz schrecklich, wo laufen einem die Fans zu, wo laufen die einem weg, solche Sachen, dass man auch mal neugierig ist, dahinter zu gucken, und sich kleine Tools ausfindig macht.«

Untersucht man die Internetauftritte der Interviewpersonen, wird deutlich, dass die Grenzziehungen zwischen Privatem und Öffentlichem oder zwischen den unterschiedlichen öffentlichen Identitäten immer wieder neu austariert werden. Das Nichtabreißen der Auseinandersetzung unterstreicht die sehr bewusst und stetig voranschreitende Professionalisierung inklusive einer eher intimeren Auseinandersetzung mit sich selbst. In den Interviews schildern sie, dass sie überprüfen, wer das eigene Profil besucht, oder dass sie die Klickstatistiken ihrer Seiten auswerten. Kommunikationsmanagement ist eine zentrale Daueraufgabe, die professionell bewältigt wird. Auch diese Interviewpersonen eignen sich das Wissen und die Kompetenzen dafür autodidaktisch an. Selten fallen Begriffe wie »auswendig lernen« oder »üben«. Es sind ausschließlich Begriffe der Selbstbestimmung wie »rumprobieren«, »Neugierde befriedigen«, »Lösungen finden« oder »entdecken«. Trotz der vielfältigen Ressourcen, die diese Praktiken erfordern, zeigt sich gerade hier, wie viel Aufwand, insbesondere für Kommunikations- und Informationsmanagement, Subjekte leisten müssen, um den Anforderungen der Digitalen Kultur gerecht zu werden – wenn sie den Anspruch haben, verschiedene Lebensbereiche zu trennen und ihre Privatsphäre zu behaupten.

5.4 Umgang mit Entgrenzung als Belastung: Stress, Skepsis & Angst

Neben den bis hier gezeigten, eher souveränen und gelassenen Umgangsweisen finden sich in unserem Sample auch Aussagen und Haltungen, an denen deutlich wird, dass die Interviewten zwar durchaus begeistert und fasziniert vom Internet sind, die Herausforderungen der digitalen Kultur aber auch als anstrengend und belastend wahrnehmen. Sie thematisieren, dass der Umgang mit den verschiedenen Entgrenzungen Ressourcen wie Zeit, Geld, Kraft und Mut erfordert, und problematisieren die diskursiven Aufforderungen, in der Öffentlichkeit präsent, vernetzt, mutig und immer erreichbar sein zu müssen, um das eigene Internetangebot und sich selbst zu vermarkten. In diesem Abschnitt finden sich teilweise hochqualifizierte Internetarbeiter_innen wieder, die in unterschiedlichen Fächern ein Studium abgeschlossen haben, aber inzwischen nicht unmittelbar in ihrem Fach arbeiten. Oftmals ist ein eigenes Internetangebot Gegenstand der beruflichen Tätigkeiten, das sie ehrgeizig, engagiert und mit viel Bereitschaft, sich weiterzuqualifizieren betreiben, das aber teilweise noch kein Geld einbringt und den Lebensunterhalt nicht sichern kann. Hier ist sowohl journalistische, künstlerische als auch technische (Erwerbs-)Arbeit zu finden.

Einige belastende Umstände sollen im Folgenden näher beleuchtet werden. So werden u.a. der Umgang mit der immensen Informations- und

Kommunikationsmenge und die Anforderung, erreichbar zu sein, bewusst und negativ erlebt:

»Also man hat ja dann auch zig tausend E-Mails, und dann muss man noch bei Facebook gucken und bei MySpace bei den andern quasi E-Mail-Accounts, ist ständig erreichbar, also ich habe noch kein iPhone, wahrscheinlich bald auch, wobei ich mir da schon fast Sorgen mache, so Gott, dann bin ich ja wirklich überall erreichbar, was ja auch in Studien auch nachgewiesen wird, dass diese ständige Erreichbarkeit durchaus zu dem Zwang, also dass es schon zwanghafte Ausmaße annimmt, und man dadurch, dass man ständig eigentlich erreichbar sein sollte, sich auch ständig schlecht fühlt, wenn man's dann mal nicht ist.«

Derselbe ›Standbymodus‹, der von anderen als Freiheit und Bereicherung empfunden wird, wird hier als starke Belastung beschrieben. Auch werden kaum Strategien der Grenzziehung entwickelt. Die Subjekte fühlen sich den diskursiven Erreichbarkeitsnormen ausgeliefert und versuchen, diese trotz ihrer emotionalen Gegenwehr auszuhalten. Auch die damit verbundene zeitliche Entgrenzung, die u.a. durch internationale Kooperationen verschärft wird, weil nachts mit Kolleg_innen in Japan oder den USA gechattet werden muss, zehrt an den Kräften. Im Gegensatz zu einem flexibel und autonom gestalteten Zeitmanagement, wird der ›24/7-Rhythmus‹ (also 24 Stunden an sieben Tagen) als Zwang wahrgenommen, der die Subjekte an die Grenze ihrer Belastbarkeit bringt: »Es gibt auch Tage, […] wo ich ausgepowert bin und gestresst bin, wo ich sage, sorry, die letzten Tage war'n so viel.« Auf Dauer belastet dies andere Lebensbereiche wie die Freizeit:

»Jaa, das ist ein Thema, was mich sehr nervt, ich hatte früher sehr, sehr, sehr viele Hobbys, für die ich leider heutzutage keine Zeit mehr habe oder einfach zu kaputt bin. […] das nervt mich ganz schön und [in der] Firma haben wir Sport, […] komm [ich] heutzutage überhaupt nicht mehr dazu, […] kaufe ab und zu noch mal ein Buch, wenn ich mal fand, das ist gut, lese davon zwanzig Seiten, und denn lese ich die Woche später nochmal die ersten zwanzig Seiten und lese vier Wochen später noch mal die ersten zwanzig Seiten.«

Verschärft werden die Belastungen noch, wenn die beruflichen Internettätigkeiten wenig oder bisher gar kein Geld erbracht haben. Die monetäre Wertschätzung richtet sich gerade in freiberuflichen Feldern oft nicht nach geleisteten Stunden. So ist es irrelevant für die Bezahlung, ob ein Kode in ein paar Stunden oder in vielen Nächten programmiert wurde. Und der von der Community gezollte Respekt für den journalistischen Beitrag lässt sich kurzfristig nicht in Geld umwandeln. Bleiben die Bemühungen um finanzielle Erfolge lange aus, stellt sich Frustration ein:

»Es stellt sich grad so'n bisschen so'ne Frustrationserscheinung ein, wo ich denke, ich kann grad nicht mehr meine Zeit, die kostbare Zeit investieren in etwas, wo vielleicht irgendwann mal was bei rumkommt, weil […] darauf basiert ja auch sehr viel des Netzes, weil man Bock drauf hat und weil man hofft, man kann damit was machen […] Manchmal denke ich mir, puh, dann gehe ich lieber kellnern und weiß, ich habe irgendwie am Ende soundsoviel verdient in der Zeit, wo ich da war, und das ist was Konkretes.«

Wie an anderen Umgangsweisen bereits deutlich wurde, legen die Subjekte Wert auf die freie Wahl, sich mit dem zu beschäftigen, was sie als interessant erachten. Doch bleibt die angemessene Bezahlung aus, so wird der Ruf nach einem traditionellen, abgesicherten Arbeitsverhältnis laut. Der Kampf um Autonomie und Selbstbestimmung wird aufgegeben und ein Normalarbeitsverhältnis in Betracht gezogen. Auch hohe Qualifikationen eröffnen kaum automatisch den Weg in eine finanziell abgesicherte Zukunft.

»Kriege grad nur Absagen rein, wo ich mir denke, wie jetzt, ich kriege 'ne Absage für ein Praktikum? Also was bitte schön wollt ihr denn noch? Also es ist wirklich, so nachdem, wenn man mal ganz konservativ lebenslauftechnisch denkt, stimmt eigentlich alles bei mir, jung, Ausland, viel Arbeitserfahrung, selbstständig, tralala, und trotzdem klappt es nicht, da frage ich mich, wie jetzt […] also, welche Ansprüche können denn noch gestellt werden, bis zur totalen Selbstaufgabe? Dass man ja fast sich schon bedanken muss, weil man irgendwo für echt wenig Geld ein Praktikum machen darf, obwohl man eigentlich was ganz anderes einfordern könnte, das sind so die Ängste, dass das so bleibt.«

Neben den Anstrengungen der entgrenzten und prekarisierten (Erwerbs-)Arbeit setzen sich die Interviewten auch mit der Entgrenzung von Öffentlichkeit und Privatsphäre auseinander. Auch hier werden verschiedene Belastungen und Anstrengungen sichtbar. Die Anforderung, mit dem eigenen Angebot auf allen Kanälen präsent sein zu müssen, wird als Zwang erlebt:

»Also es ist manchmal so, man ist einfach da der Präsenz wegen, weil man's ja irgendwie sein muss, weil wir sind ein Internetunternehmen, wir können nicht nicht auf Facebook sein und nicht nicht auf Twitter und am besten entwickeln wir noch eine App.«

Ein Interviewter verweist auf einen weiteren wichtigen Punkt, dessen es bedarf, um sich professionell zu präsentieren – Mut und Selbstvertrauen:

»Es schadet nicht, wenn man 'n bisschen, wie sagt man, na, so'n bisschen Selbstvertrauen hat, das ist, glaube ich, nicht schlecht, wenn man sich nach außen hin quasi öffentlich macht mit irgendeiner Mail an eine öffentliche Mailingliste, und wenn man dann nicht Angst hat, vielleicht da in zwei Jahren noch mal, noch mal drauf festgenagelt zu werden, das wäre hilfreich. [...] ich bin ein bisschen unzufrieden, dass ich nicht immer [mich] nicht traue mit Biss in die Öffentlichkeit zu gehen, also grade bei Onlinecommunitys ist es ein bisschen schade, weil man einfach nicht gehört wird, wenn man sich nicht energisch genug sichtbar macht, und damit laufen dann Dinge in eine Richtung, die man vielleicht gar nicht selber so gut findet.«

Hier wird zum einen deutlich, dass die Kompetenz, sich öffentlich zu äußeren und zu positionieren, nicht selbstverständlich ist und für manche eine Hürde darstellt, an der sie scheitern können. Zum anderen wird auch deutlich, dass die Netzöffentlichkeit harte Kriterien an öffentliche Äußerungen stellt: Man muss sich energisch bemerkbar machen, wenn man gehört werden möchte, und vor allem »vergisst« das Netz nichts. Äußerungen, die vor Jahren im Internet gemacht wurden, können lange oder gar für immer auffindbar bleiben. Mit diesem Bewusstsein fällt es manchen schwer, sich ungezwungen und spontan in die öffentliche Kommunikation einzubringen. Hieraus erwachsen bei manchen wenig aktive Umgangsweisen. Stattdessen ziehen sie sich zurück.

Während im vorangegangenen Fall die Anforderung, öffentlich zu sein, sehr intensiv wahrgenommen wird und thematisiert wird, warum man diesen Anforderungen nicht gerecht werden kann, beziehen sich andere ausschließlich auf die Datenschutzdiskurse, die vor zu viel Preisgabe warnen, ohne dass dabei persönliche Attribute wie Schüchternheit eine Rolle spielen:

»Das Netz vergisst eben nicht, also deswegen erlaube ich auch gar nicht erst solche Verlinkungen, ich finde das auch ganz tricky und auch wirklich grenzwertig, dass bei Facebook, dass man in Fotos markiert werden kann und dann auch mit dem Tag und so […] so was finde ich halt sehr, solche Entwicklungen sehr gefährlich, wenn's auch bald noch irgendwie Gesichtserkennung gibt und Ähnliches.«

Gerade Erfahrungen mit Facebook sorgen dafür, dass das Netz als ›unheimlich‹ erlebt wird. Die Interviewten betonen, sie könnten nicht einschätzen, was mit den Daten passiert, z.b. wem sie zugänglich sind und wie lange sie gespeichert werden. Situationen, in denen trotz einiger Vorsichtsmaßnahmen, das Private zu schützen, das Internet plötzlich ›mehr weiß‹, als man meint preisgegeben zu haben, werden als Kontrollverlust erlebt und führen zum Rückzug aus Sozialen Netzwerken:

»Also, ich finde, im Internet Dinge zu veröffentlichen, immer ganz unheimlich, also weil ich, ähm, das Gefühl habe, […] ich kann das überhaupt nicht einschätzen, was mit den Daten passiert und wie lange die gespeichert werden, und ich will einfach nicht, dass Informationen über meine Person allen zugänglich sind oder so, das finde ich nach wie vor ein unheimliches Gefühl. Und ich hatte das einmal, dass ich ganz am Anfang etwas naiv bei Facebook, […] ich habe eine E-Mail-Adresse von der Person gesucht, die ich verloren hatte, und dachte dann, ach Mensch, […] vielleicht ist die da ja veröffentlicht, und dann musste ich mich natürlich dafür anmelden und habe dann mich mit einem falschen Namen und keiner einzigen richtigen Angabe angemeldet und auch eine E-Mail-Adresse verwendet, in der mein Name nicht enthalten ist, und dann kam halt sofort zur Begrüßung, ja die und die und die alten Schulfreunde von Ihnen möchten gerne Kontakt zu Ihnen aufnehmen oder so, und die kannte ich halt alle, und das fand ich so unheimlich, dass ich halt wirklich den Impuls hatte, vom Computer aufzuspringen und wegzurennen.«

Neben Diskursfiguren wie »das Netz vergisst nie« ist insbesondere der »googelnde Arbeitgeber« in den Argumentationen präsent. Die Interviewten sind überzeugt davon, dass Personalabteilungen im Internet Bewerber_innen und Mitarbeiter_innen recherchieren. Dieses Wissen bestimmt in großem Maße die eigenen Umgangsweisen mit dem Internet. Neben einem grundsätzlichen Misstrauen, wird die Angst vor den googelnden aktuellen oder zukünftigen Arbeitgeber_innen bei allen Feinheiten der Informationsweitergabe mitbedacht.

Die Subjekte stellen einige Anstrengungen an, die private Webpräsenz nicht mit der beruflichen zu vermengen. Es existieren private Accounts mit Pseudonymen, die nur für Freund_innen einsehbar sind, es werden Texte verschlüsselt verschickt, oder es wird die emotional nur schwer aushaltbare und wirtschaftlich negative Verweigerung von Informationspreisgabe gewählt. Eine weitere Strategie ist das Veröffentlichen von Informationen, die zunächst privat anmuten, aber in Wirklichkeit sehr oberflächlich bleiben.

Neben der Entgrenzung von Öffentlichkeit und Privatsphäre und der in vielerlei Hinsicht entgrenzten Erwerbsarbeit wird auch der entgrenzte technische Wandel als belastend erlebt. Die Subjekte sind angestrengt davon, dass ständig neue Tools entstehen, dass Google Unmengen an Treffern zu einer Suchanfrage erzeugt, dass es eine unüberschaubare Menge an Sozialen Netzwerken und Communitys gibt oder dass sich Programmiersprachen schnell ändern. Diese technische Infrastruktur verbindet sich für sie mit einem nachdrücklichen Diskurs, diese Angebote auch nutzen zu müssen, sie sich anzueignen oder sie zumindest zu kennen. ›Dranbleiben-Müssen‹ an der technischen Entwicklung wird zu einer wichtigen Handlungsaufforderung, der mühsam und aus eigener Sicht manchmal zu langsam nachgekommen wird. Nichtnutzung oder Verweigerung sind mit schlechtem Gewissen verbunden. Selbst wenn der Nutzen kritisch in Frage gestellt wird, erscheint ›Mitmachen‹ unausweichlich; in der Regel werden die meisten Angebote schließlich doch genutzt, denn der technische Wandel ist schließlich eng verwoben mit den oben beschriebenen Erreichbarkeitsnormen:

»[D]ann war, dass Twitter jetzt so irgendwie ratzfatz aus'm Boden gestampft wurde und plötzlich wichtig war, wo ich auch am Anfang dachte, was, warum, denn mehr als heute online xy mache ich auch nicht, mache ich dann aber doch, also man entwickelt dann, sucht sich doch so seine Nischen.«

In diesem Abschnitt wird wie in keinem der anderen der – zeitliche wie emotionale – Aufwand deutlich, den das Internet produziert und den Subjekten abverlangt. Im Gegensatz zu den freiwillig und genussvoll entgrenzten oder den strategisch Grenzen ziehenden Umgangsweisen nehmen ihn die hier skizzierten Subjekte entweder widerwillig auf sich oder ziehen sich zurück. Sie nehmen die Aufforderung, öffentlich präsent sein zu müssen, sehr stark wahr, beziehen sich dabei aber gleichzeitig auch auf warnende

Datenschutzdiskurse. Misstrauen und schlechte Erfahrungen lassen das Internet zu einem anstrengenden Unterfangen werden.

5.5 Pragmatische Abgrenzung: Das Internet als funktionale Möglichkeit zum Gelderwerb ohne Interesse an Gemeinschaft

Schließlich finden sich im Sample noch Umgangsweisen, die von einem sehr pragmatischen Verhältnis zum Internet geprägt sind. Die Subjekte sind teilweise sehr technikkompetent und arbeiten selbstständig oder angestellt. Im Gegensatz zu allen anderen beschäftigen sie sich aber wenig aus persönlichem Interesse mit dem Internet. Auch arbeiten sie eher nicht besonders entgrenzt. Durch das geringe Interesse an den Internetnutzungen in anderen Lebensbereichen als der (Erwerbs-)Arbeit, wird die Grenzziehung zwischen Erwerbsarbeit und Freizeit zusätzlich unterstützt. Das Niveau ihrer beruflichen Tätigkeiten ist dabei unterschiedlich: Während sich in diesem Typus durchaus hochqualifizierte Informatiker_innen finden, die komplexe Anwendungen entwickeln und damit gut verdienen, können gleichzeitig auch eintönigere Tätigkeiten ausgemacht werden, die fast nur aus Copy-and-Paste-Aufgaben für Datenbanken bestehen und von Student_innen in Nebenjobs für wenig Geld ausgeführt werden. Selbst wenn ein Teil des Technik- und Internetinteresses Freizeitinteressen entspricht, haben sie doch ein sehr funktionales und abgeklärtes Verhältnis zu ihrem Job und zu ihren Zukunftsperspektiven. Die Arbeit mit dem Internet ist voraussichtlich eine zeitlich begrenzte Einkommensquelle; für die einen, weil die Tätigkeit zu eintönig ist:

»Obwohl das auch eine sehr gute Bezahlung gab, wollte ich's jetzt auch nicht weitermachen, weil es halt soo, ja, das ist zu wiederholungsmäßig für mich, also das ist so, du machst die ganze Zeit das Gleiche, und da dreh ich halt irgendwann ab.«

Und die anderen haben eine abgeklärte negative Perspektive auf ihre für den Job verlangten Fähigkeiten in Verbindung mit der Schnelllebigkeit der für die Internetarbeit verlangten Fähigkeiten:

»Also mit meinem Hobbykram ist es natürlich ganz praktisch, dass ich genau das mache, was ich will, aber ich weiß, dass das nicht endlos geht, ich rechne noch mit fünf Jahren [...] und dann werde ich natürlich erst mal im Angestelltenverhältnis irgendwo als Ingenieur arbeiten.«

Die Subjekte halten sich an ihre Arbeitszeiten und haben eine stoische Ruhe dabei, sich dem Druck ihrer Arbeitgeber_innen oder Auftraggeber_innen zu entziehen. So erklärt einer unserer Interviewpartner:

»Und dann gibt's halt auch einfach so Sachen, wo ich dann halt irgendwie da gleich mit der Prämisse da rangehe, mir hat nie jemand gesagt, dass ich so was können muss, ich guck mir das jetzt an, vielleicht kriege ich das hin, wenn ich's nicht hinbekomme, dann geht's halt nicht.«

Der Umgang mit dem Internet ist wenig leidenschaftlich, sondern sehr funktional und von einem Interesse an Zeitersparnissen und Arbeitserleichterungen geprägt, dabei gleichzeitig aber auch sehr kompetent, souverän und gelassen. Die Beschäftigung mit dem Internet resultiert aus einem allgemeinen Technikinteresse und der Lust, Technik zu verstehen, nicht jedoch von der Lust an Kommunikation und Austausch.

»Für mich war das auch immer so damit verbunden, was Neues zu lernen, und was Neues zu lernen wäre an dem Job jetzt einfach nicht mehr da, das war einfach nur noch sozusagen Routine und damit ist irgendwie schon mein Hauptteil der Motivation weg. Ja, ich denke, das ist das, war sowieso in allen Jobs relativ wesentlich, dass ich damit was Neues gemacht habe.«

Andere eignen sich Wissen nur an, weil sie damit Geld verdienen können. Die eigene Weiterbildung findet aufgrund der Kund_innennachfrage statt:

»Die fragen nicht mehr, kannst du mir eine Visitenkarte machen, die fragen, kannst du mir eine Internetseite machen, und deswegen, man ist dann auch selber irgendwie gezwungen trotz printlastiger Ausbildung sich damit zu beschäftigen, weil man sonst irgendwie trotzdem raus ist einfach aus dem Geschäft.«

Privat nutzen sie das Internet sehr eingeschränkt und wenig divers, lediglich für E-Mail und etwas Recherche. Sie interessieren sich kaum für Soziale Netzwerke und können an Twitter keinen Nutzen erkennen. Sind Accounts vorhanden, so werden diese nicht sehr aktiv befüllt und geben kaum etwas über die Personen preis. Manchmal wirkt es so, als sei eine Must-have-Freund_innen- oder Follower_innen-Liste angelegt worden, aber eigentlich kein Interesse an eigenen Profilen vorhanden. Sie nehmen kaum Anteil an all den Diskursen, die sich um Privatsphäre und Öffentlichkeit ranken. Stattdessen stehen sie ihnen leidenschaftslos gegenüber und haben ein Desinteresse, sich auf irgendeine Weise im Internet auf privater Ebene kommunikativ zu beteiligen. Wenn sie sich diskursiv verorten, dann sehr technikpessimistisch. Sie beziehen sich auf Diskurse, in denen das Internet als Zeitverschwendung thematisiert wird:

»Ja, also man muss sich ja nicht mitteilen. Also ich versuche, im Internet meistens nur Sachen zu machen, die einen Mehrwert für mich haben, und sich mitzuteilen ist eigentlich kein Mehrwert für mich.«

Auch sind sie relativ resistent gegenüber den Anforderungen an öffentliche Selbstpräsentation und Erreichbarkeitsnormen. Grenzziehungen finden aus Pragmatismus oder Desinteresse statt.

»[H]abe ich mich immer geweigert, diese Dinger zu benutzen, ich hatte mal zeitweise StudiVZ genutzt, aber auch nur über den Account von einem Freund, um mal zu schauen, wer eigentlich so alles da ist, aber ich hatte nie Lust dazu.«

Falls eigene Websites vorhanden sind, sind diese minimalistisch und professionell. Fotos von sich veröffentlichen sie selten. Wenn doch, dann sind diese ebenso professionell wie ihre Websites. Wenn Vitae einsehbar sind, so wird in allen Fällen zentral auf die Bildungsabschlüsse hingewiesen.

Grenzziehungen gegenüber der Erwerbsarbeit, der Öffentlichkeit oder technischem Wandel finden hier also am ehesten aus Desinteresse oder Pragmatismus statt. Die Internetnutzung beschränkt sich vor allem auf Informationsrecherche, E-Mail und eben die technischen Anwendungen, mit denen Geld verdient werden kann.

6 Arbeit 3.0?

Die Umgangsweisen mit den von den Interviewten wahrgenommenen Herausforderungen weisen eine große Bandbreite auf. Um diese einzuordnen, diskutieren wir abschließend die Ergebnisse – entsprechend Schritt sechs und sieben der Intersektionalen Mehrebenenanalyse (Winker/Degele 2009) – hinsichtlich bestehender Theorien und Forschungsergebnisse zu Arbeit, Öffentlichkeit, Technik und Lernen. Anschließend betrachten wir die Ergebnisse vor dem Hintergrund sozialer Ungleichheitsperspektiven. Abschließend gehen wir der Frage nach, inwiefern mit Digitalen Medien neue Praktiken entstehen und inwieweit darin der Umgang mit Entgrenzung – Grenzmanagement – zu einer zentralen Aufgabe hinsichtlich Internet *und* Arbeit geworden ist.

6.1 Arbeit, Öffentlichkeit, Technik und Lernen

In den Subjektkonstruktionen der Interviewten spiegeln sich vor allem die Auseinandersetzungen mit vier Herausforderungen: die Entgrenzung von Erwerbsarbeit und anderen Lebensbereichen, die Grenzverschiebungen zwischen Öffentlichkeit und Privatsphäre, der technologische Wandel und die Entgrenzung von Lernen. Im Folgenden sollen nun die Verweise der Interviewten auf soziale Strukturen und symbolische Repräsentationen zu diesen vier Themen mit bestehenden Forschungsergebnissen konfrontiert werden.

Zu Beginn des Artikels wurden bereits die strukturellen und normativen Veränderungen der (Erwerbs-)Arbeit sowie Veränderungen in anderen Arbeitsbereichen entlang der Begriffe Entgrenzung, Prekarisierung, Subjektivierung, Intensivierung und Flexibilisierung beschrieben. Diese finden sich in den Thematisierungsweisen der Interviews deutlich wieder. Insbesondere die Entgrenzung von Arbeit beschäftigt die Interviewten in hohem Maße. Dass Erwerbsarbeit entgrenzt ist, wird als Tatsache akzeptiert und teilweise genossen und aktiv verstärkt; die Aufgabe, Grenzen – wenn gewünscht – wiederherzustellen, als individuelle Leistung angenommen. Dies betrifft vor allem die Entgrenzung und erneute Be-Grenzung von Arbeitszeiten und -orten, aber auch soziale Dimensionen wie die Vermischung bzw. Trennung von Kolleg_innen und Freund_innen und von privaten und beruflichen Interessen. Das Internet ist hierin zum einen Auslöser und Verstärker von entgrenzenden Prozessen geworden, gleichzeitig aber auch hilfreiches Mittel für neue Grenzziehungen, beispielsweise durch die Trennung von Freund_innen und Kolleg_innen in Facebook und Xing. Dass Technik ent- und begrenzende Effekte gleichzeitig haben kann, zeigt auch Pfeiffers (2012) Durchgang durch den bereits vorliegenden Forschungsstand.

Weitgehend unthematisiert bleiben in den Interviews allerdings die ökonomischen Strukturen und Machtverhältnisse, in denen Internetarbeit stattfindet. Zwar hat sich auf der diskursiven Ebene beispielsweise eine Kritik an Facebook etabliert, die den Umgang des Unternehmens mit den Daten der Nutzer_innen bemängelt – dies kommt auch in den Interviews zum Vorschein. Insgesamt bleibt aber die Tatsache, dass hinter den meisten der genutzten Tools und Anwendungen große Unternehmen stehen, die von den Aktivitäten der Nutzer_innen, jedem Klicken, Liken und Posten profitieren, Daten sammeln und überwachen, im Hintergrund. Dass User_innen dabei Arbeit leisten, wird in einigen aktuellen Veröffentlichungen diskutiert: In der Arbeits- und Industriesoziologie wird insbesondere der gestiegene Arbeitsaufwand, den Konsument_innen im Internet leisten müssen, betrachtet (Beyreuter et al. 2012; Kleemann et al. 2012). Darüber hinaus sieht beispielsweise Andrejevic (2011: 39) in Facebook »eine Produktionsweise – eine Art und Weise, Menschen zum Arbeiten zu bringen, die den Wert generieren, der es der Plattform erst ermöglicht, all die anderen Funktionen zu erfüllen, die man ihr zuschreibt«. User_innen verrichten hiernach doppelte Arbeit: »Sie produzieren den Inhalt und generieren Marktforschungsdaten – über sich selbst« (auch Leistert/Röhle 2011). Die Machtverhältnisse zwischen Google und seinen Nutzer_innen und die Verwobenheit von Suche, Werbung und Marketing untersucht beispielsweise Röhle (2010). Diese Art der Arbeit ist in den Interviews kaum Thema.

Etwas deutlicher tritt die Thematisierung netzpolitischer Themen in den Interviews hervor. Datenschutz- und Privatsphärenfragen prägen den Nutzungsalltag, viele berichten von irritierenden Erfahrungen mit Facebook oder anderen Netzwerken. Einige haben klare Prinzipien, was sie nutzen und was sie ablehnen (z.B. Mac vs. Linux), und geben hierfür politische Gründe an. Diejenigen, die aktiv in netzaffine Communitys eingebunden sind, sind oftmals auch politisiert durch netzpolitische Aktionen und Debatten (z.B. gegen Netzsperren und Zensur; zu intersektionalen Perspektiven auf das Feld der Netzpolitik vgl. Ganz 2010, 2013).

Die breite Thematisierung von Fragen der eigenen öffentlichen Selbstdarstellung und die darin enthaltenen Aussagen der Interviewten über einen strukturellen Wandel von Öffentlichkeit und Privatsphäre sowie über diskursive Aufforderungen zu Selbstpräsentation auf der einen und Datenschutz auf der anderen Seite finden sich auch im Forschungsstand wieder (vgl. auch Schachtner/Duller in diesem Band). Mit zahlreichen neuen Medienformaten verschwimmen die Trennungen zwischen interpersonaler, Gruppen- und Massenkommunikation, so Schmidt (2011), und dadurch ist auch die Grenze zwischen Privatsphäre und Öffentlichkeit in Bewegung gekommen (auch Weiß/Groebel 2002; Münker 2009). Schmidt (2011) bezeichnet den neuen Typ von Öffentlichkeit, der dabei entsteht, als »persönliche Öffentlichkeit«. Im Unterschied zu den journalistisch-massenmedialen Öffentlichkeiten werden Informationen in persönlichen Öffentlichkeiten nach Kriterien der persönlichen und nicht unbedingt der gesellschaftlichen Relevanz ausgewählt. Zudem richtet man sich in persönlichen Öffentlichkeiten an ein (intendiertes) Publikum aus sozialen Kontakten, und die Kommunikation ist an wechselseitigem Austausch und Dialog ausgerichtet.

Zur Frage, wie viel ›Privates‹ in die Öffentlichkeit gehört, sind die Subjekte mit zwei widersprüchlichen Diskursen und Handlungsaufforderungen konfrontiert. Zum einen ist es zu einer Selbstverständlichkeit oder gar zur Pflicht geworden, sich öffentlich im Internet zu präsentieren (Bunz 2008: 2). Vertreter_innen von Post-Privacy-Positionen erkennen emanzipatorische Chancen im »Ende der Privatsphäre« (Heller 2011; Jarvis 2011). Demnach würde zu viel Datenschutz technische und gesellschaftliche Innovationen behindern. Auf der anderen Seite stehen Daten- und Jugendschützer_innen. Mit Buchtiteln wie »Das Ende der Privatsphäre: Der Weg in die Überwachungsgesellschaft« des Bundesbeauftragten für Datenschutz und Informationsfreiheit Schaar (2007) oder »Die facebook-Falle: Wie das soziale Netzwerk unser Leben verkauft« von Adamek (2011) wird vor der Preisgabe privater Daten gewarnt und der Diskurs in eine eher technikpessimistische Richtung beeinflusst. Aktuelle empirische Studien zum Nutzungsverhalten zeigen gleichzeitig ein inzwischen hohes Maß an Sicherheitsbewusstsein ebenso wie die weit verbreitete Nutzung der Privatsphäreneinstellungen von Sozialen Netzwerken (Busemann/Gscheidle 2012), was unsere Interviews bestätigen.

Offensichtlich müssen Subjekte in der digitalen Arbeitswelt nicht nur, wie es Nietzsche formulierte, ein Kunstwerk aus ihrem Leben machen (vgl. hierzu den Beitrag von Beer in diesem Band: 239), sondern dies auch öffentlich zur Schau stellen. Diese Ästhetisierung des eigenen Lebens, die bereits Anforderungen an Subjekte früherer Zeiten war, findet sich nun deutlich sichtbar an den Orten des Web 2.0. Beer verweist in seiner historischen Rekonstruktion zudem darauf, dass Kant die Subjekte u.a. gefordert sah, die Konstruktion und den Erhalt der Privatsphäre selbst zu bewerkstelligen. So neu sind die in der digitalen Kultur beobachteten Praktiken daher gar nicht, vielmehr weist einiges darauf hin, dass im Umgang mit Digitalen Medien Grundfragen menschlicher Existenz verhandelt werden, die eine längere Geschichte haben (Beer in diesem Band: 232).

Eine zentrale Struktur, die in den Interviews als handlungsrelevant thematisiert wird, ist das Internet als Technik. Diese wird von einigen als gestaltbar, von vielen aber auch als vorhanden und gesetzt wahrgenommen, teilweise kann sie abgelehnt werden, aber oftmals ist die Nutzung relativ selbstverständlich (»und dann war auf einmal Twitter da«). Die softwarebasierten Aufzeichnungen von Internetpraktiken ermöglichen einen Blick auf die Materialität des Internets und damit auf die technischen Vorgaben, Einschränkungen und Ermöglichungen von Handeln. Hier zeigen sich sowohl Situationen, in denen das Internet den Interviewten restriktiv bestimmte Handlungen abverlangt (z.B. Passworteingabe) oder mit Eigensinn irritiert und damit viel Aufwand erzeugt (z.B. unerwartete Situationen wie Abstürze, Viren), als auch Situationen, in denen das Internet sehr unterstützend und arbeitserleichternd wirkt (z.B. durch automatische Vervollständigungen, Fehlerkorrekturen). Letztlich wird aber auch deutlich, dass die Frage, ob eine Situation als restriktiv, irritierend, normal oder unterstützend erfahren wird, auch von den Kompetenzen und subjektiven Erwartungen der Interviewten abhängt (Carstensen/Ballenthien 2012; vgl. Büching/Walter-Herrmann/Schelhowe in diesem Band). Insgesamt wird deutlich, wie routiniert und inkorporiert der Umgang mit dem Internet – selbst mit Störungen – geworden ist. Das Internet ist kein Fremdkörper in den alltäglichen Handlungen, sondern selbstverständlich in die Praktiken integriert.

Dass Nichtmitmachen bzw. Verweigerung beim Internet keine relevante Option ist, zeigen bereits frühe diskursanalytische Studien (z.B. Schönberger 2000; Carstensen 2007). Auch in den Interviews zeigt sich, dass das Internet generell als selbstverständlich und als etwas betrachtet wird, das es zu nutzen gilt. Allerdings werden einzelne Tools, Betriebssysteme und Firmen abgelehnt, meist, wie gesagt, aus politischen Gründen (Facebook, Microsoft, Apple), insbesondere innerhalb der Open-Source-Community. Dass Technik in der alltäglichen Nutzung auch ein Ausdrucks- und Darstellungsmittel ist, das zum »Anlass expressiver Selbstinszenierung« (Hörning/Dollhausen 1997: 167) werden kann und über die Nutzung und Nichtnutzung der Distinktion und Betonung des eigenen Lebensstils, von Werten und Einstellungen dienen kann, ist in der Techniksoziologie nicht neu (Wehner/Rammert 1990; Löchel 1997). Deutlich wird, dass die technischen Vorgaben nicht nur materiell-strukturell wirksam sind, sondern erst in Verbindung mit diskursiven und symbolischen Rahmungen (Carstensen 2007; für das Web 2.0 Reichert 2008), die beispielsweise festlegen, wie Privatsphäre und Öffentlichkeit zu nutzen sind.

Die in den Interviews formulierte Kritik an den klassischen Bildungsinstitutionen schließlich kann nicht durch vorliegende Studien bestätigt werden (z.B. Shell 2010) und scheint damit sehr zielgruppenspezifisch zu sein; allerdings wird in vielen Studien die hohe Bedeutung des Internets für informelles Lernen deutlich (vgl. Büching/Walter-Herrmann/Schelhowe in diesem Band; Schelhowe 2007; Thaler 2011).

6.2 Gender, Race, Class, Body: (Neue) soziale Ungleichheiten, Privilegien und Ausschlüsse

Bereits bei der Beschreibung des Samples ist deutlich geworden, dass dieses relativ privilegiert ist. Jung, hoch qualifiziert, überwiegend deutsch und Weiß zu sein scheint eine wichtige, vielleicht sogar notwendige Bedingung zu sein, in den neuen Internetberufen zu arbeiten. Gleichzeitig fällt auf, dass bestimmte Herrschaftsverhältnisse weitgehend de-thematisiert werden: (das eigene) Geschlecht wird gar nicht thematisiert, Herkunft ebenso wenig (auch Carstensen/Winker 2012b).

Daraus kann zunächst der Schluss gezogen werden, dass das Geschlecht im Pionierbereich der webbasierten (Erwerbs-)Arbeit offensichtlich nicht mehr im Vordergrund steht. Während in der Anfangszeit das Internet als Männerdomäne wahrgenommen wurde und Frauen in Relation dazu als technikfern (Winker 2004; Carstensen 2008, 2012b), ist es heute nichts Besonderes mehr, als Frau mit dem Internet zu arbeiten. Geschlecht ist unsichtbarer geworden. Daraus abzuleiten, dass Geschlecht nicht von

Bedeutung ist, greift gleichzeitig zu kurz. So ist das Feld der Internetarbeit in sich stark segregiert. Tätigkeiten und Kompetenzen in der webbasierten (Erwerbs-)Arbeit sind unterschiedlich gelagert, das Internet fordert den Subjekten bei der Internetnutzung unterschiedliche Fähigkeiten ab. Insbesondere strukturell zeigt sich soziale Ungleichheit an einem geschlechtlich segregierten Arbeitsmarkt, der offensichtlich Programmierer stark nachfragt und kommunikative und künstlerische Tätigkeiten deutlich niedriger bewertet. Damit hält sich auch innerhalb der Internetarbeit eine hartnäckige hierarchische Bewertung von Tätigkeiten, die sich an geschlechtstypisch konnotierten Kompetenzen orientiert und alte Hierarchien im technischen Feld reproduziert (Cockburn 1988; Wajcman 1994; Paulitz 2012).

Dass auf diskursiver Ebene keine Geschlechterfragen verhandelt werden, überrascht auch deshalb nicht, weil im Sinne Wetterers »rhetorischer Modernisierung« (Wetterer 2003) Frauen und Männern normativ scheinbar gleiche Chancen und Möglichkeiten zugebilligt werden; die Segregation erfolgt über die Kompetenzen, die erst auf den zweiten Blick vergeschlechtlicht sind, sowie über einen versteckt vergeschlechtlichten Arbeitsmarkt. Benachteiligungen werden dann nicht mehr aus der Position ›als Frau‹ wahrgenommen, sondern in den Bereich der selbst zu verantwortenden Ausbildung von Kompetenzen und Interessen verschoben.

Fragen von Herkunft, Hautfarbe und Nationalität werden in unserer Studie ebenfalls von den Interviewten nicht thematisiert. Unsere Interviewten waren beinahe alle Weiß und deutsch; war ein Migrationshintergrund vorhanden, war gleichzeitig das Bildungsniveau sehr hoch. Dass Weißsein in privilegierten gesellschaftlichen Positionen in der Regel unmarkiert bleibt, haben die Critical Whiteness Studies aufgezeigt (u.a. Eggers et al. 2007).

Bildung hingegen, oder genauer gesagt die eigenen Qualifikationen und Kompetenzen, spielen eine explizite Rolle in den Subjektkonstruktionen. So wird häufig thematisiert, dass die eigenen Kompetenzen weiterentwickelt werden müssen, öffentlich sichtbar sein müssen, dass sie schnell veralten würden etc. Die Internetarbeiter_innen scheinen sich ihrer Kompetenzen und ihres hohen Bildungsniveaus bewusst zu sein. Selbst diejenigen, die auf dem Arbeitsmarkt trotz hoher Qualifikation nicht bestehen können, gehen selbstbewusst mit ihrem Status um. Gleichzeitig ist klar, dass die Qualifikationen unterschiedlich viel wert sind. ›Harte‹ Technikkompetenz wird höher bewertet als Kommunikationskompetenz. Zudem muss man netzwerken können, selbstbewusst sein, sich verkaufen können – so lauten die Antworten auf die Frage, welche Fähigkeiten für die Jobs erforderlich sind, die die Interviewpersonen ausführen. Begleitet wird dies von einem Diskurs, der behauptet, man könne alles lernen, und der autodidaktisches Lernen preist. Dazu passt auch, dass sich klassische Berufsbiografien auflösen. Studienabbrecher_innen, die programmieren können, verdienen viel Geld, Hochqualifizierte sind erwerbslos bzw. erfolglos selbstständig. Die Klassenverhältnisse sind damit von den eigenen Vermarktungschancen geprägt, und es konstituieren sich im Feld der Internetarbeit neue Muster von Berufs- und Erwerbsbiografien, die soziale Auf- und Abstiege zur Folge haben können.

Die fünf beschriebenen Umgangsweisen zeigen, dass es den Interviewten unterschiedlich gut gelingt, den Herausforderungen der digitalisierten Arbeitswelt zu entsprechen. Während manche Umgangsweisen entwickeln können, mit denen sie den Wandel genießen und teilweise sogar aktiv mitgestalten können, erfordert es von Anderen viel Selbstdisziplinierung, die richtigen Umgangsweisen zu finden; wieder Andere sind erschöpft und angestrengt (auch Ehrenberg 2004). Die Frage, wie die Herausforderungen bewältigt werden können und welche Umgangsweisen entwickelt werden, ist auch abhängig vom Einkommen und der Qualifikation. Aber auch soziale Kompetenzen wie Selbstvertrauen und Mut werden als entscheidend wahrgenommen. So unterscheiden sich die Subjekte in den Internetberufen untereinander sehr stark und verdeutlichen, wie das Feld entlang Aufwand und Leistung strukturiert wird.

Wenn allerdings offensichtlich privilegierte und einigermaßen erfolgreiche junge Menschen in Internetberufen teilweise so große Anstrengungen vollbringen müssen, um in der Branche mithalten zu können, macht dies auch den Druck und die Ausschlüsse deutlich, die produziert werden, betrachten wir diese Berufe in Relation zur Gesamtgesellschaft[4] (das zeigt auch der historische Blick; Beer in diesem Band). Es wird deutlich, wie

---

4   Für eine Einordnung unseres Samples im Verhältnis zur Gesamtgesellschaft ist u.U. auch die Milieu-Studie von DIVSI (2012) hilfreich. Die meisten unserer Interviewten sind hierbei sicherlich den »Digital Souveränen« und den »Effizienzorientierten Performern« zuzuordnen. Zu ähnlichen Typen kommt auch die Initiative D21 (2011); hier wäre unser Sample vor allem in der »Digitalen Avantgarde« zu verorten.

hoch die Anforderungen an Flexibilität, Eigenverantwortung, Selbstmanagement und autodidaktisches Lernen sind. Dass diese Anforderungen z.B. weniger leistungsfähige, körperlich nicht vollständig belastbare oder für Sorgearbeiten für andere zuständige Menschen nicht erfüllen können, ist zu vermuten. Klassismen, Heteronormativismen, Rassismen und Bodyismen werden als relevant sichtbar, wenn wir fragen, wer überhaupt Zugang zu dieser Arbeitswelt hat bzw. haben kann (auch Carstensen/Winker 2012b). Internetarbeit erweist sich als exklusives Feld, das in sich wiederum Hierarchien und Ungleichheiten produziert.

6.3 Neue Praktiken – Grenzmanagement als Knotenpunkt

Mit dem Internet entstehen ohne Zweifel vielfältige neue Praktiken. Viele der Interviewten trennen nicht mehr in Tätigkeiten mit dem Internet und Tätigkeiten ohne Internet; sie schalten nicht mehr den Computer aus, um etwas anderes zu tun. Das Internet begleitet vielmehr den ganzen Alltag. Alltägliche Handlungen werden per Smartphone, auf Twitter, Facebook, Google+ und Foursquare protokolliert und dokumentiert, veröffentlicht und geteilt und von anderen kommentiert. Jobtätigkeiten, kochen, Freund_innen treffen, Sport treiben, fernsehen, auf Veranstaltungen sein, twittern und facebooken passieren gleichzeitig und im wechselseitigen Austausch. Gleichzeitig finden sich diverse Praktiken, die dieser Vermischung wieder Grenzen setzen und verschiedene Lebensbereiche auseinanderdividieren.

Mit dem Fokus auf (Erwerbs-)Arbeit zeigen sich verschiedene Effekte: Es verändern sich mit dem Internet die Arbeitsinhalte vieler Berufe bzw. entstehen neue Berufe. Das Internet ist nicht nur Arbeitsmittel, es ist auch Objekt der Gestaltung. Es wird technisch permanent weiterentwickelt, programmiert, administriert, designt, es wird von Onlinejournalist_innen und Blogger_innen mit Inhalten gefüllt, studentische Hilfskräfte übertragen per Copy-and-Paste Inhalte in Datenbanken, und Social-Media-Berater_innen decken den Beratungsbedarf für Nutzungsfragen ab, der mit der steigenden Komplexität des Webs entstanden ist. Das Internet ist nicht einfach nur da, es wird von den Subjekten konstruiert, gestaltet, verändert und ist als gestaltbar – zumindest für einige der interviewten Internetarbeiter_innen – auch sichtbar.

Zudem verändern sich mit dem Internet Arbeitsformen. Erwerbsarbeit in der Internetbranche war und ist geprägt von (nicht immer erfüllten)

Ansprüchen an Spaß, Selbstverwirklichung und selbstbestimmtes Arbeiten (Friebe/Lobo 2006); selbstständige und freiberufliche Tätigkeiten sind hier verbreiteter als in anderen Branchen. Diese Ansprüche führen leicht zu Mehrarbeit bzw. zu einer Intensivierung, da gern mit dem Internet gearbeitet wird, sich (Erwerbs-)Arbeit und Hobby nicht trennen lassen und Aufgaben wie Netzwerken, Beziehungspflege und Aufmerksamkeitserzeugung als wichtig erachtet und engagiert verfolgt werden sowie ›freiwillige‹ Überstunden provozieren. Es etablieren sich neue Muster von Arbeitszeiten. Insgesamt verstärkt das Internet den Wandel der (Erwerbs-)Arbeit hin zu Entgrenzung, Subjektivierung und Prekarisierung. Es ist die passende Technologie für den »Arbeitskraftunternehmer« (Carstensen 2012a).

Aber die Subjekte entwickeln auch Abgrenzungs- und Umgangsstrategien. Dahinter stehen, wie gezeigt werden konnte, unterschiedliche Verhältnisse zur eigenen (Erwerbs-)Arbeit, verschiedene Interessen am Internet, aber auch unterschiedliche Auffassungen von Privatsphäre.

Bei der Bewältigung dieser Herausforderungen geht es für die Subjekte ganz zentral um den Umgang mit Entgrenzung, um Abgrenzung, das Verschieben oder Auflösen von Grenzen oder das bewusste Ziehen neuer Grenzen. Hierfür fehlen zurzeit offensichtlich etablierte gesellschaftliche Routinen. Daher entwickeln die Subjekte individuelle, teils sehr unterschiedliche Grenzziehungspraktiken. Der Umgang mit Entgrenzung ist zu einer, wenn nicht der zentralen Kompetenz bzw. Anforderung an die Subjekte geworden. Dieses »Grenzmanagement« ist von jungen Menschen, die viel mit dem Internet arbeiten, vermutlich gegenwärtig stärker zu leisten, dennoch betrifft es auch andere Berufs-, Bildungs- und Altersgruppen: Jürgens (2006) begründet die Notwendigkeit von Grenzziehungen aus dem Reproduktionshandeln heraus. Jurczyk et al. (2009) kommen beispielsweise in ihrer Untersuchung des Verhältnisses von Erwerbsarbeit und Familie zu dem Ergebnis, dass Grenzen zu einer aktiven Herstellungsleistung geworden sind. Grenzmanagement hat hierbei – ganz ähnlich den Ergebnissen unserer Untersuchung – verschiedene Formen: Verschieben von Grenzen, die Schaffung neuer Grenzen, der Verzicht auf Grenzziehungen oder auch das Verteidigen von Grenzen. Auch Beer (in diesem Band: 252ff.) zeigt mit Habermas, dass die Subjekte im Zuge der Kolonialisierung der Lebenswelt gefordert sind, die Grenzen zwischen gesellschaftlichen Teilbereichen stabil zu halten.

Grenzen müssen also aktiv von den Subjekten gemanagt werden. Grenzmanagement als Analysekategorie könnte daher richtungsweisend für weitere Forschungen in diesem Bereich sein. Die Bedeutung des Internets, gerade in seiner Ambivalenz zwischen Verstärkung von Entgrenzung und gleichzeitigem Mittel zur Grenzziehung, sollte hierbei in Zukunft noch stärker in die Analysen miteinbezogen werden (Carstensen 2012c) – als konstruiert und konstruierbar, vor allem aber als veralltäglichtes Artefakt unserer Praktiken in der digitalen Kultur.

LITERATUR

Adamek Sascha (2011): Die facebook-Falle: Wie das soziale Netzwerk unser Leben verkauft, München: Heyne.

Andrejevic, Mark (2011):»Facebook als neue Produktionsweise«, in: Oliver Leistert/Theo Röhle (Hg.): Generation Facebook. Über das Leben im Social Net, Bielefeld: transcript, S. 31-49.

Ballenthien, Jana/Carstensen, Tanja (2011):»Das entgrenzte Subjekt. Vom Mutigsein in digitalen Räumen«, in: testcard #20, S. 190-193.

Beyreuther, Tabea/Duske, Katrin/Eismann, Christian/Hornung, Sabine/ Kleemann, Frank (Hg.) (2012): consumers@work. Zum neuen Verhältnis von Unternehmen und Usern im Web 2.0, Frankfurt a.M./New York: Campus.

Bijker, Wiebe E./Hughes, Thomas P./Pinch, Trevor J. (Hg.) (1987): The Social Construction of Technological Systems. New Directions in the Sociology and History of Technology, Cambridge: MIT Press.

Brinkmann, Ulrich/Dörre, Klaus/Röbenack, Silke (2006): Prekäre Arbeit. Ursachen, Ausmaß, soziale Folgerungen und subjektive Verarbeitungsformen unsicherer Beschäftigungsverhältnisse, Bonn: Friedrich-Ebert-Stiftung.

Bührmann, Andrea D. (2012):»Das unternehmerische Selbst: Subjektivierungsform oder Subjektivierungsweise?« in: Reiner Keller/Werner Schneider/Willy Viehöver (Hg.): Diskurs – Macht – Subjekt, Wiesbaden: VS Verlag für Sozialwissenschaften, S. 145-164.

Bunz, Mercedes (2008): Die Geschichte des Internet. Vom Speicher zum Verteiler, Berlin: Kulturverlag Kadmos.

Busemann, Katrin/Gscheidle, Christoph (2012): »Web 2.0: Habitualisierung der Social Communitys«, in: Media Perspektiven 41, 7-8, S. 380-390.

Carstensen, Tanja (2007): Die interpretative Herstellung des Internet. Eine empirische Analyse technikbezogener Deutungsmuster am Beispiel gewerkschaftlicher Diskurse, Bielefeld: Kleine.

Carstensen, Tanja (2008): »Zur Ko-Konstruktion von Technik und Geschlecht in Diskursen über das Internet«, in: Alumni-Verein Hamburger Soziologinnen und Soziologen e.V. (Hg.): Lebendige Soziologie. Jahrbuch 2006/2007, Hamburg, S. 24-41.

Carstensen, Tanja (2012a): »Die Technologien des ›Arbeitskraftunternehmers‹. Zur Bedeutung des Web 2.0 für den Wandel der (Erwerbs-)Arbeit«, in: Hans-Georg Soeffner (Hg.): Transnationale Vergesellschaftungen: Verhandlungen des 35. Kongresses der Deutschen Gesellschaft für Soziologie in Frankfurt a.M. 2010, Wiesbaden: Springer VS, CD-ROM, S. 1-13.

Carstensen, Tanja (2012b): »Gendered Web 2.0: Geschlechterverhältnisse und Feminismus in Zeiten von Wikis, Weblogs und Sozialen Netzwerken«, in: MedienJournal 36, 2, Neue Kommunikationstechnologien und Gender, S. 22-34.

Carstensen, Tanja (2012c): »Grenzmanagement im Umgang mit dem Internet – am Beispiel junger WebworkerInnen«, in: Tabea Beyreuther et al. (Hg.): consumers@work, S. 180-192.

Carstensen, Tanja/Ballenthien, Jana (2012): »›Interaktionen‹ zwischen Subjekt und Internet. Zur Aufzeichnung, Auswertung und Typisierung von Internetpraktiken«, in: Julian Stubbe/Mandy Töppel (Hg.): Muster und Verläufe der Mensch-Technik-Interaktivität. Band zum gleichnamigen Workshop am 17./18. Juni 2011 in Berlin, Technical University Technology Studies, Berlin, Working Papers, TUTS-WP-2-2012, S. 51-58.

Carstensen, Tanja/Derboven, Wibke/Winker, Gabriele. Unter Mitarbeit von Kathrin Englert, Doris Gerbig und Betje Schwarz (2012): Soziale Praxen Erwerbsloser. Gesellschaftliche Teilhabe – Internetnutzung – Zeithandeln, Münster: LIT.

Carstensen, Tanja/Winker, Gabriele (2005): »Problemorientierte Suchstrategien und die Auffindbarkeit frauenpolitischer Netze im Internet«, in: Christina Schachtner/Gabriele Winker (Hg.): Virtuelle Räume – neue

Öffentlichkeiten. Frauennetze im Internet, Frankfurt a.M./New York: Campus, S. 91-106.

Carstensen, Tanja/Winker, Gabriele (2012a): »Intersektionalität in der Internetforschung«, in: Medien & Kommunikationswissenschaft 60, 1, S. 3-23.

Carstensen, Tanja/Winker, Gabriele (2012b): »Von Gender & Internet zu Intersektionalität & Web 2.0. Über notwendige Verschiebungen in der Analyse sozialer Ungleichheiten«, in: Christian Stegbauer (Hg.): Ungleichheit. Medien- und kommunikationssoziologische Perspektiven, Wiesbaden: Springer VS, S. 223-242.

Castel, Robert (2000): Die Metamorphosen der sozialen Frage. Eine Chronik der Lohnarbeit, Konstanz: UVK.

Cockburn, Cynthia (1988): Die Herrschaftsmaschine. Geschlechterverhältnisse und technisches Know-How, Berlin: Argument.

Degele, Nina (2002): Einführung in die Techniksoziologie, München: Fink.

Degele, Nina/Winker, Gabriele (2011): »Intersektionalität als Beitrag zu einer gesellschaftstheoretisch informierten Ungleichheitsforschung«, in: Berliner Journal für Soziologie 21, 1, S. 69-90.

DIVSI – Deutsches Institut für Vertrauen und Sicherheit im Internet (2012): DIVSI Milieu-Studie zu Vertrauen und Sicherheit im Internet, Hamburg: Deutsches Institut für Vertrauen und Sicherheit im Internet.

Döhl, Volker/Kratzer, Nick/Sauer, Dieter (2000): »Krise der Normal-Arbeit(s)Politik. Entgrenzung von Arbeit – neue Anforderungen an Arbeitspolitik«, in: WSI-Mitteilungen 53, 1, S. 5-17.

Dolata, Ulrich/Werle, Raymund (2007): Gesellschaft und die Macht der Technik. Sozioökonomischer und institutioneller Wandel durch Technisierung, Frankfurt a.M.: Campus.

Eggers, Maureen Maisha/Kilomba, Grada/Piesche, Peggy/Arndt, Susan (Hg.) (2007): Mythen, Masken & Subjekte. Kritische Weißseinsforschung in Deutschland, Münster: Unrast-Verlag.

Ehrenberg, Alain (2004): Das erschöpfte Selbst. Depression und Gesellschaft in der Gegenwart, Frankfurt a.M.: Campus.

Foucault, Michel (2006): Die Geburt der Biopolitik. Geschichte der Gouvernementalität II, Frankfurt a.M.: Suhrkamp.

Friebe, Holm/Lobo, Sascha (2006): Wir nennen es Arbeit, München: Heyne.

Funken, Christiane/Schulz-Schaeffer, Ingo (Hg.) (2008): Digitalisierung der Arbeitswelt: Zur Neuordnung formaler und informeller Prozesse in Unternehmen, Wiesbaden: VS Verlag für Sozialwissenschaften.

Ganz, Kathrin (2010): »Netzpolitik und soziale Gerechtigkeit. Ein queerfeministisch-intersektional inspirierter Blick auf die Themen der digitalen Bürgerrechtsbewegung«. Feministisches Institut Hamburg, http://www.feministisches-institut.de/netzpolitik/ [letzter Zugriff: 27.7.2013]

Ganz, Kathrin (2013): Feministische Netzpolitik. Perspektiven und Handlungsfelder, Berlin: Heinrich-Böll-Stiftung.

Granovetter, Mark S. (1973): »The Strength of Weak Ties«, in: American Journal of Sociology 78, 6, S. 1360-1380.

Hanekop, Heidemarie/Wittke, Volker (2012): »Nutzergenerierte Beratungsplattformen: Neue Formen der Ko-Produktion im Web 2.0«, in: Tabea Beyreuther et al. (Hg.): consumers@work, S. 212-245.

Haraway, Donna (1995): Die Neuerfindung der Natur. Primaten, Cyborgs und Frauen, Frankfurt a.M./New York: Campus.

Heller, Christian (2011): Post Privacy: Prima leben ohne Privatsphäre, München: Beck.

Hörning, Karl H./Dollhausen, Karin (1997): Metamorphosen der Technik. Der Gestaltwandel des Computers in der organisatorischen Kommunikation, Opladen: Westdeutscher Verlag.

Initiative D21 (2011): Digitale Gesellschaft 2011, Berlin: Initiative D21.

Jarvis, Jeff (2011): Public Parts: How Sharing in the Digital Age Improves the Way We Work and Live, New York: Simon & Schuster.

Joerges, Bernward (Hg.) (1988): Technik im Alltag, Frankfurt a.M.: Suhrkamp.

Jurczyk, Karin/Schier, Michaela/Szymenderski, Peggy/Lange, Andreas/Voß, G. Günter (Hg.) (2009): Entgrenzte Arbeit – entgrenzte Familie. Grenzmanagement im Alltag als neue Herausforderung, Berlin: edition sigma.

Jürgens, Kerstin (2006): Arbeits- und Lebenskraft. Reproduktion als eigensinnige Grenzziehung, Wiesbaden: VS Verlag für Sozialwissenschaften.

Kleemann, Frank/Eismann, Christian/Beyreuther, Tabea/Hornung, Sabine/Duske, Katrin/Voß, G. Günter (2012): Unternehmen im Web 2.0. Zur strategischen Integration von Konsumentenleistungen durch Social Media, Frankfurt a.M./New York: Campus.

Kleemann, Frank/Matuschek, Ingo/Voß, G. Günter (1999): Zur Subjektivierung von Arbeit, WZB-Paper P99-512, Berlin.

Latour, Bruno (2002): Wir sind nie modern gewesen. Versuch einer symmetrischen Anthropologie, Frankfurt a.M.: Fischer.

Leistert, Oliver/Röhle, Theo (Hg.) (2011): Generation Facebook. Über das Leben im Social Net, Bielefeld: transcript.

Lengersdorf, Diana (2011): Arbeitsalltag ordnen. Soziale Praktiken in einer Internetagentur, Wiesbaden: VS Verlag für Sozialwissenschaften.

Löchel, Elfriede (1997): Inszenierungen einer Technik. Psychodynamik und Geschlechterdifferenz in der Beziehung zum Computer, Frankfurt a.M./New York: Campus.

MacKenzie, Donald/Wajcman, Judy (Hg.) (1985): The Social Shaping of Technology. How the Refrigerator Got its Hum, Milton Keynes/Philadelphia: Open University Press.

Manske, Alexandra (2007): Prekarisierung auf hohem Niveau. Eine Feldstudie über Alleinunternehmer in der IT-Branche, München: Hampp.

Matuschek, Ingo/Henninger, Annette/Kleemann, Frank (Hg.) (2001): Neue Medien im Arbeitsalltag. Wiesbaden: Westdeutscher Verlag.

Menez, Raphael/Kahnert, Daniel/Blättel-Mink, Birgit (2012):»Open Innovation und die betriebliche Integration von Internetnutzern«, in: Tabea Beyreuther et al. (Hg.): consumers@work, S. 22-52.

Münker, Stefan (2009): Emergenz digitaler Öffentlichkeiten. Die Sozialen Medien im Web 2.0, Frankfurt a.M.: Suhrkamp.

Münte-Goussar, Stephan (2008), »Selber machen. Regierungstechnologien der Freiheit«, in: Torsten Meyer/Michael Scheibel/Stephan Münte-Goussar/Timo Meisel/Julia Schawe (Hg.): Bildung im Neuen Medium, Münster/New York/München/Berlin: Waxmann, S. 180-201.

Oudshoorn, Nelly E. J./Pinch, Trevor J. (Hg.) (2003): How users matter: The co-construction of users and technologies. Cambridge: MIT Press.

Papsdorf, Christian (2009): Wie Surfen zu Arbeit wird. Crowdsourcing im Web 2.0, Frankfurt a.M./New York: Campus.

Paulitz, Tanja (2005): Netzsubjektivität/en. Konstruktionen von Vernetzung als Technologien des sozialen Selbst. Eine empirische Untersuchung in Modellprojekten der Informatik, Münster: Dampfboot.

Paulitz, Tanja (2012): Mann und Maschine. Geschlecht, Technik, Männlichkeit, Wissen, Moderne, Bielefeld: transcript.

Pfeiffer, Sabine (2012): »Die technologischen Grundlagen der Entgrenzung: Chancen und Risiken«, in: Bernhard Badura/Antje Ducki/Helmut Schröder/Joachim Klose/Markus Meyer (Hg.): Fehlzeiten-Report 2012. Berlin/Heidelberg: Springer, S. 15-21.

Pfeiffer, Sabine/Schütt, Petra/Wühr, Daniela (2012): »Vom schweren Loslassen: Unternehmen in der Umsetzung von Enterprise 2.0«, in: Tabea Beyreuther et al. (Hg.): consumers@work, S. 53-63.

Rammert, Werner/Schulz-Schaeffer, Ingo (Hg.) (2002): Können Maschinen handeln? Soziologische Beiträge zum Verhältnis von Mensch und Technik, Frankfurt a.M./New York: Campus.

Reckwitz, Andreas (2003): »Grundelemente einer Theorie sozialer Praktiken. Eine sozialtheoretische Perspektive«, in: Zeitschrift für Soziologie 32, 4, S. 282-301.

Reckwitz, Andreas (2006): Das hybride Subjekt. Eine Theorie der Subjektkulturen von der bürgerlichen Moderne zur Postmoderne, Weilerswist: Velbrück.

Reichert, Ramon (2008): Amateure im Netz. Selbstmanagement und Wissenstechnik im Web 2.0, Bielefeld: transcript.

Röhle, Theo (2010): Der Google-Komplex. Über Macht im Zeitalter des Internets, Bielefeld: transcript.

Roth-Ebner, Caroline (2011): »Informatized Work and its Socio-Cultural Implications«, in: Birgit Hofstätter/Günter Getzinger (Hg.): Proceedings of the 10th Annual IAS-STS Conference on Critical Issues in Science and Technology Studies, CD-ROM, Graz: IFZ – Interuniversitäres Forschungszentrum für Technik, Arbeit und Kultur, S. 1-5.

Schaar, Peter (2007): Das Ende der Privatsphäre. Der Weg in die Überwachungsgesellschaft, München: Bertelsmann.

Schachtner, Christina (1997) (Hg.): Technik und Subjektivität. Das Wechselverhältnis zwischen Mensch und Computer, Frankfurt a.M.: Suhrkamp.

Schelhowe, Heidi (2007): Technologie, Imagination und Lernen. Grundlagen für Bildungsprozesse mit Digitalen Medien, Münster: Waxmann.

Schmidt, Jan (2011): »Persönliche Öffentlichkeiten im Social Web und ihre Bedeutung für die Zivilgesellschaft«, in: Dirk Lange (Hg.): Entgrenzungen. Gesellschaftlicher Wandel und Politische Bildung, Schwalbach/Ts.: Wochenschau, S. 210-215.

Schönberger, Klaus (2000): »Der Mensch als Maschine. Flexibilisierung der Subjekte und Hartnäckigkeit des Technikdeterminismus«, in: Das Argument 238, 42, 5/6, S. 812-823.

Schönberger, Klaus/Springer, Stefanie (Hg.) (2003): Subjektivierte Arbeit. Mensch, Organisation und Technik in einer entgrenzten Arbeitswelt, Frankfurt a.M./New York: Campus.

Shell Deutschland (Hg.) (2010): Shell Jugendstudie 2010, Frankfurt a.M.: Fischer.

Strauss, Anselm L./Corbin, Juliet M. (1996): Grounded Theory: Grundlagen qualitativer Sozialforschung, Weinheim: Beltz.

Streit, Anne von (2011): Entgrenzter Alltag – Arbeiten ohne Grenzen? Das Internet und die raum-zeitlichen Organisationsstrategien von Wissensarbeitern, Bielefeld: transcript.

Strübing, Jörg (2003): »Von ungleichen Schwestern. Was forscht die Wissenschafts- und (was die) Technikforschung?«, in: Barbara Orth/Thomas Schwietring/Johannes Weiß (Hg.): Soziologische Forschung: Stand und Perspektiven, Opladen: Leske + Budrich, S. 563-580.

Thaler, Anita (2011): »›Learning Gender‹ – Das informelle Lernpotential von Jugendmedien«, in: Hanna Rohn/Lisa Scheer/Eva Zenz (Hg.): Sammelband zur FrauenFrühlingUniversität Graz 2009, Graz: Planet Verlag, S. 115-127.

Trinczek, Rainer (2011): »Überlegungen zum Wandel von Arbeit«, in: WSI-Mitteilungen 11, S. 606-614.

Voß, G. Günter (1998): »Die Entgrenzung von Arbeit und Arbeitskraft. Eine subjektorientierte Interpretation des Wandels der Arbeit«, in: Mitteilungen aus der Arbeitsmarkt- und Berufsforschung 31, 3, S. 473-487.

Voß, G. Günter/Pongratz, Hans J. (1998): »Der Arbeitskraftunternehmer. Eine neue Grundform der ›Ware Arbeitskraft‹?«, in: Kölner Zeitschrift für Soziologie und Sozialpsychologie 50, 1, S. 131-158.

Voß, G. Günter/Rieder, Kerstin (2005): Der arbeitende Kunde. Wenn Konsumenten zu unbezahlten Mitarbeitern werden, Frankfurt a.M./New York: Campus.

Wajcman, Judy (1994): Technik und Geschlecht, Frankfurt a.M./New York: Campus.

Wacjman, Judy/Rose, Emily/Brown, Judith E./Bittman, Michael (2010): »Enacting virtual connections between work and home«, in: Journal of Sociology 46, 3, S. 257-275.

Wehner, Josef/Rammert, Werner (1990): »Zum Stand der Dinge: Die Computerwelt und ihre wissenschaftliche Beobachtung«, in: Werner Rammert (Hg.): Computerwelten – Alltagswelten. Wie verändert der Computer die soziale Wirklichkeit, Opladen: Westdeutscher Verlag, S. 225-240.

Weiß, Ralph/Groebel, Jo (Hg.) (2002): Privatheit im öffentlichen Raum. Medienhandeln zwischen Individualisierung und Entgrenzung, Opladen: VS Verlag für Sozialwissenschaften.

Wetterer, Angelika (2003): »Rhetorische Modernisierung: Das Verschwinden der Ungleichheit aus dem zeitgenössischen Differenzwissen«, in: Gudrun Axeli Knapp/Angelika Wetterer (Hg.): Achsen der Differenz. Gesellschaftstheorie und feministische Kritik II, Münster: Westfälisches Dampfboot, S. 286-319.

Wiedemann, Carolin (2010): Selbstvermarktung im Netz. Eine Gouvernementalitätsanalyse der Social Networking Site »Facebook«, Saarbrücken: Universitätsverlag des Saarlands.

Winker, Gabriele (2004): »Internetforschung aus Genderperspektiven«, in: Sylvia Buchen/Nena Helfferich/Maja Maier (Hg.): Gender methodologisch. Empirische Forschung in der Informationsgesellschaft vor neuen Herausforderungen?, Wiesbaden: VS Verlag für Sozialwissenschaften, S. 123-140.

Winker, Gabriele (2005): »Ko-Materialisierung von vergeschlechtlichten Körpern und technisierten Artefakten: Der Fall Internet«, in: Maria Funder/Steffen Dörhöfer/Christian Rauch (Hg.): Jenseits der Geschlechterdifferenz? Geschlechterverhältnisse in der Informations- und Wissensgesellschaft, München: Hampp, S. 157-178.

Winker, Gabriele (2012): »Intersektionalität als Gesellschaftskritik«, in: Widersprüche 32, 126, S. 13-26.

Winker, Gabriele/Carstensen, Tanja (2007): »Eigenverantwortung in Beruf und Familie – vom Arbeitskraftunternehmer zur ArbeitskraftmanagerIn«, in: Feministische Studien 26, 2, S. 277-288.

Winker, Gabriele/Degele, Nina (2009): Intersektionalität. Zur Analyse sozialer Ungleichheit, Bielefeld: transcript.

Kommunikationsort Internet

Digitale Praktiken und Subjektwerdung

CHRISTINA SCHACHTNER & NICOLE DULLER

>»Wer bin ich ohne die anderen? Niemand.
> Es gibt mich nur so, in einem Zusammen-
> hang mit Menschen, Orten und Land-
> schaften.«
> MARICA BODROŽIĆ (2012)

Kommunikation und Interaktion verweisen auf soziale Prozesse, in denen die Menschen die Gesellschaft und sich selbst produzieren (Krotz 1998: 73). Das Erkenntnisinteresse richtete sich in dem Forschungsprojekt »Subjektkonstruktionen und digitale Kultur« auf die Konstitution des Subjekts, die nicht unabhängig von der Gesellschaft erfolgen kann. Letzteres bedeutet eine notwendige Öffnung zum Du, zur Kommunikation. Das Teilprojekt »Kommunikative Öffentlichkeiten im Cyberspace«[1] richtete seine Aufmerksamkeit auf die digitale Kommunikation.

Zentrale menschliche Fähigkeiten und Praktiken wie Arbeits-, Wahrnehmungs-, Gestaltungs- und Lernpraktiken sind untrennbar mit Kommunikation verknüpft (Krotz 2010: 93). Unsere Kommunikationsmuster verändern sich in und durch diese Praktiken unter dem Einfluss der Kontexte, in denen sie sich entfalten. Medien konstituieren seit jeher kommunikationsrelevante Kontexte, was nicht zuletzt die Kritik dokumentiert, die den medialen Wandel stets begleitet und in der sich das Wissen um die Veränderung von

---

1 Forschungsteam: Christina Schachtner, Nicole Duller, Katja Koren Ošljak, Heidrun Stückler.

Kommunikation widerspiegelt. Schon Sokrates übte Medienkritik, als er die Schrift als ein Medium kritisierte, das die Menschen nicht wissender macht, sondern das Vergessen fördert. Sokrates lässt Thamus, den König der Ägypter, im Phaidros-Dialog zur Gottheit Theuth, der die Buchstaben erfunden hatte, sagen:

»Diese Erfindung [der Schrift, d. A.] wird nämlich den Seelen der Lernenden vielmehr Vergessenheit einflößen, weil sie das Gedächtnis vernachlässigen werden; denn im Vertrauen auf die Schrift werden sie sich nur äußerlich vermittels fremder Zeichen, nicht aber innerlich aus sich selbst erinnern« (Platon 1915: 100).

Die Kassandrarufe begleiteten und begleiten auch die weiteren medialen Entwicklungen wie die Erfindung der Eisenbahn (Schivelbusch 1977: 53ff.) oder die moderne Computertechnik (Spitzer 2012).

Gegenstand dieses Beitrags sind die wechselseitigen Beziehungen zwischen den Strukturen Digitaler Medien und den von den NetzakteurInnen im Kontext dieser Medien entwickelten Kommunikationsmuster. Diese werden unter dem Gesichtspunkt ihrer Bedeutung für die Subjektwerdung untersucht. Ausgangspunkt sind kommunikationstheoretische Überlegungen zum Wesen und zur Bedeutung von Kommunikation allgemein, um den Blick für die Besonderheiten digitaler Kommunikation zu schärfen. Es folgt eine Analyse der Implikationen des Kommunikationsorts Internet im Hinblick auf dessen kommunikationsrelevanten Aufforderungscharakter. Vor diesem Hintergrund werden zentrale Kommunikationspraktiken der AkteurInnen im Netz, wie sie in dem Teilprojekt »Kommunikative Öffentlichkeiten im Cyberspace« identifiziert werden konnten, und die darin eingelagerten Subjektfacetten vorgestellt. Abschließend erfolgt der Versuch, den Prozess der Subjektivation in bestehende Subjektdiskurse einzuordnen und ihn resümierend in den Kontext der neuen medialen Bühnen zu stellen.

1 KOMMUNIKATION UND SUBJEKTWERDUNG

Was unter Kommunikation zu verstehen ist, was sie für die Subjektwerdung bedeutet und warum sie für diese unverzichtbar ist, soll im Folgenden unter Bezug auf den Symbolischen Interaktionismus, die Theorie der Intersubjektivität und die Phänomenologie erörtert werden.

1.1 Zum Begriff Kommunikation

Wenn Friedrich Krotz Kommunikation als eine Form sozialen Handelns charakterisiert (Krotz 2010: 99), so knüpft er damit an der kommunikationstheoretischen Position von Charles Horton Cooley an, der schrieb:

»By communication is here meant the mechanism through which human relations exist and develop – all the symbols of the mind, together with the means of conveying them through space and preserving them in time. It includes the expression of the face, attitude and gesture, the tones of the voice, words, writing, printing, railways, telegraphs, telephones, and whatever else may be the latest achievement in the conquest of space and time.« (Cooley 1972: 61)

Sowohl Krotz als auch Cooley betrachten Kommunikation nicht als eindimensionales, sondern als wechselseitiges Handeln, das sich jeweils an Andere richtet und eine »Antwort-Handlung« (Reichertz 2009: 94) erwartet. Durch Kommunikation entwickeln sich soziale Beziehungen und mit ihnen die sie herstellenden Kommunikationsformen. Kommunikation ist also nichts Statisches, sondern sie ist eingebettet in eine soziale Dynamik, die sie selbst miterzeugt (Krotz 2010: 104).

Jo Reichertz unterscheidet zwischen einem intentionalen, geplanten und einem habitualisierten, nichtgeplanten kommunikativen Handeln (Reichertz 2009: 94). Die intentionale Kommunikation gestaltet und steuert die Mittel der Kommunikation wie z.B. die Sprache. Habitualisierte Kommunikationsformen kommen ungesteuert zur Geltung; sie finden häufig ihren Ausdruck in Mimik und Gestik. In Anlehnung an Pierre Bourdieu können Habitusformen als System dauerhafter und übertragbarer Dispositionen bezeichnet werden, die »als strukturierende Strukturen fungieren, d.h. als Erzeugungs- und Ordnungsgrundlagen« (Bourdieu 1987: 98) für kommunikative Praktiken. Diese Praktiken repräsentieren individuelle und kollektive frühere Erfahrungen; sie garantieren Kontinuität, und zugleich generieren sie neue Erfahrungen und verändern sich dabei auch selbst. Der Habitus ist für Bourdieu die Fähigkeit, in völliger Freiheit neue Erfahrungen und kommunikative Praktiken zu erzeugen, deren Dynamik sich jedoch innerhalb der Grenzen ihrer Erzeugung bewegt (ebd.: 103).

Jo Reichertz unterscheidet weiter nach dem Grad der Bewusstheit zwischen einer bewussten, abwägenden Kommunikation, zu der in der Regel die intentionale Kommunikation zählt, und einer nur »begrenzt bewusstseinsfähigen« (Reichertz 2009: 99) Kommunikation, die im Verlauf der Sozialisation im Handeln oder durch unbewusste Nachahmung erworben wird und sich im Habitus ausdrücken kann. Begrenzt bewusstseinsfähig sind auch jene Kommunikationsformen, denen verdrängte frühkindliche Konflikterfahrungen zugrunde liegen und die in der psychoanalytischen Theorie als regressives Verhalten beschrieben werden.

Friedrich Krotz fügt dieser Differenzierung von Kommunikationsformen den »inneren Dialog der Beteiligten mit sich selbst« (Krotz 2010: 101) als einen nicht beobachtbaren Teil von Kommunikation hinzu. Dieser Dialog gründet nach Krotz in dem Erfordernis, den Anderen zu verstehen, um mit ihm kommunizieren zu können. Er verlangt, sich

»imaginativ in den anderen hinein (zu) versetzen und dessen Rolle in der eigenen Vorstellung (zu) übernehmen, um dann in inneren Dialogen rekonstruieren zu können, was der andere mit seinen Äußerungen verbaler und nonverbaler Art gemeint hat« (ebd.: 102).

Die kommunikative Reaktion orientiert sich daran, wie man die kommunikativen Praktiken des Anderen interpretiert und verstanden hat. Das Verstehen des Anderen ist nach Charles H. Cooley Voraussetzung dafür, dass ich auch selbst verstanden werde, was er wie folgt formuliert: »[...] if he understands us, he can make us understand him, through the word, the look, or other symbols, which both of us connect with the common sentiment or ideal« (Cooley 1967: 142). Cooley erinnert am Ende dieses Zitats auch an die Einbindung von Kommunikation in den gesellschaftlichen Kontext, worauf später noch ausführlicher eingegangen wird.

Mittel der Kommunikation und des Verstehens sind nach Charles H. Cooley ein breit gefächertes Spektrum an Symbolen, wozu er, wie eingangs zitiert, neben der Sprache körperliche Ausdrucksformen und technische Medien zählt. Menschliche Lebewesen zeichnen sich nach Krotz durch die Fähigkeit zur symbolisch vermittelten Kommunikation aus (Krotz 1998: 69). Die Welt der Symbole und ihrer Bedeutungen ist uns vorgelagert; wir werden in sie hineingeboren, wir erwerben sie im Verlauf der Sozialisation, wir wenden sie an, wir handeln in der Kommunikation mit anderen Symbolbedeutungen aus, verändern diese und erzeugen neue (ebd.: 71). Symbole können verbal und nonverbal sein; Kommunikation verbindet die verschiedenen

Symbole zu einem »basalen und komplexen symbolischen Prozess, durch den Realität erzeugt, aufrechterhalten, korrigiert und weiterentwickelt wird« (ebd.: 70).

Symbole sind das Ergebnis von sozialen Konsensen. Medien, derer sich die Menschen bedienen, wie Schrift, Radio, Computertechnik, machen die Symbolik wahrnehmbar, die innerhalb einer Kommunikationsgemeinschaft Handlungsbedeutung hat (Reichertz 2009: 102). Symbole zeigen sich zum einen in den Botschaften, die die Medien übermitteln, und zum anderen repräsentieren die Medien als kulturelle Produkte selbst eine Symbolik.

1.2 Zur subjektrelevanten Bedeutung von Kommunikation: das Mead'sche Modell

Kommunikation dient nicht nur dem Transport von Botschaften, sondern primär der Konstitution und Entwicklung von Subjekt und Gesellschaft. In diesem Beitrag liegt der Schwerpunkt des Interesses auf dem Zusammenhang von Kommunikation und Subjekt. Charles H. Cooley konstatiert:

»[I]t is through communication that we get our higher development. The faces and conversation of our associates; books, letters, travel, arts, and the like, by awakening thought and feeling and guiding them in certain channels, supply the stimulus and framework for all our growth« (Cooley 1972: 63).

Es sind nach Cooley die vom Anderen ausgehenden Impulse – der Andere kann ein menschliches Wesen, aber auch ein Ding sein –, die die Entwicklung der Persönlichkeit stimulieren.

Im Anschluss an Charles H. Cooley hat George H. Mead ein Modell entwickelt, das den Anspruch hat, die Konstitution des Subjekts durch Kommunikation zu konzeptualisieren. Mead unterscheidet in seinem Modell zwischen dem Ich, dem verallgemeinerten Anderen und dem ICH. Das verallgemeinerte Andere steht für die in einer Gesellschaft existierenden gemeinsamen Normen, Regeln, Werthaltungen, kurz: für die sozialen Konsense (Mead 1973: 198). Das ICH bezeichnet die Haltung des verallgemeinerten Anderen, die das Individuum gegenüber sich selbst einnimmt. Durch dieses ICH kommt die Gesellschaft zum Einzelnen. Dieser antwortet auf die gesellschaftlichen Verhaltenserwartungen als Ich (ebd.: 242). Die Reaktionen des Ich sind unbestimmt; daraus erwächst das Neue. Zusammen bilden das

ICH und das Ich die Persönlichkeit (ebd.: 221). Selbst-Bewusstsein erreicht man nach Mead dadurch, dass man die Haltung Anderer sich selbst gegenüber einnimmt und darauf als Ich reagiert (ebd.: 238). Die Anteile von ICH und Ich können bei unterschiedlichen Menschen unterschiedlich stark ausgeprägt sein. Wenn die eigenen Positionen sich kaum von denen meines Nachbarn unterscheiden, so bin ich vor allem von meinem ICH bestimmt. Zeigt sich dagegen eine deutliche Differenz zu den Positionen des allgemeinen oder konkreten Anderen, so bin ich primär durch mein Ich geprägt (ebd.: 244).

Man muss sich, so Friedrich Krotz, das Hin und Her zwischen der Übernahme der Haltungen des verallgemeinerten Anderen, die mir im konkreten Anderen, in Dingen, in Vorschriften entgegenkommen, und der Reaktion des Ich auf diese Haltungen als kommunikativen Prozess vorstellen (Krotz 1998: 72). Dieser kann sich in nach außen sichtbaren und hörbaren Aktivitäten oder als innerer Dialog abspielen. Er stützt sich auf signifikante Symbole, durch die sich für das Individuum der Sinn gesellschaftlicher Erwartungen erschließt. Voraussetzung dafür ist der allgemeine Charakter von Symbolen. Alles, was Sinn ergeben soll, muss allgemein sein; das von einer Person Gesagte kann nur dann der Verständigung dienen, wenn SprecherIn und RezipientIn über gemeinsame Sinnvorstellungen verfügen (Mead 1973: 188f.).

Das Subjekt konstituiert sich, wie eingangs behauptet und nun unter Bezug auf George H. Mead begründet wurde, immer »innerhalb des gesellschaftlichen Erfahrungs- und Tätigkeitsprozesses« (ebd.: 177). Das ICH sorgt für die Einhaltung der Konventionen, während das Ich das Potenzial für Kreativität enthält und das Gefühl von Freiheit erzeugt. Mead gibt dem ICH einen hohen Stellenwert bei der Subjektkonstitution, wenn er schreibt: »Gewöhnlich bestimmt die Struktur des ›ICH‹ den Ausdruck des ›Ich‹« (ebd.: 254). Das ICH definiert die Bühne und gibt das Stichwort; es setzt den impulsiven Äußerungen des Ich Grenzen.

Das Mead'sche Modell zur Subjektkonstitution setzt auf die Kommunikation zwischen menschlichen Individuen; bei Cooley deutet sich an, dass sich Kommunikation auch zwischen Menschen und Dingen abspielen kann. Er gesteht technisch-medialen Gegenständen eine symbolische Bedeutung zu, die zum Bezugspunkt kommunikativer Praktiken werden kann. Käte Meyer-Drawe drückt diese Möglichkeit noch deutlicher aus, wenn sie die These formuliert, dass sich das Subjekt »in ständigen Maskeraden und

Konfigurationen von Selbst und Anderen realisiert, in einem Spiegelspiel von Subjekt, Mitsubjekt und Dingwelt« (Meyer-Drawe 1990: 20). Der Bezug auf die Dingwelt ist für die hier geführte Diskussion zur Subjektkonstitution im Kontext Digitaler Medien von besonderer Bedeutung. Auch Digitale Medien können, wie noch gezeigt werden soll, das verallgemeinerte Andere repräsentieren.

1.3 Der Blick des konkreten Anderen

George H. Mead betont den Blick auf sich selbst aus der Perspektive des verallgemeinerten Anderen, die ich selbst übernehme, sowie die Reaktion des Individuums auf diesen Blick als Bedingung für die Entwicklung von Selbst-Bewusstsein. Der Blick des Anderen, der uns im Mead'schen Modell begegnet, ist ein gesellschaftlicher Blick, der sich, wie erwähnt, durch andere Individuen, aber auch durch Dinge und Regeln vermitteln kann. Im Unterschied zu Mead betont Käte Meyer-Drawe aus einer phänomenologischen Perspektive primär die Bedeutung des unmittelbaren Blicks eines konkreten Anderen für die Subjektkonstitution, der hier Erwähnung findet, weil die AkteurInnen im Cyberspace beiden Blicken begegnen. In Gestalt der Digitalen Medien treffen sie auf gesellschaftliche Vorstellungen, in der Interaktion mit anderen NetzakteurInnen treffen sie sowohl auf übernommene gesellschaftliche Normen als auch auf individuelle Besonderheiten. Die Position von Käte Meyer-Drawe muss nicht als Widerspruch zum Mead'schen Modell, sondern kann auch als Ergänzung gelesen werden. Käte Meyer-Drawe begründet die Relevanz des unmittelbaren Blicks, den ein konkreter Anderer auf mich richtet, mit der Tatsache, dass der Mensch dem Reich des Sichtbaren angehört, sich selbst aber nur ausschnitthaft sehen kann (ebd.: 116). Diese These spielt auf die Körperlichkeit an, die sich unserem eigenen Blick niemals völlig erschließt. Hierzu ist zu erwähnen, dass die Phänomenologie den Körper nicht als bloße Materie betrachtet, sondern Körper, Geist und Seele aus phänomenologischer Perspektive eine Einheit bilden (Merleau-Ponty 1976: 235ff.). Der Blick des konkreten Anderen auf den Körper berührt daher immer auch Gefühle und Gedanken. Umgekehrt muss man davon ausgehen, so möchten wir ergänzen, dass rezipierte Gefühle und Gedanken durch einen konkreten Anderen unsere Körperlichkeit berühren. Auch wenn die NetzakteurInnen im Internet nicht Face-to-Face, sondern mittels geschriebener Worte und Bilder kommunizieren, berühren die Antworten anderer NetzakteurInnen diesen Überlegungen zufolge sowohl Gedanken, Gefühle als auch die Körperlichkeit.

Allein der Blick des konkreten Anderen reicht an das heran, was ich selbst nicht sehen kann. Es ist dieser auf mich gerichtete Blick, und es sind die darin sich zeigenden Resonanzen, die mich zu einem Ganzen machen. Für mich selbst bin ich nach Meyer-Drawe ein Niemand, »ein outis, der erst in der Begegnung mit dem Anderen zu einem Jemand [...] wird« (Meyer-Drawe 1990: 115). Während das Subjekt aus der Mead'schen Perspektive seine Einheit im Inneren findet, in der Auseinandersetzung zwischen ICH und Ich, findet das Subjekt, phänomenologisch betrachtet, zu sich selbst im konkreten Gegenüber, also im Außen. Es sind dies gegenläufige Prozesse, die sich nicht ausschließen, sondern ergänzen. Es hindert das Subjekt nichts daran, den Blick des konkreten Anderen in seiner Erinnerung aufzubewahren und einen inneren Dialog mit ihm zu führen, genauso wie es frei darin ist, sich neuen Blicken eines konkreten Gegenübers auszusetzen und dadurch zu sich selbst im Außen zu finden.

Was den Blick des konkreten Anderen so unverzichtbar für die Subjektwerdung macht, kann mit Hilfe der von Jessica Benjamin formulierten Theorie der Intersubjektivität weiter präzisiert werden. Der Begriff Intersubjektivität verweist auf die wechselseitige Kommunikation, in der sich die Beteiligten jeweils das geben können, was sie für die Subjektbildung brauchen: Anerkennung. Menschen bekommen nach Benjamin erst dann das Gefühl, dass sie es sind, die etwas tun, wenn sie mit Anderen zusammen sind, die ihre Taten anerkennen (Benjamin 1990: 24). Anerkennung kann uns aber nur von jemandem zuteilwerden, den wir auch anerkennen (ebd.: 15). Dies begründet ein Paradoxon, denn in dem Augenblick, in dem wir Unabhängigkeit erreichen, sind wir davon abhängig, sie uns wechselseitig zu bestätigen (ebd.: 29). Anerkennung heißt nicht per se Zustimmung; sie kann sich auch im Widerspruch äußern. Es braucht den unabhängigen Anderen, der auf seine eigene Art und Weise reagiert. Dies macht das Erfordernis einer lebendigen Kommunikation deutlich, die durch Gemeinsamkeiten, Differenzen, Kontroversen, Konflikte und neue Konsense in Bewegung gehalten wird.

2 Der Aufforderungscharakter Digitaler Medien

In diesem Abschnitt soll eine weitere Annäherung an die digitale Kommunikation erfolgen. Es wurde bereits erwähnt, dass Digitale Medien zum Stimulus von Kommunikation und Subjektbildung werden können (Cooley 1972: 63). Wie ist das möglich? Was zeichnet Digitale Medien aus, dass sie kommunikationswirksame Impulse setzen können, und was lösen diese aus? Wir versuchen, uns im Folgenden den Charakter Digitaler Medien durch objekt- und symboltheoretische Überlegungen zu erschließen, der sie zu kommunikationswirksamen Objekten macht.

2.1 Digitale Medien als bedeutungs-volle Objekte

Digitale Medien sind wie alle Objekte nicht neutral. Objekte begegnen uns, so Tilman Habermas im Anschluss an Kurt Lewin (1926/1982), freundlich, feindlich, verlockend, abweisend, »mit ganz bestimmten willensartigen Tendenzen« (Habermas 1996: 96). Diese Erfahrungen machen bereits Babys, wenn das glitzernde Spielzeug oder die Brille im Gesicht des Erwachsenen zum Zugreifen verlocken. Kurt Lewin spricht vom Aufforderungscharakter der Objekte (Lewin 1926/1982: 64). Dieser Aufforderungscharakter bezieht sich sowohl auf die intendierte Verwendung eines Objekts als auch auf Bedeutungen, die über die Verwendung hinausweisen. Als Beispiel ist der von Roland Barthes charakterisierte Füllfederhalter zu sehen, der neben seiner Funktion als Schreibgerät einen Sinn des Reichtums, der Seriosität und Ästhetik zur Schau stellt (Barthes 1988: 190). Nach Barthes sind Objekte verschiedenen Sinnlektüren zugänglich (ebd.). Jede Art von Sinn verweist nach Barthes auf Kultur, ist kulturelles Produkt (ebd.: 197). Auch wenn wir uns in einer rein praktischen Welt der Verwendungen wähnen, sind wir »in Wirklichkeit, durch die Objekte auch in einer Welt des Sinns« (ebd.) und damit der Kultur.

Diese enge Verbindung zwischen den Objekten und Kultur thematisieren auch Mihaly Csikszentmihalyi und Eugene Rochberg-Halton, wenn sie das kulturkonforme Gebrauchen von Objekten als ein unmittelbares Erfahren von Kultur beschreiben (Csikszentmihalyi/Rochberg-Halton 1989: 67). Die Autoren schlagen in diesem Zusammenhang eine Brücke zum Ansatz von George H. Mead. Jedes Objekt, auf das Menschen reagieren oder mit dem sie handeln, repräsentiert für sie ein Element des verallgemeinerten Anderen, in dem sich die Werte und Normen einer Gesellschaft bündeln.

Dieser Verweis auf das Mead'sche Konzept impliziert, dass der Gebrauch von Objekten oder auch nur der bloße Besitz Konsequenzen haben für die Entwicklung von Individuum und Gesellschaft. Objekte verändern nach Csikszentmihalyi und Rochberg-Halton »ganz offensichtlich die Lebensverhältnisse« (ebd.: 32). Sie nennen den Kühlschrank, der die Einkaufsgewohnheiten revolutioniert habe, und den Fernseher, der das Beziehungsgefüge innerhalb der Familie verändere (ebd.). Kulturell aufgeladene Objekte greifen nach Csikszentmihalyi/Rochberg-Halton auch in die Persönlichkeitsentwicklung ein; ja, sie werden oft zum Teil einer Persönlichkeit. So könne man sich einen König schwerlich ohne Thron oder einen Pfarrer ohne Kanzel vorstellen. Das Sitzobjekt oder die religiöse Architektur werden zum Bestandteil einer Rolle (ebd.: 34). Ähnlich argumentiert Sherry Turkle, wenn sie die Objekte als Partner unseres Gefühlslebens und als Provokationen unserer Gedanken schildert. Gedanken und Emotionen sind in unserem Verhältnis zu den Objekten untrennbar miteinander verknüpft. Turkle schreibt: »We think with the objects we love; we love the objects we think with« (Turkle 2007: 5). Der Aufforderungscharakter der Objekte erfasst demnach die gesamte Persönlichkeit.

Wie kommt es zu diesem evokativen Charakter der Objekte? Für Barthes hängt die evokative Qualität der Objekte damit zusammen, dass Objekte etwas Hergestelltes sind. Im Prozess ihrer Herstellung werden die Objekte bestimmten Produktions- und Qualitätsnormen unterworfen (Barthes 1988: 189). Auf diese Weise lagern sich kulturelle Vorstellungen in die Objekte ein.

Alfred Lorenzer hat die Objekte im Hinblick auf die in sie eingelagerten Sinngehalte im Anschluss an die symboltheoretischen Ausführungen von Ernst Cassirer und Susanne Langer als Bedeutungsträger konzeptualisiert, womit er eine differenzierte Sicht auf das Erleben und den Gebrauch von Objekten ermöglicht. Bedeutungsträger sind mit Ernst Cassirer gesprochen »symbolische Formen«, hervorgegangen aus einer Energie des Geistes, »durch welche ein geistiger Bedeutungsgehalt an ein konkretes sinnliches Zeichen geknüpft und diesem Zeichen innerlich zugeeignet wird« (Cassirer 1965: 175). Symbolische Formen stellen »Objektivationen menschlicher Praxis« (Lorenzer 1981: 23) dar; sie »bilden eine Institution ›zwischen‹ Individuum und Gesellschaft, auf beide bezogen, jedoch eigenständig«

(ebd.: 24). Beispiele symbolischer Formen bzw. Bedeutungsträger sind nach Lorenzer alle in »Laut, Schrift, Bild oder anderer Form zugänglichen Objektivationen« (ebd.: 23) wie die Sprache, Kunstwerke, Musik, aber auch ein Stuhl, denn auch in einem Stuhl ist ein bedeutungsvoller Entwurf realisiert, in dem eine Handlungsanweisung vorgezeichnet ist, nämlich das Einnehmen einer bestimmten Körperhaltung (ebd.: 30). Was Lorenzer Handlungsanweisung nennt, haben Lewin als Aufforderungscharakter und Turkle als Evokation bezeichnet. Der einzelne Stuhl hat seine Handlungsanweisung mit anderen Stühlen gemeinsam. Wir begegnen in dem einzelnen Stuhl dem verallgemeinerten Anderen, das heißt einer zumindest in der westlichen Kultur geteilten Vorstellung von einer bestimmten Körperhaltung beim Sitzen.

Digitale Medien können in das Spektrum der symbolischen Formen bzw. der Bedeutungsträger eingereiht werden, denn auch sie sind Objektivationen menschlicher Praxis, die auf einer Energie des Geistes beruht. Ihre Produktion unterliegt gesellschaftlichen Normen der Logik, der Problemwahrnehmung und -bearbeitung, aber auch der Ästhetik, was den gesellschaftlichen Charakter Digitaler Medien unterstreicht und sie zu Kulturobjekten macht.

Folgerichtig kann der Medienwissenschaftler Marshall McLuhan die These formulieren: Das Medium ist die Botschaft (McLuhan 1968: 21). Diese Definition kontrastiert zu der Auffassung, dass Medien lediglich Botschaften übermitteln, sie haben nach McLuhan vielmehr einen eigenen Bedeutungsgehalt, dem McLuhan eine Wirkkraft zuschreibt, die die menschlichen Lebensverhältnisse verändert (ebd.: 23). Um den Bedeutungsgehalt Digitaler Medien noch genauer zu bestimmen, greifen wir auf eine weitere Differenzierung zurück, die Alfred Lorenzer unter Bezug auf Susanne Langer trifft: auf die Differenzierung zwischen diskursiven und präsentativen Symbolen (Lorenzer 1981: 30ff.; Langer 1965: 102ff.). Es scheint, als ob Lorenzer und Langer davon ausgehen, dass die jeweilige Symbolik auf unterschiedliche Bedeutungsträger verteilt ist. Sprache z.B. ist in ihren Augen immer diskursiv, die Fotografie, das Gemälde, die Musik dagegen werden als präsentative Symbole charakterisiert. Diskursive Symbole zeichnen sich nach Langer dadurch aus, dass Ideen nacheinander aufgereiht werden wie Wäschestücke auf der Wäscheleine und in ihrem Sinn sukzessive erschlossen werden müssen (ebd.: 20). Nur jene Bedeutungen können zur Sprache gebracht werden, die sich dieser Ordnung fügen; Bedeutungen, die sich dieser Ordnung entziehen, sind in Worten nicht mitteilbar. Gesetze des logischen Folgerns sind der exakteste Ausdruck einer diskursiven Symbolik (ebd.). Präsentative Symbole wirken dagegen nicht durch voneinander isolierte Elemente, sondern als Ganzheiten, weil sie aus ganzen Situationen und Szenen hervorgehen (Lorenzer 1981: 31; Langer 1965: 22). Das gilt für Alltagsgegenstände wie den schon erwähnten Stuhl, der eine bestimmte Alltagsszene symbolisiert, ebenso wie für ein Kunstwerk, z.b. ein Bild, das weniger eine isolierende Betrachtung einzelner Elemente nahelegt als vielmehr in seiner Ganzheit wirken will als ein Zusammenspiel von Licht und Schatten, von Farbe und Form, das neben dem Intellekt auch die Sinne und Gefühle anspricht.

Die Unterscheidung zwischen diskursiver und präsentativer Symbolik eignet sich dazu, auch den Bedeutungsgehalt Digitaler Medien zu bestimmen. Dieser speist sich allerdings nicht nur aus der einen oder anderen Symbolik; Digitale Medien präsentieren sich als »Bedeutungsmischlinge« (Schachtner 2013: 38). Die diskursive Symbolik Digitaler Medien zeigt sich in Form von Algorithmen, von binärer Logik, die die Funktionsweise der Technik prägen, sowie in Form der Wortsprache, die in Diskussionsforen, Chats, Blogs benutzt wird. Auf eine präsentative Symbolik trifft man in Gestalt von Internetauftritten und Websites, die als Gesamtkonzept wirken, indem sie z.B. die Philosophie eines Wirtschaftsunternehmens oder einer politischen Gruppierung in der Kombination von Wort, Bild, Farben, Sound als Ganzes den menschlichen Sinnen anbieten (ebd.).

Wenn sich der Bedeutungsgehalt Digitaler Medien aus diskursiven und präsentativen Elementen speist, so kann man sie als hybride Medien bezeichnen. Hybridität ist Bestandteil einer übergeordneten Symbolik, die sich bei Digitalen Medien zeigt und die Bezüge zu ihren diskursiven und präsentativen Symboldimensionen hat. Neben der Hybridität weisen Digitale Medien weitere übergeordnete Symboliken auf wie Interaktivität, Multimedialität, Vernetzung, von denen kommunikationsrelevante Impulse ausgehen. Interaktivität ist der zentrale Impuls für Kommunikation, der überhaupt erst die Möglichkeit signalisiert, Kommunikation zu initiieren, sich mitzuteilen und Antworten zu geben. Multimedialität eröffnet den NetzakteurInnen die Möglichkeit, in Wort, Bild und Sound zu kommunizieren. Vernetzung steht für die Chance zu grenzüberschreitenden, ja transnationalen Kommunikationsbeziehungen.

Aus der von Alfred Lorenzer vorgelegten Konzeption von Objekten als Bedeutungsträger resultiert, dass jedes materielle Objekt auch immaterielle Anteile in Form der Symboliken hat, die es verkörpert. Dieses Objektverständnis kontrastiert mit der verbreiteten Auffassung, dass zwischen Materialität und Immaterialität strikt zu trennen ist. Digitale Medien verkörpern ihre materiellen Anteile in Gestalt von Bildschirm, Tastatur, Prozessoren, Arbeitsspeicher, ihre immateriellen Anteile, also die geschilderte Symbolik, basiert auf Algorithmen und Computerprogrammen, auch Software genannt. Mit den Digitalen Medien rückt die Kombination von Materialität und Immaterialität verstärkt ins Bewusstsein, denn das eine kann ohne das andere nicht funktionieren. Die Software ist es, die die Hardware überhaupt erst belebt; aber ohne Hardware hätte die Software keinen Sinn. Digitale Medien werden zu solchen erst in der Verschränkung von Hard- und Software, von Materialität und Immaterialität.

2.2 Digitale Kommunikation als Interaktionsspiel

Die Beschreibung Digitaler Medien als Bedeutungsträger liefert Erklärungen, warum diese Kommunikationsanstöße geben können. Noch wissen wir aber nichts darüber, ob diese etwas bewirken. Dieser Gedanke weist in Richtung der Subjekte, auf das Erleben der Objektsymbolik und das Handeln in Bezug auf diese Symbolik. Das Erkenntnisinteresse von Alfred Lorenzer ging ebenfalls in diese Richtung; der Erlebnisqualität der Objekte und deren Relevanz für die Subjektbildung galt sein eigentliches Interesse. Die symbolischen Bedeutungen der Objekte werden nach Lorenzer nicht umstandslos von den Subjekten übernommen, diese setzen sich vielmehr aktiv zu der Symbolik in Beziehung (Lorenzer 1981: 155ff.), wie sich bereits bei Kindern zeigt. Es ist nicht sicher, dass Kinder die von einem Stuhl aufgenötigte Sitzposition einnehmen; es kann auch sein, dass sie den Stuhl zu einem Haus machen oder aus mehreren Stühlen eine Lokomotive. Nach Alfred Lorenzer ist der Umgang der Subjekte mit den Objekten durch Interaktionsspiele gekennzeichnet. Er unterscheidet in Weiterentwicklung der Ansätze von Cassirer und Langer und im Hinblick auf die diskursive und präsentative Symbolik zwischen sprachsymbolischen und sinnlich-symbolischen Interaktionsformen (ebd.: 159). Sprachsymbolische Interaktionsformen bestehen aus dem bewussten, intentionalen, benennbaren Handeln, den strategischen Operationen (ebd.: 162). Die sinnlich-symbolischen

Interaktionsformen sind den Emotionen und den leiblichen Prozessen näher; sie sind sichtbar, hörbar, tastbar, schmeckbar (ebd.). Der Gedanke des Interaktionsspiels findet sich auch bei Sherry Turkle, die von einem »object-play« (Turkle 2007: 309) spricht und ähnlich wie Lorenzer zwei Erlebnisdimensionen in diesem Spiel unterscheidet, die den sprach- und sinnlich-symbolischen Interaktionsformen ähneln, wenn sie schreibt: »Object play – for adults as well as children – engages the heart as well as the mind« (ebd.).

Wie stellen sich diese Interaktionsspiele im Gebrauch Digitaler Medien dar? Unverzichtbar sind die sprachsymbolischen Interaktionen in Form von strategischen, bewussten, der binären Logik folgenden Handlungsoperationen, die das Funktionieren der medialen Technik sicherstellen. Doch das Feld strategischer Operationen ist umlagert von Gefühlen, Sehnsüchten, Begierden, die eine sinnlich-symbolische Antwort auf die präsentative Symbolik Digitaler Medien darstellen. Sinnlich-symbolische Interaktionen zeigen sich z.B. in den Videos und Fotografien, in denen Szenen aus der Arabischen Revolution auf dem Tahrir-Platz oder in den Straßen von Tripolis/Libyen festgehalten wurden.

Zusammenfassend: Digitale Interaktionsformen sind kommunikative Praktiken im Sinne von Charles H. Cooley und Friedrich Krotz. Sie äußern sich in Worten, im Schreiben, in Bildern, die auf die Emotionen, Hoffnungen, Ängste, körperlichen Einsatz einzelner NetzakteurInnen verweisen (Cooley 1972: 61) und auf ein Gegenüber bezogen sind: einerseits auf das Medium als Bedeutungsträger des Sozialen und andererseits auf imaginierte oder konkrete andere NetzakteurInnen.

Die digitalen Interaktionsspiele folgen kollektiven Formen z.B. bei der Adaption der technischen Logik, die vorschreibt, alle Eingaben einem strikten Nacheinander zu unterwerfen. In der aktiven Aneignung dieser Formen entstehen aber auch Spielräume z.B. bei der Gestaltung der Kommunikationsinhalte und eines spezifischen Jargons, wie er in Chats entstanden ist (Tuschling 2009: 153ff.).

Die digitalen Interaktionsspiele sind nicht allein auf die Interaktion mit dem Medium beschränkt; sie können auch andere, imaginierte oder konkrete NetzakteurInnen einbeziehen. Laut Alfred Lorenzer repräsentieren menschliche AkteurInnen eine präsentative Symbolik, die ihrerseits Impulse setzen können. Die NetzakteurInnen sind mit wechselnden Symboliken konfrontiert, auf die sie ihre Interaktionsspiele abstimmen.

2.3 Der virtuelle Raum als Heterotopie

Der im Titel dieses Beitrags enthaltene Begriff »Kommunikationsort Internet« sollte als Hinweis darauf gelten, dass digitale Kommunikation räumlich verankert ist. Das gilt auch für die Kommunikation jenseits des Bildschirms, die an verschiedenen Orten, aber niemals im Nirgendwo stattfindet. So selbstverständlich erscheint uns die räumliche Kontextualisierung von Kommunikation, dass wir dies nicht thematisieren, es sei denn, Kommunikationsräume befinden sich außerhalb dessen, was wir als das ›normale Leben‹ betrachten. Die Kommunikation in Gefängnissen, psychiatrischen Kliniken, Bordellen, Orte, die uns jenseits der Norm gelegen erscheinen, kann durchaus zu einem Thema öffentlichen Interesses werden. Auch der Kommunikationsort Internet, den die NetzakteurInnen mit ihren Interaktionsspielen herstellen, die sie untereinander und in Bezug auf das technische Medium entwickeln, fügt sich nicht ohne weiteres in unsere Vorstellungen von einem ›normalen‹ Ort. Schon die Tatsache, dass wir es nicht mit einem physikalischen Raum zu tun haben, widerspricht den üblichen Raumvorstellungen. Haben wir es im Netz überhaupt mit einem Raum zu tun, wenn er doch keine materiellen Grenzen hat, wenn er nicht anfassbar ist? Die Möglichkeit, von einem Raum zu sprechen, eröffnet der Raumbegriff von Georg Simmel, der den Raum aus seiner physikalischen Verankerung löste (Simmel 1922: 1983). Simmel schrieb: »Ein geografischer Umfang von so und so vielen Quadratmeilen bildet nicht ein großes Reich, sondern das tun die psychologischen Kräfte, die die Bewohner eines solchen Gebiets von einem herrschenden Mittelpunkt her politisch zusammenhalten« (ebd.: 460). Für Simmel konstituieren sich »Räume nicht durch geografische Bemessungen, sondern durch psychologische Kräfte, durch das, was sich zwischen Menschen ereignet in den sozialen und emotionalen Verbindungen, die sie untereinander herstellen« (Schachtner 2012a). Die sozialen Wechselwirkungen sind der Stoff, aus dem nach Simmel Räume entstehen (Simmel 1922: 461).

Auch wenn es in den digitalen Netzwerken nicht diesen herrschenden Mittelpunkt gibt, von dem aus sich psychologische Kräfte entfalten, es gibt die sozialen und emotionalen Verbindungen, hergestellt durch die kommunikativen Praktiken bzw. Interaktionsspiele der NetzakteurInnen, die einen sozialen Zusammenhang bilden. Da der soziale Zusammenhang das entscheidende Element im Simmel'schen Raumbegriff ist, können wir davon sprechen, dass die kommunikativen Praktiken Raum konstituieren, einen virtuellen Raum, der zu den Räumen des sogenannten real life kontrastiert (Pietraß/Schachtner 2013: 257). Was macht seine Besonderheit aus? Zu einer Antwort führt uns ein raumtheoretisches Konzept, das Michel Foucault vorgelegt hat: das Konzept der Heterotopie (Foucault 1992).

Heterotopien gibt es nach Foucault in jeder Gesellschaft als widersprüchliche Räume, die einerseits Facetten der sie umgebenden Gesellschaft aufnehmen und sie reproduzieren und sich andererseits den gesellschaftlichen Normen entziehen und ihre eigenen Regeln ausbilden, wodurch sie sich als Widerlager etablieren (ebd.: 39; Chlada 2005: 8). Foucault nennt als Beispiele von Heterotopien die schon erwähnten psychiatrischen Kliniken, Gefängnisse, Bordelle sowie Friedhöfe, Jahrmärkte, Bibliotheken, Gärten. Es sind Räume, die der Gesellschaft verbunden sind und zugleich das Andere verkörpern, die »andere(n) Räume« (Foucault 1992: 39), wie Foucault sie nennt.

Virtuelle Kommunikationsorte erweitern die Liste der ›anderen Räume‹; auch sie haben ihre Anschlüsse an die Gesellschaft, nicht zuletzt durch den verallgemeinerten Anderen, der sich in der medialen Symbolik vermittelt, aber sie stellen die geltenden gesellschaftlichen Normen auch in Frage (Schachtner 2012a). Es reproduzieren sich in den virtuellen Räumen kommerzielle Interessen und Prinzipien, gehandelt wird mit Informationen, schon Kinder werden in gewinnorientiertes Handeln eingeübt, wenn sie von Firmen aufgefordert werden, neue technische Geräte zu testen und das Ergebnis im Netz zu publizieren. Andererseits eröffnen die virtuellen Räume auch Möglichkeiten zur Konstitution kritischer Öffentlichkeiten, die den gesellschaftlichen Status quo in Frage stellen, wie anhand der Praktiken der Grenzüberschreitung noch zu zeigen sein wird.

Digitale Heterotopien sind

»Orte, an denen wir auf Bekanntes und zugleich auf Neues, Unbekanntes, Kritisches, der Möglichkeit nach Vorhandenes treffen. Sie durchkreuzen das dualistische Denken, das zwischen Virtualität und Realität strikt trennt, bilden irgendetwas dazwischen, verkörpern mixed realities« (Schachtner 2012b: 5).

Die heterotopische Qualität virtueller Räume kommt Kindern und Jugendlichen entgegen, weil sie den Heranwachsenden verspricht, sie mit den Normen der Erwachsenenwelt vertraut zu machen, und weil sie darüber hinaus einlädt zum Experimentieren, zu Identitätsversuchen, zum Erkunden des Unbekannten fernab vom kontrollierenden Blick der Erwachsenen. Die im Rahmen des Projekts »Kommunikative Öffentlichkeiten im Cyberspace« identifizierten kommunikativen Praktiken von Jugendlichen und jungen Erwachsenen, die im folgenden Abschnitt präsentiert werden, zeigen, wie sich diese Altersgruppe auf die Möglichkeiten und Evokationen virtueller Heterotopien und der in sic eingelagerten Symbolik einerseits sowie auf die konkreten Anderen andererseits bezieht, welche Möglichkeiten sie ergreift und welche medialen oder vom konkreten Anderen ausgehenden Evokationen welche Wirkkraft für die Subjektbildung entfalten.

3 KOMMUNIKATIVE PRAKTIKEN VON KINDERN, JUGENDLICHEN UND JUNGEN ERWACHSENEN IM NETZ: EINE TYPOLOGIE

Auf der Basis der empirischen Befunde konnte im Teilprojekt »Kommunikative Öffentlichkeiten im Cyberspace« eine Typologie kommunikativer Praktiken entwickelt werden, die folgende Praktiken umfasst: Praktiken des Formwandelns, Praktiken der Selbstinszenierung, Beziehungs- und Netzwerkpraktiken, Praktiken des Boundary Managements, Praktiken der Grenzüberschreitung, Praktiken des Handelns und Verkaufens, Spiel- und Spaßpraktiken. Es handelt sich um typische Netzpraktiken, die eng mit der Struktur des virtuellen Raums zusammenhängen, ohne dass damit gesagt wird, dass sie das gesamte Spektrum möglicher Praktiken abdecken.

Die Auswahl der Samples und das methodische Vorgehen in diesem Teilprojekt werden weitgehend bereits in dem Beitrag »Das Potenzial der Grounded Theory für die Technik- und Medienforschung« beschrieben, weshalb wir uns an dieser Stelle auf zusammenfassende und ergänzende Bemerkungen beschränken. Wie bereits erwähnt, folgte auch dieses Teilprojekt den Prinzipien der von Anselm Strauss und Barney Glaser entwickelten Grounded Theory (Strauss 1991), die als eine gegenstandsverankerte Methodologie gilt (Strauss/Corbin 1996). Das zentrale Prinzip der Grounded Theory besteht darin, theoretische Aussagen aus der Empirie heraus, also induktiv zu entwickeln. Im Rahmen der Grounded Theory wurden sogenannte quantitative und verschiedene verstehend-interpretative, kurz: qualitative Forschungsmethoden miteinander kombiniert, ein Vorgehen, das in der Sozialforschung als Triangulation bezeichnet wird (Flick 2000: 309). In Anlehnung an Norman K. Denzin charakterisiert Uwe Flick die Triangulation als eine Strategie auf dem Weg zu einem tieferen Verständnis des untersuchten Gegenstandes (ebd.: 311), weil dieser durch die Kombination verschiedener Methoden in seinen verschiedenen Facetten und auf unterschiedlichen Ebenen untersucht wird.

Eine quantitative Methode stellt die Häufigkeitsauszählung dar, die in diesem Teilprojekt zur Identifizierung der am häufigsten in den ausgewählten Netzwerken diskutierten Themen verwendet wurde. Bezogen auf die ermittelten Themen Beziehungen, Gender, Partizipation und Gestaltung, Politik und Werte wurden 24 Netzdiskussionen ausgewählt und einer fokussierten Netzanalyse unterzogen, womit eine verstehend-interpretative Methode zum Einsatz kam. Neben deutschsprachigen Netzwerken wurden auch englischsprachige Netzwerke aus der arabischen Region, aus den USA und aus Kanada einbezogen, wodurch die Untersuchung eine internationale Orientierung erhielt, die auch in die Anwendung der weiteren Forschungsmethoden einfloss.[2] Aus den analysierten Netzwerken wurden insgesamt 33 NetzakteurInnen (18 Frauen bzw. Mädchen und 15 Männer bzw. männliche Jugendliche) im Alter zwischen elf und 32 Jahren ausgewählt, mit denen ein thematisch strukturiertes Interview geführt wurde. Die InterviewpartnerInnen kamen aus sechs europäischen Ländern (Deutschland, Österreich, Italien, Schweiz, Slowenien, Ukraine), aus vier arabischen Ländern (Bahrain, Saudi-Arabien, Vereinigte Arabische Emirate, Jemen) und aus den USA. Die InterviewpartnerInnen wurden am Ende des Interviews gebeten, ihre verbalen Aussagen durch eine oder zwei Visualisierungen zu ergänzen. Diese sollte(-n) eine Antwort geben auf Fragen, die je nach Art der Nutzung Digitaler Medien unterschiedlich formuliert wurden, aber jede Frage wurde mehreren InterviewpartnerInnen gestellt. Die Fragen lauteten z.B.: »Wer bin ich online?« oder »Ich wechsle zwischen verschiedenen Plattformen. Wie sieht das aus?«. Durch die insgesamt 51 Visualisierungen gewannen wir neben den Sprachdaten visuelle Daten, die vertiefende, ergänzende, kontrastierende Erkenntnisse versprechen. Interview und Visualisierung gehören ebenfalls ins Spektrum verstehend-interpretativer Methoden.

---

2   Folgende Netzwerke wurden in die Untersuchung einbezogen: Facebook, Global Modules, Knuddels, Mideast Youth, Netlog, StudiVZ, SWR-Kindernetz, Taking ItGlobal.

Während mit der fokussierten Netzanalyse das kommunikative Handeln der NetzakteurInnen direkt erfasst wurde, dokumentieren die Interviews und Visualisierungen das Reden über das kommunikative Handeln im Netz. Diskrepanzen zwischen Reflexion und Handeln können nicht ausgeschlossen werden; allerdings lässt sich »das Reale nur durch Sprache vermittelt erkennen« (Hall 2004: 86). Die Sprache im Netz ist unmittelbare Kommunikation mit dem Medium und mit anderen NetzakteurInnen und bewegt sich daher auf einer anderen Ebene als die Sprache im Interview sowie die Bildsprache, die dazu dienen, über die Netzkommunikation zu kommunizieren. Das Interview und die Visualisierung verschaffen Zugang zu den Kommunikationsmotiven und zum Kommunikationserleben, was für die Forschungsfrage ebenso von Bedeutung ist wie die Analyse des kommunikativen Handelns im Netz.

Die empirischen Daten aus den verschiedenen Datenquellen wurden jeweils einer Einzelanalyse und anschließend einem Quervergleich unterzogen. Die visuellen Daten können angesichts ihres Umfangs in diesem Beitrag nicht systematisch dargestellt werden; die einbezogenen Visualisierungen haben einen illustrativen Charakter.

Die Wahl des Methodenrepertoires, die ein induktives Vorgehen impliziert, rückt die NetzakteurInnen als Subjekte in den Mittelpunkt. Das bedeutet, wie Jörg Bergmann konstatiert, dass nicht allein die ForscherInnen den Fokus der Forschung festlegen (Bergmann 2006: 20). Jörg Bergmann zitiert zur Verdeutlichung seiner These Evans-Pritchard, der einst den Stamm der Nuer untersuchte und berichtete: »Als ich ins Nuerland fuhr, hatte ich kein besonderes Interesse an Kühen, dafür aber die Nuer. Infolgedessen musste auch ich mich wohl oder übel mit Kühen befassen« (Evans-Pritchard 1937/1978: 329, zit.n. Bergmann 2006: 21). Die in eine Untersuchung einbezogenen Menschen als Subjekte zu betrachten verlangt, sich an deren Themen zu orientieren, ihre Prioritäten und Blickwinkel gelten zu lassen. Die von uns untersuchten NetzakteurInnen hatten ihren Anteil daran, was wir erforschten, was wir in den Vordergrund rückten; ihre Prioritäten lenkten unsere Aufmerksamkeit als Forscherinnen. Ihre Perspektive prägt die Untersuchung der Netzpraktiken, deren Ergebnisse wir im Folgenden präsentieren.

3.1 Praktiken des Formwandelns

Die Praktiken des Formwandelns ließen sich zum einen als transformierendes Formwandeln, zum anderen als nomadisches Formwandeln beobachten. Bei der Praktik des transformierenden Formwandelns konnten wir zwei Variationen feststellen: Das Heranwachsen vom Kind zur jungen Frau oder zum jungen Mann und die Transformation vom schüchternen zum selbstbewussten Subjekt. Die erste Variation konnte bei den NetzakteurInnen zwischen 11 und 14 Jahren beobachtet werden. Diese finden in den Onlineräumen Orte, an denen sie sich zwischen der gewohnten Rolle als Kind und ihrer neuen Rolle als Erwachsene hin und her bewegen können. Das transformierende Formwandeln äußerte sich bei den Kindern und Jugendlichen in unterschiedlichen Interaktionsspielen. Ein zwölfjähriges Mädchen berichtete, dass sie in Onlinerollenspielen »meistens ein normaler Mensch und lieber ein Mädchen, natürlich aber auch manchmal ein Junge« sei. Ihre liebste Rolle im Netz ist die eines »tussigen Mädchens« mit langen blonden Haaren und knapper Kleidung, eine Rolle, die sie offline nicht verkörpert, die aber einem verallgemeinerten Anderen im Mead'schen Sinne entspricht, nämlich dem Schönheitsideal der gestylten, körperbetont gekleideten jungen Frau, wie sie uns oft aus Serien und Magazinen oder aber auch von Plakatwänden und aus Schaufenstern entgegenlächelt. In ihrer Visualisierung zur Frage »Wer bin ich im SWR-Kindernetz?« stellt sich das junge Mädchen diesem gesellschaftlichen Ideal entsprechend dar: schlanke Beine, enges Top und kurzer Rock. Gleichzeitig zeigen sich in diesem Bild deutlich Fragezeichen, die nach Auskunft der Zwölfjährigen besagen, dass die Anderen online wenig über sie wissen, die aber auch den ungewissen Ausgang der Transformation zur jungen Frau symbolisieren könnten.

Abbildung 1: Transformierendes Formwandeln im Cyberspace

Eine visuelle Antwort auf die Frage »Wer bin ich im SWR-Kindernetz?«
(Netzakteurin, zwölf Jahre)

In ihren digitalen Interaktionsspielen, z.B. in Form der Rollenspiele im Netz, begeben sich Kinder auf die Suche nach ihrem Ich und erproben unterschiedliche Variationen ihrer Antwort auf das verallgemeinerte Andere. Das Thema Geschlechtsidentität war in allen acht von uns untersuchten Onlinenetzwerken und auch in vielen Interviews und Visualisierungen ein häufig aufgegriffenes und viel diskutiertes Thema. Trotz der Möglichkeit der körperunabhängigen Subjektkonstruktion im virtuellen Raum stellte sich die sprach- und die sinnlich-symbolische Verkörperlichung als männlich oder weiblich als relevante Komponente der eigenen Onlinepräsenz dar. Was genau unter männlich und weiblich zu verstehen ist, wird intensiv diskutiert. Auf der Plattform Knuddels wird darüber nachgedacht, ob die Maus aus der Fernsehserie »Die Sendung mit der Maus« männlich oder weiblich ist, im SWR-Kindernetz postet ein Junge die Frage: »Manche denken, Lila wäre eine Mädchenfarbe. Was meint Ihr?« und in der Netlog-Diskussion »Die Rose« diskutieren muslimische Mädchen und Jungen kontrovers darüber, was Männlichkeit für sie ausmacht. Ein Grund für diese intensiven Auseinandersetzungen mit dem Thema Gender liegt in der Erosion tradierter Geschlechterrollen (Keupp et al. 2008: 51). Die Herausbildung einer geschlechtlichen Identität ist laut der 16. Shell Jugendstudie (Albert et al. 2010: 44) für viele Jugendliche zu einer Herausforderung geworden, was sich in den analysierten Materialien widerspiegelt. Vor allem männlichen Jugendlichen fällt es zunehmend schwer, in ihre Rolle als Mann zu finden. Umdefinitionen und Modifikationen herkömmlicher Rollenverständnisse zeichnen sich ab; es kommt uns ein in seiner Geschlechtsidentität verunsichertes Subjekt entgegen.

Für die Praktiken des transformierenden Formwandelns, z.B. vom schüchternen zum selbstbewussten Subjekt, wird der Cyberspace als Bühne zur Entfaltung genutzt. Ein Beispiel dafür ist die Transformation einer heute 24-jährigen Frau, die sich von einer Außenseiterin in der Schule in einen digitalen Paradiesvogel verwandelt hat. Die junge Frau erzählt in ihrem Blog, wie sie in der Schule als Migrantin, die die deutsche Sprache nicht beherrschte, zur Außenseiterin geworden war. Sie berichtet darüber, wie sie gelernt hat, mit Hilfe Digitaler Medien diese Rolle zu durchbrechen und Selbstbewusstsein aufzubauen. Damit spricht sie nicht nur ihren LeserInnen mit ähnlichen Erfahrungen Mut zu, sondern macht ihr Formwandeln auch zum Thema von Selbstreflexion. Heute stellt die junge Frau Fotos auf ihren Blog, die sie in auffälligen Outfits und kunstvoll geschminkt zeigen, und versucht, sich beruflich als Zeichnerin selbstständig zu machen. Einer anderen jungen Frau dient ihr Blog als Rückzugsort, als Refugium, in das weder ihr Partner noch ihre Familie oder FreundInnen Einblick haben. Unter dem Pseudonym einer furchtlosen Romanfigur schreibt sich die 21-Jährige in ihren Erzählungen von der eher schüchternen Frau zu einer Heldin, die keine Angst kennt.

Während die Bewegung beim transformierenden Formwandeln als eine Entwicklung auf einen bestimmten Selbstentwurf hin erfolgt, zeigen sich beim nomadischen Formwandeln Bewegungen zwischen verschiedenen Plattformen und Selbstentwürfen. Das Internet befördert durch die Vielzahl an Räumen, die das Ausleben verschiedener Bedürfnisse und Interessen ermöglichen, das digitale Wandern und Changieren. Neben den Möglichkeiten, die sich dadurch ergeben, fordert dies den Subjekten auch Anstrengung ab. Eine 24-jährige amerikanische Bloggerin beschreibt ihre Visualisierung zur Frage »I am switching among various online platforms. How does it look like?« wie folgt: »I drew a mouse like frantically moving around trying to keep up with it because it's always having to go back and forth between everything [...] it can be hard«. In Sekundenschnelle zwischen unterschiedlichen Anwendungen und Netzwerken wechseln zu können bedeutet, dass die Subjekte fast zeitgleich ihre verschiedenartigen Selbstentwürfe ausleben können. Als Antwort auf die Frage »Ich wechsle zwischen den Plattformen. Wie sieht das aus?« zeichnet eine 19-jährige Interviewpartnerin ein Porträt, das sich aus Puzzleteilen zusammensetzt. Die junge Frau kommentiert, dass es die verschiedenen Facetten einer Person darstellt und sie selbst auf unterschiedlichen Plattformen unterschiedliche Seiten von sich zeigt.

Abbildung 2: Nomadisches Formwandeln im Cyberspace

Eine visuelle Antwort auf die Frage »Ich wechsle zwischen den Plattformen. Wie sieht das aus?« (Netzakteurin, 19 Jahre)

Obwohl man aus unterschiedlichen Puzzleteilen besteht und auf manchen Plattformen zum Teil nur eine Facette von sich zeigt, ist man dennoch immer die gleiche ganze Person, so die 19-Jährige. Die Erklärung der jungen Netzakteurin illustriert ein Subjekt, das sich aus vielen Facetten zusammensetzt. Neben dem Erinnern und Erzählen vergangener und gegenwärtiger Subjektfacetten ermöglicht der Kommunikationsort Internet den formwandelnden Subjekten vor allem eines: ihren Träumen und Fantasien von Selbstentwürfen nachzuspüren. Ein elfjähriger Junge schlüpft in Onlinerollenspielen in die Rolle berühmter Fußballspieler und genießt in diesem sinnlich-symbolischen Interaktionsspiel das Gefühl, ein Star zu sein.

Ihren Ursprung haben das transformierende und das nomadische Formwandeln in dem Bedürfnis und der Lust einzelner NetzakteurInnen am Experimentieren und Sichweiterentwickeln. Die heterotopische Qualität der digitalen Räume im Sinne von »mixed realities« (Schachtner 2012b: 5), an denen Bekanntes und Neues aufeinandertreffen, befördert das Erproben neuer Selbstentwürfe. Eine wichtige Komponente der im Cyberspace stattfindenden Interaktionsspiele des transformierenden und des nomadischen Formwandelns sind auch die konkreten Anderen, die das Formwandeln kommentieren, darauf reagieren und durch Anerkennung, Zustimmung oder Ablehnung am Prozess des Formwandelns und an dessen Ausgang teilhaben.

Als Motive für die Praktiken des Formwandelns konnten außerdem der Wunsch, sein Leben selbst in die Hand zu nehmen, sowie Wünsche nach Selbstverwirklichung, Unabhängigkeit und Anerkennung identifiziert werden. Die sich von der Außenseiterin zum digitalen Paradiesvogel transformierende Formwandlerin inszeniert sich auf ihrem Blog bereits als erfolgreicher Star (vgl. Praktiken der Selbstinszenierung in diesem Beitrag) und ist dadurch ihrem Ideal zumindest in der virtuellen Welt schon sehr nahe. Die Hoffnung darauf, gewandelt dem Netz zu entsteigen, schwingt zwischen den Bits und Bytes mit.

Das sich in den Praktiken des Formwandelns offenbarende Subjekt ist ein flexibles Subjekt, das nach Bewegung und Veränderung strebt und sich in den Interaktionsspielen nicht nur zu gängigen Normen und Werten in Beziehung setzt, sondern diese auch umzudefinieren vermag. Blogs und Onlineprofile avancieren zu Kraftorten, an denen sich die Kinder, Jugendlichen und jungen Erwachsenen mächtig, mutig und furchtlos fühlen können. Mit den formwandelnden Subjekten begegnen uns aber auch Subjekte, die Ambivalenzen und Widersprüche aushalten und als SeiltänzerInnen zwischen den Welten und Formen agieren.

3.2 Praktiken der Selbstinszenierung

Ausgeprägte Praktiken der Selbstinszenierung konnten wir vor allem bei westlichen BloggerInnen zwischen 22 und 24 Jahren beobachten. Der evokative Charakter Digitaler Medien kommt der Sehnsucht der NetzakteurInnen nach Sichtbarkeit (Stückler 2012b) entgegen. Das Format des Blogs als persönliches Onlinetagebuch verlockt dazu, diesen mit besonders aufregenden Geschichten, Bildern oder Videos aus dem eigenen Leben zu füllen.

Selbstinszenierungen finden dabei als absichtsvolle, vor einem Publikum dargebotene sinnliche Prozesse (Seel 2001: 49), als verbale Selbstthematisierung und visuelle Selbstpräsentation statt.

Praktiken der Selbstinszenierung in Form von Selbstthematisierung finden sich in den Erzählungen, die die Subjekte ins Netz stellen. In ihren Geschichten verarbeiten die jungen Erwachsenen kritische Lebensereignisse. Sie schreiben über ihre Umzüge, über ihre Probleme in der Partnerschaft, in der Familie oder in der Schule, über Glück und Leid und diskutieren über Geschlechterrollen und Religion. Mit ihren Netzerzählungen setzen sie sich in Beziehung zu Personen, zu Dingen und Ereignissen. Seit fünf Jahren erfüllt der Blog einer 24-jährigen Netzakteurin die Funktion eines Tagebuchs. Die junge Frau erzählt uns: »Erinnerungen sind einfach wichtig fürs Leben, weil man aus Fehlern lernt«. Ihre online gestellten Geschichten erinnern sie an positive und spannende Erlebnisse, aber auch an das, was »man irgendwie mal vermasselt hat«. Die Blogeinträge führen der jungen Frau vor Augen, was sich in ihrem Leben verändert hat. Das Erzählen über sich selbst definieren Heiner Keupp et al. als »zentrales Medium der Identitätsarbeit« (Keupp et al. 2008: 216). Michel Foucault erkennt in der Praxis des Schreibens als Selbstsorge eine der ältesten Praktiken der westlichen Welt (Foucault 1993: 38).

Der performative Charakter von Selbstinszenierungen offenbart sich auch in den Praktiken der Selbstpräsentation. Hier geht es den NetzakteurInnen um das visuelle Sichtbarmachen und Zurschaustellen des eigenen Ichs, wobei das Positive hervorgehoben und Negatives weitgehend ausgeblendet wird. »Da sind Leute schon oft erstaunt, dass ich in echt ganz anders aussehe«, erzählt eine 22-jährige deutsche Bloggerin. Ihre Visualisierung zur Frage »Wer bin ich online?« zeigt ein zweigeteiltes Porträt. Auf der einen, der Onlineseite, trägt die Bloggerin lange Wimpern und Rouge auf den Wangen. Die andere Seite, ihr Offlinegesicht, sieht in den Worten der Interviewpartnerin »nicht hässlich aus, aber ist nicht ganz so pompös, sieht halt menschlicher aus«.

Abbildung 3: Geschönte Selbstpräsentation im Cyberspace

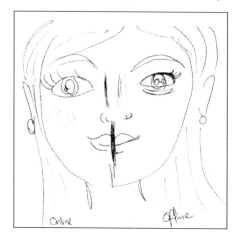

Eine visuelle Antwort auf die Frage »Wer bin ich online?« (Bloggerin, 22 Jahre)

Dass Menschen online ihre Vorzüge hervorheben, ist keine Seltenheit. Die Medienpsychologin Nicola Döring stellt fest, dass Angaben zu Größe, Gewicht, Alter und Einkommen bei der Selbstdarstellung im Netz oft geschönt und besonders vorteilhafte Fotos verwendet werden (Döring 2009: 11). Als Grund dafür, meist Porträts anstelle von Ganzkörperfotos von sich ins Netz zu stellen, nennt die junge Bloggerin den Wunsch, sich positiv darstellen zu wollen, denn sie sei übergewichtig und möchte das nicht zeigen. Übergewicht entspricht nicht ihrem Schönheitsideal. Wie bereits im Zusammenhang mit den Praktiken des Formwandelns diskutiert, orientieren sich Kinder, Jugendliche und junge Erwachsene in Onlineräumen am verallgemeinerten Anderen in Gestalt der vorherrschenden gesellschaftlichen Normen von Aussehen und Status, denen sie ihre Selbstinszenierungen anzupassen suchen.

Im Gegensatz zu den Praktiken des Formwandelns dienen die Praktiken der Selbstinszenierung weniger der Suche nach, sondern mehr der Präsentation von Ich-Modellen. Für alle beschriebenen Netzpraktiken gilt, dass es zu Überlappungen einzelner Praktiken kommen kann. Wie im Fall der 24-jährigen Bloggerin, die sich von der Außenseiterin zum digitalen Paradiesvogel transformiert: Ihre Visualisierung zeigt die junge Frau, die sich mit ihren Mangazeichnungen im Internet bereits einen Namen gemacht hat.

Abbildung 4: Die Inszenierung als erfolgreicher Star als Produkt sinnlich-symbolischer Interaktionsspiele

Eine visuelle Antwort auf die Frage »Wer bin ich online?« (Bloggerin, 24 Jahre)

Die vor einigen Jahren noch schüchterne Außenseiterin inszeniert sich, wie bereits erwähnt, auf ihrem Blog mittlerweile als Star. Onlineräume werden durch die Praktiken der Selbstinszenierung zu Handlungsorten, zu Bühnen, an denen sich das Subjekt begehrenswert, erfolgreich und anerkannt in Szene setzen kann. Die Visualisierung eines 29-jährigen Onlineakteurs führt vor Augen, dass Inszenierungen auch lustvolle Praktiken sind. Der junge Mann bewundert sich selbst stolz im Spiegel. Seine Selbstpräsentation richtet sich zugleich an ein Publikum, das neidvoll durch das offene Fenster blickt. Das Auto, die Urkunden und die sportlichen Freizeitgeräte im Bild deuten darauf hin, dass sich der Netzakteur in seinem Selbstentwurf am verallgemeinerten Anderen in Gestalt anerkannter Prestigeobjekte orientiert. Somit spielen gesellschaftliche Werthaltungen und soziale Konsense für ihn eine wichtige Rolle, was auf ein wirksames ICH verweist.

Abbildung 5: Selbstinszenierung als begehrenswertes Subjekt im Cyberspace

Eine visuelle Antwort auf die Frage »Wer bin ich auf Facebook?«
(Netzakteur, 29 Jahre)

Die imaginierten BewundererInnen blicken in die privaten Räumlichkeiten des Netzakteurs. Die Visualisierung des jungen Mannes veranschaulicht, dass Kommunikation, die vor dem Bildschirm in den eigenen vier Wänden ihren Ausgang nimmt, in Wirklichkeit an einem einer anonymen Öffentlichkeit zugänglichen Ort stattfindet (Schwietring 2009: 270). Das hat zur Folge, dass der räumliche Gegensatz von privat und öffentlich aufgebrochen wird und die NetzakteurInnen zwischen Zeigen und Verbergen ausbalancieren müssen (ebd.). Der Sehnsucht nach Erfolg und Aufmerksamkeit steht der Wunsch nach Privatsphäre gegenüber. Eine 19-jährige Netzakteurin sorgt sich darüber, dass sie rückblickend zu viel ins Netz gestellt und online nun eine »festgeschriebene Vergangenheit« hat. Ihr früheres Verhalten kann sie nicht mehr rückgängig machen, sie hat mit der Zeit jedoch gelernt zu erkennen, welche Risiken die Preisgabe privater Inhalte birgt. Ein Zuviel an Sichtbarkeit und Selbstoffenbarung wird von den NetzakteurInnen als belastend empfunden. Die Gefahr, den Überblick und die Kontrolle über das Veröffentlichte zu verlieren, besteht.

Das Risiko des Verlusts der Kontrolle über das Veröffentlichte ist auch darin begründet, dass die Selbstinszenierungen im Cyberspace zwar von den NetzakteurInnen selbst ausgehen, ohne Publikum jedoch nicht funktionieren. Die Kommentare Anderer können die eigene virtuelle Inszenierung verändern und beeinflussen (Walther et al. 2008: 29f.). Negatives Feedback kann eine positive Selbstinszenierung relativieren. Ein großes, wohlwollend gestimmtes Publikum ist deshalb gemeinsames Ziel der NetzakteurInnen.

Der Wunsch nach Aufmerksamkeit für das sichtbar Gemachte und nach Anerkennung für die präsentierten Ich-Modelle geht mit dem Bedürfnis nach Selbstverwirklichung einher. Hinter dem Inszenieren der eigenen Fähigkeiten und Fertigkeiten steckt oft die Hoffnung darauf, entdeckt zu werden, um z.b. die gewünschte Karriere als angesehener Modejournalist oder als erfolgreiche Künstlerin starten zu können.

In den Praktiken der Selbstinszenierung begegnen uns Subjekte, die gesehen und gehört werden wollen. Die Thematisierung und die Präsentation des eigenen Selbst äußert sich in den sprach- und sinnlich-symbolischen Interaktionsspielen, die in den Blogs stattfinden. Der Aufforderungscharakter Digitaler Medien wird deutlich. Ein Blog will mit interessanten Inhalten gefüllt werden, damit das Publikum dabeibleibt, denn ohne Publikum ergibt auch die beste Inszenierung keinen Sinn.

3.3 Beziehungs- und Netzwerkpraktiken

Beziehungs- und Netzwerkpraktiken, die wir im empirischen Material vorgefunden haben, stellen sich einerseits als Praktiken dar, die dem Aufbau von Beziehungen und Netzwerken dienen, und andererseits als Praktiken, die der Pflege und Aufrechterhaltung von Beziehungen und Netzwerken dienen.

Beziehungs- und Netzwerkpraktiken, bei denen es um das Herstellen von Beziehungen geht, konnten auf privater und beruflicher Ebene beobachtet werden. Im Beispiel eines 20-jährigen jungen Erwachsenen aus der Türkei, der nach Österreich kam, um zu studieren, steht das private Netzwerken im Vordergrund. Noch zu Hause in der Türkei ist er der sozialen Plattform Netlog beigetreten und hat dort 700 Bekanntschaften geschlossen. Er erklärt: »Ich lerne Deutsch, ich kann nicht gut Deutsch, ich bin noch neu in Wien und habe noch keine Freunde in Österreich, keine Verwandten in Österreich und ich wollte damit [durch das Netzwerk, d.V.] Menschen kennenlernen«. Das sprachsymbolische Interaktionsspiel des Sammelns von FreundInnen hat dem jungen Netzakteur das Ankommen in einem für ihn fremden Land vereinfacht. Die Kontakte, die er über Netlog geknüpft hat, dienten ihm als Sicherheitsnetz, das er nach dem erfolgreichen Einleben in die neue Umgebung nicht mehr benötigte. Online kann man Kontakte gezielt nach gewünschten Kriterien wie z.b. nach dem Wohnort oder nach Interessen auswählen. Die Suche nach Personen und Informationen wird von den NetzakteurInnen wiederholt mit der Metapher des Angelns beschrieben. Ein 29-jähriger Interviewpartner betrachtet Facebook als Angel. Er erklärt:

»[D]u hast eine Angel mit 200 Angelhaken, und an jedem Angelhaken hängt einer von deinen Freunden, und den, den du brauchst, den fischst du dir aus dem Teich von diesen 100.000 anderen Fischen raus […] Facebook ist die Angel mit der Schnur, und wenn das nicht da wäre, dann müsstest du quasi in den Teich hineinspringen und den Fisch suchen, den du finden willst. Also das ist dann eben mühsam, und so ziehst dann einfach den raus, den du brauchst«.

Auch ein 21-jähriger Netzakteur aus Amerika veranschaulicht in seiner Visualisierung, dass er sich online wie ein Angler verhält.

Abbildung 6: Im Cyberspace nach Beziehungen und Informationen angeln

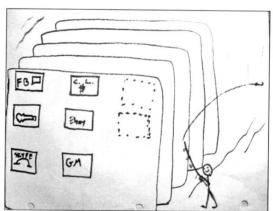

Eine visuelle Antwort auf die Frage »Who am I online?« (Netzakteur, 21 Jahre)

Die großen Rechtecke, die auf der Visualisierung hintereinander gezeichnet sind, stehen für verschiedene NetzakteurInnen und für die unterschiedlichen Facetten der Persönlichkeit unseres Interviewpartners. Die kleinen Rechtecke im Vordergrund symbolisieren die Netzwerke, auf denen der junge Amerikaner präsent ist: »So there I am, I'm smiling, I got a fishing pole and I am casting my line from outside of all of these squares, casting my line towards them into the frame of squares like I'm going to catch one and reel it to myself«. Die intentionale Suche nach KommunikationspartnerInnen drückt die Sehnsucht nach dem anderen Ich aus. Beziehungen zu anderen sind, wie bereits erwähnt, wichtig für die Entwicklung des eigenen Selbst (Benjamin 1990: 22). Der 21-jährige Netzakteur angelt darüber hinaus auch nach beruflichen Möglichkeiten. Der Beitritt zum Netzwerk LinkedIn, auf dem man geschäftliche Kontakte knüpfen und pflegen kann, wurde ihm von StudienkollegInnen geraten, um leichter einen Arbeitsplatz zu finden. Ein 29-jähriger Netzakteur spricht das Netzwerken als eine Kompetenz an, die auf digitalen Plattformen trainiert werden kann:

»[D]u lernst, wie du am besten an Informationen kommst, wie du über Freundschaften und über Netzwerke am besten zu – zu irgendwelchen Sachen kommst, die du dringend brauchst […] wenn ich es zusammenfassen müsste, würde ich sagen, Facebook ist die beste Schule, um ein netzwerkender PR-Manager zu werden«.

Praktiken zur Pflege und zur Aufrechterhaltung von Beziehungen und Netzwerken konnten auf beruflicher wie auf privater Ebene festgestellt werden. Der evokative Charakter des digitalen Raumes, der dazu auffordert, sich auf Plattformen, in Chats und in Foren mit Anderen in Verbindung zu setzen, hat eine Netzakteurin dazu bewegt, auf der Plattform Knuddels nach Hilfe zu suchen. Das Mädchen postet sein Anliegen unter dem Titel »Probleme meines Bruders – Hilfe?« und erzählt über seine Gefühlslage und die Beziehungsstrukturen in der Familie. Die TeilnehmerInnen der Onlinediskussion geben ausführliche Ratschläge, wie man am besten mit der privaten Situation umgeht. Der Onleraum wird zu einem Ort, an dem in kommunikativen Praktiken der Sorge um Andere, um die Familie und den Bruder, Ausdruck verliehen wird. Das sinnlich-symbolische Interaktionsspiel der Forumsdiskussion gibt der jungen Frau emotionalen Rückhalt. Gute Beziehungen zu Familie und FreundInnen sind unseren InterviewpartnerInnen wichtig. Das entspricht den Ergebnissen der 16. Shell

Jugendstudie, wonach Familie und Freundschaften für viele Jugendliche einen hohen Stellenwert einnehmen (Albert et al. 2010: 17f.). Ein 22-jähriger Netzakteur erzählt, dass er seine Freundin beim Bloggen kennengelernt hat. Das Kennenlernen und das Führen dieser Beziehung waren nur mit Hilfe Digitaler Medien möglich. Eine wichtige Rolle beim Aufrechterhalten der Beziehung spielte die Mikrobloggingplattform Twitter. In den Praktiken, die der junge Mann auf Twitter verfolgt, lässt sich ein komplexes Management von privaten Beziehungen und beruflichen Verbindungen beobachten. Insgesamt verfügt der Netzakteur über fünf unterschiedliche Twitter-Accounts. Von seinem ersten Account aus postet er täglich 20 bis 30 Nachrichten über Dinge, die ihn interessieren. In seinem zweiten Twitter-Account beschäftigt er sich mit Gefühlen. Einen dritten Account hat er gerade eröffnet, da er eine Anstellung bei einem Start-up-Unternehmen annehmen wird. Auf diesem Account schreibt er in englischer Sprache. Sein viertes Twitter-Konto betreibt der Netzakteur gemeinsam mit seiner Freundin. Hier wird über Intimes geschrieben, über Liebe und Fernbeziehungen. Den letzten Account verwendet der junge Mann, um wichtige Aussagen in Vorlesungen an der Universität zu twittern. Der 22-Jährige ist privat wie beruflich viel und gut vernetzt. Das Führen unterschiedlicher Twitter-Accounts offenbart sich als sprachsymbolisches Interaktionsspiel, bei dem der Netzakteur mit seinen Tweets unbekannte Andere, seine Partnerin, FreundInnen, KollegInnen und Bekannte immer wieder auf sich aufmerksam macht. Die sinnlich-symbolische Ebene dieses Interaktionsspiels wird deutlich, wenn er innige Gefühle mit seiner Freundin online teilt. Der junge Mann hat das Bedürfnis, stets in Verbindung mit Anderen zu sein. Diesen Wunsch, der sich aus dem Bedürfnis nach Anschluss und Zugehörigkeit zu PartnerInnen, Familie und FreundInnen ergibt, konnten wir bei den meisten NetzakteurInnen beobachten. Sherry Turkle stellt die Qualität dieser Verbindungen in Frage und betrachtet Onlinebeziehungen mit Skepsis. Die Möglichkeit und die Versuchung, ständig über Digitale Medien in Verbindung zu sein, so Turkle, kann dazu führen, dass wir uns nicht mehr sicher sind, wann wir allein und wann wir mit anderen zusammen sind (Turkle 2011: 329). Netzwerke scheinen uns mehr Zeit für Freunde und Familie zu schenken. Turkle gibt zu bedenken, dass wir in unserer gegenwärtigen Kommunikationskultur jedoch gerade diesen Menschen kaum mehr Aufmerksamkeit schenken, da wir uns während des Alltags immer mehr in unsere Geräte vertiefen (ebd.: 164). Zu viel ist möglich, so Turkle (ebd.). Der

Sog der stetigen Kommunikation erschwert zunehmend, einen Sinn fürs Wesentliche aufrechtzuerhalten (ebd.: 166). Das Ausmaß und die Schnelligkeit der Kommunikation führen dazu, dass wir immer weniger Zeit zur Verfügung haben, um ungestört nachzudenken und zu reflektieren (ebd.), um uns selbst immer wieder von neuem zu finden und um tief gehende Bindungen zu Anderen aufbauen zu können.

Ein anderes Bild zeichnet das Beispiel eines 21-jährigen Netzakteurs. Soziale Plattformen, erklärt der junge Amerikaner, seien wichtig für sein intaktes Sozialleben: »[I]t's good for all of my family. Like I have a decent portion of my family as my friends on Facebook, so whenever I'm anywhere it's a good way for them to just like know what I'm up to«. Der junge Mann lebt in erodierten Familienstrukturen. Die Eltern sind geschieden, wohnen an unterschiedlichen Orten. Mit seiner Mutter, deren Beruf sehr hektisch ist, chattet der 21-Jährige oft, da es für seine Mutter einfacher ist zu chatten, als zu telefonieren. Mit seinem Vater, der weit entfernt wohnt und den er nur ein- bis zweimal im Jahr sieht, tauscht er online Fotos aus. Soziale Plattformen bieten diesem Netzakteur die Möglichkeit, sich seiner Familie zugehörig zu fühlen. Die Entstehung der im empirischen Material erkennbaren Beziehungs- und Netzwerkpraktiken hat oft ihren Grund in den flexiblen und alternierenden Lebensorten und -situationen der NetzakteurInnen. Der Umzug vom Heimatort zur Ausbildungs- oder Arbeitsstätte oder studiumsbedingte Auslandsaufenthalte führen dazu, dass Beziehungen abzubrechen drohen. Der Onlineaustausch stellt eine wichtige Verbindungsmöglichkeit mit den Menschen, die einem viel bedeuten, dar. Der Wohnort eines 22-jährigen Interviewpartners aus Österreich hat sich in jedem Lebensabschnitt geändert. Er hatte nie einen stabilen Freundeskreis: »[A]lles hat sich immer wieder aufgelöst«. Das Pflegen von Beziehungen im Netz ist eine für ihn wichtige Praktik, um eine Konstante in seinem Leben zu verspüren. Ein 29-jähriger Interviewpartner erklärt: »[D]u hast dir [mit Facebook, d.V.] dann quasi [...] deine eigene Droge geschaffen, von der du nicht loskommen willst, weil du Angst hast, überzubleiben«. Diese Sorge motiviert ihn dazu, alte Kontakte wieder aufleben zu lassen und bestehende nicht zu verlieren: »[E]ine Zeit lang bin ich permanent online gewesen, weil ich dann immer Angst gehabt habe, etwas zu verpassen«, erklärt der junge Erwachsene. Die ›Beziehungslauer‹, auf die sich der Netzakteur legt, veranschaulicht dessen Sorge, den sozialen Anschluss zu verlieren. Ein weiteres Motiv für die Entwicklung von Beziehungs- und

Netzwerkpraktiken beruht auf dem Wunsch, beruflich weiterzukommen. Das Bedürfnis nach ständiger Verfügbarkeit im Job liegt u.a. darin begründet, dass mobile Geräte permanente Erreichbarkeit implizieren. Sherry Turkle erklärt: »We know that the successful are always connected« (ebd.: 165). Das Subjekt, das uns in den Beziehungs- und Netzwerkpraktiken begegnet, ist ein Subjekt, das Alleinsein als unbehaglich oder gar als Bedrohung empfindet, was auch Sherry Turkle im Zuge ihrer Studien beobachtet hat (ebd.: 288). In Anlehnung an Erik Erikson und Anthony Storr identifiziert Turkle die Fähigkeit des Alleinseins als wichtige Quelle für die Suche nach Identität und Kreativität (ebd.: 272). Im vernetzten Leben wird es immer schwieriger, das Alleinsein auszuhalten. Das netzwerkende Subjekt zeichnet sich gerade durch sein ausgeprägtes Bedürfnis nach Verbindungen zu Anderen aus, wobei jedoch nicht unberücksichtigt bleiben darf, dass die in den Beziehungs- und Netzwerkpraktiken aufgebauten und aufrechterhaltenen Verbindungen den NetzakteurInnen als wichtige Quellen der Anerkennung und Zugehörigkeit dienen.

3.4 Praktiken des Boundary Managements

Die Pole Zeigen und Nichtzeigen und das Verschwimmen der Grenzen zwischen online und offline oder zwischen Arbeit und Freizeit sind Themen, die junge NetzakteurInnen beschäftigen. Am deutlichsten tritt das Managen der Grenzen zwischen Öffentlichkeit und Privatheit in Erscheinung. Praktiken des Grenzmanagements zeichneten sich bereits in den Praktiken der Selbstinszenierung ab. Welche Informationen über mich und mein Umfeld stelle ich online? Was gilt als öffentlich, was als privat? Die Aufmerksamkeit für Grenzen und die Herausforderung, diese Grenzen aktiv und bewusst immer wieder neu zu gestalten, kann als »Boundary Management« bezeichnet werden (Barz et al. 2001: 63). Praktiken des Boundary Managements stellten sich im empirischen Material in drei Variationen dar: in Praktiken der Selektion, in Praktiken der Differenzierung und in Praktiken der Gestaltung (Schachtner/Duller 2012: 126f., 2013 i.V.).

Bei den Praktiken der Selektion geht es um die Auswahl von Inhalten und GesprächspartnerInnen. Ein zwölfjähriges Mädchen erzählt uns, dass sie sehr darauf achtet, mit wem sie sich im SWR-Kindernetz unterhält. Sie schreibt nicht unter ihrem richtigen Namen und lädt auch keine Bilder von sich hoch. Die junge Netzakteurin ist sehr vorsichtig in ihrem Umgang mit persönlichen Daten. Die Kriterien der Selektion in Bezug auf die Dinge, die man von sich online stellt, können sich mit der Zeit verändern. Eine 19-jährige Netzakteurin hat im Alter von 15 Jahren Fotos von ihrem Zimmer ins Netz gestellt. Heute würde sie so etwas nicht mehr tun. Was für sie damals öffentlich sichtbar werden durfte, ist nun für sie Privatsache. Die junge Netzakteurin hat anfänglich Freundschaftsanfragen von Bekannten nicht abgelehnt. Das Resultat war, dass sich die Zahl ihrer FreundInnen im Sozialen Netzwerk Facebook rasant vermehrt hat. Als die junge Frau bemerkt hat, wie viele Menschen auf einmal ihre Nachrichten lesen können, bekam sie es mit der Angst zu tun. Diese Erfahrung hat zu dem Entschluss geführt, Listen zu erstellen und Kontakte »auszumisten«. Eine 21-jährige politisch engagierte Frau aus den Vereinigten Arabischen Emiraten berichtete, dass sie sich in regelmäßigen Abständen googelt, um eine Übersicht über die online zu ihrer Person abrufbaren Informationen zu behalten und diese bearbeiten zu können. Auch die Informationen, die sie auf ihrem öffentlichen Twitter-Profil preisgibt, werden von ihr selektiert. Die regimekritische junge Frau achtet darauf, nicht zu erwähnen, wann sie außer Haus geht, und gibt so wenig persönliche Daten wie möglich bekannt, um ihre Familie und sich selbst nicht in Gefahr zu bringen. »Because you don't know who sees what and who's monitoring you«, so die Interviewpartnerin.

Eine andere Praktik zu entscheiden, was online sichtbar gemacht wird und was nicht, ist das Differenzieren zwischen öffentlich und privat sowie zwischen unterschiedlichen Onlineräumen. Was als öffentlich und was als privat gilt, wird auch hier wieder individuell und situationsbezogen entschieden. Einem 23-jährigen Blogger ist es ein Anliegen, mit seinen Blogeinträgen Emotionen zu transportieren. Er schreibt daher auch über Ärger, Betrübtheit und emotionale Tiefs. Eine gleichaltrige Interviewpartnerin aus Saudi-Arabien wiederum meint: »I don't like showing anger or sadness, I like showing happiness, I think happiness is nice to show«. Die Differenzierung zwischen verschiedenen Onlineräumen bedeutet für eine 27-jährige Bloggerin aus dem arabischen Raum, dass sie drei unterschiedliche Blogs führt, mit welchen sie sich jeweils an verschiedene Öffentlichkeiten wendet. Persönliches schreibt sie in einem Blog, der sich an ihre Familie und ihre Freunde richtet. Der Audiopodcast der Frau konzentriert sich auf Themen rund um die Stadt, in der sie lebt, und ist für die lokale Öffentlichkeit gedacht. Mit ihrem dritten Blog wendet sie sich an die Weltöffentlichkeit.

Boundary Management mit Hilfe von Praktiken der Differenzierung veranschaulicht auch die Visualisierung eines 26-jährigen Netzakteurs aus Saudi-Arabien.

Abbildung 7: Das Differenzieren zwischen den verschiedenen Räumen im Cyberspace

Eine visuelle Antwort auf die Frage »I'm switching among various online platforms. How does it look like?« (Netzakteur, 26 Jahre)

Der junge Mann erklärt, dass die Anzüge auf seiner Visualisierung unterschiedliche Plattformen repräsentieren und auf den verschiedenen Plattformen seine vielfältigen Facetten zur Geltung kommen; der Familienmensch, der Ehemann, der Student, der Architekt, der Techniker, der Gesellschaftskritiker, das politische Subjekt, der Künstler, der Blogger. Die passenden Netzwerke sucht er sich aus, indem er prüft, inwiefern sie jeweils seinen Bedürfnissen von Privatheit, Konnektivität und Verfügbarkeit entsprechen. Der Aufforderungscharakter der unterschiedlichen Plattformen wird mit den individuellen Ansprüchen abgeglichen. Fast rituell integriert der Netzakteur die Gestaltung seiner Profile und seines Blogs in sein Alltagsleben. Mittwochs und am Donnerstag versucht er, dem Internet fernzubleiben, um Zeit mit seiner Familie, seiner Frau und FreundInnen zu verbringen. Jeden Freitag lädt er sorgfältig neue Inhalte hoch. Er nimmt seine Onlinepräsenz sehr ernst, da er vor kurzem über sein Onlineprofil ein Jobangebot bekommen hat. Neben den Praktiken der Differenzierung sind auch Praktiken der Selektion in diesem Beispiel erkennbar. Der junge Mann bezeichnet sich selbst als sehr offene Persönlichkeit, die sogar das eigene Hochzeitsfoto online postet.

Stark selektiert werden jedoch die Bilder, die die Familie des Mannes aus Saudi-Arabien zeigen. Fotos, die seine Mutter unverschleiert zeigen, würde er nie im Netz posten. Das verallgemeinerte Andere, an dem er sich bei dieser Entscheidung orientiert, sind die Kleidungsvorschriften, die in der Kultur des Islams gelten und das daraus resultierende Verständnis von Intimsphäre.

Bei den Praktiken der Gestaltung geht es weniger um das Unterscheiden zwischen Öffentlichkeit und Privatheit als vielmehr um die aktive Gestaltung der Onlineräume. In sprach- und sinnlich-symbolischen Interaktionsspielen wird beispielsweise auf Twitter die eigene politische Position gepostet, wodurch öffentliches Interesse auf ein bestimmtes Thema gelenkt wird. Eine weitere Praktik der Gestaltung ist die Integration des Privaten in den öffentlichen Raum. Ein Beispiel dafür ist das von westlichen NetzakteurInnen initiierte Kommunikationsspiel »Desktophintergründe«, in dem es um die Motive geht, die als Hintergrund auf dem Computerbildschirm eingestellt werden. Im Dezember 2009 postet ein Netzakteur auf der Plattform Netlog den Aufruf: »Schreibt mal, was ihr für einen Desktophintergrund habt und warum ihr diesen gewählt habt«. Ein Netzakteur verwendet das Foto seines verstorbenen Hundes als Bildschirmhintergrund, was für ihn eine Art Trauerarbeit darstellt. Das Einstellen und Beschreiben der Desktophintergründe ruft bei den NetzakteurInnen Emotionen hervor. Das sprachsymbolische Interaktionsspiel, in dem die einzelnen UserInnen in 31 Beiträgen über vier Monate hinweg ihre individuellen Motive beschreiben, geht über die diskursive Symbolik hinaus und verweist auf die präsentative Symbolik des Interaktionsspiels, was die Qualität der Digitalen Medien als »Bedeutungsmischlinge« (Schachtner 2013) veranschaulicht.

Die Genese der Praktiken des Boundary Managements ergibt sich aus den Wechselwirkungen neuer Technologien und deren Rezeption. Der 26-jährige Netzakteur aus Saudi-Arabien thematisiert im folgenden Zitat den evokativen Charakter der Neuen Medien, die spontanes Handeln befördern: »I mean that's why I got my iPad, so, I mean, when I am on the go and leaving and I suddenly have an idea or a topic, I can just write it in there and then send it to my blog or send it to my social contacts«. Die Möglichkeit, mit iPad oder Smartphone unmittelbar zu agieren, beeinflusst die Erwartungshaltungen der Leserschaft. »They don't want you to go back home, take off your shoes like sit on the computer and log in and everything else. No – they want you to see, if you see something you like, post it, if you want to think about something, write it directly«. Technische Geräte und das damit verbundene Onlinesein ist für viele junge Menschen unserer Studie selbstverständlicher Bestandteil des Alltags. Gepostet, getwittert und gebloggt wird vom Bett aus oder in der Straßenbahn, während einer Vorlesung an der Universität oder bei einem Treffen mit FreundInnen. Online- und Offlinetätigkeiten verschränken sich mit der Konsequenz, dass sich die Grenzen zwischen online und offline verschieben oder sich ineinander schieben. Ein 22-jähriger Slowene hat sein eigenes Verständnis davon, was es heißt, offline zu sein. Offline bedeutet für ihn nicht zwingend, nicht online zu sein. »Offline« ist er nach seinem Verständnis auch, wenn er mit einem mobilen Gerät außerhalb seiner Wohnung online ist und währenddessen andere Plattformen nutzt als in seiner Wohnung. Online und offline sind für ihn keine Begriffe, die er trennt oder deren Trennung für ihn von Relevanz wäre. Online- und Offlinesein gehen ständig ineinander über. Das Internet wird zum alltäglichen Lebensort.

Die sich in den Praktiken des Boundary Managements abzeichnende Mobilität, Flexibilität, Hybridität und Dynamisierung von Grenzen stellt die Subjekte vor die Aufgabe, in vielen Lebensbereichen individuelles Grenzmanagement zu betreiben. Über die Dynamik von Privatheit und Öffentlichkeit in modernen Gesellschaften schreibt Martina Ritter:

»Im 21. Jahrhundert der globalisierten und flexibilisierten Welten kulminiert quasi die [...] Lebensform des freien, entscheidungsfähigen und planerisch handelnden Subjekts in die hohe Leistungsfähigkeit des flexibilisierten, entwicklungsorientierten und ewig veränderungsbereiten Subjektes, das Privates und Berufliches, die Ansprüche der einzelnen Familienmitglieder, die Anforderungen aus Ökonomie, Politik und Bildungsinstitutionen im persönlichen Alltag jeden Tag aufs neue ausbalanciert.« (Ritter 2008: 11)

Auf der einen Seite besteht ein Bedürfnis nach individueller Gestaltung von Grenzen und durchaus erwünschten Übergängen, beispielsweise zwischen Arbeit und Freizeit. Andererseits ist das Subjekt auch dazu aufgefordert, sich und seine Verständnisse von Öffentlichkeit und Privatheit in performativen Akten der Grenzziehung hervorzubringen, was das Risiko eines »erschöpften Selbst« (Ehrenberg 2004) befördert.

In den NetzakteurInnen, die Praktiken des Boundary Managements betreiben, tritt uns ein aktives Subjekt entgegen, das sich intensiv mit

Öffentlichkeit und Privatheit auseinandersetzt. Es begegnen uns GrenzgängerInnen, die sich mühelos zwischen on- und offline bewegen. Die performativen Akte des Grenzmanagements werden aber auch stark von Emotionen, wie der Angst davor, zu viel sichtbar gemacht zu haben, geprägt. Die sprach- und sinnlich-symbolischen Interaktionsspiele der Selektion, der Differenzierung und der Gestaltung resultieren aus der Erosion tradierter Grenzen, die in diesen Interaktionsspielen neu bestimmt werden.

3.5 Praktiken der Grenzüberschreitung

Die Praktiken der Grenzüberschreitung, die wir im empirischen Material identifizieren konnten, zeigten sich als politisch-kulturelle Grenzüberschreitungen, als rollenbezogene Grenzüberschreitungen sowie als territoriale Grenzüberschreitungen.

Die politisch-kulturellen Grenzüberschreitungen beobachteten wir bei den arabischen NetzakteurInnen vor und während des Arabischen Frühlings. Sie richteten sich gegen Tabus im Bereich von Politik und Kultur, die von einer jemenitischen Bloggerin in folgenden Worten beschrieben werden: »Usually, in the Arab countries they have three taboos that they don't talk about it: It's politics and religion and sex«. Diese Tabus müssen aus Sicht der arabischen NetzakteurInnen durchbrochen werden, wie die Gründerin des Netzwerkes Mideast Youth erklärt: »We talk a lot about taboos, homosexuality [...] atheism, sex traffic, things that people don't talk about because they are scared [...] So, this is what Mideast Youth does«. Die politisch-kulturellen Grenzüberschreitungen äußerten sich in Onlinediskursen, in Podcasts, in Kommentaren. Während der Arabischen Revolution kam es zu einer Zunahme von Bildern und Videos zu den sich jenseits des virtuellen Raums formierenden Protesten. Die Grenzen in Form der genannten Tabus waren jenseits der Digitalen Medien angesiedelt, doch indem sie online in Frage gestellt wurden, verlängerten sie sich in das Medium hinein in Gestalt angedrohter Zensur, wie u.a. die bereits zitierte jemenitische Bloggerin berichtete: »Because I was active of blogging and actively condemning or criticizing one of the regimes [...] they [Vertreter des Regimes, d.V.] started hate messages und threat messages«. Für die Möglichkeit, grenzüberschreitendes Denken und Bewusstsein zu entwickeln, spielten die Digitalen Medien schon vor Ausbruch der Arabischen Revolution eine unverzichtbare Rolle, wie aus der Bemerkung einer Netzakteurin aus Bahrain hervorgeht, die im Netzwerk Mideast Youth aktiv ist: »I think some of the things we do we cannot do outside of Mideast Youth« . Mit zunehmender Intensivierung des Protests wurden den arabischen NetzakteurInnen die Digitalen Medien als Technik des Widerstands bewusst. Die Netzakteurin aus Bahrain erklärt: »We use new media in order to fight against oppression, oppression against ourselves, oppression against minorities«.

Rollenbezogene Grenzüberschreitungen implizieren ein Aufbegehren gegen zugemutete Passivrollen im virtuellen Raum mit dem Ziel, bei der Gestaltung und Handhabung ethischer Kodes im Cyberspace mitzuwirken. Digitale Medien ermöglichen als interaktive Medien nicht nur Einmischung in das Netzgeschehen; sie provozieren diese auch, da die Regeln in den Netzen einer ständigen Dynamik unterworfen sind. Wiederholt konnten wir feststellen, dass sich die NetzakteurInnen dagegen wehrten, die von AdministratorInnen und BetreiberInnen kommenden Vorgaben und Entscheidungen einfach zu akzeptieren. Ein Beispiel hierfür ist die kontroverse Diskussion der NetzakteurInnen in dem deutschsprachigen Netzwerk Netlog zur Entscheidung des Netzteams, über eine Netzakteurin wegen ihrer Offtopic[3]-Beiträge eine Kommunikationssperre von sieben Tagen zu verhängen. Die Kontroverse dauerte vier Tage und umfasst ausgedruckt 40 Seiten. In einem anderen Beispiel richtete sich die Einmischung der NetzakteurInnen gegen eine Veränderung der Nutzerhomepage auf Facebook durch deren Betreiber, die darin bestand, die Freundinnen der Freundinnen auf der Homepage zu veröffentlichen. Dies wurde einhellig als nicht akzeptabler Eingriff in die Privatsphäre der NetzakteurInnen wahrgenommen. In beiden Fällen entwickelten die NetzakteurInnen kommunikative Strategien, mit denen sie gegen die Rolle als passive EmpfängerInnen revoltierten und um Definitionsmacht rangen.

Bei den Praktiken territorialer Grenzüberschreitungen haben wir zwei Bewegungsrichtungen festgestellt: zum einen vom eigenen Land in andere Länder und andere Kontinente, zum anderen von einem fremden Ort, an den man als MigrantIn oder zum Studieren gekommen war, zurück ins Herkunftsland. Die erste Form territorialer Grenzüberschreitung trat am deutlichsten bei den arabischen NetzakteurInnen in Erscheinung, die in ihren

---

3   Off topic meint, dass ein Beitrag thematisch nicht passt, den Diskussionsablauf stört und die Frage aufwirft, ob der/die AutorIn solcher Beiträge, wenn sie sich wiederholen, aus der Diskussion ausgeschlossen werden soll.

Onlinediskussionen Bezug nahmen auf Menschenrechte oder politische Modelle westlicher Demokratien oder umgekehrt versuchten, das internationale Interesse am eigenen Land zu wecken, nicht zuletzt aufgrund ihrer Annahme, dass die staatlich kontrollierten Medien in ihren Ländern ein verfälschtes Bild präsentieren. Ein Netzakteur aus Saudi-Arabien erklärte im Interview: »I'm trying to allow people to look into things especially in Saudi Arabia and especially when they look back to Saudi Arabia through Mideast Youth or through my blog, to see the social and intellectual fabric, of what makes Saudi Arabia Saudi Arabia« und ergänzte später: »I'm talking to the world«. In ähnlicher Weise äußerte sich eine jemenitische Netzakteurin: »We have a lot of stories, a lot of issues, a lot of aspects, a lot of faces that we want the world to know about«. In diesen Äußerungen zeigt sich eine Wertschätzung gegenüber dem Eigenen; sie vermitteln, dass die eigene Kultur etwas zu bieten hat. Beispiel für die zweite Bewegungsrichtung grenzüberschreitender Kommunikation ist ein amerikanischer Student, für den während eines Aufenthalts in Paris Facebook das wichtigste Mittel wurde, mit seinen Freunden und seiner Familie in den USA in Verbindung zu bleiben. Ähnliches berichtete ein türkischer Student in Wien, der via Skype und E-Mail im täglichen Kontakt mit seiner Familie in der Türkei steht.

Abbildung 8: Territoriale Grenzüberschreitungen im Cyberspace

Eine visuelle Antwort auf die Frage »Wer bin ich online?« (Netzakteur, 20 Jahre)

Die Praktiken politisch-kultureller und territorialer Grenzüberschreitung implizieren die Begegnung zwischen dem Eigenen und dem Fremden. Sie bergen insofern das Potenzial für einen kosmopolitischen Blick im Sinne von Ulrich Beck. Der kosmopolitische Blick ist nach Beck ein dialogischer Blick, offen für kulturelle Differenzen und Widersprüche in einem Milieu verschwimmender Unterscheidungen (Beck 2004: 13). Es erscheint möglich, dass ein solcher Blick durch die grenzüberschreitende Kommunikation in digitalen Netzwerken forciert wird, wie die Bemerkung eines saudi-arabischen Netzakteurs nahelegt: »In real life I'm a saudi guy living in Saudi Arabia. But online I'm multinational, I'm multigeographical«.

Die Praktiken digitaler Grenzüberschreitung entfalten sich im Rahmen eines Interaktionsspiels mit dem verallgemeinerten Anderen in Gestalt von traditionellen und religiösen Kodes, politischen Strukturen jenseits des digitalen Netzwerks sowie mit Ethikkodes und medialen Gestaltungsstrukturen der Cyberwelt. Alle geschilderten Formen der Grenzüberschreitung beinhalten darüber hinaus Auseinandersetzungen mit dem konkreten Anderen in Gestalt von NetzakteurInnen aus anderen Kulturen oder in Gestalt der NetzbetreiberInnen, deren Handeln missbilligt wird.

Die Genese der Grenzüberschreitungen zeichnet sich dadurch aus, dass diese zwar häufig von einzelnen NetzakteurInnen initiiert werden, sich aber stets im Verbund mit anderen NetzakteurInnen weiterentwickeln. Die grenzüberschreitenden Akte in den digitalen Netzwerken sind eingebettet in soziale Interaktionsspiele. In ihnen mischt sich intentionales, strategisches, also sprachsymbolisches Kommunizieren mit Gefühlen wie Zorn, Frustration, Enttäuschung, Begeisterung, das heißt mit Elementen sinnlich-symbolischer Kommunikation. Die Anderen sind wichtig als das Gegenüber, von dem ein Widerhall ausgeht, in anderen Worten, die Anerkennung geben, sei es in Form von Widerspruch oder Zustimmung, wie eine Reihe von NetzakteurInnen betonten. Eine Netzakteurin aus Bahrain verweist auf beide Formen der Anerkennung als Bedingungen für ihr grenzüberschreitendes politisches Engagement. Sie erklärt zunächst auf die Frage, was es für sie bedeuten würde, wenn es das Netzwerk Mideast Youth nicht mehr gäbe: »I would miss out the opportunity to hear diverse opinions from people all over the region because there is no other side that does this«. Diese Bemerkung hebt auf die Differenz und damit auf den möglichen Widerspruch ab; sie charakterisiert das Netzwerk sogar als einen privilegierten Ort bekundeter Differenzen. Kurz später im Interview betont sie die Relevanz von Zustimmung durch konkrete Andere, wenn sie sagt: »I think little by little I'm becoming more brave so maybe because I'm gaining more and more support«.

Als Motive für grenzüberschreitende Praktiken wurden einerseits geteilte Kritik am Status quo und andererseits geteilte Vorstellungen von Alternativen identifiziert. Die arabischen NetzakteurInnen waren sich in ihren Beiträgen in Wort und Bild einig in ihrer Kritik an dem Mangel an Rede- und Meinungsfreiheit, an der Unterdrückung von Minderheiten wie Kurden, Homosexuellen, MigrantInnen in ihren jeweiligen Ländern. Eine Netzakteurin aus Bahrain brachte den Hauptkritikpunkt auf den kurzen Nenner: »There was a lack of freedom of speech in Middle East«. Diese Kritik hat auch eine emotionale Seite, aus der sie entspringt und die von einer jemenitischen Netzakteurin wie folgt ausgedrückt wird: »We're talking about many years of suffering, of people suffering in their own nation by their own regime«. Die in den deutsch- und englischsprachigen Netzwerken Netlog und Facebook identifizierten grenzüberschreitenden Praktiken hatten ihr Motiv in der Kritik an hegemonialen Entscheidungsstrukturen im Netz, die ihnen keine Mitsprache beim Umgang mit Privatheit und Öffentlichkeit sowie im Umgang mit störenden Beiträgen zugestanden. Dass neben der Kritik auch Vorstellungen vorhanden waren, wie es anders sein könnte, motiviert grenzüberschreitendes Handeln einmal mehr. Eine jemenitische Netzakteurin bestätigt diese Annahme mit einem Satz: »People now are fighting for their democracy«. Ein Hinweis auf imaginierte Alternativen zum Status quo findet sich auch in dem Buch »Vernetzt euch!« der tunesischen Bloggerin Lina Ben Mhenni. Sie schreibt: »Wir träumen alle von einer Welt ohne Folter, ohne Zensur, ohne Gewalt, wir träumen alle von allgemeiner Chancengleichheit« (Ben Mhenni 2011: 45). Es gibt in den arabischen Netzwerken aber auch spielerische Versuche, Alternativen zu kreieren. Wir sprechen von Kommunikationsspielen, die, wie erwähnt, auch der Gestaltung des virtuellen Raums dienen. Ein politisches Kommunikationspiel begann mit der Frage »What would you do, if Saudi Arabia has its first female president?«, die eine Welle von Ideen, Fantasien, weiteren Fragen in Gang setzte. Auf spielerische Weise kann noch sehr viel weiter über den Status quo hinausgedacht und -geträumt werden als im rationalen Diskurs, weil Realisierungschancen außer Acht gelassen werden können und sich das Spiel der politischen Zensur eher entziehen kann. Die grenzüberschreitenden Praktiken in westlichen Netzwerken, die sich gegen die hegemonialen Entscheidungsstrukturen im digitalen Netzwerk richteten, waren ebenfalls von Alternativen flankiert. Mit ihnen brachten die NetzakteurInnen zum Ausdruck, dass sie den virtuellen Raum als ihren Raum betrachten, dass er ein kollektiver Ort ist, der sich den Gestaltungswünschen der NetzakteurInnen öffnen soll. Die kommunikative Verständigung über Alternativen verweist auf das von Charles Peirce (1839-1914) propagierte »konjunktivische Sein« (Dewey 2001: 198), das er als Voraussetzung dafür betrachtet, die in der Zukunft vorhandenen Möglichkeiten aufzudecken.

In den NetzakteurInnen, die grenzüberschreitende Praktiken entwickeln, begegnet uns ein Subjekt mit verschiedenen Facetten. Es ist ein frustriertes bis leidendes Subjekt aufgrund erlebter Diskriminierung, Unterdrückung, enttäuschter Hoffnungen, das aber nicht in dieser Rolle verharrt. Es erhebt seine Stimme, wie eine der arabischen Netzakteurinnen erklärt: »We have a voice and we wanted to be heard«. Wir haben es mit einem politischen Subjekt zu tun, das sich netzpolitisch und/oder gesellschaftspolitisch engagiert und das seine Strategien im Verbund mit anderen entwickelt, weil es diesen Verbund als kognitive, soziale und emotionale Ressource zu schätzen weiß.

3.6 Praktiken des Handelns und Verkaufens

Praktiken des Handelns und Verkaufens sind Praktiken, die wir bei männlichen Netzakteuren zwischen 14 und 24 Jahren beobachteten, die ihre Blogs und Onlineprofile so zu gestalten suchten, dass diese regelmäßig von vielen LeserInnen besucht werden. Im Zentrum der Praktiken des Handelns und Verkaufens steht das Konzept von Geben und Nehmen. Die Blogs und Onlineprofile der Netzakteure ähneln einem farbenfrohen Markplatz (Schachtner/Duller 2012: 129f.), auf dem Unterhaltung, Information und Wissen als Waren feilgeboten werden. Die angebotenen Inhalte werden der Nachfrage der Leserschaft angepasst. Gewinn stellt sich für die Netzakteure in Form von Aufmerksamkeit, Lob und Anerkennung, in einem Fall auch als finanzieller Gewinn ein. Was man sich unter Praktiken des Verkaufens und Handels vorstellen kann, visualisiert ein 24-jähriger Netzakteur.

KOMMUNIKATIONSORT INTERNET | 125

Abbildung 9: Der Blog als Marktstand des Netzakteurs am Datenhighway

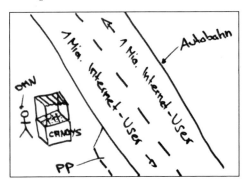

Eine visuelle Antwort auf die Frage »Wer bin ich online?« (Blogger, 24 Jahre)

Auf die Frage hin, was auf dem Bild zu sehen ist, erklärt der Blogger: »[E]ine Autobahn mit einer Milliarde Internetuser in die eine Richtung und einer Milliarde Internetuser in die andere, ein Abstellplatz für ein Fahrzeug und ich, der Süßigkeiten verkauft am Rand«. Die Praktiken des Handelns und Verkaufens stellen sich auf drei unterschiedlichen Ebenen dar: auf der Warenebene, auf der Distributionsebene und auf der Gewinnebene.

Als Waren gelten Humor, Witz und Spaß sowie Informationen. Ein 22-jähriger Netzakteur aus Slowenien postet keine ernsten, sondern vorwiegend triviale und lustige Dinge, um seine LeserInnen zu unterhalten und nicht zu langweilen. Regelmäßig veröffentlicht er Bildgeschichten und erklärt: »[T]hese are the posts that get by far the best response. I mean 20 people like it each time because they have to like it because it's fun«. Mit seinem Spaßangebot gewinnt der Netzakteur die Aufmerksamkeit der Leserschaft. Ein 24-jähriger Blogger aus Deutschland erzählt uns, dass die Kategorie »Quatsch und Unsinn« die auf seinem Blog mit den meisten Beiträgen gefüllte Kategorie ist. In dieser Rubrik postet er all jene Dinge, die ihn zum Lachen bringen und die, wie er hofft, auch seine LeserInnen erheitern. Im empirischen Material konnten wir beobachten, dass das Verbreiten von Comicstrips, von kurzen und lustigen Bildgeschichten, ein beliebtes Kommunikationsspiel der Blogger ist. Im Unterschied zu den politischen und kritischen Comics, die wir in arabischen Netzwerken beobachten konnten (vgl. Spiel- und Spaßpraktiken in diesem Beitrag), handelt es sich bei den Comics der Händler und Verkäufer um lustige Bildgeschichten, die sich eher mit den unkomplizierten Aspekten des Lebens beschäftigen. Neben dem Teilen von amüsanten Bildgeschichten machen die Netzakteure auf spezielle Formen von Erzählungen in Bildern aufmerksam. Ein 24-jähriger Blogger schreibt Beiträge über Graphic Novels, das sind illustrierte Romane, und versucht mit seinen Postings auf dieses Genre aufmerksam zu machen. Das Expertenwissen des Netzakteurs, das zum Ausdruck kommt, wird von den LeserInnen ernst genommen und geschätzt. Der junge Mann erzählt, dass das Hauptmotiv für sein Bloggen in den Kommentaren der anderen liegt: »[I]ch hab jetzt keine monetären Absichten mit meinem Blog, ich hab keine Werbung auf meinem Blog, und da sind Kommentare tatsächlich so die Belohnung für so einen Artikel, vor allem jetzt für längere Artikel«. Diese Äußerung betont die Bedeutung des konkreten Anderen, der nach Benjamin die Anerkennung geben kann, die für die Subjektwerdung unverzichtbar ist (Benjamin 1990: 24).

Auf der Distributionsebene entwickeln die Netzakteure unterschiedliche Strategien, um einen großen InteressentInnenkreis zu finden und zu halten. Besonderes Augenmerk wird auf die Reaktionen der LeserInnen gelegt. Je höher die Nachfrage für bestimmte Inhalte, desto mehr wird dazu gepostet. Ein junger Schweizer berichtet von einer weiteren Strategie. Nachdem er bemerkt hat, dass seinen Blog immer mehr LeserInnen aus Deutschland mitverfolgen, passte er sich den Bedürfnissen seiner Leserschaft an. Er erzählt: »Anfangs hatte ich noch viel mehr regionales Zeugs, und ich bekam immer mehr deutsche Leser [...] Und dann konnte ich nicht die ganze Zeit über meine Heimatstadt oder so bloggen, ich mein, die interessiert das nicht. Und ja, jetzt bin ich ein bisschen internationaler«. Seit dieser Erfahrung berücksichtigt der Blogger, aus welcher geografischen Region seine Leserschaft stammt. Um das Interesse potenzieller LeserInnen auf sich zu ziehen, kommentieren Netzakteure gerne auch in anderen Blogs. Ein 14-jähriger Netzakteur erzählt uns, dass es zu Beginn schwer ist, LeserInnen für den eigenen Weblog zu finden. Deshalb hat er anfänglich nach Blogs gesucht, in denen Leute, genauso wie er, über das eigene Leben schreiben und Einträge auf deren Blogs kommentiert. Der junge Blogger erzählt: »[U]nd dann haben sie auch mal bei mir vorbeigeschaut. Und die meisten sind jetzt noch bei mir«. Das Kommentieren anderer Blogs aktiviert das Käuferpotenzial und fördert den wechselseitigen Austausch. Eine weitere Strategie, LeserInnen zu halten, ist das regelmäßige Veröffentlichen von Einträgen. Ein 24-jähriger Interviewpartner schreibt – falls er zwischendurch nicht online sein kann – seine Artikel im Voraus, die dann im Laufe der Woche automatisch publiziert werden. »Damit es was zu lesen gibt, damit ein bisschen ein Fluss bleibt mit den Artikeln«, so der Blogger, der sich damit das Kundeninteresse sichert. Ein Garant für erfolgreiche LeserInnenbindung sind ansprechende Bloginhalte. Um spannende Beiträge schreiben zu können, sind die Blogger stets auf der Suche nach neuen Geschichten. Ein Netzakteur erzählt uns, dass er sich durch über hundert Quellenseiten klickt, um Inspiration und geeignete Storys zu finden.

Die Gewinnebene ist die dritte Ebene, auf der die Netzakteure aktiv werden. Ein 14-jähriger Interviewpartner erzählt von seinem gewinnbringenden Schreiben über diverse Produkte wie Taschenlampen. Er möchte mit seinem Blog Geld verdienen und ist mittlerweile schon geübt im Präsentieren von Waren, für deren Bewerbung er entweder finanziell oder mit dem Produkt selbst entlohnt wird. Der jugendliche Blogger handelt einem Unternehmer vergleichbar. Eine andere Form unternehmerischen Handelns ist der Aufbau des Blogs als Marke, wodurch ein hoher Wiedererkennungswert erreicht werden soll. Je einzigartiger die Inszenierung der eigenen Person ausfällt, desto höher die Wahrscheinlichkeit, dass man LeserInnen für sich gewinnt. Ein 24-jähriger Netzakteur setzt sich im Interaktionsspiel »Picture my day« in Szene. Bereits vier Mal hat der Blogger mit jeweils etwa 30 Fotos seinen Tagesablauf dokumentiert. Die Fotos zeigen »Aufstehen, Morgenessen, Busfahren, Arbeit Mittag, Arbeit Nachmittag, Abendunterhaltung usw.«, erklärt der junge Mann. Das Veröffentlichen des eigenen Tagesablaufes macht das Alltägliche zum Besonderen. Der Blogger gewinnt Aufmerksamkeit, wird zum Star und das Publikum zu seiner Fangemeinde. Die Öffentlichkeit, die die Netzakteure mit ihren Blogs herstellen, bietet sich für Werbung in eigener Sache an. Ein 24-jähriger Interviewpartner schildert, dass er die Aufmerksamkeit, die er auf seinem Weblog bekommt, für Eigenwerbung nutzt, indem er über seine Grafikarbeiten bloggt oder seine LeserInnen darauf aufmerksam macht, wenn er eine neue Webseite gestaltet hat.

Die Motive der Praktiken des Handelns und Verkaufens gründen in der Erwartung, etwas von den LeserInnen zurückzubekommen. Die von den Bloggern zur Verfügung gestellten digitalen Waren in Form von Unterhaltung und Information werden mit Aufmerksamkeit, Anerkennung oder Geld entlohnt. Die Netzakteure schaffen sich mit ihren Blogs und Onlineprofilen einen Raum, in dem Dinge, die sie selbst interessieren, thematisiert werden können. In den dargestellten Praktiken des Handelns und Verkaufens geschieht dies mit Hilfe unterhaltsamer oder informativer Beiträge zu Comics, Filmen, Musikvideos, Computerspielen und Produktrezensionen. Die Aufbereitung der Themen findet in Form von digitalen Interaktionsspielen statt. Ein 14-jähriger Blogger erzählt, dass er gerne bloggt, da er gut schreiben kann und schon viele Komplimente für seine Artikel bekommen hat. Das Bloggen macht ihm nicht nur Spaß, sondern ermöglicht ihm auch, seine Schreibkompetenz zu schulen, um später Journalist werden zu können. Neugierde und Spaß motivierten einen 24-jährigen Netzakteur, mit dem Bloggen zu beginnen. Besonders gespannt ist er auf die Resonanzen, die sein Blog hervorruft. Er versucht regelmäßig zu bloggen, denn nur dann kommen auch die erhofften Rückmeldungen.

In den Praktiken des Handelns und Verkaufens begegnet uns ein unternehmerisches Subjekt, das Strategien entwickelt, um sich und seine Waren erfolgreich anzupreisen (Stückler 2012a). Eine Einübung in die kapitalistische Logik der Gewinnmaximierung kann festgestellt werden. Ulrich Bröckling fasst das gegenwärtige Subjekt als »unternehmerisches Selbst« (Bröckling 2007), das sich in seinen Lebens- und Selbstentwürfen an ökonomischen Dynamiken orientiert, was für die einzelnen Subjekte Problematisches wie »die Unabschließbarkeit der Optimierungszwänge, die unerbittliche Auslese des Wettbewerbs, die nicht zu bannende Angst vor dem Scheitern« (ebd.: 17) nach sich ziehen kann. Onlineprofile und Blogs fungieren für unsere Interviewpartner aber auch als Trainingsorte, an denen Kompetenzen, wie die Schreibkompetenz, geschult werden. Darüber hinaus eröffnen sich durch die Praktiken der Händler und Verkäufer und deren Blogs Quellen der Anerkennung, die den Blog zu einem Kraftort machen.

3.7 Spiel- und Spaßpraktiken

Wenn wir von Spaß- und Spielpraktiken sprechen, die wir im empirischen Material entdeckt haben, dann sind nicht jene Praktiken gemeint, die in Computerspielen zur Anwendung kommen, sondern solche, die sich in der digitalen Kommunikation zeigen. Junge Erwachsene einerseits und Kinder und Jugendliche andererseits entwickeln unterschiedliche Praktiken; die Spaß- und Spielmotive allerdings können sich überschneiden.

Als Spaß- und Spielpraktiken betrachten wir digitale Praktiken, die folgendes Verständnis von Spaß und Spiel repräsentieren. Spaß ist – so

Marion Bönsch-Kauke, deren Definition wir übernehmen – »Lust, die aktiviert, aufmuntert, heiter stimmt, motiviert, inspiriert und fasziniert« (Bönsch-Kauke 2005: 16). Spaß steckt im Klamauk, im Quatsch, in witzigen Pointen, in Scherzen und pfiffigen Sprüchen (ebd.). Spaßmachen hat immer etwas Spielerisches im Sinne von Johan Huizinga, der das Spiel als freies Handeln definierte, das gleichwohl bestimmten Regeln folgt, an die sich die SpielerInnen halten müssen, wollen sie nicht zu SpielverderberInnen werden (Huizinga 1938/1956: 15ff.). Im Spiel treten wir aus unserem Alltag heraus und betreten »abgesondertes, umzäuntes, geheiligtes Gebiet« (ebd.: 17). Wir wechseln in eine zeitweilige Welt inmitten der Welt des Alltags. Das Spiel liefert das Setting, die Form, innerhalb der sich Spaßpraktiken entwickeln können, nicht müssen. Spaß und Spiel haben zwei Seiten: die Inszenierung und das Annehmen von Spaß und Spiel (Bönsch-Kauke 2005: 16). Das Forschungsinteresse richtet sich in diesem Beitrag auf beide Seiten.

Zu den Spaß- und Spielpraktiken junger Erwachsener im Cyberspace zählen wir sogenannte Kommunikationsspiele und Comics. Kommunikationsspiele werden von einzelnen NetzakteurInnen in Kommunikationsforen mit der Frage initiiert »Was wäre, wenn …?«. Die Frage ist an andere NetzakteurInnen gerichtet, die die Frage beantworten und neue Fragen stellen. Bei der inhaltlichen Formulierung der Frage sind die NetzakteurInnen frei; das Wie der Frage dagegen ist fix. Diese Kombination von freiem Handeln und Regel veranlasste uns von Kommunikationsspielen zu sprechen, die wir als grenzüberschreitende Praktiken einstufen, wenn sie einen visionären politischen Charakter haben, wie im Zusammenhang mit den Praktiken der Grenzüberschreitung dargestellt, oder als Praktiken des Boundary Managements, wenn die Bestimmung des Verhältnisses zwischen Öffentlichkeit und Privatheit im Vordergrund steht. Es gibt daneben Kommunikationsspiele, in denen der Spaßfaktor dominiert, wie ein Beispiel aus dem Netzwerk StudiVZ zeigt. Es war im April 2010, als eine Netzakteurin die Frage postete:

»Was wäre, wenn dein Vp[4] den Gin Tonic ausgetrunken hätte?
Antwort: Ich würde ihn fragen, wo wir als nächstes hingehen.
Frage: Was wäre, wenn du den ganzen Tag lang als Mann/Frau herumlaufen müsstest?

---

4   Vp steht für Vorposter.

Antwort: mich erschießen
Frage: ... du für deine Freundin Schuhe kaufen müsstest?
Antwort: kein Problem, welche Schuhe ich kaufe, es sind eh die falschen
Frage: ... die Sonne für eine Woche nicht mehr scheint?
Antwort: ... Handtuch drum und los geht's
Frage: ... is aber kalt, hm? Hat ja heute geschneit – also Mütze drup!«

Das Kommunikationsspiel dauerte mehr als drei Wochen; es beteiligten sich 16 NetzakteurInnen. Der Spaßfaktor konstituierte sich im Kontext von geistreichen Einfällen (wo gehen wir als nächstes hin?), Scherz (mich erschießen), pfiffiger Erotik (Mütze drup!) und Selbstironie (ich kaufe stets das Falsche).

Comics stellen eine ganz andere Art von Spaß- und Spielpraktiken dar, die wir in arabischen Netzwerken angetroffen haben. Stets ging es in den Comics um politische Kritik. Ein Beispiel ist Sophis-tech-ated, veröffentlicht in dem Netzwerk Bahairights.org im Jahre 2009.

Abbildung 10: Sophis-tech-ated

Quelle: http://www.bahairights.org [letzter Zugriff: 27.01.2013]

Den Hintergrund für diese Bildgeschichte bildet die von den NetzakteurInnen der arabischen Netzwerke Mideast Youth und Bahairights kritisierte Diskriminierung der Minderheit der Bahais in Verbindung mit einer aktuellen Verhaftung von zwei politischen Führern der Bahais und dem Vorwurf, es sei bei ihnen verdächtiges Kommunikationsequipment gefunden worden, dem, so klingt in der ersten Szene an, die Intention zugrunde gelegen haben könnte, die Verhafteten als gefährlich einzustufen. In wenigen Sätzen wird dieser Vorwurf in dem Comic als absurd entlarvt. Die Bildgeschichte bekommt ihren Witz durch eine zweifache Verdichtung (Freud 1958: 16): das komplexe Phänomen der Diskriminierung der Bahais wird in nur vier Szenen zusammengefasst; die wortreiche Schilderung der außergewöhnlichen, möglicherweise systemgefährdenden Eigenschaften ihrer Kommunikationstechnik wird mit einem Wort ins Absurde überführt: iPhone. Wer den Besitz dieser Technik, die zu einer weitverbreiteten Alltagstechnik geworden ist, als Indiz für die Gefährlichkeit der BeisitzerInnen angibt, macht sich lächerlich. Wer lächerlich ist, besitzt keine Macht, kann nicht einschüchtern; das impliziert die Verkehrung des dominierenden Machtverhältnisses, die befreiend wirkt und uns schmunzeln lässt.

Spaß- und Spielpraktiken von Kindern und Jugendlichen im Alter von zwölf bis 14 Jahren haben wir im SWR-Kindernetz insbesondere in zwei medialen Anwendungen festgestellt: in den Homepages der Kinder, den sogenannten Steckbriefen, und in Rollenspielen. Nach vorgegebenen Kategorien wie »mein Motto«, »was ich besonders gerne mag« oder »was ich mal werden möchte« stellen sich die Kinder mit ihren Steckbriefen selbst vor. Zur Befüllung der Kategorien wählen sie teilweise aus vorgegebenen Alternativen aus, teilweise erfinden sie selbst. Bereits die selbst kreierten Benutzernamen dokumentieren überwiegend Sinn für Humor und Witz. In Namen wie Sahnekeks, Hardcore Styler, Liilakäsebröötchen 4, Crazy-Keksmonsta-hoy drückt sich die Lust an Wortspielen und ungewöhnlichen Wortkombinationen aus.

Auf der Homepage eines 13-Jährigen ist zu lesen:

»Lieblingsfach in der Schule:
Pause
Was ich mal werden möchte?
Ein Löwe hahaha ganz witzig«.

Als Bedingung des Witzes fungieren auch hier knappe Aussagen; erheiternd wirkt die Respektlosigkeit gegenüber der Autorität Schule sowie das Spiel mit dem Unmöglichen. In beiden Aussagen wird eine Realität, der man sich normalerweise fügen muss, entmachtet.

Eine 14jährige Netzakteurin schreibt auf ihrer Homepage zur Kategorie »Und außerdem«:

»Wenn ich nicht lachen kann,
lach' ich mit dir
wenn ich nicht tanzen kann
tanz' ich mit dir
weil ich nicht fliegen kann,
flieg ich mit dir.
WIR fliegen zusammen auf die Schnauze«.

Die 14-Jährige lockt die LeserInnen zunächst in eine romantische Welt, die sie mit einem Satz auffliegen lässt: knapp, überraschend, aber vielleicht nicht unbekannt. Wir lächeln, weil wir ihr möglicherweise zunächst auf den Leim gegangen sind und uns plötzlich in einer ernüchternden Realität wiederfinden.

Bei den selbst kreierten Rollenspielen steht das Spielerische im Vordergrund. Die SpielerInnen wählen aus einem fixen Repertoire Rollen aus und schreiben in dieser Rolle Beiträge. Es kann sein, dass sie sich zum gemeinsamen Schreiben online zu einem bestimmten Zeitpunkt verabreden; aber es kann auch zeitverschoben geschrieben werden. Rollenspiele beziehen ihren Stoff aus medialen Angeboten z.B. aus Fernsehserien, oder es sind eigene Geschichten, die in Szene gesetzt werden. Unsere InterviewpartnerInnen bevorzugten die selbst entwickelten Geschichten mit der ausdrücklichen Begründung, sie wollten das Eigene spielen. Ein Beispiel hierfür ist ein Internatsspiel, das die Schöpferin dieses Spiels so beschreibt: »Da geht's halt um Jugendliche, die leben dort, die haben ein normales Leben, die lernen sich kennen, haben Beziehungen zueinander, dann streiten sie halt auch manchmal. Wenn's langweilig wird, dann passiert wieder etwas ganz Aufregendes«. Was diese Aktivitäten zu einem Spiel macht, ist die freie Gestaltung einschließlich der Rollenwahl, aber auch die vom Medium ausgehende Regel, das Spiel als Schreibspiel zu gestalten, sowie das Heraustreten aus der Alltagswelt, denn niemand befindet sich offline in einem

Internat. »Da tauchst du halt in eine andere Welt, und da musst du nicht so sein wie du bist«, erklärt die Initiatorin des Spiels. Spaß- und Spielpraktiken dienen den jungen Erwachsenen, Kindern und Jugendlichen dazu, sich mit Themen auseinanderzusetzen, die in ihrer Lebenssituation oder in ihrer Lebensphase eine Herausforderung darstellen. In den skizzierten Spaß- und Spielpraktiken waren dies Themen wie politische Macht bzw. eigene Ohnmacht, Erotik, Romantik, Geschlechtsidentität, Schule, Zukunftsperspektiven. Als ein weiteres durchgängiges Motiv zeigte sich der Wunsch nach Zugehörigkeit und Anerkennung. Die Spaß- und Spielpraktiken werden häufig in einer Gruppe entwickelt, oder sie sind wie die Steckbriefe der Kinder und Jugendlichen auf eine Gruppe, hier die Mitglieder des SWR-Kindernetzes, bezogen. Damit wird ein Wir konstituiert oder an ein Wir appelliert; witzige Pointen und geistreiche Einfälle verhelfen zu Anerkennung in der Gruppe. In den Spaß- und Spielpraktiken der jungen Erwachsenen deutet sich an, dass bittere Erfahrungen mit diesen Praktiken bearbeitet werden wie z.B. Diskriminierungserfahrungen in der arabischen Bildgeschichte oder die Erfahrung, stets die falschen Schuhe zu kaufen, was auch heißen könnte, stets das Falsche zu tun. Für Anja Hartung sind »komische Aktivitäten« ein wesentliches Mittel, innere Konflikte zu verarbeiten, denn Humor hat ihrer Ansicht nach eine entspannende Wirkung (Hartung 2005: 11). Ein Lachen verkehrt nach Bönsch-Kauke das Schwere ins Leichte (Bönsch-Kauke 2005: 17).

Kinder und Jugendliche konstituieren mit ihren Spaß- und Spielpraktiken uneingesehene Orte, an denen sie wagen können, was ihnen unter den Blicken der Erwachsenen nicht möglich erscheint, z.B. in die Rolle der(s) Bösen oder in ein anderes Geschlecht zu schlüpfen. Zuweilen werfen die Kinder und Jugendlichen mit ihren Spaß- und Spielpraktiken auch Fangleinen aus, um zu beobachten, ob man unbeholfen darüber stolpert oder witzig pariert (ebd.: 19) wie der 13-Jährige, der angibt, ein Löwe werden zu wollen, oder die 14-Jährige, die an romantische Gefühle appelliert, die sie anschließend dekonstruiert. Mit solchen Fangleinen wetzen Kinder und Jugendliche ihren Verstand und lernen, wie man verzwickte Situationen humorvoll entschärft (ebd.: 17ff.). Das beschriebene digitale Rollenspiel könnte durch den Wunsch motiviert sein, das Miteinanderumgehen, die Konflikte, die dabei entstehen, aber auch die ersten erotischen Annäherungen in eine Fantasiewelt zu verlagern, experimentell durchzuspielen und dabei »lebenstaugliche Interaktionsmuster« (ebd.) zu entwickeln.

Bei den Spaß- und Spielpraktiken stehen sinnlich-symbolische Interaktionsformen im Vordergrund, für deren Umsetzung es sprachsymbolischer Interaktionsformen bedarf. Bezugspunkt der Interaktionen sind der konkrete oder imaginierte Andere sowie das Medium, das durch die Merkmale Interaktivität und Multimedialität Interaktion in Form der Spaß- und Spielpraktiken ermöglicht, ihre Gestaltung beeinflusst und das Spektrum der Möglichkeiten begrenzt. Es entstehen durch die Spaß- und Spielpraktiken Räume, in denen die Wirklichkeit jenseits des Bildschirms mit dem Cyberspace in einen engen Zusammenhang gebracht wird, was sie als Heterotopien ausweist. Themen und Fragen der physikalischen Welt werden ins Netz getragen, um dort spielerisch mit ihnen zu hantieren, humorvolle Lösungen zu finden, Ohnmacht in Macht zu verwandeln, Kritik mit einem Geck zuzuspitzen und dadurch den Cyberspace zu einem Widerlager zu machen.

In den durch Spaß- und Spielpraktiken konstituierten digitalen Räumen trifft man auf Subjekte, die sich den Herausforderungen der Zeit und ihres eigenen Lebens stellen, aber nicht verbissen agieren, sondern mit Hilfe von Spaß und Spiel diesen Herausforderungen das Drängende bis Bedrückende nehmen, anstelle von Selbstmitleid Selbstironie entwickeln, ihre Freude am Komischen haben und daraus Kraft zu schöpfen scheinen.

3.8 Fazit

Mit den in der Studie »Subjektkonstruktionen und digitale Kultur« identifizierten kommunikativen Praktiken werden Interaktionsspiele entfacht, die sich zwischen dem einzelnen Subjekt und seinem medial-technischen sowie seinem menschlichen Gegenüber entfalten. In der Regel bedienen sich die NetzakteurInnen nicht nur einer dieser Netzpraktiken, wenngleich sich Präferenzen abzeichnen. Für Jugendliche spielen beispielsweise Praktiken des Formwandelns eine bevorzugte Rolle. Die verschiedenen kommunikativen Praktiken sind teils sprachsymbolisch, teils sinnlich-symbolisch geprägt. Darüber hinaus zeigt sich, dass die NetzakteurInnen die verschiedenen Symboliken in ihrer kommunikativen Praxis mischen, so wie jener 14-Jährige, der im Interview berichtete, dass er Wortspiele, Wortgebilde, Wortmonster kreiert, was bedeutet, dass er das Rationale der Sprache mit Fantasien und Emotionen vermischt. Die NetzakteurInnen präsentieren sich in ihren Interaktionsspielen als kognitive, emotionale, sinnliche und soziale Wesen.

Die beschriebenen Motive und Intentionen, die den kommunikativen Praktiken der NetzakteurInnen im virtuellen Raum zugrunde liegen, verweisen auf die Auseinandersetzung mit bestimmten individuell und gesellschaftlich relevanten Themen, die abschließend in den Mittelpunkt gerückt werden sollen. Zu diesen Themen zählen Veränderung/Verwandlung, Partizipation, Grenzen, Anerkennung/Zugehörigkeit, Performance, Transparenz. Diese Themen werfen ein Licht auf die medialen, biografischen und gesellschaftlichen Herausforderungen, vor die sich die im Netz agierenden Subjekte gestellt sehen. Nicht selten sind es mehrere der vorgestellten Praktiken, die der Auseinandersetzung mit und der Arbeit an einem Thema dienen, umgekehrt werden mit einer der Praktiken oft mehrere Themen bearbeitet. Es ist davon auszugehen, dass die Reichweite der im virtuellen Raum entwickelten Praktiken nicht auf diesen Raum begrenzt ist. Vielmehr darf angenommen werden, dass sich in diesen Praktiken auch die Erwartungen, Zukunftsperspektiven, Prioritäten widerspiegeln, mit denen die digital geprägte Jugend in die Schulen, Universitäten und auf den Arbeitsmarkt kommt.[5]

Praktiken des Formwandelns stehen vor allem im Dienste von *Veränderung und Verwandlung*. Die Beliebtheit digitaler Rollenspiele bei Kindern und Jugendlichen kündet von dem Wunsch, verschiedenen Idealen nachzueifern, auszuprobieren, was man sich jenseits des Bildschirms nicht zu sein wagt, schon mal auf Probe erwachsen zu sein. Die Auseinandersetzung mit dem Thema Veränderung im Sinne des Nomadischen zeigt sich beim Flanieren zwischen verschiedenen Netzwerken, was in zeitlicher Aufeinanderfolge und/oder zeitlich parallel erfolgen kann. Jede Plattform erfordert ihr spezifisches Rollenspiel, das unterschiedliche Subjektfacetten zum Vorschein bringt oder die Ausbildung neuer Subjektfacetten evoziert. Praktiken im Dienste von Veränderung und Verwandlung kombinieren sprachsymbolische und sinnlich-symbolische Akte (Schachtner 2013: 44f.). Das gemeinsame Schreiben beim Onlinerollenspiel erfordert sprachsymbolisches Handeln, bei der Kreation unterschiedlicher Geschlechterrollen sind Hoffnungen, Spaß, Frustration, also Gefühle im Spiel, was das Handeln sinnlich-symbolisch färbt. Digitale Medien eignen sich als Schauplatz für die

---

5   Zur Medienkompetenz s. auch Katja Ošljak (2012).

Auseinandersetzung mit Veränderung und Verwandlung aufgrund der vielen verschiedenen Räume, die sich als immer wieder neue Bühnen anbieten, sowie aufgrund ihrer Interaktivität, die die Verwandlungsakte überhaupt erst ermöglicht.

Partizipation findet sich als zentrales Thema in den Praktiken des Boundary Managements und der Grenzüberschreitung. Die NetzakteurInnen erweisen sich keineswegs als passive EmpfängerInnen der medialen Evokationen. Festgestellt werden konnte vielmehr ein starkes Bedürfnis nach Einmischung und Mitgestaltung, das sich auf den virtuellen Raum und/oder auf die gesellschaftliche Wirklichkeit jenseits des virtuellen Raums beziehen kann. Gegenstand partizipativer digitaler Praktiken sind die Regeln, die im virtuellen Raum gelten sollen, z.B. Regeln darüber, ab wann ein Beitrag off topic ist, welches Verhalten einen Ausschluss aus dem Netzwerk rechtfertigt, welche Daten geschützt bleiben sollen und wer an den Entscheidungen über all dies beteiligt werden soll. Der virtuelle Raum wird auch als heterotopischer Ort genutzt, an dem sich Kritik und Widerspruch formieren kann. In diesem Sinne generieren z.B. die arabischen NetzakteurInnen die Plattform Mideast Youth, jedoch zielen ihre partizipativen Praktiken nicht auf die Gestaltung des virtuellen Raums ab, sondern auf eine Neugestaltung der Gesellschaft außerhalb der digitalen Heterotopie. Wenn die Gründerin der Plattform Mideast Youth erklärt, »we use new media in order to fight against oppression – oppression against ourselves, oppression against minorities«, charakterisiert sie den virtuellen Raum als heterotopes Widerlager im Sinne von Michel Foucault. Auch in den Praktiken, die Partizipation anstreben, mischen sich sprachsymbolische und sinnlich-symbolische Züge, denn sie erfordern ein hohes Maß an Reflexion und an strategischem Handeln, das aber häufig in Frustration und Empörung wurzelt.

Ein weiteres zentrales Thema, dem die Praktiken des Boundary Managements und der Grenzüberschreitung gewidmet sind, sind *Grenzen* in mehrfacher Hinsicht. Praktiken, die auf den Umgang mit Grenzen abzielen, sind Antworten auf strukturelle Entgrenzungen, die nicht nur im virtuellen Raum stattfinden, sich dort aber besonders deutlich zeigen, wie die Entgrenzung zwischen Öffentlichkeit und Privatheit, zwischen Arbeits- und Freizeit, zwischen Tag und Nacht. Entgrenzungen dieser Art sind zwar ein allgemeines Phänomen, doch sie treten als Herausforderung an individuelles Grenzmanagement in Erscheinung, denn es fehlen konsensuelle Lösungen.

Folglich fallen die Versuche, Grenzen zu ziehen, zu verschieben, zu intensivieren, unterschiedlich aus. Die Unterschiede äußern sich z.B. in der Frage des Zeigens und Verbergens, wenn es um Grenzziehungen zwischen Öffentlichkeit und Privatheit geht. Die einen wollen ihre Gefühle für alle sichtbar zeigen, die anderen auf keinen Fall, die einen wollen ihre politische Position veröffentlichen, für die anderen ist das eine Privatangelegenheit. So unterschiedlich die Grenzen zwischen öffentlich und privat gezogen werden, gemeinsam ist den NetzakteurInnen aus den verschiedenen Ländern und Kontinenten, dass sie über das Thema Grenze intensiv reflektieren und jede(r) einzelne NetzakteurIn sehr genau ihre/seine Grenzen benennen kann. Grenzfragen rufen emotionale Reaktionen hervor, das heißt sinnlich-symbolische Interaktion, aber noch stärker scheint der rational abwägende Bezug auf erodierende bzw. neu herzustellende Grenzen zu sein, was sprachsymbolische Interaktionen auslöst.

In den Praktiken des Netzwerkens und der Selbstinszenierung spiegelt sich das Bemühen um *Anerkennung* und *Zugehörigkeit* wider. Anerkennung wurde unter Bezug auf Jessica Benjamin (1990) als unentbehrliches Element der Subjektbildung diskutiert. Die empirischen Befunde bestätigen diese Unverzichtbarkeit. Die NetzakteurInnen erwarten Anerkennung sowohl in Form von Zustimmung und Lob als auch in Form von Kritik, soweit sie diese als Orientierungshilfe sehen können. Manchmal wird unerwünschte Kritik auch weggeklickt. Wie auch immer, die NetzakteurInnen wollen gesehen werden, sei es vom konkreten Anderen wie der 22-Jährige, der mit seinen regelmäßigen Statusmeldungen die Aufmerksamkeit seiner Freundin über den Tag hinweg sichern will, oder von einem imaginierten Publikum, womit sich für manche die Hoffnung verbindet, entdeckt zu werden und dadurch eine berufliche Karriere zu machen, wie der zitierte Blogger, der mit seinem Modeblog das Interesse renommierter Modezeitschriften auf sich lenken will. Aus dem Wunsch nach Anerkennung kann geradezu ein Ringen um das Du werden – so wie bei jenem 29-jährigen Netzakteur, der sehnsüchtig auf ihm zugedachte digitale Mitteilungen wartet (Ehrenberg 2004: 171). Dies ist ein Hinweis darauf, dass Anerkennung eng mit dem Bedürfnis nach Zugehörigkeit zusammenhängt, was einen weiteren Aspekt im Ansatz von Jessica Benjamin bestätigt, demzufolge Anerkennung nur im Verbund mit Anderen entstehen kann. In den kommunikativen Praktiken, mit denen Anerkennung und Zugehörigkeit angestrebt werden, überwiegt das Emotionale, ohne dass diese Praktiken frei von pragmatischen Nützlichkeitserwägungen wären.

Praktiken des Formwandelns und der Selbstinszenierung stehen auch im Dienste der *Performance*, ein Thema, das sich nicht trennscharf vom Thema Anerkennung abhebt. Die Performance rückt kontrastierend zum Formwandeln das Moment der Inszenierung in den Mittelpunkt, die sich als sichtbarer, manchmal auch hörbarer Prozess, kurz gesagt, als sinnlich-symbolisches Interaktionsspiel vor einem Publikum entfaltet (Schachtner 2013: 46). Es basiert auf den multimedialen Möglichkeiten Digitaler Medien, die eine Inszenierung in Wort, Bild und Sound erlauben. Die performativen Akte der NetzakteurInnen sind angesiedelt zwischen den medialen Vorgaben und tradierten gesellschaftlichen Erwartungen und Normen einerseits und dem Wunsch nach Einzigartigkeit andererseits, mit Mead gesprochen, zwischen dem verallgemeinerten Anderen und dem Ich. Es verwundert nicht, wenn sich in der Performance der NetzakteurInnen Widersprüche zeigen wie bei der erwähnten 29-jährigen Bloggerin, die sich im Manga-Look präsentiert. Langes, fülliges Haar, große Augen, Kussmund, Minirock dominieren die Selbstinszenierung, womit sich die Netzakteurin gängigen Schönheits- und Erotikvorstellungen unterwirft; zugleich umgibt sie sich mit Accessoires wie Pinsel und Fotoapparat, die für ihren Anspruch auf berufliche Karriere stehen und damit die Unterwerfungsgesten kontrastieren.

In den Praktiken des Boundary Managements, der Grenzüberschreitung und des Spielens spiegelt sich das Thema *Transparenz* wider, das insbesondere für die arabischen NetzakteurInnen einen hohen Stellenwert besitzt und mit dem Thema Partizipation zusammenhängt, denn nur unter der Bedingung von Transparenz lassen sich partizipative Ansprüche realisieren. Die Digitalen Medien evozieren den Wunsch nach Transparenz, weil alles diskutierbar und eruierbar erscheint (Schachtner 2012b: 10). Den Slogan »Tabus lüften und Schweigen brechen« konnten wir als Leitmotiv für das digitale Agieren in allen Interviews mit arabischen NetzakteurInnen identifizieren. Als die drei großen Tabus, über die in arabischen Ländern ein Mantel des Schweigens gebreitet ist, wurden uns Religion, Politik und Sex genannt. Wohl wissend, dass Verschwiegenes keiner Veränderung zugänglich ist, stellten die arabischen NetzakteurInnen in ihren digitalen Diskussionsbeiträgen zu diesen Tabus eine kritische Öffentlichkeit her. Als Versuch, die Risiken zu minimieren, die mit dem Bruch von Tabus verbunden sind, werten wir kommunikative Praktiken, die mittels Humor und Witz öffentliche Aufmerksamkeit für bestimmte Tabus erreichen wollen, wie die auf die Plattform Mideast Youth gestellte Frage »What would you do, if Saudi Arabia has its first female president?«. Eine solche Frage beflügelt Fantasien, die eine Provokation für das patriarchale System darstellen, das in der Frage angesprochen ist. Gesellschaftliche Transparenz als Thema und Anliegen der kommunikativen digitalen Praktiken unterstreicht einmal mehr, dass virtuelle Räume sich als Ort des Widerspruchs erweisen können.

Die Auseinandersetzung und Arbeit an diesen Themen erfolgt, wie erwähnt, nicht unabhängig von der biografischen und gesellschaftlichen Situation, in der sich die jungen NetzakteurInnen befinden. Diese stehen biografisch vor der Aufgabe, Zukunftsperspektiven für ihr Leben zu entwerfen, und das erfordert, sich der eigenen Wünsche und Kompetenzen zu vergewissern, mit Möglichkeiten und Grenzen zu experimentieren, sich an Anderen zu messen, sich einzugliedern in eine Gemeinschaft bzw. neue Formen von Gemeinschaft zu entwickeln. Wie die Ergebnisse der 16. Shell Jugendstudie zeigen (Albert et al. 2010: 39ff.), wird dies heutigen Jugendlichen und jungen Erwachsenen nicht leicht gemacht, befindet sich die Gegenwartsgesellschaft doch in einem Umbruch, der zur Erosion sozialer Netzwerke offline führt, tradierte Lebens- und Selbstentwürfe obsolet werden lässt und mit Ungewissheit und Unberechenbarkeit einhergeht. Die aktuellen biografischen Aufgaben im Kontext der Gegenwartsgesellschaft erklären, weshalb Themen wie Veränderung, Grenzen setzen und verhandeln, Anerkennung finden, Zugehörigkeit herstellen und Selbstinszenierung für die NetzakteurInnen so bedeutsam sind.

Ihre kommunikativen Praktiken gelten aber nicht nur der Sorge um sich selbst, sondern auch der Sorge um den Zustand der Gesellschaft, in der sie leben. Besonders ausgeprägt ist die gesellschaftsbezogene Sorge in repressiven gesellschaftlichen Systemen, wie die von den arabischen NetzakteurInnen hergestellte kritische Netzöffentlichkeit dokumentiert. Aber sie existiert auch in westlichen Demokratien wie die Onlinediskussion um die Kandidatur einer Politikerin als österreichische Bundespräsidentin zeigt, die aus der Sicht der NetzakteurInnen aufgrund ihrer rechtsgerichteten Orientierung dem Ansehen der Republik schaden könnte. Im Zusammenhang mit der Sorge um die gesellschaftliche Zukunft gewinnen die Themen Transparenz und Partizipation ihre Bedeutung.

Wenn sich die digitalen kommunikativen Praktiken als Strategien erweisen, sich mit den genannten Themen auseinanderzusetzen, so heißt das nicht, dass es entsprechende Versuche nicht auch außerhalb des digitalen Raums gibt. Dieser erweitert jedoch das Spektrum möglicher Experimentierräume, und er evoziert aufgrund der in ihn eingelagerten Symboliken kommunikative Praktiken, die die NetzakteurInnen in besonderer Weise in der Auseinandersetzung mit den biografischen und gesellschaftlichen Herausforderungen unterstützen.

4 ZUR THEORETISCHEN VERORTUNG DIGITALER SUBJEKTIVATIONEN

Die Geschichte der Auseinandersetzung mit den genannten Themen ist auch eine Geschichte der Subjektivation. Unter Subjektivation verstehen wir den Prozess, in dem Menschen in unserer Kultur zu Subjekten werden. Wie lassen sich die in den digitalen Interaktionsspielen vorgefundenen Subjektivationen in bestehende Subjektdiskurse einordnen? Diese Frage gründet in der Intention, den theoretischen Gehalt der empirischen Ergebnisse noch stärker herauszuarbeiten und diese als Beitrag für die Theorieentwicklung zu nutzen. Autonomie und Heteronomie prägen als Analysekategorien diese abschließende Betrachtung, womit auf eine theoretische Perspektive Bezug genommen wird, die bereits die Ausführungen zu Kommunikation und Subjektbildung zu Beginn dieses Beitrags kennzeichnete und die nun vor dem Hintergrund der empirischen Analyse konkretisiert und differenziert werden kann.

4.1 Bezüge zu klassischen Subjektdiskursen

Unter dem Titel »Das Subjekt im Wandel der Zeit« hat Raphael Beer in diesem Band einen theoretischen Rahmen aufgespannt, der aufzeigt, dass sich durch die Subjektdiskurse in verschiedenen historischen Epochen die eine Frage zieht: »Was ist das Subjekt im Verhältnis zur Gesellschaft?« (Beer in diesem Band). In den Antworten auf diese Frage zeichnen sich, wie Raphael Beer ausführt, vor allem zwei Diskursrichtungen ab. René Descartes entwirft das Subjekt Beer zufolge als gestaltendes, das sich für seine aktive Rolle des eigenen Verstandes zu bedienen hat. Immanuel Kant schließt an dieses Subjektverständnis an, wenn er den Einzelnen dazu aufruft: »Habe Mut, dich deines eigenen Verstandes zu bedienen!« Als Ideal wird das autonome, rational handelnde Subjekt postuliert. Auch Jürgen Habermas arbeitet mit diesem Subjektbegriff, wenn er das Subjekt als Träger einer freien, rationalen Kommunikation betrachtet, das in einem herrschaftsfreien Diskurs Öffentlichkeit herstellt (Fraser 2009: 148). Auch wenn die Subjektbegriffe von Descartes, Kant und Habermas normative Züge tragen, wird in ihnen doch davon ausgegangen, dass dem Subjekt prinzipiell autonomes, rationales Handeln möglich ist.

Kontrastierend zu diesem Diskurs sehen Karl Marx, Émile Durkheim und Theodor Adorno das Subjekt Raphael Beer zufolge in sehr viel stärkerer Abhängigkeit von der Gesellschaft (Beer in diesem Band: 233ff.). Durkheim möchte, so die Interpretation von Beer, das Subjekt an die sozialen Verhältnisse anpassen, womit er die gesellschaftliche Abhängigkeit des Subjekts als notwendig postuliert (ebd.). Für Marx ist das Subjekt Produkt der Produktionsverhältnisse, das, zur Ware Arbeitskraft geworden, sich seiner selbst entfremdet. Marx möchte das bedrängte, entfremdete Subjekt befreit sehen und setzt deshalb auf das geschichtsmächtige Subjekt. Der Zustand der Abhängigkeit ist nach Marx ein zu überwindender Zustand. Adorno richtet seinen Blick auf die Kulturindustrie, die sich wesentlich durch Medien wie Rundfunk und Film konstituiert, und behauptet eine Manipulation des Subjekts durch Medien, die nach Adorno eine »verheerende Wirkung auf die Subjekte« (ebd.: 270) hat u.a. durch Ausbildung eines autoritären Charakters. Entfremdung und Manipulation unterlaufen bei Marx und Adorno das rationale Potenzial des Subjekts.

So unterschiedlich bis gegensätzlich die skizzierten Diskurse sind, gemeinsam ist ihnen ein dualistisches Denkmodell, in dem das Subjekt als autonom oder heteronom gedacht ist und in dem es weiteren Dualismen ausgesetzt ist, wie dem Dualismus von Freiheit und Zwang, von Rationalität und Emotionalität (Reckwitz 2006: 14). Die empirischen Ergebnisse der hier präsentierten Studie zu den digitalen Subjektivationen weisen über diese Subjektdiskurse und ihre Dualismen hinaus. Das von uns im virtuellen Raum vorgefundene Subjekt ist beides: autonom und heteronom. Es sieht sich gefangen, bestimmt von medialen Vorgaben oder gesellschaftlichen Zwängen, aber es ist auch widerständig. Es ist nicht nur EmpfängerIn medialer Botschaften, es fügt sich nicht einfach, es setzt sich vielmehr mit Erfahrungen, die es seiner Freiheit berauben, auseinander, hinterfragt die externen Ansprüche und Zumutungen, positioniert sich, ergreift Gegenstrategien. Die Zeiten der Eindeutigkeit sind vorbei, wenn es sie denn jemals gegeben hat. Notwendig ist angesichts der empirisch gewonnenen Erkenntnisse eine Neuformulierung der Beziehung zwischen dem Subjekt und dem Sozialen (Walkerdine 2011: 194).

4.2 Subjektdiskurse jenseits dualistischer Denkmodelle

Wo sind die theoretischen Anker für das Subjekt, das wir im Cyberspace vorgefunden haben? Die Frage des Subjekts wird heutzutage in verschiedenen Disziplinen einem intensiven Diskurs unterzogen, dies vielleicht deshalb, weil das Subjekt der Gegenwartsgesellschaft offline und online das dualistische Denken sprengt, weil es uns zu entgleiten droht, weil wir uns zu entgleiten drohen, wenn es uns an Begriffen mangelt, aktuelle Subjektivationen zu beschreiben. Im Folgenden wird auf Argumente aus Subjektdiskursen verschiedener Disziplinen zurückgegriffen, um die empirischen Ergebnisse zu den im virtuellen Raum vorgefundenen Subjektivationen theoretisch zu untermauern.

4.2.1 Zum Doppelleben des Subjekts

Der Begriff Subjekt, lat. subjectum, verweist bereits, wie Andreas Reckwitz ausführt, auf ein Doppelleben des Subjekts, denn der Begriff kennzeichnet das Subjekt einerseits als das in die Höhe Erhobene und andererseits als das Unterworfene (Reckwitz 2006: 9). Gegen das Autonomieideal der Aufklärung wird in diesem Subjektverständnis die nicht aufhebbare Abhängigkeit des Subjekts gestellt, die vom verallgemeinerten Anderen oder vom konkreten Anderen ausgeht (Bilden 2012: 187).

Das Subjekt ist aber nicht nur Untertan, genauso wenig wie es nur Souverän ist (Meyer-Drawe 1990: 151). Es hat nicht die Alternative, zwischen Autonomie und Heteronomie zu wählen. Wir realisieren uns nach Meyer-Drawe stets als antwortendes Ich und liefern uns dadurch wechselseitig die Bedingungen für Autonomie. In unseren Antworten steckt die Anerkennung für den Anderen, wie an früherer Stelle bereits ausgeführt, die diesen in seiner autonomen Existenz bestätigt und im selben Zug bei diesem Anderen Akte der Anerkennung hervorruft, die uns unsere Autonomie bestätigt. Wir können nicht existieren, ohne den Anderen anzusprechen und von diesem angesprochen zu werden (Butler 2003: 45); wir können die Anerkennung, die uns zuteil wird, nur annehmen, wenn wir auch den Anderen anerkennen. Praktiken der Unterwerfung und der Befreiung, Autonomie und Heteronomie sind untrennbar ineinander verflochten und befinden sich ständig in Bewegung.

In Abhängigkeit von Kontexten, Situationen, Lebensphasen, Zielen positionieren wir uns an unterschiedlichen Stellen im Spannungsfeld zwischen Autonomie und Heteronomie. Es ist nicht ungewöhnlich, wenn diese Positionierungen in unterschiedlichen Lebensbereichen unterschiedlich ausfallen. Die Vielzahl der Ich-Positionen, die wir imstande sind einzunehmen, hat Helga Bilden veranlasst, von der Vielstimmigkeit des Subjekts zu sprechen (Bilden 2012: 198). Sie dachte dabei an Menschen mit Migrationshintergrund, die auf verschiedenen kulturellen Bühnen agieren. Wir haben diese Vielstimmigkeit auch im Cyberspace beobachtet. Nahezu alle der in unsere Untersuchung einbezogenen NetzakteurInnen waren nicht nur auf einer Plattform aktiv, sondern auf mehreren, und nutzten die verschiedenen Plattformen, um sich immer wieder anders zu inszenieren. Rita beispielsweise, 29 Jahre alt, weiblich, Amerikanerin, verheiratet, ein Kind, ist eines dieser vielstimmigen Subjekte. Sie agiert in acht digitalen Netzwerken, zeigt sich in einem Netzwerk als Mutter, die mit ihrer Tochter unterwegs ist, in einem anderen als Technikexpertin, die zu technischen Netzentwicklungen Stellung bezieht, in wieder einem anderen diskutiert sie Businessfragen, in einem vierten reflektiert sie aus feministischer Perspektive über die Vereinbarkeit von Familie und Karriere etc. Die Vielstimmigkeit dieser Netzakteurin ist verknüpft mit verschiedenen Variationen des Verhältnisses von Autonomie und Heteronomie. Die Doppelrolle von Mutter und berufstätiger Frau betont die Zwänge, denen sie ausgesetzt ist und die ihre Unabhängigkeit beschneiden, in der Rolle als Technikexpertin begegnet sie uns als karriereorientierte autonome junge Frau. Bezogen auf Autonomie und Heteronomie führen die digitalen NetzakteurInnen ein Doppelleben, bezogen auf die Vielstimmigkeit, die sich aus verschiedenen Rollen im Netz ergibt, ein Mehrfachleben, doch niemals gerinnen ihre Leben zu einer fixen endgültigen Form. Technische Neuerungen, Reaktionen der Anderen im Netz sowie der innere Dialog (Krotz 2010: 101) zwischen den verschiedenen Stimmen sorgen für unbegrenzte Dynamik.

4.2.2 Zur Frage der Autonomie

Nicht die Gewissheit der Existenz markiert das Wesentliche des Subjekts der Gegenwartsgesellschaft, sondern die Unbestimmtheit (Meyer-Drawe 1990: 150). Subjektivität ist ein offener Prozess von Formationen. Welche Gestaltungsmöglichkeiten hat das Subjekt in diesem Prozess? Diese Frage bewegte auch den späten Foucault sowie Judith Butler im Anschluss an Foucault. Nach Butler ging es Foucault um die Entwicklung einer Theorie der Handlungsfähigkeit für ein Subjekt, das von Anfang an mit Normen umgehen muss, die es sich selbst ausgesucht hat (Butler 2003: 9). Jede Handlungsfähigkeit ist nach Butler in einen begrenzenden und ermöglichenden Rahmen eingebunden. Wir treffen in diesem Ansatz erneut auf die wechselseitige Durchdringung von Autonomie und Heteronomie. Die Begrenzungen erklären sich durch die gesellschaftlichen Normen, die einem Ich vorausgehen; woraus aber resultiert die Ermöglichung, die über die Normen hinausweist? Brigitte Hipfl und Matthias Marschik argumentieren in Orientierung an Valerie Walkerdine, dass die auf den gesellschaftlichen Normen basierende soziale Konstruiertheit des Ich Lücken enthält, aus denen Freiräume resultieren, in denen das Ich um seine eigenen Geschichten und seine eigene Formierung kämpft (Hipfl/Marschik 2011: 21; Walkerdine 1997: 176). Lücken entstehen, weil weder der konkrete Andere noch das Mead'sche Ich mit den Normen zusammenfallen. Was nicht passt, was sich nicht problemlos ineinander fügt, stimuliert Fragen, erfordert Reflexion, versetzt in kritische Distanz. Diesen Fragen kann man sich nicht entziehen, denn wir haben keine andere Wahl als uns in Bezug auf Kodes, Vorschriften, Erwartungen zu entwickeln (Butler 2003: 26).

Michel Foucault will zeigen, so fasst Judith Butler dessen Anliegen zusammen, dass gesellschaftliche Normen nicht wirksam das Subjekt hervorbringen können, ohne dass das Subjekt die Normen reflektiert und in Form einer Ethik artikuliert (ebd.: 10). Die Frage »Was soll ich tun?« setzt voraus, dass überhaupt gefragt werden kann, und dies verweist darauf, dass bereits ein Subjekt entstanden ist, das zur Reflexion fähig ist, was seine Autonomie dokumentiert.

Wir sind in unserer Untersuchung immer wieder darauf gestoßen, dass sich die NetzakteurInnen die Frage gestellt haben, was zu tun sei. Die Frage bezog sich sowohl auf das Agieren im virtuellen Raum als auch auf das Handeln jenseits davon. Mit Blick auf den virtuellen Raum tauchte die

Suche nach dem richtigen Handeln häufig im Zusammenhang mit der digitalen Selbstinszenierung auf. Wie bereits erwähnt, spielte sich die Suche zwischen den Polen Zeigen und Verbergen ab. Die relative Gestaltungsoffenheit des virtuellen Raums provoziert Fragen des richtigen Handelns in besonderer Weise; teils resultiert daraus eine Notwendigkeit wie im geschilderten Fall der Selbstinszenierung, teils eine Möglichkeit, die etwa die arabischen NetzakteurInnen ergreifen, wenn sie im Netz kritische Öffentlichkeiten herstellen, die ein Handeln im politischen Raum jenseits der Netze initiieren und unterstützen.

5 Die Rolle der Netzmedien für digitale Subjektivationen im Kontext von Vielstimmigkeit, Autonomie und Heteronomie

Wie an einzelnen Beispielen, die die Ausführungen zur theoretischen Verortung digitaler Subjektivationen illustrieren, bereits angeklungen, bleiben die Netzmedien nicht ohne Einfluss auf diese Subjektivationen. Was macht sie zu geeigneten Bühnen für die Doppel- und Mehrfachleben der NetzakteurInnen? Wir möchten diese Frage nicht durch Nennung verschiedener medialer Anwendungen beantworten, denn dies ist im Verlauf dieses Beitrags bereits erfolgt, sondern die Frage grundsätzlich diskutieren. Diesem Anliegen kommt das von Aleida Assmann entwickelte Konzept über Kulturen der Identität und Kulturen der Verwandlung entgegen (Assmann 2006).

5.1 Mixed cultures im Cyberspace

Kulturen der Identität zeichnen sich nach Assmann durch ein Menschenbild aus, wonach sich der Mensch kategorial von der ihn umgebenden Welt abhebt (ebd.: 42). Die Grenzen, innerhalb derer sich Dynamik und Veränderung entfalten können, sind genau festgelegt. Was sich jenseits dieser Grenzen abspielt, gilt als Nichtidentität, die abgewertet und pathologisiert wird (ebd.). Für Aleida Assmann dominieren in westlichen Ländern Kulturen der Identität.

Kulturen der Verwandlung gehen kontrastierend dazu von Menschenbildern aus, die allseits offen sind für kosmische Einflüsse und andere Seinszustände (ebd.). Nichts gilt als ausschließlich gut oder böse, richtig oder falsch. Gestaltwandel wird nicht als Gefährdung oder Minderung von Identität gesehen, sondern als Intensivierung und Steigerung von Identitätserfahrungen. Die Logik der Verwandlung schließt Ambivalenz, Paradoxie, Widersprüchlichkeit ein (ebd.: 43). Nach Assmann trifft man auf diese Logik in Kulturen, zu deren Bestandteilen der Rausch, die Ekstase, die mystische Versenkung zählen (ebd.: 42).

In den Netzmedien trifft man auf Elemente, die aus Kulturen der Identität stammen, so z.b. wenn großer Wert auf die Verwendung des tatsächlichen Namens und damit auf eine eindeutige unveränderbare Identität gelegt wird. Gleichzeitig verfügen die digitalen Netzmedien über Strukturen, die der Logik der Verwandlung zuarbeiten, z.B. in Gestalt der Vielzahl an Plattformen, die das parallele Ausleben verschiedener Subjektformen ermöglichen. In das Reich der Verwandlung führen auch die Rollenspiele, in denen sich die SpielerInnen unterschiedliche Masken überstülpen. Die Maske ist nach Assmann ein Medium der Verwandlung (ebd.: 43). So wie der Schamane, der die Maske eines Gottes trägt, für die Dauer der virtuellen Handlung zu diesem Gott wird (ebd.), werden die SpielerInnen durch ihre digitalen Masken zu einem bekannten Fußballstar oder zur Internatsschülerin für die Dauer des Spiels, um anschließend vielleicht in einem Technikforum in die Rolle des/r TechnikexpertIn zu schlüpfen oder in die Rolle des Vaters, die an die physische Existenz geknüpft ist. Sherry Turkle stellt in ihrem Buch »Alone Together« (2011) eine 16-jährige Netzakteurin vor, die sich selbst tagtäglich in Onlinespielen und Chatrooms durch eine Gruppe von Personen ausdrückt (Turkle 2011: 194). Aufgrund ihrer Gespräche mit der 16-Jährigen kommt Turkle zu dem Schluss, dass sich Menschen nicht deshalb als Ganzes fühlen, weil sie ein konsistentes Ganzes sind, sondern auf Basis der Verhandlungen, die die verschiedenen Personen in einem selbst führen. Sie bemerkt: »We feel ›ourselves‹ if we can move easily among our many aspects of self« und ergänzt kurz später: »many virtual lives are in play« (ebd.). Die Immaterialität unserer Auftritte im virtuellen Raum ermöglicht es, die Gestalt unterschiedlicher bis konträrer Persönlichkeiten anzunehmen, die fließenden digitalen Grenzen unterstützen die Interaktion zwischen diesen Personen; die unterschiedlichen Websites der verschiedenen Plattformen wiederum helfen, die virtuellen Personen auseinanderzuhalten, weil sie die Profile der NetzakteurInnen fixieren und zeigen, mit welchen sozialen Beziehungen die einzelnen Profile einhergehen (ebd.).

Das uneindeutige Subjekt, so lautet unsere These, sucht sich Orte, an denen es nicht ständig zur Eindeutigkeit aufgerufen wird, sondern vielmehr seiner Vielstimmigkeit nachgehen und damit dem Zwang zur Identität im Sinne einer konsistenten Einheit entrinnen kann. Das Internet zählt heutzutage zu den Orten, die diese Möglichkeit signalisieren.

5.2 Die Digital Natives als PlatzanweiserInnen

Trotz seines Charakters als Möglichkeitsraum ist das Internet keineswegs ein Paradies. Uneindeutigkeit, Differenzen und Widersprüche zu leben ist nicht nur befreiend, sondern auch anstrengend. Es erfordert soziale, intellektuelle und kreative Ressourcen. Es verlangt einen affirmierend-spielerischen Umgang mit Desintegration und Vielfältigem (Bilden 2012: 218). Offenheit geht mit einem hohen Maß an Anspruchlichkeit einher (Helsper 1997: 179). Das kann überfordern. Alain Ehrenberg prognostizierte unter Bezug auf Alvin Toffler (Toffler 1970: 209ff.) bereits im Jahre 2003, dass das Flexible, das Temporäre, die Hyperauswahl zur allgemeinen Verbreitung von Erschöpfung führt (Ehrenberg 2004: 151). Werner Helsper diagnostizierte solche Entwicklungen schon einige Jahre früher als »Entzauberung des Mythos vom offenen, differenzierten, reflexiven und individualisierten Selbst mit seinen Insignien von Autonomie, Progression, Selbstkontrolle, Originalitätszwang« (Helsper 1997: 179).

Wie sich Offenheit, Vielstimmigkeit, Widersprüche auf die Subjektbildung auswirken, hängt sicherlich einerseits davon ab, in welchen Lebensbereichen und in welcher Intensität sie auftreten, wie sie sich konkret darstellen, und andererseits davon, über welche sozialen, emotionalen und kognitiven Ressourcen das Individuum verfügt. Doch scheint ein Minimum an Einheitlichkeit für die Subjekte erforderlich, ohne deren Vielstimmigkeit zum Schweigen zu bringen, erklärt Helga Bilden (Bilden 2012: 219). Es muss dahingestellt bleiben, ob dieses Erfordernis vielleicht nur für eine Übergangsphase gilt. Wir wissen nicht, ob nicht eine Generation nachwächst, die mit mehr Ambiguitätstoleranz ausgestattet ist.

Jedenfalls konnten wir Strategien der NetzakteurInnen identifizieren, die wir als Versuche deuten, Kohärenz im eigenen Leben herzustellen. Die schon mehrfach erwähnten Statusmeldungen, in denen die NetzakteurInnen laufend online berichten, was sie gerade tun, wie es ihnen geht, wie es weitergeht, was sie über dies oder jenes denken, interpretieren wir als Strategien, einen divergierenden Alltag zusammenzuhalten. Auch den Geschichten, die in den Blogs erzählt werden, wohnt das Potenzial inne, heterogene Erfahrungen in einen narrativen Zusammenhang zu bringen. Das festgestellte Bedürfnis der NetzakteurInnen nach Anerkennung, die sich in der Zahl der sogenannten Follower[6] oder in der Zahl der Kommentare zu eigenen Blogeinträgen ausdrücken kann, verweist ebenfalls auf ein erforderliches Minimum an Kohärenzerfahrung. Ein 14-jähriger Blogger erklärt auf die Frage, wie wichtig ihm die Follower seines Blogs sind: »Ja, das ist eigentlich das Wichtigste, dass man ein paar Leser hat, die regelmäßig bei einem lesen«. Er versucht, wie im Vorangegangenen beschrieben, sich Follower zu sichern, indem er andere Blogs regelmäßig liest, kommentiert und hofft, dass er bei den AutorInnen dieser Blogs Interesse für seinen Blog weckt. Die Follower signalisieren, dass man wahrgenommen wird als einzelnes Wesen, das sich abhebt von Anderen, nicht aufgeht in der großen Masse der InternetuserInnen. Ähnlich können schon einzelne E-Mails der an uns gerichteten Mitteilungen auf Onlineplattformen wirken, denn sie enthalten, wie Sherry Turkle in einem Gespräch mit James Nolan bemerkt, die Botschaft: »We're wanted. Somebody wants us, somebody needs us, somebody's calling to us, somebody remembered us« (Nolan 2012: 6). Das Lesen meines Blogs oder die an mich gerichtete Botschaft gibt mir zu verstehen, dass ich gemeint bin, ich als eigenes Wesen, was eine gewisse Einheitlichkeit meiner Person zur Voraussetzung hat, und nach dieser Erfahrung scheinen die NetzakteurInnen zu suchen. Sherry Turkle verweist auf Untersuchungen, wonach »iPhones light up new brains in the same places that love lights up our brains« (ebd.).

Sherry Turkle berichtet darüber hinaus von Kindern, die sich über ihre Eltern beschweren, weil sie permanent texten, anstatt ihnen ihre Aufmerksamkeit zu schenken (ebd.). In dieser Beschwerde steckt eine Kritik an dem vielstimmigen Subjekt, das sich über die verschiedenen Orte on- und offline verteilt. Den kritischen Blick auf die Möglichkeiten Digitaler Medien haben wir auch bei den in unsere Untersuchung einbezogenen NetzakteurInnen festgestellt. Dies widerlegt nicht die diskutierte Bedeutung des virtuellen Raums als Ort der Vervielfältigung, Vielstimmigkeit, Ambivalenz, aber es verweist auf gegensätzliche Bedürfnisse, die es auch gibt. Sherry

---

6 Follower sind andere NetzakteurInnen, die regelmäßig den eigenen Blog lesen und die Blogeinträge kommentieren.

Turkle interpretiert die kritischen Kommentare von Kindern als Zeichen, dass die Digitalen Medien den ihnen gebührenden Ort zwischen Idealisierung und Verteufelung erhalten (ebd.). Vielleicht überrascht, wenn die Einordnung der neuen digitalen Technologie in das kulturelle System nicht von den gesellschaftlichen Entscheidungsträgern ausgeht, sondern die nachwachsende Generation als Platzanweiserin auftritt. Aber diese Generation ist es, die mit der digitalen Technologie am besten vertraut ist, die ihre Möglichkeiten zu schätzen weiß und zugleich ihre Grenzen kennt.

LITERATUR

Albert, Mathias/Klaus Hurrelmann/Gudrun Quenzel (2010), in: Shell Deutschland Holding (Hg.): 16. Shell Jugendstudie, Frankfurt a.M.: Fischer, S. 37-51.
Albert, Mathias/Klaus Hurrelmann/Gudrun Quenzel/TNS Infratest Sozialforschung (2010), in: Shell Deutschland Holding (HG.): 16. Shell Jugendstudie, Frankfurt a.M.: Fischer, S. 15-35.
Assmann, Aleida (2006): »Kulturen der Identität, Kulturen der Verwandlung«, in: Aleida Assmann/Jan Assmann (Hg.): Verwandlungen. Archäologie der literarischen Kommunikation, München: Fink, S. 25-46.
Barthes, Roland (1988): »Semantik des Objekts«, in: Roland Barthes (Hg.): Das semiologische Abenteuer, Frankfurt a.M.: Suhrkamp, S. 199-209.
Barz, Heiner/Kampik, Wilhelm/Singer, Thomas/Teuber, Stephan (2001): Neue Werte – neue Wünsche, Berlin: Metropolitan-Verlag.
Beck, Ulrich (2004): Der kosmopolitische Blick oder: Der Krieg ist Frieden, Frankfurt a.M.: Suhrkamp.
Ben Mhenni, Lina (2011): Vernetzt Euch!, Berlin: Ullstein.
Benjamin, Jessica (1990): Die Fesseln der Liebe, Frankfurt a.M.: Stroemfeld/Roter Stern.
Bergmann, Jörg R. (2006): »Qualitative Methoden der Medienforschung – Einleitung und Rahmung«, in: Ruth Ayaß/Bergmann, Jörg (Hg.): Qualitative Methoden der Medienforschung, Reinbek bei Hamburg: Rowohlt, S. 13-41.
Bilden, Helga (2012): »Das vielstimmige, heterogene Selbst – ein prekäres Unterfangen. Subjektivität nach der Kritik am klassischen Subjektbegriff«, in: Albert Drews (Hg.): Vernetztes Leben, S. 183-228.

Bodrožić, Marica (2012): Kirschholz und alte Gefühle, München: Luchterhand.
Bönsch-Kauke, Marion (2005): »Ohne Spaß macht's keinen Spaß! Zur Entwicklung des Humor-Verstehens im Sozialisationsprozess«, in: Medien + Erziehung 49, 4, S. 16-20.
Bourdieu, Pierre (1987): Sozialer Sinn, Frankfurt a.m.: Suhrkamp.
Bröckling, Ulrich (2007): Das unternehmerische Selbst. Soziologie einer Subjektivierungsform, Frankfurt a.m.: Suhrkamp.
Butler, Judith (2003): Kritik der ethischen Gewalt, Frankfurt a.m.: Suhrkamp.
Cassirer, Ernst (1965): Wesen und Wirkung des Symbolbegriffs, Darmstadt: Wissenschaftliche Buchgesellschaft.
Chlada, Marvin (2005): Heterotopie und Erfahrung. Abriss der Heteropologie nach Michel Foucault, Aschaffenburg: Alibi.
Cooley, Charles Horton (1967): Human Nature & the Social Order, New York: Schocken Books.
Cooley, Charles Horton (1972): Social Organization. A Study Of The Larger Mind, New York: Schocken Books.
Csikszentmihaly, Mihaly/Rochberg-Halton, Eugene (1989): Der Sinn der Dinge. Das Selbst und die Symbole des Wohnbereichs, München/Weinheim: Psychologie Verlagsunion.
Dewey, John (2001): Die Öffentlichkeit und ihre Probleme, Berlin: Philo Verlagsgesellschaft.
Döring, Nicola (2009): »Liebe per Mausklick? Chancen und Risiken der Partnerwahl im Internet«, in: Forum Sexualaufklärung und Familienplanung 2, S. 8-13, http://forum.sexualaufklaerung.de/index.php?docid= 1239 [letzter Zugriff: 18.02.2013].
Drews, Albert (Hg.): Vernetztes Leben. Kommunizieren, Arbeiten und Lernen in der digitalen Kultur, Reihe Loccumer Protokolle Bd. 65/11, Rehburg-Loccum: Evangelische Akademie Loccum.
Ehrenberg, Alain (2004): Das erschöpfte Selbst. Depression und Gesellschaft in der Gegenwart, Frankfurt a.m.: Campus.
Evans-Pritchard, Edward E. (1937/1978): Hexerei, Orakel und Magie bei den Zaude, Frankfurt a.m.: Suhrkamp (Originaltitel: Witchcraft, oracles, and magic among the Auzaude, Oxford: Clarendon Press).

Flick, Uwe (2000): »Triangulation in der Qualitativen Forschung«, in: Uwe Flick/Ernst v. Kardorff/Ines Steinke (Hg.): Qualitative Forschung, Reinbek bei Hamburg: Rowohlt, S. 309-318.

Foucault, Michel (1992): »Andere Räume«, in: Karlheinz Barck/Peter Gente/Heidi Paris/Stefan Richter (Hg.): Aisthesis. Wahrnehmung heute oder Perspektiven einer anderen Ästhetik, Leipzig: Reclam, S. 34-46.

Foucault, Michel (1993): »Technologien des Selbst«, in: Michel Foucault/Martin Rux/H. Martin Luther/William E. Paden/Kenneth S. Rothwell/Huck Gutmann/Patrick H. Hutton (Hg.): Technologien des Selbst, Frankfurt a.M.: Fischer, S. 24-62.

Fraser, Nancy (2009): »Theorie der Öffentlichkeit – Strukturwandel der Öffentlichkeit«, in: Hauke Brunkhorst/Regina Kreide/Cristina Lafont (Hg.): Habermas Handbuch, Stuttgart: Metzler, S. 148-154.

Freud, Sigmund (1958): Der Witz und seine Beziehung zum Unbewussten, Frankfurt a.M.: Fischer.

Habermas, Tilmann (1996): Geliebte Objekte. Symbole und Instrumente der Identitätsbildung, Berlin/New York: Walter de Gruyter.

Hall, Stuart (2004): »Reflexionen über das Kodieren/Dekodieren-Modell. Ein Interview mit Stuart Hall«, in: Stuart Hall (Hg.): Ideologie, Identität, Repräsentation. Ausgewählte Schriften 4, Hamburg: Argument, S. 81-107.

Hartung, Anja (2005): »Was ist Humor? Zur Ideengeschichte und theoretischen Fundierung des Humorbegriffs«, in: Medien + Erziehung 49, 4, S. 9-15.

Helsper, Werner (1997): »Das ›postmoderne Selbst‹ – ein neuer Subjekt- und Jugend-Mythos? Reflexionen anhand religiöser jugendlicher Orientierungen«, in: Heiner Keupp/Renate Höfer (Hg.): Identitätsarbeit heute, Frankfurt a.M.: Suhrkamp, S. 174-206.

Hipfl, Brigitte/Marschik, Matthias (2011): »A Fan of Shocking Pink! Valerie Walkerdine – eine Einführung«, in: Brigitte Hipfl/Matthias Marschik (Hg.): Subjektivität, Feminismus, Psychoanalyse, Wien/Berlin: Turia + Kant, S. 9-44.

Huizinga, Johan (1938/1956): Homo Ludens, Reinbek bei Hamburg: Rowohlt.

Keupp, Heiner/Ahbe, Thomas/Gmür, Wolfgang/Höfer, Renate/Mitzscherlich, Beate/Kraus, Wolfgang/Straus, Florian (2008): Identitätskonstruktionen.

Das Patchwork der Identitäten in der Spätmoderne, Reinbek bei Hamburg: Rowohlt.

Krotz, Friedrich (1998): »Kultur, Kommunikation und die Medien«, in: Ulrich Saxer (Hg.): Medien – Kultur – Kommunikation, Wiesbaden: Westdeutscher Verlag, S. 67-88.

Krotz, Friedrich (2010): »Leben in mediatisierten Gesellschaften. Kommunikation als anthropologische Konstante und ihre Ausdifferenzierung heute«, in: Manuela Pietraß/Rüdiger Funiok (Hg.): Mensch und Medien. Philosophische und sozialwissenschaftliche Perspektiven, Wiesbaden: VS Verlag für Sozialwissenschaften, S. 91-114.

Langer, Susanne, K. (1965): Philosophie auf neuen Wegen. Das Symbol im Denken, im Ritus und in der Kunst, Berlin: Fischer.

Lewin, Kurt (1926): »Filmaufnahmen über Trieb- und Affektäußerungen psychopathischer Kinder«, in: Kurt Lewin/Franz Emanuel Weinert/Horst Gundlach (Hg.)(1982): Psychologie der Entwicklung und Erziehung, Bern/Stuttgart: Huber Klett Verlag, S.41-75.

Lorenzer, Alfred (1981): Das Konzil der Buchhalter. Die Zerstörung der Sinnlichkeit. Eine Religionskritik, Frankfurt a.M.: Fischer.

McLuhan, Marshall (1968): Die magischen Kanäle. Understanding Media, Düsseldorf/Wien: Econ-Verlag.

Mead, George Herbert (1973): Geist, Identität und Gesellschaft, Frankfurt a.M.: Suhrkamp.

Merleau-Ponty, Maurice (1976): Die Struktur des Verhaltens, übersetzt von Bernhard Waldenfels, Berlin/New York: Walter de Gruyter.

Meyer-Drawe, Käte (1990): Illusionen von Autonomie, München: P. Kirchheim.

Nolan, James (2012): »A conversation with Sherry Turkle«, in: The Hedgehog Review 14, 1, http://www.iasc-culture.org/THR/THR_article_2012_Spring_Nolan.php [letzter Zugriff: 29.11.2012].

Ošljak, Katja (2012): »Anforderungen an Medienkompetenz«, in: Albert Drews (Hg.): Vernetztes Leben, S. 141-159.

Pietraß, Manuela/Schachtner, Christina (2013): »Entgrenzungen zwischen Realität und Virtualität. Grundlagen und Formen informeller Bildungsprozesse im Internet«, in: Hans-Rüdiger Müller/Sabine Bohne/Werner Thule (Hg.): Erziehungswissenschaftliche Grenzgänge, Markierungen und Vermessungen – Beiträge zum 23. Kongress der Deutschen

Gesellschaft für Erziehungswissenschaft, Opladen: Verlag Barbara Budrich, S. 253-268.

Platon (1915): Phaidros oder Vom Schönen, übersetzt und herausgegeben von Friedrich Schleiermacher, Leipzig: Reclam.

Reckwitz, Andreas (2006): Das hybride Subjekt. Eine Theorie der Subjektkultur von der bürgerlichen Moderne zur Postmoderne, Weilerswist: Velbrück.

Reichertz, Jo (2009): Kommunikationsmacht. Was ist Kommunikation und was vermag sie? Und weshalb vermag sie das?, Gruyter .

Wiesbaden: VS Verlag für Sozialwissenschaften.

Ritter, Martina (2008): Die Dynamik von Privatheit und Öffentlichkeit in modernen Gesellschaften, Wiesbaden: VS Verlag für Sozialwissenschaften.

Schachtner, Christina (2012a): »Transnationale Netzöffentlichkeiten als neue politische Öffentlichkeiten – das kritische Potential digitaler Medien am Beispiel arabischer Online-Plattformen«, in: International Review of Information Ethics 19, S. 93-100.

Schachtner, Christina (2012b): Virtualität und Realität. Über die neuen Lebensorte in einer digitalen Kultur, Vortrag in der Kontaktspeicherbühne in Bremen am 07.10.2012.

Schachtner, Christina (2013): Digital Media Evoking. Interactive Games in Virtual Space, in: Subjectivity 6, 1, S. 33-54.

Schachtner, Christina/Duller, Nicole (2012): »Lebensort Internet: Digitale Räume als neue Erlebnis- und Handlungsräume junger NetzakteurInnen«, in: Albert Drews (Hg.): Vernetztes Leben, S. 113-140.

Schachtner, Christina/Duller, Nicole (2013 i.V.): »Praktiken des Managements von Öffentlichkeit im Cyberspace: Performative Akte im Kontext des Zeigens und Nicht-Zeigens«, in: Tanja Paulitz/Tanja Carstensen (Hg.): Präsentation des Selbst 2.0. Zur digitalen Konstitution öffentlicher Subjekte, Sonderheft der Österreichischen Zeitschrift für Soziologie.

Schivelbusch, Wolfgang (1977): Geschichte der Eisenbahnreise, München/Wien: Fischer.

Schwietring, Thomas (2009): »Zeigen und Verbergen. Intimität zwischen Theatralisierung und Enttheatralisierung«, in: Herbert Willems (Hg.): Theatralisierung der Gesellschaft, Bd. 1: Soziologische Theorie und Zeitdiagnose, Wiesbaden: VS Verlag für Sozialwissenschaften, S. 259-277.

Seel, Martin (2001): »Inszenieren als Erscheinenlassen. Thesen über die Reichweite eines Begriffs«, in: Josef Früchtl (Hg.): Ästhetik der Inszenierung. Dimensionen eines künstlerischen, kulturellen und gesellschaftlichen Phänomens, Frankfurt a.M.: Suhrkamp, S. 48-62.

Simmel, Georg (1922): Soziologie, Untersuchungen über die Formen der Vergesellschaftung, München/Leipzig: Suhrkamp.

Spitzer, Manfred (2012): Digitale Demenz. Wie wir uns und unsere Kinder um den Verstand bringen, München: Droemer.

Strauss, Anselm L. (1991): Grundlagen qualitativer Sozialforschung, München: Fink.

Strauss, Anselm L./Corbin, Juliet M.(1996): Grounded Theory: Grundlagen qualitativer Sozialforschung, Weinheim: Beltz .

Stückler, Heidrun (2012a): »Händler und Verkäufer«, unveröffentlichter Entwurf, Klagenfurt.

Stückler, Heidrun (2012b): »(Sehn-)Sucht nach Sichtbarkeit – Was steckt dahinter?«, in: Albert Drews (Hg.): Vernetztes Leben, S. 161-180.

Toffler, Alvin (1970): Der Zukunftsschock, München: Scherz.

Turkle, Sherry (2007): Evocative Objects. Things We Think With. Cambridge/London: MIT Press.

Turkle, Sherry (2011): Alone together. Why We Expect More from Technology and Less from Each Other, New York: Basic Books.

Tuschling, Anna (2009): Klatsch im Chat. Freuds Theorie des Dritten im Zeitalter elektronischer Kommunikation, Bielefeld: transcript.

Walkerdine, Valerie (1997): »Postmodernity, Subjectivity and the Media«, in: Ibánez, Tomás/Iniguez Lupicinio (Hg.): Critical Social Psychology. London/Thousand Oaks/New Delhi: Sage, S. 169-177.

Walkerdine, Valerie (2011): »Postmoderne, Subjektivität und die Medien«, in: Brigitte Hipfl/Matthias Marschik (Hg.): Subjektivität, Feminismus, Psychoanalyse, Wien/Berlin: Turia + Kant, S. 189-202.

Walther, Joseph B./Heide, Brandon van der/Kim, Sang-Yeon/Westerman, David/Tom Tong, Stephanie (2008): »The Role of Friends. Appearance and Behavior on Evaluations of Individuals on Facebook: Are We Known by the Company We Keep?«, in: Human Communication Research 34, 1, S. 28-49.

Lernen in Interaktion mit Digitalen Medien

CORINNE BÜCHING, JULIA WALTER-HERRMANN
& HEIDI SCHELHOWE

> »Sprechend und handelnd schalten wir uns
> in die Welt ein [...] und diese Einschaltung
> ist wie eine [...] Geburt.«
> HANNAH ARENDT (1960: 164)

Das Teilprojekt »Lernen in Interaktion mit digitalen Artefakten« ist in der Arbeitsgruppe »Digitale Medien in der Bildung« (dimeb) in der Informatik an der Universität Bremen angesiedelt. In der Untersuchung der Subjektbildung spielen für uns die spezifischen Potenziale der Digitalen Medien eine wesentliche Rolle. Digitale Medien sehen wir als Medien, die den Computer als technologischen Kern haben, die in sich semiotische mit stofflichen Prozessen verbinden und die zum Lernen, Kommunizieren und zum herstellenden Handeln im gleichen Medium auffordern. Wir gehen davon aus, dass sich die Entwicklungsmöglichkeiten des Subjekts besonders zeigen und entfalten können, wenn wir aus der Informatik heraus Digitale Medien so gestalten und in spezifisch arrangierten Lernumgebungen einsetzen, dass sie zu Interaktion und konstruierend-verstehendem Handeln auffordern. In dieser Weise nutzen wir unseren besonderen Hintergrund sowohl in der Informatik als auch in der Pädagogik für einen nicht nur beobachtenden, sondern auch gestaltenden Eingriff, der uns helfen soll, die besonderen Potenziale der Medien freizulegen, um dann zu untersuchen, wie die Menschen sich dazu positionieren.

Ziel unseres Teilprojekts ist es, neue Formen von Subjektkonstruktionen im Umgang mit algorithmischen Welten und in deren Bezug zu stofflicher und sozialer Realität in den pädagogisch-informatischen Lernsettings zu ergründen und die Fragen zu beantworten, wie diese die Selbstwahrnehmung als handelndes Subjekt in der Gegenwartsgesellschaft beeinflussen und wie die Jugendlichen und jungen Erwachsenen die Lernerfahrungen mit der Alltagswelt verbinden. Weiterhin interessiert uns, wie die Jugendlichen sich in Beziehung zu den digitalen Artefakten setzen, wie sie mit ihnen kommunizieren und interagieren und welchen Grad an Autonomie sie ihnen zusprechen.[1]

Wir werden zunächst die technologischen Artefakte, die wir spezifisch für das Lernen konstruieren bzw. nutzen, und die Lernszenarien, die wir arrangieren, um das Potenzial der Digitalen Medien zu entfalten, darstellen. Im Anschluss präsentieren wir die Ergebnisse unserer Analysen in drei Schwerpunkten: Interaktion zwischen Menschen und Digitalen Medien, Bildungspotenzial in den von uns arrangierten Lernszenarien und Subjektkonstruktion in Interaktion mit Digitalen Medien.

1 DIGITALE MEDIEN IM ALLTAG DER SUBJEKTE

Mediatisierungs- (Hepp 2010: 277; Krotz 2007: 27) und Digitalisierungsprozesse, einhergehend mit der Verfügbarkeit von Digitalen Medien in so gut wie jedem Haushalt – zumindest in den Haushalten, in denen junge Menschen leben (MPFS 2011) –, kennzeichnen die deutsche und nahezu alle hoch industrialisierten Gegenwartsgesellschaften. Vor drei Jahrzehnten wurden diejenigen Menschen, die sich in ihrer Freizeit überwiegend dem Computer zuwendeten, noch als Nerds und Einzelgänger_innen gesehen, auch wenn schon ab den 80er Jahren weite Teile der Arbeitswelt vom Computer geprägt waren. Heute hat sich dieses Bild gewandelt. Eher das Gegenteil ist der Fall: Wer heute über keinen Account auf Social-Network-

---

1 Kathrin Ganz und Katharina Renout haben als wissenschaftliche Mitarbeiterinnen die Workshops, Analysen und Diskussionen unterstützt und bereichert. Die Arbeitsgruppe dimeb, allen voran Nadine Dittert, Anja Zeising, Nassrin Hajinejad und Luise Klein, haben die Workshopdurchführung realisiert.

Sites verfügt, ist ein/e Verweigerer_in der Cyberpräsenz und wird zur/m Außenseiter_in oder Aussteiger_in. Netzcommunitys sind inzwischen für viele Jugendliche fester und integrierter Bestandteil des täglichen Lebens. Dadurch werden neue Formen der Partizipation (Jenkins et al. 2006) eröffnet und Formen von Öffentlichkeit gewandelt. Teilhabe ohne den Zugang zu den Digitalen Medien ist kaum mehr denkbar. Es gibt nur wenige Berufe, in denen auf einen qualifizierten Umgang mit Medien verzichtet werden könnte. Es gehört aber auch zur selbstverständlichen und unhinterfragbaren Kompetenz im Alltag nicht nur junger Menschen, sich für die Kommunikation auf elektronische Netzwerke zu stützen, sich für die Hausaufgaben des Mediums zu bedienen, sich Informationen für das Alltagshandeln aus dem Netz zu holen, Fotos und Videos auf elektronische Plattformen hochzuladen, über das Netz einzukaufen und Dienstleistungen darüber abzuwickeln und mit Fahrkartenautomaten zu interagieren. Dies bedeutet nicht nur neue Möglichkeiten, sondern auch zunehmende Herausforderungen. In dieser digital geprägten Medienwelt fühlen sich viele, vor allem jüngere Menschen zu Hause wie in der eigenen Haut, was Prensky (2001) veranlasst, von den »Digital Natives« zu sprechen – Menschen, deren Leben und Lebensstil sich seit frühester Kindheit durch nahezu unbegrenzten und alltäglichen Zugriff auf vernetzte Digitale Medien auszeichnet.

Dass es der Computer ist, also eine Rechenmaschine, der den technologischen Kern dieser Medien bildet (Schelhowe 1997), gerät dabei häufig aus dem Blick. Die Wirksamkeit des Computers verschwindet gleichsam hinter dem medialen Interface. »Benutzungsschnittstellen werden immer bunter, intuitiver und mit allen Sinnen erfahr- und bedienbar« (Schulte/ Knobelsdorf 2011: 97). Das mediale Handeln ist Bestandteil des Alltags und verändert unsere Art zu kommunizieren, »wie wir miteinander umgehen und was wir für vorstellbar halten« (Leisert/Röhle 2011: 7). Die technologische Zukunft wird davon geprägt sein, dass es neben dem gewohnten Zugang zu Digitalen Medien über Bildschirm und Tastatur mehr und mehr mobile Geräte und auch ›intelligente‹ Gegenstände jeglicher Art geben wird. Das können Robots sein, die als eigens konstruierte Artefakte die Umgebung bevölkern. Insbesondere werden wir vertraute Alltagsgegenstände antreffen, die mit Computerchips ausgerüstet und vielleicht über das Internet miteinander und mit uns vernetzt sind. In der Informatik wird diese Entwicklung mit Begriffen wie »Ubiquitous Computing« (Weiser 1991) oder »Embedded Systems« (Dourish 2001) bezeichnet. Auch soziale Kohärenz wird mit Hilfe algorithmischer Prozesse organisiert (Social Software). Die Unsichtbarkeit der Maschinen hinter den digitalen Artefakten und die Unmerklichkeit des Umgangs machen einerseits das Erlernen von Bedienfertigkeiten weniger erforderlich; andererseits fordern sie in hohem Maße menschliche Interaktion, eine Eingliederung in menschliches Handeln und eine aktiv-interpretierende Haltung heraus.

Spezifika und Potenziale Digitaler Medien

Niklas Luhmann (2004: 9) folgend, ist unser Wissen über die Gesellschaft und die gegenwärtige Welt, in der wir existieren, Resultat der Massenmedien bzw. des in den Medien vermittelten Wissens. Wohl wissend, dass die Wirkung der Medien nicht eindimensional ist, schreibt Lothar Bisky (2007: 15): »Die Medien sind die größte Gefahr für uns, aber zugleich die einzige Chance, die wir haben«. Es existieren sowohl technikdeterministische als sozialdeterministische Blickwinkel auf Medien im Alltag. Wir stellen die Interaktion in den Mittelpunkt, die wechselseitige Beeinflussung von Mensch und Medium im Handeln. Unsere Ausgangsüberlegungen sind zunächst geprägt von theoretischen Ergebnissen der Technikphilosophie und der Informatik. Die Rolle und die Wandlungen des Computers zum Digitalen Medium sind von verschiedenen Autor_innen dargelegt worden (u.a. Lunenfeldt 1999; Manovich 2001; Schelhowe 1997; Wardrip-Fruin/Montford 2003). Digitale Medien, so zeigen sie in unterschiedlicher Perspektive, weisen im Vergleich zu bisherigen medialen Artefakten Qualitäten auf, die neue Dimensionen des Umgangs und neue Optionen für das Lernen ermöglichen. In den von Digitalen Medien evozierten Interaktionen können für das Subjekt Anlässe einer neuen Subjektkonstruktion und neue gesellschaftliche Formationen erfahrbar und reflektierbar werden: »The digital medium is as much a pattern of thinking and perceiving as it is a pattern of making things. We are drawn to this medium because we need it to understand the world and our place in it« (Murray 2003: 11).

In den Erziehungswissenschaften ist es im deutschen Sprachraum maßgeblich die Medienpädagogik, die Antworten auf die Bildungsherausforderungen durch und mit Medien sucht (u.a. Herzig 2001; Tulodziecki/Herzig 2004; Wagner 2004). Diese befasst sich traditionell eher mit Medien*inhalten* und weniger mit den spezifischen Ausprägungen der Technologie und den damit einhergehenden Veränderungen der Gegenwartsgesellschaft. Auf der anderen Seite werden Informatikbildung bzw. informationstechnische Grundbildung weniger auf Persönlichkeitsbildung und Weltbezug bezogen, sondern als *Aus*bildung für den Computer und die Arbeitswelt. Die Notwendigkeit, neue Perspektiven zu entwickeln, die über eine kritische Auseinandersetzung mit den Medieninhalten wie auch über die zweckgerichtete Nutzung bzw. eine technische Ausbildung hinausgehen oder gar beides in der *Bildung* des Subjekts verbinden, wird im medienpädagogischen Diskurs heute als Anliegen gesehen (Marotzki et al. 2000; Sesink 2004; Schelhowe 2007). Medienpädagogik muss dabei mit einer Theoriebildung um das Subjekt im Kontext der Digitalen Medien einhergehen. Medienbildung soll den Erfahrungen junger Menschen, dem spezifischen Charakter der Digitalen Medien und ihrer Rolle in der Gegenwartsgesellschaft gerecht werden und sich an der Vorstellung von Digitalen Medien als »tangible expression of important ideas« (Eisenberg/Eisenberg 1999: 244) ausrichten.

Dazu gibt es insbesondere aus dem Umfeld des Konzeptes des Konstruktionismus, das auf Seymour Papert (1996, 1994, 1980) zurückgeht und welches wir später genauer darstellen, erste empirische Erfahrungen. Beim konstruktionistischen Lernen liegt der Fokus auf der Gestaltung, der Entwicklung und dem ›In-die-Welt-Bringen‹ von (technischen) Artefakten. Was dieser Prozess für die Entwicklung der Subjekte bedeutet, wird in empirischen Studien genauer beleuchtet (Harel/Papert 1991; Kafai/Resnick 1996; Zorn 2012). Eine theoretische Reflexion aus entwicklungspsychologischer Sicht findet sich bei Edith Ackermann (1996, 2004), die die konstruktionistischen Entwicklungsumgebungen am Massachusetts Institute of Technology (MIT) begleitet hat.

Für solche Bildungsanwendungen werden insbesondere »Tangible Interfaces« (O'Malley/Fraser 2005) als geeignet erachtet, z.B. als Robotiktechnologien (Papert 1994) oder als »Smart Textiles« (u.a. Buechley 2006; Reichel 2008; Schelhowe 2007). Es handelt sich um Entwicklungen des Interface im Sinne eines »Ubiquitous Computing« (Weiser 1991), die den Körper, Alltagsgegenstände oder digitale Artefakte als Ein- und Ausgabemedium nutzen. Be-greifbare[2] Oberflächen (Robben/Schelhowe 2012)

---

2 Be-Greifbarkeit, hier absichtlich mit Bindestrich geschrieben, verweist auf die »vielfältige[n] Relationen von Bedeuten und Erfassen, Fühlen und Erfahren,

können sich besonders eignen, den Zusammenhang zwischen der stofflichen Welt und der Welt der (über den Formalismus prozessierenden) Zeichen zum Ausdruck zu bringen und Verbindungen zwischen Körperausdruck, stofflicher Umgebung und Denken herzustellen.

Im Folgenden sollen die Besonderheiten Digitaler Medien – softwaretheoretische Komponente, evokativer Charakter und Unsichtbarkeit – dargestellt werden, um die Herausforderungen für die Subjekte deutlich zu machen.

Softwaretheoretische Komponenten: Digitale Medien basieren auf Zeichen und Symbolen, die nach bestimmten Regeln angeordnet werden und die auf Formalisierung und Berechenbarkeit basieren. Sie bestehen in ihrem Kern aus Daten (letztendlich Nullen und Einsen) und Algorithmen, Vorschriften darüber, wie diese Daten prozessieren und ›in Bewegung‹ kommen. So können Medieninhalte (wie die Ergebnisse einer Suchanfrage in einer Suchmaschine) automatisch produziert werden, ohne menschlichen ›Sender‹. Es sei z.B. auf die Suchmaschine Google[3] verwiesen, die durch die Erfassung, Speicherung und Verarbeitung von Nutzereingaben ihre Algorithmen immer perfekter auf die Person abstimmen kann, ebenso auf die Social-Network-Site Facebook, die eigenständig, auf der Grundlage der in sie eingespeisten, gesammelten und verarbeiteten Daten, neue Freunde vorschlägt. Die prozessierenden Medien können Medieninhalte vermitteln, aber auch selbst produzieren. Der Computer als Medium speichert und transportiert nicht nur die digitalen Informationen, sondern verändert diese Informationen durch Rechenprozesse. So ist der Computer an der Herstellung von Medieninhalten beteiligt. Es »wird mit dem Computer, in seinem Speicher und mithilfe seiner Algorithmen ein (neuer) Kommunikationsinhalt erzeugt. In der Software und ihrer Benutzung kann aktuell jeweils das

---

Denken und Wahrnehmen« (Robben/Schelhowe 2012: 9) in der Interaktion mit Digitalen Medien.

3   Wird zukünftig von diesen Anwendungen gesprochen, so werden stets die gängigen Kurzformen der Internetsites http://www.google.com, http://www.wikipedia.com etc. verwendet. Die Bezeichnungen beziehen sich dabei auf die Internetplattformen samt den Diensten und Möglichkeiten, die auf diesen zur Verfügung gestellt werden. Die Bezeichnungen umfassen nicht – sofern nicht anders angegeben – die häufig gleichnamigen, multinationalen Konzerne, die diese Seiten zur Verfügung stellen und betreiben und auch nicht die gleichnamigen Marken.

entstehen, *was* kommuniziert wird« (Schelhowe 1997: 15, Herv. i. O.). Inhaltsübermittlung und Inhaltsproduktion wirken demnach zusammen. Digitale Medien basieren auf Software. Ihre Neuartigkeit liegt darin begründet, dass sie programmiert und programmierbar sind. Lev Manovich (2001), ein Medienwissenschaftler aus den USA, hat fünf Prinzipien herausgearbeitet, die kennzeichnend für sogenannte Neue Medien sind – wie er sie nennt, in Kontrast zu den alten (analogen) Medien. Diese Prinzipien sind: numerische Repräsentation (das Objekt beruht auf einem digitalen Kode), Modularität (ein digitales Objekt kann aus verschiedenen, nichthierarchischen Einzelteilen zusammengesetzt werden, wie Bild- und Textdatei), Automatisierung (z.B. kann eine Bildbearbeitungssoftware automatisch eine Bilddatei korrigieren), Variabilität (Veränderbarkeit des digitalen Produktes) und Transkodierung (Übersetzung in verschiedene Formate ist möglich).

Evokativer Charakter: Sherry Turkle (1984, 2007) hat bereits in den 80er Jahren auf den evokativen Charakter des Computers hingewiesen: Das Digitale Medium fordert den Menschen unablässig heraus. Die Menschen werden vom Computer angezogen und angeregt, selbst zu agieren und in Interaktion zu treten. Der Computer fordert zum Handeln auf, indem der/die Nutzer_in auf das Medium antworten soll und muss, das Medium selbst kann dadurch in seiner Erscheinung verändert und beeinflusst, ja erst hervorgebracht werden. Der Computer wird nicht nur als Medium begriffen, weil er die Vernetzung anderer Medien simulieren und darüber Menschen miteinander in Beziehung setzen kann (Krotz 2007). Vielmehr wird argumentiert, dass das Digitale Medium schon in seiner Singularität zum interaktiven Digitalen Medium wird: Eingaben des Nutzers/der Nutzerin werden verarbeitet und die Maschine (Software) tritt so in Interaktion mit dem Menschen.

Unsichtbarkeit: Die Unsichtbarkeit der Technologie, die hinter dem Interface verschwindet, ist ein weiteres Spezifikum Digitaler Medien. Das bedeutet, dass diese »so normal [genutzt werden] und im Gebrauch so eingeübt sind, dass sie und ihre algorithmische Basis der Aufmerksamkeit entgehen« (Robben/Schelhowe 2012: 8). Einen intuitiven Umgang mit den Digitalen Medien zu ermöglichen gehört zu den zentralen Anliegen des Forschungsgebiets der Human-Computer-Interaktion (HCI), einer Teildisziplin der Informatik. Deren oberstes Ziel ist es, ein höchstes Maß an Benutzungsfreundlichkeit zu gewährleisten. Die komplexen Prozesse, die im

Gerät ablaufen, sollen unsichtbar werden bzw. bleiben. Der direkte Kontakt mit dem Computer und den informationsverarbeitenden Prozessen rückt in den Hintergrund. Vielmehr gewinnen die Nutzenden den Eindruck, direkt auf Inhalte und Prozesse zugreifen zu können. Mit der Alltäglichkeit prozessierender Maschinen und ihrem Verschwinden in den Alltagsgegenständen, wird dieser Prozess noch einmal verstärkt. Die Interaktion mit Digitalen Medien wird zur Gewohnheit, und die Datenverarbeitung kann den Digitalen Medien nicht mehr angesehen werden. So wirken diese wie ›Objekte aus Zaubermärchen‹, hinter denen sich der Zauberspruch nicht mehr ›entschlüsseln‹ lässt.

2 LERNSZENARIEN IN INTERAKTION MIT DIGITALEN MEDIEN

In den Lernszenarien oder Workshops zur Interaktion mit Digitalen Medien nehmen wir die Spezifika Digitaler Medien als Ausgangspunkt. Medien sollen im Workshop intuitiv zugänglich sein. Darüber hinaus sollen sie erfahrbar, be-greifbar und transparent werden mit dem Ziel, den ›Zauberspruch‹ zu entschlüsseln.

Theoretisch stützen wir uns bei der Konzeption der Workshops auf den Konstruktivismus nach Jean Piaget (1974) und dessen Weiterentwicklung durch Seymour Papert im Konzept des Konstruktionismus. Beide interessieren sich dafür, wie komplexes Lernen bei Kindern am besten gefördert werden kann. Piaget versteht Lernen als Konstruktionsprozess, als aktiven Aufbau von Wissensstrukturen, nicht nur als Anhäufung und Ansammlung von Wissen. Es sei ein aktiver Prozess, »bei dem Menschen ihr Wissen in Beziehung zu ihren früheren Erfahrungen (bzw. Wissen) in komplexen realen Lebenssituationen konstruieren« (Baumgartner/Payr 1994: 107).

Papert sieht als Schüler Piagets Lernen ebenfalls als einen aktiven Vorgang, der nur gelingen kann, wenn die Lernenden aktiv an der Konstruktion von Wissen beteiligt sind. Dies kann, so seine über Piaget hinausgehende Vorstellung, besonders gut gelingen, wenn ein materielles Objekt konstruiert wird. Das Objekt selbst, nicht (nur) die Lehrperson, gibt Rückmeldung, ob der Denkprozess angemessen, erfolgreich und richtig ist. Weiterhin solle das Objekt zum Weiterdenken und Weiterkonstruieren anregen. Papert (1987) definiert den Begriff folgendermaßen:

»The word constructionism is a mnemonic for two aspects of the theory of science education underlying this project. From constructivist theories of psychology we take a view of learning as a reconstruction rather than as a transmission of knowledge. Then we extend the idea of manipulative materials to the idea that learning is most effective when part of an activity the learner experiences as constructing a meaningful product.«

Computerbasierte Objekte, die sowohl Hardware als auch Software enthalten, sind für Papert die dafür geeigneten Objekte par excellence, sie fördern das Denken und öffnen einen neuen Zugang zu Wissen. Papert spricht vom Computer als »object to think with« (Papert 1980: 11), da der Computer selbst auf Denkstrukturen verweist und logisches Denken in seiner Programmierung erfordert. Dabei braucht es die Freiheit, Objekte zu entwickeln, die (persönlich) bedeutsam sind, da hierbei Interesse, eine tiefere Verbindung und Verständnis erreicht werden können (Kafai/Resnick 1996: 2). Aufbauend darauf verstehen wir Lernen als ›bildend‹ im Sinne eines Bildungsbegriffs als Veränderung im Erleben und Handeln; oder in Anlehnung an die strukturale Bildungstheorie von Marotzki (1990) als eine »Veränderung von Selbst- und Weltverhältnissen«, die durch wiederholte Erfahrungen der Interaktion des Menschen mit der Umwelt zustande kommt.

Im Folgenden werden vier Lernszenarien vorgestellt, wie wir sie im Rahmen des Projekts als Interaktions- und Untersuchungsszenarien mit Digitalen Medien gestaltet haben.

2.1 »Theater mit dem Schwarm«

»Der Schwarm« ist eine digitale Installation, in der Schwarmverhalten durch eine Schar auf den Boden projizierter Lichtpunkte simuliert wird. Dieser Schwarm reagiert auf die freie Körperbewegung des Menschen, der die Projektionsfläche betritt. Die komplexe Installation, die im Zusammenhang mehrerer Projekte an der Universität Bremen in der Arbeitsgruppe dimeb entwickelt worden ist, wird im Folgenden zunächst in ihrem technischen Aufbau und ihren Softwarekomponenten erläutert, anschließend wird das Lernarrangement vorgestellt. Im Detail kann dies nachgelesen werden in der Dissertation von Anja Zeising (2011).

Technischer Aufbau

Der Schwarm besteht aus einer Projektion von Lichtpunkten, die mittels eines an der Decke befestigten Beamers auf den Boden projiziert werden. Ein Laserscanner erfasst Daten über die Bewegungen eines auf der Projektionsfläche agierenden Menschen. Diese Daten werden an einen Rechner übertragen, dort ausgewertet und zu einer veränderten Ausgabe der Lichtpunkte verarbeitet und auf die Projektionsfläche gesendet.

Abbildung 1: Technischer Aufbau des Schwarms

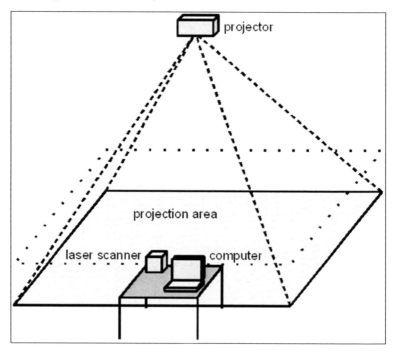

Den Grundregeln des Schwarms liegt der von Craig Reynolds (1999) entwickelte Algorithmus zur Boids-Simulation zugrunde. Als Boid wird die kleinste Einheit, das ›Individuum‹ der größeren Einheit Schwarm bezeichnet. Für das Gesamtsystem Schwarm gibt es keine zentrale Steuerungsinstanz, vielmehr folgt jedes einzelne Individuum bestimmten Regeln, die das Schwarmverhalten im Gesamtsystem erzeugen. Diese Regeln sind formuliert als Separation, Kohäsion und Ausrichtung. Separation heißt, dass jedes Boid einen Mindestabstand zu den anderen Individuen in seiner Umgebung hält, um Kollision zu vermeiden. Die Kohäsionsregel besagt, dass die Charaktere, die sich in der Umgebung eines Boid befinden, seine Bewegung beeinflussen. Das Boid behält so seinen Platz im Schwarm und hält Nähe zu den anderen Individuen. Ausrichtung bezeichnet schließlich, dass jedes Boid sich in Geschwindigkeit und Ausrichtung an den benachbarten Boids orientiert. Aus dem Zusammenwirken dieser drei Regeln kann Schwarmverhalten simuliert werden.

Zu diesen Grundregeln kommen in der bei dimeb implementierten Installation Interaktionsregeln hinzu. In der Interaktion mit einem Menschen, der auf die Projektionsfläche tritt, können Zustände des Schwarms erreicht und verändert werden: Die Boids verhalten sich zutraulich, befinden sich im Zustand ›Vertrauen‹, wenn der/die Akteur_in stillsteht, sich nicht bewegt. Die Boids umkreisen in diesem Zustand den/die Akteur_in. Im Zustand ›Neugier‹, der durch moderate, eher langsame Bewegungen von Armen, Beinen, Körper des Menschen ausgelöst wird, bewegen sich die Boids langsam auf die Person zu. Agiert die Person schneller, flüchtet der Schwarm vor ihr, erreicht einen als ›Flucht‹ definierten Zustand. Die Boids bewegen sich konfus auf der Fläche und von dem/der Akteur_in weg. Bei sehr ruckartigen und schnellen Bewegungen reagieren die Boids schließlich mit ›Aggression‹. Sie bewegen sich auf den/die Akteur_in zu und erwecken den Eindruck anzugreifen.

Als zusätzliche Option können die Lichtpunkte ihre Farbe oder auch ihre Form verändern, von einem hellen Ton und ›freundlichem‹ Aussehen zu einem aggressiveren Rot und zu gefährlich wirkender Form.

Abbildung 2: Boids als Libellen und ›Tierchen‹

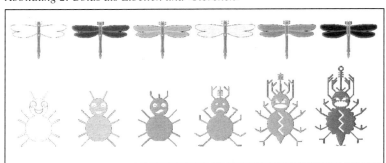

Der Schwarm verfügt zusätzlich über eine Administrationsoberfläche, die die Regeln am Bildschirm visuell darstellt und über die sich Verhalten und Erscheinung des Schwarms mittels Schiebereglern steuern lassen. Dieses Interface namens »Boids Regeln« wird im Workshop ebenfalls verwendet. Es eröffnet einen weiteren Zugang zum spielerischen Erforschen von Schwarmverhalten, und die zugrunde liegenden Regeln können erkannt und manipuliert werden (Büching et al. 2010). Auf diese Weise wird der Schwarm nicht nur über die körperliche Interaktion mit der Installation, sondern auch über ein speziell konzipiertes Interface be-greifbar.

Abbildung 3: Administrationsoberfläche des Schwarms

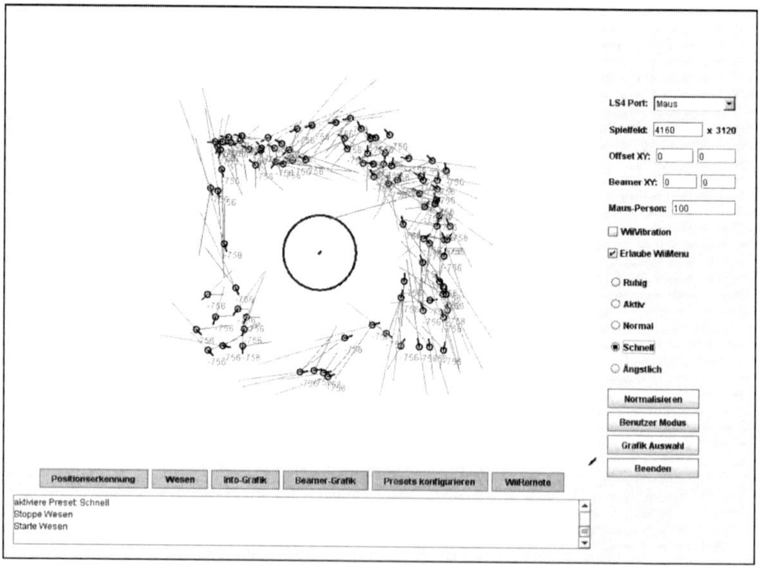

Schließlich kann mit Hilfe der Administrationsoberfläche das Verhalten des Schwarms auch ohne Interaktion einer Person getestet werden. Die Position der Maus entspricht in der Simulation der einer agierenden Person. Die kleineren Kreise, die entsprechend des jeweiligen Schwarmzustandes eingefärbt sind, repräsentieren die Schwarmwesen. Es besteht die Möglichkeit, die Anzahl und Größe der Wesen zu verändern und den Grad von Zutraulichkeit und Herdentrieb des Schwarms zu manipulieren.

Eine Komponente namens »Swarming Sounds« (Hajinejad 2009, Hashagen et al. 2009) erweitert das technische System des Schwarms um

Akustik und bietet einen weiteren Zugang zur Installation Zusätzlich zu den visuellen Impulsen können Klänge erzeugt werden, die ebenfalls abhängig sind vom Zustand der Boids und der Bewegung eines interagierenden Subjekts.

Workshopformat

Theoretisch basiert der Workshop auf den Konzepten der be-greifbaren Interaktion (Robben/Schelhowe 2012) und der Embodied Interaction nach Paul Dourish (2001). Nach Dourish ist Embodied Interaction »Interaction with computer systems that occupy our world, a world of physical and social reality, and that exploit this fact in how they interact with us« (ebd.: 3). Interaktion mit dem Computer verstehen wir als eingebettet in die alltägliche Lebenswelt (der interagierenden Menschen), nicht als eine davon abgesonderte virtuelle Realität, die den Blick auf die ›unverstellte‹ Welt behindert, in der man direkt mit Materialien umgehen könne. Wir wenden uns damit gegen eine Sicht, nach der Digitale Medien eine unwirkliche, virtuelle Welt erzeugen, in der Trägheit und Unbeweglichkeit vorherrschen (z.B. Spitzer 2012). Dafür spielen die Unmittelbarkeit der Erfahrung und des Umgangs, die Digitale Medien simulieren können und die ihre Faszination ausmachen, eine wichtige Rolle. Entscheidend ist die Transparenz des Interface. Dadurch wird das Eintauchen als Prozess des »Diving-In« (Ackermann 1996: 28), die Immersion, die Vorstellung eines direkten, intuitiven und unvermittelten eigenen und wechselseitigen Handelns mit den algorithmischen Prozessen möglich – im Fall des Schwarms realisiert durch das Agieren mit dem gesamten Körper. Auf der anderen Seite fördern wir – im Sinne der Evokation eines Lernprozesses – ein »Stepping-Out« (ebd.: 28), einen Reflexionsprozess, indem die Schwarmprozesse als algorithmische, also durch ein Computerprogramm vermittelte Prozesse sichtbar und manipulierbar werden.

Im Workshop »Theater mit dem Schwarm« haben wir ein Konzept entwickelt, das die Teilnehmenden befähigen soll: (1) intuitiv mit der Installation zu interagieren, (2) die Algorithmen der Installation zu erfassen, (3) die Administrationsoberfläche zu be-greifen und damit in die Prozesse einzugreifen und sie zu verändern, (4) die Imagination zu fördern, (5) einen Transfer in den Alltag zu leisten, um letztlich (6) die Motivation zu steigern, sich mit Technologie auseinanderzusetzen und diese zu begreifen.

Wir haben mit einer konstruktivistischen Orientierung den Workshop möglichst frei und entdeckerlogisch aufgebaut. Die Teilnehmer_innen haben durch verschiedene Zugänge den Schwarm selbst, mit möglichst wenig Interventionen und Instruktionen, ergründet, eigene Fragen und Ideen entwickelt und am Ende eine Performance mit dem Schwarm als Akteur aufgeführt. Dazu ist es wichtig, den Workshop als eine abwechslungsreiche, multimodale, interessante und kommunikationsorientierte Umgebung zu gestalten. Die subjektive Erfahrungsmöglichkeit soll adressiert werden. Gleichzeitig werden Fragen aufgeworfen, die kreativ, pragmatisch und iterativ zur Selbstorientierung mit dem Schwarm einladen.

2.2 »My Smart Fashion«

Theoretisch beziehen wir uns bei diesem Workshopformat auf das Konzept der »Tangible Interaction«, wie es im Umfeld der HCI entwickelt worden ist. Eva Hornecker (2009) hat dafür eine Kategorisierung entwickelt, O'Malley/Fraser (2005) haben einen guten Überblick über dessen Verwendung und Nutzen für Bildungskontexte publiziert und Zuckerman et al. (2005) haben die »Tangibles« explizit in Bezug zu Montessori- und Fröbelmaterialien gesetzt.

In Anlehnung an das von der EU geförderte Projekt »EduWear«, das von unserer Arbeitsgruppe dimeb koordiniert wurde und in dem ein Construction Kit, die grafische Programmierumgebung Amici sowie ein Workshop- und Multiplikatorenkonzept zur Durchführung von Smart-Textiles-Workshops entstanden sind (Katterfeldt et al. 2009; Dittert et al. 2008), entwickelten wir das Konzept für den Workshop »My Smart Fashion«.

Technischer Hintergrund

Die technische Ausstattung des Workshops bildet das Eduwear-Toolkit (s. Abbildung 4).

Abbildung 4: Eduwear-Toolkit

Dieses enthält als zentralen Baustein den Mikrokontroller »LilyPad Arduino Board«, der programmiert werden kann und digitale sowie analoge Ein- und Ausgänge für Sensoren und Aktuatoren (LED-Lämpchen, Motoren etc.) besitzt. Dazu kommt eine Vielzahl von Sensoren (Temperatur-, Druck-, Beschleunigungssensoren etc.), die für den Kontakt zur Umwelt sorgen, sowie Aktuatoren, die für die Ausgaben zuständig sind. Mit der grafischen Programmierumgebung »Amici« ist auch für Anfänger_innen der Einstieg in die Programmierung, die am Laptop erfolgt, sehr einfach. Der Programmkode, über den Eingaben verarbeitet und in Ausgaben umgesetzt werden sollen, wird schließlich über USB auf das LilyPad übertragen, das an dem konstruierten Artefakt, z.B. einem T-Shirt, befestigt werden kann. Krokodilklemmen und leitfähiges Garn sorgen für die Verbindung zwischen Technikbestandteilen und textilem Material.

Workshopformat

In diesem Lernszenario lernen junge Designschüler_innen, deren Profession die Auseinandersetzung mit Textilien ist, einen neuen Zugang zur Modekommunikation mittels Digitaler Medien kennen. Zu Beginn des Workshops wird der Raum geöffnet für weitgreifende Vorstellungen zur Verbindung von Technologie und Textilproduktion. Anschließend stellen wir die technischen Komponenten vor. Darauf aufbauend entwickeln die Teilnehmer_innen konkrete Konstruktionsideen, die in zwei Tagen umsetzbar sind. Material sammeln, nähen, basteln, löten, programmieren und experimentieren sind die Tätigkeiten im Konstruktionsprozess, in dem ›intelligente‹ Kleidung entsteht. Styropor, Federn, Stoff, Plastik und Draht verschmelzen mit Sensoren und Aktuatoren. Das Computerprogramm sorgt dafür, dass die Interaktion mit der umgebenden Welt möglich wird. Die im Konstruktionsprozess entwickelten Kleidungsstücke, die für die Teilnehmer_innen persönliche Anknüpfungspunkte und Bedeutung haben, werden zum Abschluss des Workshops einem Publikum öffentlich präsentiert. Sowohl die Kreationen als auch die Erklärungen zur technischen Funktionalität und zur Programmierung werden im Rahmen dessen vorgestellt.

2.3 »Robot DIY«

Im Workshop »Robot DIY« werden die Teilnehmer_innen motiviert, Robots zu bauen, sie mit Mikroprozessoren, Sensoren und Aktuatoren auszustatten und zu programmieren. Nach einer Phase eigener Ideenfindung und der Einführung in Material und Programmierung entwickeln und konstruieren die Teilnehmer_innen selbstständig in Kleingruppen Robots. Die Welt der Zeichen (Software) wird in Verbindung gebracht mit der stofflichen Welt (Hardware und Umwelt). Lernprozesse des Subjekts im Umgang mit dem Artefakt und der Herstellung von ›Intelligenz‹ sowie die Interaktion mit dem auf diese Weise selbst hergestellten Produkt werden so beobachtbar. Dabei wird die reine Nutzungsebene von Technologie verlassen und eine durch Verstehen und Begreifen der inneren Prozesse fundierte Annäherung, wie sie im Bildungsprozess intendiert ist, sichtbar. Im Konstruktionsprozess lernen die jungen Erwachsenen nicht nur etwas über Programmierung, sondern erleben und begreifen auch die ›Intelligenz‹ von Robots.

Technischer Hintergrund

Bei den Robots, die im Rahmen unserer Workshops von den Teilnehmer_innen konstruiert werden, handelt es sich um Robots aus der Produktserie LEGO MINDSTORMS NXT 2.0. Die Robots basieren auf programmierbaren Legosteinen (NXT), Elektromotoren, Sensoren sowie Bausteinen der LEGOTechnic-Produktserie. Papert (1980) zufolge korrespondieren derartige Robots in besonderem Maße mit konstruktionistischen Lernideen. Der Baukasten selbst besteht aus dem programmierbaren Mikroprozessor, aus Legosteinen zur Gestaltung des Robots, aus Sensoren, die Signale aus der Umwelt aufnehmen können, und aus Aktuatoren, um das Robot in Aktion versetzen zu können. Weiterhin wird eine Programmierumgebung, die auf der Programmiersprache LOGO basiert, zur Verfügung gestellt.

Workshopformat

Zu Beginn sind der Fantasie keine Grenzen gesetzt und jedes Fantasiewesen kann als Robotidee existieren. Die Materialität der verfügbaren Materialien und die Programmierbarkeit schränken die Umsetzung zumeist im weiteren Verlauf ein. In der Regel entsteht ein Robot, das prototypisch an die zuvor entwickelte Idee angelehnt ist. Im Konstruktionsprozess werden die LEGO-Steine verarbeitet und in der Phase des Programmierens wird die interaktive Umsetzung des Objekts realisiert.

Dabei bietet nach Papert der konkrete Umgang des aktiven und gestalterisch tätigen Subjekts mit den entstehenden Objekten die beste Grundlage für komplexes, tiefes Lernen. Mit den entstehenden Robots werden »object[s] to think with« (ebd.: 11) in Form von persönlich bedeutsamen Gegenständen entwickelt und darüber die Konstruktion von Wissen angeregt und manifestiert.

2.4 »Shape your World«

Für den Workshop »Shape your World« besuchen wir mit insgesamt 13 Teilnehmenden für zwei Tage ein FabLab, ein sogenanntes Fabrikationslaboratorium (Gershenfeld 2005). Dort können die Teilnehmenden selbst mit einer 3D-Umgebung Objekte am Computer entwerfen und später ausdrucken. Einfache Produktionsmaschinen wie ein Laserscanner, ein 3D-Drucker und (freie) Software werden vorgestellt und benutzt.

Technischer Hintergrund

Die Idee der FabLabs wurde von Neil Gershenfeld am MIT entwickelt. Er erklärt FabLab als eine »collection of commercially available machines and parts lined by software and processes [...] developed for making things« (ebd.: 12). Bei solchen »commercially available machines« handelt es sich um unterschiedliche 3D-Drucker, Lasercutter oder CNC-Maschinen, sogenannte »peripherals« (Eisenberg/Buechley 2008: 62). Die bei den 3D-Druckern (auch bezeichnet als »fabrication devices« oder »digital fabricators«) eingesetzte Software steuert direkt – ohne Dazwischenkunft menschlicher Arbeit – die Produktion von stofflichen Objekten. Basierend auf dem Verfahren des »rapid prototyping, tooling and manufacturing« (Chua et al. 2010: 18), also der »rapid creation of a physical model« (ebd.), ermöglichen es fabrication devices, auf einfache und kostengünstige Weise aus virtuellen Modellen komplexe Objekte zu spritzen, zu fräsen oder zu sägen (ebd.: 25ff.). Über die verwendete Software (in unserem Falle »blender«, »GOOGLEsketch-up« und »InkScape«) werden 3D-Modelle am Computer erstellt. In einem entsprechenden Format werden die Modelle an die fabrication devices weitergeleitet, die daraus ein physikalisches Objekt produzieren. 3D-Drucker finden wachsende Verbreitung und sind zu erschwinglichen Preisen potenziell bereits jetzt – wenn auch noch nicht flächendeckend verbreitet – für den/die Durchschnittsbürger_in verfügbar. Die FabLabs arbeiten alle nach den in der »FabCharter« festgehaltenen Grundprinzipien: »to empower, to educate, and to create ›almost anything‹« (FabCharter 2007).

Workshopformat

Im Workshop haben die Teilnehmenden (1) eine Idee entwickelt, (2) sie digital implementiert und schließlich (3) als materielles Objekt produziert. Die Umsetzung der Ideen erfolgt auf unterschiedlichste Weise und mit Hilfe verschiedener Technologien.

Wie bereits aus den anderen Lernszenarien bekannt, beginnen wir damit, dass sich die Teilnehmenden ein Objekt vorstellen, das sie mit einem ›Stein der Weisen‹ oder einer vergleichbaren digitalen Maschine konstruieren wollen. Gefolgt wird diese Imaginationsphase von einer Phase, in der die Teilnehmenden in die dazugehörige Software eingeführt werden. Da wir davon ausgehen, dass die jungen Erwachsenen bereits vergleichbare (oder zumindest ähnlich zu bedienende) Software wie beispielsweise

»Photoshop« oder »Word« aus ihrem Alltag kennen, gestalten wir diese Phase kurz. Es folgen fast zwei ganze Tage der freien Konstruktion in Kleingruppen, in denen auch die ursprünglich angedachte Idee immer weiter den (durch die vorhandenen Maschinen bedingten) realistischen Produktionsbedingungen angepasst wird – ohne dabei jedoch den Charakter eines persönlich bedeutungsvollen Objekts zu verlieren. Neil Gershenfelds Hoffnung von FabLabs ist folgende:

»My hope is that Fab will inspire more people to start their own technological futures. We've had a digital revolution, but we don't need to keep having it. Personal fabrication will bring the programmability of the digital worlds we've intended to the physical world we inhabit« (Gershenfeld 2005, S. 17).

Die Teilnehmenden des Workshops stellten inspiriert und fasziniert zum Abschluss ihre Objekte vor. Alle Teilnehmer_innen haben in »Shape your World« die ersten Erfahrungen mit fabrication devices gesammelt. Für viele sind es nicht die letzten Erlebnisse geblieben, wie sie uns in den Interviews berichten.

3 DAS K-MODELL DER INTERAKTION

In den Lernszenarien ist eine hohe und komplexe Interaktion von Menschen und Digitalen Medien angelegt. Die Fragestellung der Lernszenarien lautet: Wie interagieren die Teilnehmer_innen im Workshop mit den digitalen Artefakten, den Installationen bzw. den Digitalen Medien? Im Folgenden werden die Analyseergebnisse zu dieser Frage aus Video- und Interviewmaterial vorgestellt unter dem Titel »K-Modell der Interaktion«. Im Verlauf unserer Analyse treffen wir auf vier Arten von Interaktionsverläufen – kooperierende, kontrollierende, kreative und koexistente Interaktion – zwischen Menschen und Digitalen Medien, die im Folgenden erläutert werden.

3.1 Kooperierende Interaktion

Gleichberechtigte Interaktion und gemeinsames Agieren von Mensch und Maschine ist das Kernelement der kooperierenden Interaktion. Der Mensch versteht die digitalen Materialien und Objekte als paritätische Elemente mit gleicher Handlungsmacht, die in der Techniksoziologie von Werner Rammert (2011) als agency bezeichnet wird. Im Prozess des Be-greifens wechselt die agency zwischen dem digitalen Artefakt und dem konstruierenden Subjekt. Während der Mensch ein digitales Artefakt entwickelt, wird die subjektiv erdachte Idee manifest im materiellen und softwaretechnischen Objekt. Dabei werden mehrmals Prozesse durchlaufen, in denen die Technologie Impulse gibt, die ursprüngliche Idee des Menschen in Frage zu stellen und zu verändern. Neben dem Gestaltungswillen des Menschen wirken Beschränkungen, Variationen und Weiterentwicklungen einzelner Bestandteile des Artefakts daran mit, in einem wechselseitigen Zusammenspiel das Digitale Medium als Gesamtprodukt entstehen zu lassen.

Verständlich wird dieser Prozess anhand einer Aussage eines Workshopteilnehmers, der den Konstruktionsprozess des Robots mit der ›Evolution‹ vergleicht. Das macht deutlich, dass das Robot Stück für Stück entsteht, je nachdem welches ›Element‹ verfügbar ist und welche ›Fähigkeit‹ benötigt wird, damit dieses Robot sich ›evolutionsbiologisch durchsetzt‹ und ›Teil der Welt‹ wird. Das digitale Artefakt wird dabei als solches wahrgenommen, und der Mensch ist sensibel für Aufforderungen, die vom Objekt, von seiner Hardware und Software, ausgehen. Sie werden aktiv gestaltet und umgesetzt, und im Prozess des Entstehens sind sie im Sinne von Papert ein »object to think with«. So wird das interaktive Potenzial der digitalen Artefakte zur Geltung gebracht.

3.2 Kontrollierende Interaktion

Die kontrollierende Interaktion ist von der Seite des Menschen dadurch gekennzeichnet, dass möglichst vollständige Kontrolle des Interaktionsverlaufs angestrebt wird. Der Mensch gesteht dem digitalen Artefakt keine agency zu und bestimmt den Entstehungs- und Interaktionsverlauf allein. Prozesse des menschlichen Be-greifens sind hier kognitiv in einem hoch entwickelten Stadium beobachtbar. Die kognitiven Prozesse wirken bestimmend für die Haptik und das Handeln, determinieren und beschränken den Umsetzungsprozess und das Bild des Objekts. Das bedeutet, dass die abstrakte Seite der Algorithmen von dem/der menschlichen Akteur_in erfasst wird. Im Prozess wähnt der/die Akteur_in sich im Vollbesitz des Wissens über die Technologie. Beim Auftreten von Fehlern reagiert der/die Akteur_in dahingehend, dass so lange am ›perfekten Kode‹ gebastelt wird, bis genau das, was die ursprüngliche Idee war, im digitalen Artefakt manifestiert ist. Ausschließlich Idee und Planungsprozess des Menschen bestimmen den Prozess der Entstehung des digitalen Artefakts. Bedingungen und Beschränkungen der Digitalen Medien wirken nicht, wie bei der kooperierenden Interaktion, als Anreiz für neue Ideen, sondern sind Fehler im System, führen zu präziseren Planungsprozessen und werden daraufhin erneut umgesetzt.

Bildhaft wird das an der Äußerung eines Teilnehmenden deutlich, der zu seinem Teampartner sagt:»Du musst es [das Robot] eben zwingen, das zu tun, was Du willst!« (Moritz, 16 Jahre, Schüler)[4]. Er geht von einer menschlichen Überlegenheit gegenüber Technologien aus:»Maschinen können nie mehr als das, was Menschen ihnen beibringen« (Moritz, 16 Jahre, Schüler). Das Robot ist eine kognitive Leistung der/des Entwickler_in. Falls Fehler auftreten, ist das als ein Manko in der Denkleistung der menschlichen Konstrukteur_innen zu verstehen. Diese Form der Interaktion stößt bei lernenden Technologien an ihre Grenzen. Ob fehlerhaft oder nicht – solche Technologien scheinen, zumindest im alltäglichen Handeln, kaum mehr im Detail vorhersehbar und präzise planbar zu sein.

3.3 Kreative Interaktion

In der kreativen Interaktion wird die Kontrolle des digitalen Artefakts nicht als Zielsetzung definiert. Vielmehr wird etwas sichtbar, was in der kooperierenden Interaktion, wie sie oben dargestellt ist, nicht erkenntlich ist: Die kreative Interaktion ist charakterisiert durch ein starkes Einlassen auf die Eigengesetzlichkeit der Technologie, durch Akzeptanz, ja geradezu Freude über deren Eigensinn und Widerspenstigkeit. Der interagierende Mensch ist in der Lage, auf eigensinnige, nicht vorhersehbare Aktivitäten des Artefakts zu reagieren. Er heißt sie willkommen, lässt sich anregen und passt Handlungen spontan an. Dieser Typus begreift die abstrakten Prozesse der Technologien kognitiv, lässt sich zudem aber auch überraschen. Ein kontrollierender Typ würde an dieser Stelle aus der Interaktion heraus treten und erklären, dass und warum die Maschine hier gerade vermeintlich ›falsch‹ agiert. Der kreative Typ hingegen lässt sich spontan auf den Eigensinn ein

---

[4] Bei allen hier und im Folgenden genannten Namen handelt es sich um anonymisierte Namen der betreffenden Personen.

und spielt damit, durchaus auch auf der Grundlage, dass Aussagen über zukünftiges Verhalten der Maschine in den spontanen Handlungsentwurf integriert sind. Der ›Fehler‹ ist für den kreativen Typ eine neue Herausforderung zur Interaktion mit dem Medium. Die Handlungskompetenz entsteht nicht (nur) in der Folge eines Reflexionsprozesses, wie es in der kooperierenden Interaktion der Fall ist, sondern spontan aus und in der konkreten Situation selbst.

3.4 Koexistente Interaktion

Ein weiteres Interaktionsformat konnte in der Analyse der Interviews und Beobachtungen herausgearbeitet werden: die koexistente Interaktion. Sie drückt sich darin aus, dass sich das Subjekt der Interaktion mit dem Medium völlig entzieht und unabhängig davon agiert. Streng genommen findet im Falle des Entziehens keine Interaktion statt. Lernprozesse sind selten zu beobachten. Analysiert werden kann dieses am plakativsten bei der Interaktion mit der Installation »Der Schwarm«, wenn die Projektionsfläche als Bühne benutzt wird, die illuminierten Schwarmwesen als Lichtershow dienen und kein Bezug der Interaktion des Menschen zum Verhalten des Schwarms hergestellt werden kann.

4 BILDUNGSPROZESSE MIT DIGITALEN MEDIEN: PHASEN UND FORMEN DES ERLEBENS

Im letzten Kapitel haben wir vier unterschiedliche Typen beschrieben, wie sie sich in der Interaktion mit Digitalen Medien im Rahmen unserer Bildungsangebote beobachten, analysieren und beschreiben ließen. In den Workshops und in der Workshopplanung haben wir bewusst *Phasen* des Erlebens unterschieden, die wir auch in der Rekonstruktion der Interviews mit den Teilnehmer_innen als *Formen* des Erlebens analysieren konnten. Die Phasen bzw. Formen des Erlebens im Lernprozess mit Digitalen Medien bezeichnen wir als Immersion, Imagination, Abstraktion und Reflexion. Die Formen des Erlebens werden im Folgenden hinsichtlich ihres Bildungspotenzials diskutiert und mit aktuellen Forschungserkenntnissen in Zusammenhang gebracht.

Um erfolgreiches Lernen mit Digitalen Medien zu denken und zu realisieren, braucht es eine Reflexion von Bildung als pädagogischer Kategorie und Interaktion mit Digitalen Medien als informatische Kategorie, also das Zusammendenken dieser zwei Disziplinen. Schon vor zwei Jahrzehnten schlagen Peter Baumgartner und Sabine Payr (1994: 15) in »Lernen mit Software« eine Brücke zwischen Pädagogik und Technik, zwischen Theorie und Praxis. Winfried Marotzki verspricht sich vom Internet bereits Ende der 90er Jahre wichtige Impulse vor allem für den Bereich von Bildung und Lernen. Was finden wir nun gegenwärtig vor? Es gibt die Vorstellung, durch die Nutzung von Digitalen Medien im Bildungskontext mehr Chancen zu öffnen und unterschiedlichen Lerner_innentypen gerecht zu werden; das Lernen könne einfacher und vor allem anschaulicher werden, mehr Spaß machen und die Medien könnten die Motivation steigern. Das direkte Feedback, das von den Digitalen Medien ausgehe, wird als Chance gesehen.

Über diesen bloßen Einsatz und die Nutzung der Medien als Werkzeug hinausgehend, betonen einige Autor_innen, dass das Internet eine weit größere Bedeutung für Bildungsprozesse hat. Digitale Medien spannen einen neuen Bildungsraum auf mit neuen Perspektiven für Bildung und Lernen im 21. Jahrhundert (Kammerl 2009). E-Learning-Szenarien, Computerspiele, die ungeahnten Möglichkeiten des Zugangs zu Information ganz ohne Vermittlung über Institutionen scheint neue Wege dahingehend zu öffnen, dass Lernen zunehmend selbstbestimmt, ausgehend von den Lernenden, ihren Bedingungen und Bedürfnissen, stattfinden kann. Auf »der Grundlage der Erfahrungen der Mensch-Computer-Interaktion [sind] Lernprozesse möglich, die nicht geplant waren« (ebd.: 87). Für Jörissen/Marotzki (2009) bedarf es bei Bildung einer Integration von Information in die Selbstsicht und die Positionierung zur Welt. Dies betrifft auch die Integration von Computern und Medien in Bildungsprozesse.

In diesem Zusammenhang werden die Digitalen Medien nicht nur als Werkzeug, sondern auch als Gegenstand und Inhalt von Bildung thematisiert (Schelhowe 2004). Es wird zur Aufgabe, das ›Versteckte‹ im Medium sichtbar zu machen und hinter das Interface zu blicken. Die Potenziale der Digitalen Medien, die Verbindung von stofflichen und semiotischen Prozessen, spielen hierbei eine wichtige Rolle, denn diese fordern die Subjekte zum Lernen, zum Reflektieren und zum herstellenden Handeln im gleichen Medium auf. Beim Begriff des Digitalen Mediums als Bildungsmedium geht es nicht um formale Lernprozesse mit einem bestimmten Ziel oder Zweck, sondern um die »Veränderung der Selbst- und Weltreferenz als qualitativer Sprung« (Marotzki 1990: 131) im Sinne eines *Bildungs*prozesses.

Um Bildungsprozesse anzustoßen und einen Perspektivwechsel zu öffnen, sind die durchgeführten Workshops geeignete Arrangements. Um dieses zu verdeutlichen wird die Schlüsselkategorie »Lernen in Interaktion mit Digitalen Medien« anhand von vier Formen des Erlebens, aufbauend auf Konstruktion und Interaktion, im Folgenden dargestellt.

Wir gehen wie im Konzept des Konstruktionismus davon aus, dass durch den Prozess des Bauens neuer Objekte, durch das In-die-Welt-Bringen neuer Dinge, Lernen initiiert wird. Dies wird mit den Workshops realisiert, den Teilnehmenden wird im metaphorischen Sinne die Hand gereicht und ein Tor geöffnet zum Verständnis der Spezifika Digitaler Medien. Diese sind Ausgangspunkt zu den Formen des Erlebens – Immersion, Imagination, Abstraktion, Reflexion – und bieten Potenzial, Bildungsprozesse zu initiieren.

4.1 Konstruktion und Interaktion

Konstruktion und Interaktion bilden in diesen Szenarien die Basis, die Voraussetzung für einen Zugang zu den (Spezifika von) Digitalen Medien. Der Zugang wird pädagogisch-didaktisch gestützt, indem Konstruktion und Interaktion in ein Workshopformat eingebettet sind, in dem selbstständige Lernprozesse und eigenes kreatives Handeln im Zentrum stehen. Es wird ein Raum geschaffen, der als Bildungsort verstanden werden kann. Durch die Initiierung eines Konstruktionsprozesses (Softwareentwicklung und Hardwareentwicklung) wird der Fokus auf die Digitalen Medien als solche gerichtet. Es wird eine Brücke geschaffen zwischen einem bereits existierenden und für die Subjekte interessanten (Lebens-)Bereich – Mode, Theater, Tanz, Robots – zu einem für sie unbekannten Bereich, nämlich dem der Funktionalität und technologischen Verfasstheit Digitaler Medien. Über das eigene Herstellen, Handeln, Fantasieren, Konstruieren und Programmieren sollen die Digitalen Medien selbst in ihrer Abstraktheit und mit ihren formalen Modellen begreifbar und zugänglich werden. Die Programmierung, die den Zugang zur Sprache der (Computer-)Zeichen darstellt, wird in die Aktivität des Konstruierens und Interagierens integriert. So entstehen Robots, intelligente Kleidungsstücke und Objekte verschiedenster Art als

Ergebnis eines Konstruktionsprozesses. Die Tanzperformance mit einer digitalen Installation ist Ergebnis einer Auseinandersetzung mit den Konstruktionsprinzipien der Installation »Der Schwarms«.

Es wird ein Rahmen geboten, in dem Digitale Medien durch Konstruktion und in Interaktion erfahrbar werden und in dem Lernen mit und über Digitale Medien evoziert wird. Somit ist die Konstruktion ebenso wie die Interaktion mit Digitalen Medien die Basis der Formen des Erlebens mit Digitalen Medien, die im Folgenden präsentiert werden. Die Summe der aufgezeigten Bausteine ergibt ein Lernen mit und durch die Konstruktion und Interaktion mit Digitalen Medien. Anhand von Beispielen soll verständlich gemacht werden, wo unseres Erachtens ein »qualitativer Sprung« erkennbar ist und Bildung als »Veränderung der Selbst- und Weltreferenz« (ebd.) stattfinden kann.

4.2 Imagination

Imagination ist das Inspirierenlassen von der Umgebung und die Fähigkeit, einen Gedanken weiterzuentwickeln, um letztlich ein lebendiges Abbild in der eigenen Vorstellung entstehen zu lassen. Digitale Medien bieten zeitliche und räumliche Angebote zum »Imaginieren der eigenen Rolle in der Welt, sie bieten Gelegenheiten für Fantasien« (Schelhowe 2007: 18) und weitreichende Experimentalsituationen zum Ausprobieren der subjektiven Darstellung im Spektrum einer breiten Öffentlichkeit. Social-Network-Sites, das Verfassen von Blogbeiträgen, Onlinespiele etc. sind alltäglicher Bestandteil der Lebenswelt von Jugendlichen und jungen Erwachsenen und bieten Anknüpfungspunkte für Lernprozesse. Hier versetzen sie sich in andere Rollen und entwickeln ihre Persönlichkeit. Sie halten fest, was für ihr Leben wichtig ist, teilen ihre Lebenssituation und ihre Interessen einer Öffentlichkeit mit, indem sie kommunizieren, spielen oder gestalten. Wichtig ist, die Erfahrungen, die die Jugendlichen online machen, mit ihren Erfahrungen in der ›anderen‹ Wirklichkeit zu konfrontieren, die Auseinandersetzung kommunikativ zu begleiten und Wege zu zeigen, wie sie den Wechsel zwischen den beiden Welten gut bewältigen und beides für sich als Erfahrung nutzen können.

So entsteht während eines Konstruktionsprozesses im Workshop »My Smart Fashion« eine Diskussion, die von einer Teilnehmerin ausgelöst wird: »Wenn man so etwas wie Textilien und Technologien schon koppeln kann, dann kann man alles andere auch koppeln. [...] Also man merkt, es sind nicht nur zwei Sachen koppelbar, also durch diese Digitalisierung sind eben viel mehr Türen geöffnet worden, viel mehr«. Kleidung und Fashion gehören zu einem stark positiv besetzten Interessenbereich der Teilnehmenden und im Fall der Studierenden sogar zur (zukünftigen) Profession. Die Teilnehmerin, die die Diskussion initiiert, weiß um unterschiedliche Aspekte von Mode und Kleidung, ist dabei, das Handwerkszeug zur Herstellung von Kreationen zu erwerben, und beschäftigt sich täglich mit Textilien. Mit Mikrokontrollern und Programmierung war sie vor dem Workshop nicht vertraut, das gehörte für sie zu einer anderen Welt. Durch die Konstruktion, also das Vernähen von leitfähigem Garn und die Programmierung der Mikrokontroller, wird für sie ein Zugang zu Digitalen Medien eröffnet, der weiter geht, als es ihr bisheriger alltäglicher Umgang mit Facebook, E-Mail oder Computerspielen ist. Eine Veränderung der Selbst- und Weltreferenz hat sich für sie auf der Ebene der Imagination ereignet. Das Objekt, in dem Textilien und Digitale Medien zusammenwirken, gibt Anstoß und öffnet neue Sichten auf ihre Umwelt und ihre eigene Rolle in der Welt. Es sind für sie Türen geöffnet, und vorher nicht sichtbare Kopplungen werden vorstellbar.

Es findet ein Perspektivwechsel bezüglich der Rolle und des Einsatzes von Digitalen Medien statt, der mit vertieftem Wissen und neuen Erkenntnissen über die eigene Rolle in der Digitalen Gesellschaft einhergeht. Digitales Medium als Bildungsmedium meint, dass das Medium hier die Selbstwahrnehmung als handelndes und reflektiertes Subjekt stärkt.

4.3 Immersion

Immersion bezeichnet die Fähigkeit des Eintauchens in ein Szenario, beispielsweise in die virtuelle Welt. Ein Film kann ›in den Bann ziehen‹, ein Computerspiel kann sprichwörtlich ›süchtig‹ machen, das Internet kann uns alles andere vergessen lassen, indem es immer weitere Links anbietet, denen wir folgen. Auch ein Buch oder der Film haben derartige Qualitäten. Was sind aber die Besonderheiten bei Digitalen Medien? Viele Sinne können gleichzeitig angesprochen werden, und es gibt Interfaces, die ein Eintauchen in virtuelle Welten mit dem ganzen Körper ermöglichen. Die Interaktivität dieser Medien erlaubt, nicht nur die eigene Wahrnehmung, die eigenen Gefühle und Erlebnisse zu verändern, sondern auch die Dinge selbst zu beeinflussen und Veränderungen am Objekt herbeizuführen.

In unseren Workshops ist uns diese Möglichkeit der Immersion, die insbesondere durch die Interaktivität der Digitalen Medien hervorgerufen wird, wichtig und ihre Möglichkeit, zur gleichen Zeit viele Sinne, ja den ganzen Körper einzubeziehen. Dies kann die Emotionalität und die Begeisterung, die auch für das Lernen wichtig sind, unterstützen. Wie Anja Zeising (2011: 174ff.) zeigt, sind mit Digitalen Medien wie dem Schwarm Chancen verbunden, die Immersion zu fördern. Die freie Körperbewegung und das Hantieren mit Materialien, deren Bedeutung die Reformpädagogik immer schon betont hat, ermöglichen einen besonderen Zugang auch zu Modellbildung und Algorithmik, zur abstrakten Seite der Installation. Die Kombination von visuellen, auditiven und sensorischen Reizen steigert die Motivation zu lernen. In der Interaktion bekommt Lernen spielerische Komponenten.

»Ich war in so 'ner Welt drin und wurde zusätzlich mehr reingezogen noch mal durch die Geräusche, dass ich gar nichts mehr mitbekommen habe«, verbalisiert eine Teilnehmerin ihre Erfahrungen im Anschluss an ihre Interaktion mit dem Schwarm. Sie führt aus, dass sie sich vorstellte in einer Tropfsteinhöhle zu sein, von der kleine Tropfen zu Boden fielen. Diese Assoziation wird evoziert durch die Geräusche, die der Schwarm ausgibt in Abhängigkeit von der Bewegung der Teilnehmerin. Sie bewegt sich langsam auf der Projektionsfläche, und die Boids folgen ihr und produzieren dabei dumpfe, schwere Töne. Dadurch wird die Teilnehmerin regelrecht hineingezogen in die Interaktion, erlebt ein »Diving-In«, wie Edith Ackermann (1996) es beschreibt, als das Eintauchen in die Welt der Digitalen Medien.

4.4 Abstraktion

Unter Abstraktion ist die Fähigkeit zu verstehen, aus einer konkreten Erfahrung ein verallgemeinerbares Modell abzuleiten und dies in zukünftiges Handeln zu integrieren. Erfahrungen und Erlebnisse sind konkret und in einen spezifischen Kontext eingebettet. Komplexes und nachhaltiges Lernen, mit dem die Übertragbarkeit des Gelernten auf neue Situationen möglich wird, erfordert Abstraktion.

In einem unserer Workshops wurden Accelerometer benutzt. Kenntnisse um den Accelerometer wurden situationsspezifisch beim Einbau in ein konkretes Kleidungsstück erworben. Im Einzelinterview im Anschluss an den Workshop antwortet ein Teilnehmer auf eine sehr offene Frage, er wisse nun, wie sein Smartphone funktioniert. Im Handy befinde sich ein Accelerometer, der von einem Spiel, das er häufiger spiele, genutzt wird. Hier ist abstraktes Wissen entstanden, basierend auf den konkreten Erfahrungen im Workshop. Es hat eine Modellbildung stattgefunden, die übertragbar ist. Der Teilnehmer hat ein konkretes Modell entwickelt, wie ein Accelerometer funktioniert. Es geht noch weiter: Der Teilnehmer traut sich nun zu, da er eine Komponente seines Smartphones verstanden habe, selbst mal »daran rumzubasteln, wenn mal etwas kaputt ist«. Das war, so sagt er, im Vorfeld des Workshops für ihn undenkbar. Er erweitert seine Handlungsoptionen gegenüber technologischen Gegenständen des Alltags. Die Lernszenarien bieten schlussfolgernd Anreize, Abstraktionsprozesse zu unterstützen und zu fördern.

4.5 Reflexion

Reflexion ist ein geistiger Prozess, der im Anschluss an eine Erfahrung oder ein Erlebnis erfolgen kann. Dabei wird eine Barriere umgestoßen, die im Vorfeld der Intervention vorhanden ist. Das soll deutlich gemacht werden an der Vorstellung, die Teilnehmende der Lernszenarien von einem/einer Experten/Expertin für Digitale Medien berichtet haben.

Im Rahmen eines Workshops entwickelt sich eine Diskussion um Digitale Medien und Expertentum. Es wird die Meinung vertreten, dass Programmieren etwas für Expert_innen sei und nichts mit ihrer Lebenswelt zu tun habe. Bislang seien sie alle recht gut ohne Programmierkenntnisse ausgekommen. Im Workshop erhalten die jungen Erwachsenen nun Einblick in die Programmierung mittels einer einfach und zunächst mit grafischen Symbolen zugänglichen Programmierumgebung (»Amici«). Zunächst erweitert sich der Wortschatz: Sensoren, Aktuatoren, Mikrokontroller, LEDs und Programmbefehle werden Bestandteil des Vokabulars. Im Workshop fällt dies nicht weiter auf, denn alle Teilnehmenden verständigen sich darüber. Wenn nun die Diskussion um Probleme in der Programmierung in der U-Bahn weitergeführt wird und Dritte zuhören, avancieren die Teilnehmer_innen ihrem Erleben zufolge selbst zu Expert_innen für Digitale

Medien. Für sie ändert sich etwas in der Fremdwahrnehmung. Wenn sie die fragenden, neugierigen Blicke bemerken, wird ihnen bewusst, dass sie »nur noch Fachchinesisch gesprochen« (Cornelia, 22 Jahre, Studentin) haben und das, ohne es zu wollen, berichtet die Workshopteilnehmerin im anschließenden Interview. Dies war für sie Anlass für die Reflexion ihrer Erfahrung. Sie hinterfragt, was da eigentlich passiert und warum sie nun plötzlich »Fachchinesisch« spricht. Sie nimmt sich in der Rolle einer Expertin wahr. Sie reflektiert darüber, wie sie sich selbst in einer von Digitalen Medien durchdrungenen Welt sieht.

4.6 Diskussion der Formen des Erlebens

Bei den Phasen und Formen des Erlebens haben wir Immersion, Imagination, Abstraktion und Reflexion identifiziert, basierend auf der Erfahrung einer Konstruktionstätigkeit mit Digitalen Medien.

In den Formen des Erlebens sind Kognition, Emotion und sinnliche Erfahrung, die für das Lernen eine bedeutsame Rolle spielen, in unterschiedlicher Weise ausgeprägt. Die Erfahrung der Abstraktion ist eine eher kognitive Erfahrung im Unterschied zu Imagination und Immersion, die stärker auf emotionalen und sinnlichen Prozessen beruhen. Eine Teilnehmerin des Theaterworkshops kommentiert nach der körperbezogenen sinnlichen Erfahrung auf der Projektionsfläche ihr Handeln am Bildschirm mit der Administrationsoberfläche der Installation des Schwarms Folgendes: »Mit der Aufgabe am PC hat man bisschen Abstand zu der ganzen Sache bekommen« (Alma, 20 Jahre, Schülerin). Ersichtlich wird, dass zuvor die Immersion im Vordergrund gestanden hatte und dass sie nun zurücktritt und ein distanzierteres Verhältnis gewinnt. Der Abstand von der konkreten Situation ermöglicht Abstraktion und Reflexion, weil andere Sinne angesprochen werden.

Die Digitalen Medien werden in Konstruktion und Interaktion erfahrbar und mit Erlebnissen verbunden. Durch das Wissen, das in diesen Prozessen erworben wird, erlangt ein Subjekt die Fähigkeit, sich (kritisch) mit den Digitalen Medien auseinanderzusetzen und sich in der Welt neu zu positionieren. Die Formen des Erlebens sind fluide und werden von allen Teilnehmenden, abhängig von ihrem subjektiven und persönlichen Zugang zu Digitalen Medien und der individuellen Selbsteinschätzung, unterschiedlich intensiv erlebt.

Alle Formen tragen dazu bei und sind wesentlich dafür, dass Bildungsprozesse im tieferen Sinn stattfinden können. Inwiefern sich aus der Erfahrung eine »Veränderung der Selbst- und Weltreferenz« (Marotzki 1990: 131) ergibt und welche Form des Erlebens bestimmend für diese Veränderung ist, ist abhängig vom Subjekt(-typ) und dem aktuellen Interesse.

5 SUBJEKTKONSTRUKTIONEN: EINBLICKE IN POSITIONIERUNGEN

Digitale Medien als Extensionen des menschlichen Körpers, androgyne Avatare und gläserne Menschen, so sahen Sciencefictionfantasien vergangener Jahrzehnte aus. Aber welche Entwürfe und Vorstellungen vom Menschen gibt es in der gegenwärtigen Kultur, und welche Vorstellungen entwerfen die jungen Erwachsenen von sich selbst? Die dem Forschungsprojekt zugrunde liegende Kernfrage nach neuen Subjektkonstruktionen in der digitalen Kultur möchten wir im Folgenden bezogen auf das Lernen in Interaktion mit Digitalen Medien durch den Versuch einer Typologie beantworten.

Der für dieses Forschungsprojekt gewählte theoretische Zugang zum Subjekt basiert auf einem konstruktivistischen Subjektbegriff, der sich aus der Erkenntnistheorie begründen lässt (Glasersfeld 1997; Beer 2007a, 2007b; Schmidt 2000). Das Subjekt wird dabei als aktive/r Gestalter_in der eigenen Biografie und Umwelt verstanden; dies jedoch nicht im Sinne einer abgeschlossenen, autarken Einheit, sondern in ständiger Auseinandersetzung mit der es umgebenden Sozial- und Dingwelt (Meyer-Drawe 1990: 20f.; Sutter 1999). Raphael Beer hat in diesem Band das Subjekt im Wandel der Zeit dargestellt. Anschlussfähig für uns sind Gedanken zum aktiven Subjekt unterschiedlicher Epochen. Beginnend mit dem Philosophen Immanuel Kant, der sich der Frage zuwendet: »Wie kommt das Subjekt zum Objekt?« (Beer in diesem Band: 223) und damit laut Beer die Stärke und das Aktive (vorrangig im Sinne von geistiger Aktivität zum Verstehen der Umwelt) zum Ausdruck bringt. Die Erkenntnis folgt demnach innerhalb von schematischen Entwürfen, die die Subjekte auf die Welt anwenden, um diese zu verstehen. Sie sind damit auch begrenzt auf dieses Verständnis. Im 20. Jahrhundert und einhergehend mit der Technologisierung werden zunehmend Anpassungsleistungen, die über das Verstehen hinausgehen und ein aktives Machen benötigen, von Seiten der Subjekte erforderlich. Raphael Beer (in diesem Band: 242ff.) stellt die historische Verwendung der damals neuen Kommunikationsmedien als Verwendung für Herrschaftszwecke und eine Verwendung für Aufklärungs- und Demokratisierungsprozesse vor und öffnet den Blick für eine Konnotation der Medien für Vermittlungs- und Propagandazwecke. Auch im Fall von Digitalen Medien der Gegenwart sehen sich Subjekte mit Macht, Transparenz und Gefahren konfrontiert, dem sie aktiv gegenübertreten müssen, um in der Gesellschaft zu bestehen. Das 20. Jahrhundert ist durch eine Verdrängung der Objekte gekennzeichnet und ein Begegnen der Subjekte auf Augenhöhe.

Im Rahmen unserer Forschung konnten basierend auf dem Kodierparadigma der Grounded Theory sechs Typen von Subjektkonstruktion analysiert werden, die auf der »Schlüsselkategorie« (Corbin/Strauss 1996) »Lernen in Interaktion mit Digitalen Medien« basieren. Unter einer Kategorie ist in diesem Zusammenhang eine »Klassifikation von Konzepten« (ebd.: 43) zu verstehen. Ein abstrakteres Konzept bündelt als Kategorie in Verbindung dazu stehende weitere Konzepte (ebd.). Im Rahmen des »axialen Codierens« (ebd.: 75ff.) werden die »Verbindungen zwischen einer Kategorie und ihren Subkategorien ermittelt« (ebd.: 76). Dabei konnten wir fünf für die Subjektkonstruktionen relevante Subkategorien etablieren: (1) Die »Interaktion eines Subjekts mit Digitalen Medien in unseren Workshops«, (2) die »Biografie« einer Person, (3) ihre »Mediennutzung im Alltag«, (4) ihre »Sozialbeziehungen«, die sie zu anderen Menschen pflegen, sowie (5) »Einstellungen und Erfahrungen bezogen auf die digitale Kultur«. In dem Schritt des »selektiven« Kodierens (ebd.: 94ff.) erfolgte das »systematische In-Beziehung-Setzen« (ebd.: 94) zugehöriger Subkategorien zu unserer Schlüsselkategorie »Lernen in Interaktion mit Digitalen Medien«. Durch dieses In-Beziehung-Setzen konnten wir herausarbeiten, dass jede der Subjektkonstruktionen über ein anderes handlungsleitendes Thema verfügt, das relevant für die Ausgestaltung der Schlüssel- und Subkategorien ist, nach dem es sich selbst konstruiert, und dass maßgeblich (bewusst oder unbewusst) das Handeln bestimmt. Diese handlungsleitenden Themen finden sich in den Überschriften der einzelnen Typen. Auch basiert die Namengebung der Typen auf diesen Themen, wobei die Bezeichnungen selbst hauptsächlich aufgrund ihrer Einprägsamkeit und Unterscheidbarkeit gewählt wurden und nicht wertend zu verstehen ist. Bei den Typen handelt es sich um vom Einzelfall abstrahierte Analysen, die zwar durch anonymisierte

Aussagen und Einzelfallbeschreibungen untermalt werden, sich aber nicht nur auf diese beschränken.

Die Vorstellung einer Typologie von Subjektkonstruktionen reiht sich in andere sozial- und gesellschaftswissenschaftliche Forschungsergebnisse zum Subjekt ein, die eine Pluralisierung der Lebensentwürfe und Individualisierung beschreiben, also ein »zunehmendes Herauslösen des bzw. der Einzelnen aus sozial verbindlichen Strukturen und Sicherheiten« (Hepp 2010: 241). Es handelt sich jedoch nicht einfach um eine postmoderne Ausdifferenzierung menschlichen Seins, sondern die Typologie steht in enger Verbindung zu den Spezifika und Potenzialen Digitaler Medien, die diese Subjektkonstruktionen mitbedingen. Um diesen Zusammenhang herauszuarbeiten, werden die Subjekttypen von vornherein hinsichtlich der Spezifika und Potenziale Digitaler Medien diskutiert.

Bevor jedoch die Subjektkonstruktionen vorgestellt werden, sollen die Subkategorien noch einmal näher erläutert werden: Die »Interaktion in den Workshops« erfasst den Zugang der jungen Erwachsenen zu und den Umgang mit Digitalen Medien, wie sie in unseren Workshops zu Tage treten. Diese Subkategorie rekurriert einerseits auf die bereits vorgestellten Phasen und Formen des Erlebens sowie das K-Modell, geht zudem jedoch über die konkrete Workshoperfahrung hinaus und stellt vor, inwiefern Lern- und Interaktionserfahrungen in den Alltag der jungen Erwachsenen transferiert werden.

»Biografie« meint die persönliche Geschichte und den familiären Hintergrund einer Person. Die sozioökonomische Positionierung, der Habitus, das Milieu und die Einstellung zu Bildung und Medien in der Herkunftsfamilie haben laut Bourdieu Einfluss auf die Subjekte (Bourdieu 1979/1994). Im Laufe der Sozialisation entwickeln die Subjekte Muster, die sich an die der Herkunftsfamilie anpassen. Das bedeutet im Falle von Bildung, dass ein Aufwachsen in bildungsfernen Milieus mit hoher Wahrscheinlichkeit keine höhere Bildung folgen lässt – ohne dabei zu behaupten, dass ein Subjekt damit stigmatisiert und chancenlos ist. Auch wenn dies eine Schwächung des aktiven Subjekts darstellt, welches wir als solches verstehen und bereits vorgestellt haben, erweist sich in dem empirischen Material die biografische Herkunft als fundamentale Kategorie, deren Wirkkräften Beachtung gezeigt werden muss. Prägende Medienerlebnisse und Medienrituale in der persönlichen Vergangenheit haben einen Einfluss auf die Positionierungen gegenüber und dem Handeln mit Digitalen Medien in der gegenwärtigen

Digitalen Kultur. Im Rahmen der Auswertung des Materials von »EU Kids Online« (Hasebrink/Lampert 2009) und des Forschungsprojekts »Log on, Kids!« der FU Berlin (Raufelder et al. 2009) wird beispielsweise die Rolle der Eltern als Vermittler_innen von Medienpraktiken bezogen auf die Onlinenutzung ihrer Kinder betont. So greifen die Eltern vermittelnd in den Umgang ihrer Kinder mit dem Internet ein. Sie spielen die entscheidende Rolle bei der Heranführung der Kinder an das Netz und der Häufigkeit von dessen Nutzung (Hasebrink/Lampert 2009: 32; Raufelder et al. 2009: 51).

»Mediennutzung im Alltag« bezeichnet die alltäglichen Nutzungspraktiken von (Digitalen) Medien, wie beispielsweise das Aufstehen und anschließende E-Mail-Checken via Smartphone, darüber hinaus umfasst diese Kategorie auch die Motive der eigenen Mediennutzung, wie beispielsweise »sich entspannen«.

Mit der Kategorie »Sozialbeziehungen« bezeichnen wir, wie sich die Beziehungen gestalten, die mittels digitaler Technologien gepflegt werden, welche emotionale Verbundenheit zu (beispielsweise lokal entfernten) Personen aufgebaut wird und wie diese sich von anderen, nicht medial vermittelten Sozialbeziehungen unterscheiden.

Unter dem letzten Aspekt, »Einstellungen und Erfahrung bezogen auf die digitale Kultur«, werden subjektive Aussagen über und Wahrnehmungen von Anforderungen und Möglichkeiten sowie Hoffnungen und Ängste bezogen auf die Digitale Kultur diskutiert.

5.1 Professionell und kompetent mit technologischem Knowhow

Den ersten Typus bezeichnen wir als »professionelles Subjekt«. Dieser Subjekttyp zeichnet sich in unseren Workshops und in seinem Alltag durch ein besonderes Maß an kognitiver Leistung bezüglich des Verstehens, Konstruierens und Programmierens Digitaler Medien aus. Die im Workshop eingesetzten Technologien bilden für diesen Typus einen Anstoß zur Reflexion und Auseinandersetzung mit Digitalen Medien. Rationalität, Zielstrebigkeit, Ehrgeiz und Fleiß sind charakteristisch für diesen Typus, der damit an einer Erweiterung der eigenen Kompetenzen und an seinem Bildungsaufstieg arbeitet. Das professionelle Subjekt versucht stets, eine höhere Ebene der Abstraktion zu erreichen und die hinter der Oberfläche liegenden informatischen Modelle kognitiv zu erfassen. Die Stärken des professionellen

Subjekts liegen im Bereich des abstrakten, logischen und rationalen Denkens. Ebenso verfügt es über weitreichende Kompetenzen in vielen Bereichen des Lernens mit Digitalen Medien. Die Lösung einer kreativen Aufgabe, die nicht zu seinen favorisierten Aufgaben zählt, ist für diesen Subjekttypus ebenso leicht zu bewältigen. Emotionale und intuitive Aspekte des Lernens mit Digitalen Medien treten bei diesem Subjekttyp vorrangig hinter dem kognitiven Zugang zurück. Über die Abstraktion und das Verständnis für eine informatische Modellierung hinaus verfügt das professionelle Subjekt über eine schnelle Auffassungsgabe im Bereich der Konstruktion und Programmierung. Die entstandenen Konstruktionen und Programmierungen sind meist klar, funktional, komplex und vielschichtig. Dabei bindet das professionelle Subjekt aber mitunter auch kreative Visionen und unkonventionelle Gedanken von vornherein in die persönlichen Konstruktionsideen ein, indem beispielsweise die eigenen Ideen mit Verwertungsgedanken und Marktlogiken verknüpft werden. Diese Orientierung an Verwertungslogiken reicht über die Lernszenarien hinaus und wird mit in die eigene Lebenswelt genommen. In einem Workshop entstand beispielsweise die Idee und der Prototyp einer Jacke, die an beiden Ärmeln mit LEDs bestickt ist, die leuchten, sobald ein/e Träger_in den Arm hebt. Eine solche Jacke ist für den Einsatz im Straßenverkehr gedacht, wo sie als ›Blinker für Fahrradfahrer_innen‹ fungieren soll. Wenige Monate nach der Workshopteilnahme machten die beiden Entwicklerinnen ihren Entwurf in einer Zeitschrift publik und meldeten dafür sogar ein Patent an – ein für sie wichtiger Schritt zur Sicherung des eigenen geistigen Eigentums und des ökonomischen Anspruchs. Bevor dieser ergebnisorientierte, zielstrebige Typ eine Aufgabe beginnt, werden Handlungsstrategien entwickelt, die zum gewünschten Ziel führen. Dieser Strategie wird auf allen Interaktions- und Lernebenen gefolgt und mögliche Hindernisse werden von vornherein vermieden. Gelingt eine Aufgabe dennoch nicht, verfügt das professionelle Subjekt kaum über Handlungsstrategien, mit diesen Krisen umzugehen. Dies drückt sich z.B. in der Aussage eines Workshopteilnehmers aus, wenn er über die (Fehl-)Konstruktion seines Teampartners spricht: »Du musst es [das Robot] eben zwingen, das zu tun, was Du willst!« (Moritz, 16 Jahre, Schüler). Im Hinblick auf die Interaktion mit Digitalen Medien neigt dieser Typus, wie zuvor im K-Modell beschrieben, zur kontrollierenden Interaktion mit Digitalen Medien.

Biografisch betrachtet, ist das professionelle Subjekt mit Digitalen Medien aufgewachsen, und diese waren im Elternhaus vom Kleinkindalter an stets verfügbar. Diese Verfügbarkeit umfasst nicht nur PC oder Mobiltelefon, sondern auch eher ungewöhnliche, komplexere Technologien. Im Prozess der Biografie ist aus der/dem reinen Nutzer_in von Digitalen Medien in Jugendjahren mit zunehmendem Alter ein/e Gestalter_in von Digitalen Medien geworden.

Auffällig ist in unserem Sample, dass Personen dieses Subjekttypus häufig über einen Migrationshintergrund verfügen. Der aktuelle »Bildungsbericht«, der federführend vom »Deutschen Institut für Internationale Pädagogische Forschung« sowie einer wissenschaftlich und statistisch arbeitenden Autor_innengruppe erstellt wurde, bestätigt das hohe Interesse junger Migrant_innen an einer Bildungsbeteiligung (Autorengruppe Bildungsberichterstattung 2012: 40f.), die sich in unserem Falle auch auf den kompetenten Medienumgang erstreckt. Hohe Bildungsabschlüsse und ein klar strukturiertes, geplantes und ausgefülltes Freizeitverhalten mit teilweise außergewöhnlichen Aktivitäten – die sich über elitäre Vereine bis zu anspruchsvolleren Hobbys erstrecken – sind kennzeichnend. Das professionelle Subjekt beschäftigt sich gerne mit komplexen Technologien, das Internet hingegen wird hauptsächlich als Recherchemedium genutzt. Social-Network-Sites wie Facebook oder Instant-messaging-Systeme werden als zeitraubende Anwendungen klassifiziert und kontrolliert genutzt oder generell gemieden.

Insgesamt finden sich bei diesem Typus die deutlichsten Hinweise auf die von dem Soziologen Ulrich Bröckling vertretene These, dass unternehmerisches und professionelles Handeln die Maxime der Menschen der Gegenwart sei. Die Subjekte der Gegenwart betreiben eine ständige Selbstoptimierung, indem sie in Arbeits-, Freizeit-, aber auch in Privatkontexten stets kreativ, professionell, eigenverantwortlich, ergebnis- und kundenorientiert handeln (Bröckling 2007). Wo Bröcklings Analysen darauf hinweisen, dass diese Haltung mit kritischer Selbsteinstellung einhergeht, stellt das von uns identifizierte professionelle Subjekt sich selbst hinsichtlich Handlungen, Biografie und Einstellungen eher nicht in Frage.

Individueller Erfolg in der gegenwärtigen Digitalen Kultur geht, so die Meinung von Bildungsexpert_innen, aber auch des professionellen Subjekts selbst, mit der Notwendigkeit einher, Digitale Medien kompetent zu beherrschen und zu verstehen (Niesyto 2009; Schelhowe 2007). Das bedeutet für das professionelle Subjekt auch, sich mit der Komplexität Digitaler Medien zu befassen, deren softwaretheoretische und informationstechnische Komponenten zu durchdringen. Dieser Anforderung an sich selbst kommt das professionelle Subjekt nach und identifiziert sich selbst gleichermaßen mit der Beherrschung und dem Verstehen Digitaler Medien. Es konstruiert sich selbst mittels und über Digitale Medien. Die Computertechnologien sind selbstverständlicher Teil des Alltags und der Lebenswelt, sowohl in der Freizeit als auch in institutionalisierten Bildungs- und Arbeitskontexten. Digitale Medien sind aus dem Bildungsspektrum dieses Subjekttyps nicht wegzudenken, da sie den Lernprozess erleichtern und strukturieren. Das professionelle Subjekt weiß um seine Fähigkeiten und Kenntnisse und versteht sich selbst als technologische/n Experten/Expertin für Digitale Medien.

5.2 Persönliche Entfaltung und Freiheit

Den nun folgenden Subjekttypus bezeichnen wir als »emanzipatorisches Subjekt«. Für das emanzipatorische Subjekt spielt die zuvor beschriebene Selbstoptimierung eine große Rolle – hier jedoch nicht vorrangig, um gesellschaftlichen und beruflichen Anforderungen zu entsprechen, sondern um sich selbst zu entfalten und persönliche Freiheiten zu etablieren.

In unseren Workshopszenarien hat das emanzipatorische Subjekt einen praktischen Zugang zu Digitalen Medien, einschließlich einer Vorliebe für Konstruktionsaufgaben. Die Ideen dazu liegen häufig nah am eigenen Lebenshorizont und dienen der Erfüllung eines praktischen Zwecks. Obwohl das emanzipatorische Subjekt vor unseren Workshops kaum Erfahrungen mit der Nutzung und Konstruktion von Digitalen Medien hat und über wenige Kompetenzen verfügt, sind unsere Workshopangebote ausgesprochen anschlussfähig, und – einmal angestoßen – dauert der Reflexionsprozess über Digitale Medien über den Workshop hinaus an.

Das Sample zeigt, dass das emanzipatorische Subjekt in einem gesellschaftlich und soziokulturell benachteiligten Umfeld aufwächst, vor allem in Bezug auf die »kulturellen und materiellen Bedingungen und Angebote, die als äußere Ressource für die Subjekte zugänglich sind« (Niesyto 2009: 1). Die geografische Mobilität dieses Subjekttypus ist begrenzt durch monetäre Aspekte oder sogar Armut; alleinerziehende Eltern, Erwerbslosigkeit der Eltern, Pflege und Betreuung von Geschwistern und Verwandten sind anzutreffen. »Ich sehe mich selbst eigentlich ziemlich zurückgezogen« (Svenja, 16 Jahre, Schülerin), ist der einzige Satz einer Jugendlichen auf die Aufforderung, sich selbst zu beschreiben. Aufgewachsen in einer dörflichen Gegend, wird der Tagesablauf von Schule, Einkaufen und Kochen sowie der Pflege von Familienangehörigen strukturiert. Einschränkungen des persönlichen, örtlichen und zeitlichen Handlungsspielraums gehen damit einher.

Die ökonomische Lage bedingt einen eingeschränkten Zugang zu Digitalen Medien im Haushalt. Institutionelle Einrichtungen wie Schule und Bibliothek ermöglichen oft erstmals den Zugang zu PCs. »Bevor ich angefangen habe zu nerven, gab es natürlich keinen Computer [...] da musste ich immer in die Bibliothek« (Andi, 29 Jahre, Studentin). Aufgrund der materiellen und finanziellen Einschränkungen verzögert sich der ›Erstkontakt‹ mit Digitalen Medien. Erst im späten Teenageralter wird in diesem Fall der Wunsch erfüllt, und Andi kann von öffentlich zugänglichen Computern auf einen Privatrechner umsteigen. Alle Subjekte dieses Typus besitzen inzwischen eigene Computer, meist ausrangierte PCs von Verwandten, Bekannten oder älteren Geschwistern.

Das emanzipatorische Subjekt nutzt vor allem lebensnahe, kostenlose und niedrigschwellige technologische Angebote: Musik hören auf YouTube oder Grooveshark, Filme streamen, telefonieren, chatten und Onlinespiele auf einschlägigen, kostenlosen Plattformen. Die JIM-Studie bezeichnet diese Aktivitäten im Netz als die wichtigsten und häufigsten Freizeitaktivitäten von Jugendlichen bezogen auf Digitale Medien (MPFS 2011: 13). Interessant ist jedoch, welche subjektive Bedeutung und Interpretation das emanzipatorische Subjekt diesen Aktivitäten gibt: Die Angebote werden als große Bereicherung und Erweiterung der eigenen Lebenswelt hinsichtlich Bildungs-, Kommunikations- und Kulturressourcen erlebt und dankbar angenommen. So gestaltet es das Netz aktiv und kreativ mit, erstellt Homepages und (kollaborative) Blogs. Die (Ein-)Forderung und Inanspruchnahme von (öffentlichen und privaten) Medien und des Internets ermöglichen dem emanzipatorischen Subjekt die Partizipation, dies umfasst Aspekte von Mobilität, Entertainment, Kommunikation und Freundschaften weltweit. Onlinewelten werden gestaltet und wirken inspirierend auf das Erleben. Der Medienpädagoge Niesyto erläutert, dass digitale Welten es ermöglichen, auf andere Menschen zu treffen, »die besser zu einem passen« (Niesyto 2009: 14). Eine Schülerin bestätigt dies im Interview: »Ja, meistens fängt es so an, dass, wenn wir eben in so einem Rollenspiel sind, dann kommen auch die meisten Leute und fragen an, ob sie mitmachen dürfen. Und so lernt man eben dann die Leute kennen, meistens durch ziemlich interessante Charaktere oder Ähnliches« (Svenja, 16 Jahre, Schülerin).

Kommunikation mit fremden Personen (Gleichgesinnten) und die gemeinsame Arbeit an interessenbezogenen Projekten überwinden geografische Distanzen und zeitliche Eingebundenheit in familiäre Versorgungsaufgaben. Das gemeinsame Bestreiten von Abenteuern in der Onlinewelt führt auch zur ›privaten‹ Verabredung zum Chatten und in manchen Fällen zu einem persönlichen Treffen und dem Wunsch nach einer intensiveren Freundschaft: »ICQ ist so mit den Leuten [...] die ich nur übers Netz kenne. [...] Sie wohnen nicht gerade um die Ecke. [...] Finde ich irgendwie schade, immer die Leute, mit denen man sich am besten versteht, wohnen am weitesten weg. Und da komme ich auch nicht hin« (Svenja, 16 Jahre, Schülerin). Solche Kommunikationswünsche existieren nicht nur für das emanzipatorische Subjekt, dieses nimmt sie allerdings besonders häufig und gerne in Anspruch. In virtuellen Umgebungen fällt es dem emanzipatorischen Subjekt leichter, selbstbewusst aufzutreten und Bekanntschaften und Freundschaften zu schließen. Neben der räumlichen und zeitlichen Flexibilität spielen im World Wide Web auch der eigene Körper und das eigene Aussehen eine untergeordnete Rolle. In Form von selbst gestalteten Charakteren und Avataren besteht die Möglichkeit, sich so zu präsentieren, wie man gerne sein möchte. Dem eher schüchternen, isoliert und bescheiden lebenden und zurückhaltenden Typus kommt diese Art der körperlosen Kontaktaufnahme entgegen. Die Konzentration auf wenige vertraute Bezugspersonen – im Unterschied zu vielen Bekanntschaften – ist kennzeichnend für den Subjekttypus.

Die hohe intrinsische Motivation für die Nutzung und Gestaltung Digitaler Medien(-inhalte) sowie die eigenständig erlernten Fähigkeiten und Kompetenzen ermöglichen diesem Subjekttypus die persönliche Weiterentwicklung im Hinblick auf gesellschaftliche Teilhabe und die Entwicklung einer selbstbestimmten Persönlichkeit, die sich dann auch in anderen gesellschaftlichen Bereichen willensstark und kenntnisreich positionieren will.

Mit den Digitalen Medien ist die Möglichkeit eines sozialen Aufstiegs und die Überwindung von Bildungsdefiziten verbunden. Das emanzipatorische Subjekt ist bereits auf dem Weg zu einem Bildungsaufstieg. Es ist sich darüber bewusst, dass ein kompetenter Umgang mit Digitalen Medien dabei hilft und unterstützend wirkt. In der Einschätzung des eigenen Lernprozesses im Workshop wird Dankbarkeit im Hinblick auf die neu gewonnen Möglichkeiten ausgedrückt. Darüber hinaus bringt dieser Typus die Hoffnung zum Ausdruck, dass er mit Hilfe Digitaler Medien reich und erfolgreich werden könnte – ein Lebensziel des emanzipatorischen Subjekts. Dies könne durch die Nutzung Digitaler Medien erleichtert werden, denn der informationstechnische Charakter digitaler Inhalte gestattet es, dass diese zu jeder Zeit an jedem Ort – und dies meist gratis oder kostengünstig – verfügbar sind. Der evokative Charakter Digitaler Medien spricht das emanzipatorische Subjekt auf niederschwellige Weise an, fordert zu eigener Aktivität auf und öffnet Wege, die andernfalls verschlossen blieben.

5.3 Streben nach Anerkennung und Aufmerksamkeit

Die nächsten beiden Subjekttypen – die wir als »zertifikatsorientiertes Subjekt« und »desinteressiertes Subjekt« bezeichnen – ähneln sich im Hinblick auf das alltägliche Medienhandeln und im Lernprozess im Workshop. Sie unterscheiden sich jedoch stark hinsichtlich der Motivation zur Nutzung Digitaler Medien sowie in den biografischen Verläufen. Im Folgenden wird zunächst das zertifikatsorientierte Subjekt vorgestellt, für das ein äußeres Feedback die handlungsleitende Motivation der Mediennutzung und der Workshopteilnahme darstellt. Es nimmt am Workshop teil, weil davon eine zertifizierte Qualifikation in Form einer schriftlichen Urkunde, die zum Ende des Workshops ausgehändigt wird, zu erwarten ist. Im Workshop selbst überlässt das zertifikatsorientierte Subjekt die Konstruktion und Programmierung oftmals anderen Teilnehmenden und konzentriert sich auf Aufgaben, die persönlich leichter fallen. Das zertifikatsorientierte Subjekt kennt die Strategie, nicht zu erscheinen (um negativem Auffallen aus dem Weg zu gehen) oder sich in weiten Teilen der Gruppenarbeit zu entziehen. Zur Präsentation der Ergebnisse nutzt das zertifikatsorientierte Subjekt die Bühne zur Darstellung, denn Ziel ist es, Anerkennung zu erhalten vor einer breiteren Öffentlichkeit. Eine tiefergehende Reflexion des eigenen Lernprozesses im Workshop ist kaum anzutreffen. Im subjektiven Empfinden sieht dieser Typus sich als erfolgreich, insofern das Ergebnis (als Gruppenergebnis) von außen positiv gespiegelt wird. Wenn das Ergebnis beklatscht und gelobt wird und das Zertifikat ausgehändigt ist, sind die jungen

Erwachsenen dieses Typs zufrieden und zeigen Stolz hinsichtlich der erreichten Ergebnisse.

Die Biografie dieses Typus bleibt im Verborgenen. In den Interviews wird nicht erwähnt, in welchem gesellschaftlichen Milieu vergangene oder gegenwärtige Wurzeln liegen, die Berufe der Eltern werden ebenso wenig wie persönliche berufliche Aussichten benannt, die kulturelle und soziale Verortung bleibt im Dunkeln. Was ersichtlich wird, sind holperige Bildungsbiografien, die geprägt sind durch den Besuch mehrerer Schulformen, berufsvorbereitender Fördermaßnahmen oder durch Schulabbrüche. Häufig werden die hohen Anforderungen (von Schule und Gesellschaft) verbalisiert und dass Bücher und Schule »scheiße« seien. Lernen im institutionellen Sinn wird grundsätzlich abgelehnt. Lernen sei lediglich essentiell, um gute Noten und Anerkennung zu erhalten, um dadurch eine bessere Zukunft inklusive finanzieller Sicherheit zu erreichen. Das zertifikatsorientierte Subjekt referiert ausschließlich institutionalisierte Formen des Lernens und sieht sich nicht als eigenaktiv in der Aneignung von Kompetenzen über Digitale Medien (oder andere Bereiche).

In der Freizeit ist das zertifikatsorientierte Subjekt wenig ehrgeizig in Bezug auf Digitale Medien und pflegt die reine Nutzung niedrigschwelliger Angebote. Social-Network-Sites sind die favorisierte Freizeitbeschäftigung. Diese ermöglichen ein direktes (positives) Feedback einer gewissen Öffentlichkeit. In diesem Zusammenhang wird der Facebook-Button »Gefällt mir« hervorgehoben und Aussagen wie die Folgende unterstreichen die Nutzung von Social-Network-Sites als Plattform zur Selbstpräsentation und -darstellung: »Facebook ist für mich wie eine Bestätigung für einen selbst« (Franco, 21 Jahre, Designer). Neben Präsentationsangeboten nutzt das zertifikatsorientierte Subjekt auch Unterhaltungsangebote, meist »zum Abschalten«. Konsumtion statt Produktion oder Gestaltung steht im Vordergrund der Mediennutzung des zertifikatsorientierten Subjekts.

Der Kontakt zu vielen Freunden und Bekannten sowie ständige Erreichbarkeit sind überaus wichtig. Digitale Medien dienen neben der Selbstbestätigung vorrangig der Pflege sozialer Beziehungen und werden als Möglichkeit zur Kommunikation genutzt. »Ohne Handy könnte ich, glaube ich, gar nicht mehr« (Maria, 17 Jahre, Schülerin), beschreibt eine Workshopteilnehmerin dieses Phänomen. »Man kommt nach Hause und das Erste, was man macht, ist wirklich, dass man den Computer anmacht, um Facebook zu checken« (Franco, 21 Jahre, Designer), erläutert ein anderer.

Der Kontakt ist bei diesem Subjekttyp auf Menschen fokussiert, zu denen eine persönliche Beziehung – in den meisten Fällen sporadisch – besteht. Unbekannte Kontakte sind nicht von Interesse.

Eine ausgeprägte Zukunftsorientierung kennzeichnet und verängstigt das zertifikatsorientierte Subjekt. Die Biografieplanung erfolgt strategisch und ist ausgerichtet an Anerkennung und Prestige. Anforderungen im Hinblick auf Medienkompetenz (beispielsweise von zukünftigen Arbeitgeber_innen) werden wahrgenommen, motivieren jedoch nicht dazu, Digitale Medien zu verstehen und zu durchdringen. Software- und informationstechnische Komponenten werden kaum als solche wahrgenommen bzw. intellektuell erschlossen.

5.4 Interessenbereiche außerhalb Digitaler Medien

Ähnlich wie beim zertifikatsorientierten Subjekt konnte beim desinteressierten Subjekt nur wenig Interaktion mit Digitalen Medien in den Workshopsituationen festgestellt werden. Als Interaktionstyp findet sich hier vorwiegend die koexistente Interaktion.

Im Vorfeld des Workshops verfügt das desinteressierte Subjekt über wenig Erfahrungen mit Digitalen Medien, an die angeknüpft werden können. Die intensivere Auseinandersetzung, Konstruktion oder Programmierung von Digitalen Medien wird nicht als nützliche und bereichernde Anforderung erlebt. Anders als beim zertifikatsorientierten Subjekt weicht dieser Typus nicht einem Anforderungsdruck aus, sondern ist an der intensiveren Beschäftigung mit den Digitalen Medien nicht interessiert, da (gegenwärtig) andere Interessen vorherrschen. So ist die Reflexion der Inhalte des Workshops und der Transfer in die Alltagswelt nicht gelungen.

Biografisch betrachtet ist das desinteressierte Subjekt in einem akademischen Elternhaus aufgewachsen. Der Typus genießt einen guten ökonomischen Background und starke motivationale Unterstützung durch Eltern oder andere Familienangehörige. Das desinteressierte Subjekt wird auf gute Schulen geschickt und betreibt kostspielige, aufwändige Hobbys. Dieser sichere Hafen des Elternhauses evoziert möglicherweise die Phase von Orientierungslosigkeit, Trotz und Desinteresse, in der sich das desinteressierte Subjekt derzeit befindet. Moralisch und finanziell ohne Zwänge und Verpflichtungen lebend, verzichtet das desinteressierte Subjekt auf tiefergehende Auseinandersetzung mit sich oder gesellschaftlich relevanten Fragen.

Im Hinblick auf die eigene Bildung und berufliche Zukunft ist das desinteressierte Subjekt mit der gegenwärtigen Lage zufrieden und blickt entspannt in die Zukunft, ohne weitere Ziele zu definieren. Personen des Typus jobben lieber in einer Boutique, als eine Ausbildung zu beginnen, und sehen lieber fern, als Hausaufgaben zu machen. Schulisches Versagen erlebt das desinteressierte Subjekt wenig emotional, da die eigene ›Linie‹ im Leben noch nicht vorhanden ist. Vorbilder existieren weder aus den Medien- noch aus dem Bekanntenkreis. Die anzutreffende Null-Bock-Haltung und schlechte Noten werden von den Eltern kritisiert und sanktioniert, beispielsweise mit Medienentzug. Derartige Maßregelungen nimmt das desinteressierte Subjekt an und erlebt die medienfreie Zeit als Qual, jedoch ohne eine Verhaltensänderung herbeizuführen.

Für das desinteressierte Subjekt existieren keine Schnittstellen zwischen der Interaktion mit Digitalen Medien und dem persönlichen Lebensentwurf. Neben dem Fernsehen sind Handys, Social-Network-Sites und Instantmessaging-Systeme die am häufigsten und intensivsten verwendeten Medien und Medienangebote. »SchülerVZ, Facebook, ICQ und dann mit allen Leuten schreiben. Bei Facebook kann man sich so Fische holen, die kann man twittern« (Anne, 18 Jahre, jobbt), so beschreibt eine Workshopteilnehmerin ihre typische Mediennutzung. Chatten und kommunizieren erfolgt ähnlich wie beim zertifikatsorientierten Subjekt ausschließlich mit Freunden und Bekannten. Ein Austausch über interessante Themen in einem Forum mit unbekannten Menschen ist außerhalb des Handlungsspektrums, da Fremde generell – und explizit im Internet – eine Gefahr darstellen. Gefragt nach der Funktionsweise einer Onlineverkaufsplattform antwortet eine Teilnehmerin Folgendes, was als typisch für den Umgang des desinteressierten Subjekts mit Digitalen Medien zu betrachten ist:

»Interviewerin: ›Und hast du irgendeine Idee, also wie das sozusagen im Hintergrund funktioniert oder warum das irgendjemand anbietet, diese Plattform?‹ Teilnehmerin: ›Nee, das weiß ich eigentlich nicht […] ja, ist vielleicht auch kompliziert […] Ich will ja nur die Sachen da verkaufen‹« (Carolin, 17 Jahre, Schülerin).

Über die sogenannte Digitale Kultur kann das desinteressierte Subjekt einige allgemeine Diskurse wiedergeben, ohne jedoch eine Verbindung zwischen diesen Diskursen und persönlicher Betroffenheit zu ziehen. Häufig wird auf Gefahren des Internets referiert, beispielsweise die Gefahr, die von Fremden ausgeht, oder »Abzocke« (Carolin, 17 Jahre, Schülerin).

Gegenüber diesen Gefahren positioniert sich das desinteressierte Subjekt als Opfer, das diesen Gefahren ausgeliefert ist. Weitere Gefahren im World Wide Web gehen von potenziellen Arbeitgeber_innen aus, die Partyfotos sehen können, was das desinteressierte Subjekt aber wenig tangiert, da es diese ja einfach entfernen könne. Über die Anforderungen an die eigene Medienkompetenz, über Sicherheitseinstellungen auf Social-Network-Sites, Machtkonzentrationen auf dem Medienmarkt, das digitale Urheberrecht oder andere Aspekte, die mit Bezug auf die Digitale Kultur diskutiert werden, macht sich das desinteressierte Subjekt keine Gedanken. Unsere Workshops lieferten für diesen Subjekttypus keinen Anlass zur Auseinandersetzung mit den Spezifika Digitaler Medien.

5.5 Basteln und emotionales Erleben

Für den nächsten Subjekttypus, das »Bricolage-Subjekt«, sind basteln und ein emotionales Erleben der Interaktion mit Digitalen Medien sowie anderen Lebensbereichen von zentraler Bedeutung. Der Begriff »bricolage« wird von uns in Anlehnung an einen Terminus des Soziologen und Ethnologen Claude Levi-Strauss benutzt. Aus dem Französischen übersetzt bedeutet bricolage so viel wie Bastelei. Levi-Strauss bezeichnet damit ein »Nehmen und Verknüpfen, [von dem] was da ist« (Levi-Strauss 1977: 19). Bei bricolage geht es nicht darum, völlig Neues hervorzubringen, sondern durch Re-Kombination Bestehendes zu transformieren (Levi-Strauss 1977). Wir wurden inspiriert von diesem Begriff, weil es dem Bricolage-Subjekt gelingt, neue Verbindungen zwischen verschiedenen Aspekten von Digitalen Medien und anderen Dingen zu ziehen und außergewöhnliche Objekte zu konstruieren. Dabei lässt sich das Bricolage-Subjekt von der eigenen Sinnlichkeit und Intuition leiten. Der Zugang zu Digitalen Medien im Workshop ist geprägt von ästhetischem Bewusstsein und Fantasie. Insbesondere die Immersions- und Imaginationsphasen, also jene Phasen, wo das Eintauchen in die Interaktion mit Digitalen Medien möglich wird und die Vorstellungskraft gefragt ist, sind für das Bricolage-Subjekt anschlussfähig. Es fällt diesem Subjekttypus leicht, sich mit allen Sinnen von der faszinierenden Zauberwelt der Digitalen Medien fesseln zu lassen. Ein Beispiel dafür ist die Beschreibung der eigenen Erfahrung, die eine Teilnehmerin mit der digitalen Installation macht. Sie verbalisiert ihre Assoziation auf der Projektionsfläche wie folgt: »Diese hellen Töne waren für mich irgendwie

Tropfen, so 'ne feuchte Höhle, wo halt irgendwie Tropfen auf den Stein getropft sind« (Alma, 20 Jahre, arbeitssuchend). Darüber hinaus verbindet das Bricolage-Subjekt die eigenen konkreten Erfahrungen auch mit ungewöhnlichen Visionen vom Einsatz Digitaler Medien in der Zukunft, insbesondere im Bereich Kunst oder Kultur. Es hat im Vergleich zu den bisher genannten Subjektkonstruktionen einen besonderen Sinn für ästhetische Aspekte und Design. Für diesen Typus ist es im Rahmen unserer Workshops nicht nur wichtig, dass ein Robot oder interaktive Kleidung funktionieren, sondern sie sollten auch ästhetisch ansprechend sein. Die Konstruktionsideen, die im »Robot DIY«-Workshop und im Workshop »Shape your World« entwickelt wurden, erfüllten keinen praktischen Zweck sondern waren primär schön und außergewöhnlich.

Sherry Turkle und Seymour Papert, nutzen ebenfalls den Begriff der bricolage (nach Levi-Strauss), um die Interaktion mit Digitalen Medien zu beschreiben (Turkle/Papert 1990: 135ff.). Sie vergleichen den Prozess des Konstruierens von digitalen Objekten im Sinne der bricolage mit dem Kochen (ebd.: 136). Auch das Bricolage-Subjekt wirft – im metaphorischen Sinne – zusammen, was der Haushalt zu bieten hat, und folgt keinen genauen Anweisungen in Form von Rezepten, sondern probiert die zubereitete Speise und entscheidet daraufhin, was noch zum guten Geschmack fehlt. Ein vergleichbares Vorgehen konnten wir in unseren Workshops beobachten: Statt vor Beginn der Konstruktion einen Plan zu entwickeln und diesen zu verfolgen, wie dies beispielsweise das professionelle Subjekt tut, lässt sich das Bricolage-Subjekt von den Gegebenheiten des Materials leiten, ändert immer wieder ab und improvisiert auch mit neuen Materialien. So konstruiert das Bricolage-Subjekt in unserem »Robot DIY«-Workshop nicht *ein* Robot, sondern bis zum finalen Produkt etwa zehn unterschiedliche Robots. Die Robots bestanden nicht nur aus den vorbereiteten Materialien wie Sensoren, Aktuatoren, Motoren und Bausteinen, sondern auch ein herumliegendes Springseil wurde in die Konstruktion eingefügt.

Die biografischen Prozesse des Bricolage-Subjekts sind durch anthroposophische Lebensstile oder jedenfalls durch Förderung künstlerischer Fähigkeiten und Interessen durch die Eltern gekennzeichnet. Der Zugang zu Digitalen Medien erfolgte in der Kindheit häufig über Design- und Ästhetikaspekte, über Besuche von Museen und Reisen. Medien werden genutzt, um sich kreativ auszudrücken und eigene Kreationen, eigene Homepages oder Videocollagen mit anderen Interessierten zu teilen. Da die Eltern des

Bricolage-Subjekts der Eigenaktivität des Kindes einen hohen Stellenwert beimessen, sind klassische Medien (wie Radio und Fernseher) im elterlichen Haushalt wegen der Konsumorientierung nicht gerne gesehen. Der Zugang zu Natur und Kultur hat einen höheren Stellenwert als der Umgang mit Technologien. Das Bricolage-Subjekt ist kommunikativ, den Künsten (Theater, Musik, Zeichnen oder Basteln) zugewandt und vielseitig interessiert. Generell lebt das Bricolage-Subjekt nach der Maxime, die Sinne zu stimulieren und eigene Bedürfnisse zu befriedigen. Ausgesprochen häufig finden sich in der Biografie aber auch Phasen, in denen die Mediennutzung als pathologisch bezeichnet wird. Gemeint ist beispielsweise eine intensive Beschäftigung mit Computerspielen in extrem hohem zeitlichen Umfang oder nächtelanges Fernsehen. Meist endet diese Phase einer vermutlich jugendlichen Trotzreaktion auf die elterliche Antihaltung gegenüber Medien von allein.

In der alltäglichen Mediennutzung legt das Bricolage-Subjekt großen Wert auf eine Balance zwischen Mediennutzung und anderen Aktivitäten. Ein hoher Medienkonsum gilt als eher uncool, dennoch ist dieser Typus offen für das Ausprobieren neuster Technologien. Wenn das Bricolage-Subjekt im World Wide Web surft, folgt es keiner Strategie, sondern lässt sich von link zu link bis zum gewünschten Erfolg leiten. Das World Wide Web dient als Inspirationsquelle für eigene kreative Aktivitäten und als Fenster, durch das die digitale Zauberwelt ins eigene Wohnzimmer kommt: »Im Netz bricht die Welt über dich herein und kommt zu Dir nach Hause« (Aleyna, 24 Jahre, Designerin).

Das Verstehen Digitaler Medien und ihrer Programmierung hat einen hohen Stellenwert. So erstreckt sich die Phase des Reflexionsprozesses weit über den besuchten Workshop hinaus. Das hohe intrinsische Interesse, mehr über Digitale Medien zu erfahren, entspringt der Motivation, den eigenen Umgang erfahrungsreicher, ästhetischer und sinnlicher zu gestalten. Die Interaktion des Bricolage-Subjekts mit Digitalen Medien ist geleitet von eigenen Interessen – eine Orientierung an gesellschaftlichen Anforderungen oder eine Orientierung an Medienkompetenzerwartungen kommt diesem Subjekttypus nicht in den Sinn. Jedoch verfügt er über Problembewusstsein im Hinblick auf Datenschutz und ökologische und ökonomische Aspekte. Er hat aber (noch) keine klare Handlungsstrategie im Hinblick auf kritische Aspekte der Digitalen Kultur entwickelt, sondern nutzt beispielsweise die Digitalen Medien, um sich inspirieren zu lassen und eigene

Erlebnisse zu intensivieren. Auf einer sinnlichen Ebene wird für das Bricolage-Subjekt das evokative Potenzial Digitaler Medien auf besondere Weise erlebbar.

5.6 Hohe Kompetenz vs. keine Interaktion mit Digitalen Medien

Der nächste Subjekttypus, das »ambivalente Subjekt«, zeichnet sich dadurch aus, dass es über eine hohe Medienkompetenz verfügt, die Interaktion mit Digitalen Medien jedoch vermeidet. Dieser Subjekttypus ist sehr reflektiert, denkt häufig in Dichotomien, wägt Standpunkte und Ambivalenzen ab und verfügt über wenig Selbstvertrauen gegenüber Digitalen Medien.

In den Workshops zeichnet sich das ambivalente Subjekt dadurch aus, dass es einerseits auf ein enormes Wissen über Digitale Medien (nicht nur technologische, sondern auch gesellschaftliche Aspekte) zurückgreifen kann und andererseits dadurch, dass es dieses Wissen nicht für die Interaktion mit Digitalen Medien nutzt, sondern es der expliziten Aufforderungen zur Interaktion bedarf. Es besteht ein Interesse am Umgang mit Digitalen Medien, sogar die zugrunde liegenden Strukturen werden hinterfragt, doch in der Interaktion selbst ist das ambivalente Subjekt zurückhaltend. Einerseits ist dieser Subjekttyp fasziniert von Digitalen Medien und zeigt großes Potenzial zur Imagination, was die folgende Aussage einer Teilnehmerin im Workshop mit der digitalen Installation verdeutlicht: »[E]s fühlt sich toll an, wenn man irgendwie so macht oder sich bewegt und dabei die Phasen des Schwarms verändert und dann verändert sich der Sound auch noch« (Clara, 26 Jahre, Praktikantin). Andererseits fühlt sich das ambivalente Subjekt von den Digitalen Medien überfordert: »Ich weiß überhaupt nicht, wie man so was programmiert, oder so, ne, das versteh ich einfach nicht und das find' ich auch 'n komischen Zustand eigentlich, das will ich eigentlich nicht, weil, ähm, ich benutze, was ich wirklich nicht begreife, was ich nicht nachvollziehen kann« (Clara, 26 Jahre, Praktikantin). Das ambivalente Subjekt hat wenig Vertrauen in die eigenen Fähigkeiten und Kompetenzen bezüglich Digitaler Medien bzw. betrachtet sich selbst als machtlos und gefährdet. Bevor das ambivalente Subjekt handelt, denkt es intensiv nach, welche Konsequenzen das Handeln haben könnte. Dies steht spontanen Interaktionen im Wege.

Biografisch betrachtet lässt sich diesem Subjekttypus keine eindeutige Linie zuordnen. In der Freizeit versucht das ambivalente Subjekt, die Interaktion mit Digitalen Medien, soweit dies eben möglich ist, zu vermeiden, ohne dabei Totalverweigerer zu sein. Es verfügt beispielsweise über eine E-Mail-Adresse und ein Telefon oder Handy. Über solche rudimentäre Ausstattung hinaus bereitet es großes Unbehagen, sich im Rahmen von professionellen Kontexten auf beispielsweise einer Lernplattform anzumelden. Die Anmeldung auf einer Social-Network-Site ist für das ambivalente Subjekt ausgeschlossen. Freunde und Bekannte haben das akzeptiert.

Die Motive für die Zurückhaltung gegenüber Digitalen Medien liegen auf verschiedenen Ebenen. Erstens schätzt das ambivalente Subjekt die eigenen Kompetenzen bezogen auf den Umgang mit Digitalen Medien zu gering ein, als dass es diese kompetent nutzen oder abschätzen könnte, welche Auswirkungen das gegenwärtige (Medien-)Handeln zukünftig hat. Zweitens weiß es sehr genau um die Potenziale und Spezifika Digitaler Medien, z.B. über die Vernetzbarkeit von Daten. Das ambivalente Subjekt befürchtet, dass die Menschen ihre eigene Technologie eines Tages nicht mehr kontrollieren können und von dieser überwältigt werden. Drittens ist das ambivalente Subjekt zögerlich gegenüber Digitalen Medien, weil es zu wissen glaubt, dass einige Konzerne aus Daten von Nutzer_innen ökonomisches Kapital schlagen. Und viertens kann das ambivalente Subjekt mit einem Großteil der angebotenen Medieninhalte nichts anfangen, weshalb es keinen Grund sieht, die entsprechenden Medien zu nutzen. Ein Beispiel soll dies illustrieren: »[N]ein, ich weiß gar nicht, was ich da machen soll, auf Facebook oder so, da kann man ja auch nicht quatschen oder so« (Nikolaus, 20 Jahre, Student). Insgesamt kann festgehalten werden, dass das ambivalente Subjekt die Spezifika Digitaler Medien kennt, aus dieser Erkenntnis jedoch kein Selbstbewusstsein zieht, sondern eher Verunsicherung. Dabei ist es besonders die Unsichtbarkeit der Prozesse, die für das ambivalente Subjekt die eigene (angebliche) Inkompetenz in Bezug auf Digitale Medien zum Problem werden lässt.

5.7 Diskussion der Subjekttypen

Im Anschluss an diese Vorstellung der Ergebnisse unserer Datenanalyse wollen wir versuchen, unsere Forschungsergebnisse zu kontextualisieren. Die beschriebenen Subjektkonstruktionen sind stets Konstruktionen, sie können sich also für Individuen im Lebensverlauf verändern und es können sich darüber hinaus beim gleichen Menschen in unterschiedlichen Situationen verschiedene Ausprägungen und Zusammenhänge unterschiedlicher Kategorien finden. Im Rahmen der durchgeführten Analyse konnten hierfür die aufgezeigten spezifischen Zusammenhänge illustriert und interpretiert werden. Welche Auswirkungen beispielsweise ein bildungsfernes, geringverdienendes Elternhaus auf die Intensität und Kompetenz der Nutzung von Digitalen Medien hat (oder ob es überhaupt Auswirkungen hat), kann daraus nicht generell erschlossen werden. Was gesagt werden kann, ist, dass diejenigen jungen Erwachsenen mit eben jenem Elternhaus, die wir beispielsweise in der Subjektkonstruktion des emanzipatorischen Subjekts wiederfinden konnten, ihre eigene Mediennutzung und Interaktion mit Digitalen Medien voller Dank ausschöpfen und Digitale Medien als Tor zur Welt und zur eigenen Persönlichkeitsentwicklung und Karriere interpretieren – worin sich diese Subjektkonstruktion beispielsweise auch fundamental von allen anderen unterscheidet. Sicher kann gesagt werden, dass es nicht ausreichend ist, Schulen oder andere Bildungssphären mit Digitalen Medien auszustatten, um Bildungsprozesse über und mit Digitalen Medien anzuregen, dies gelingt selbst in unseren Workshopangeboten nicht immer, obwohl diese speziell hierfür konzipiert wurden. Damit die Digitalen Medien gewinnbringend genutzt werden können, müssen sie, ebenso wie die Lernszenarien, Anknüpfung bieten für die große Diversität der Subjekte. Unsere Ergebnisse könnten dazu beitragen, diese Unterschiedlichkeit – jenseits einer pauschalen Annahme von »Digital Natives« (Prensky 2001) – zunächst wahrzunehmen und Anschlussmöglichkeiten zu schaffen.

Abschließend wollen wir noch kurz darauf eingehen, worin wir die Neuartigkeit der vorliegenden Subjektkonstruktionen sehen. Auf Konferenzen, auf denen wir unsere Subjektkonstruktionen vorstellen, werden wir manchmal darauf hingewiesen, dass es beispielsweise schon immer Menschen gab, die sich nach sozialem Aufstieg sehnten (wie das emanzipatorische Subjekt), oder auch, dass sich das Phänomen des Desinteresses bei jungen Erwachsenen (wie bei dem desinteressierten Subjekt) unter den rich white kids der westlichen Welt auch sonst beobachten lässt. Im Kern mag es sich bei den beschriebenen Aktivitäten der einzelnen Subjektkonstruktionen noch immer um Kommunikation, sozialen Aufstieg, Persönlichkeitsentfaltung oder Beziehungspflege handeln, dennoch existiert ein qualitativer Unterschied zwischen der Face-to-Face-Kommunikation und dem Chat mit einem/r Unbekannten am anderen Ende der Welt; auch kann ein sozialer Aufstieg mittels Digitaler Medien gänzlich anders realisiert werden als noch vor wenigen Jahren; Hobbys können anders betrieben werden; neue Hobbys und Interessen können rund um Digitale Medien entstehen und diese befinden sich in einem komplexen Gefüge zu anderen Aspekten des menschlichen Daseins sowie den Spezifika Digitaler Medien, wie beispielsweise der einfachen Vernetzbarkeit von Daten und Geräten, die diese veränderten Praktiken erst ermöglichen. Es handelt sich bei diesen neuen Subjektkonstruktionen nicht um Cyborg-ähnliche-Wesen, sondern um junge Erwachsene, die sich mit, durch und über Digitale Medien definieren und selbst erfinden, die Digitale Medien in ihren Alltag integrieren und mit diesen lernen, spielen und Freundschaften pflegen. Es geht um solche Selbstkonstruktionen und Selbstdarstellungen, Biografien, Spiele, Kommunikate und Freundschaften, die ohne die Digitalen Medien nicht existierten oder ganz anders aussähen. Die unterschiedlichen Typen von Subjekten machen sich hierfür jeweils unterschiedliche Spezifika und Potenziale Digitaler Medien zu Nutze, versuchen sie zu begreifen und stellen sie in Frage und gestalten so eine digitale Kultur und sich selbst.

6 ZUSAMMENFASSUNG

Digitale Medien sind die ersten im eigentlichen Sinne *interaktiven* Medien. Dies bedeutet zweierlei: (1) Vom Medium selbst geht ›Handlungsmacht‹ aus. Es führt eigenständige Aktionen durch, bezogen auf den jeweiligen Kontext, die Umgebung und die Handlungen des menschlichen Akteurs. Möglich ist dies, weil Digitale Medien den Computer als Kern haben. Dieser kann über die Software Wahrnehmungen über das Umfeld und Eingaben aus der Umgebung nicht nur speichern und übertragen, sondern sie auch *verarbeiten*. (2) Durch dieses Potenzial der Handlungsmächtigkeit entsteht eine permanente Aufforderung an die Nutzer_innen zum sinngebenden Handeln, die Aufforderung, den Ausgaben, die der Computer letztendlich auf rein syntaktischer Grundlage berechnet, eine Bedeutung zu geben. Der Computer und damit das Digitale Medium ist daher ein »evokatives Objekt« (Turkle 1984). Dieses evokative Potenzial des Computers kann, so die Überzeugung in unserem Teilprojekt, umso besser im Sinne einer sinngebenden und kreativen Tätigkeit des Menschen aktualisiert werden, je besser diese das Medium verstehen, begreifen und die Schlussfolgerungen interpretieren können.

Im Teilprojekt »Lernen in Interaktion mit digitalen Artefakten«, das in der Informatik situiert ist, haben wir Digitale Medien so konstruiert, gestaltet und genutzt, dass sie eine solche verstehende Interaktion für die Menschen optimal ermöglichen. Wir haben dazu be-greifbare Interfaces verwendet (Robben/Schelhowe 2012), weil sie das Interagieren mit dem ganzen Körper oder durch die Implementierung von Computerprogrammen in alltäglichen, vertrauten Gegenständen erlauben und dadurch die Unmittelbarkeit des Umgangs, die Erfahrung und das Erlebnis verstärken – nicht (mehr) getrennt durch Bildschirm und Tastatur. Wir haben diese Installationen für das Lernen aber auch so eingerichtet, dass sie nicht nur intuitives Handeln, sondern auch Reflexion über das Medium und seine Prozesse evozieren. Algorithmik und Programmierung, die den Hintergrund jeder Computeranwendung bilden, sind in heute gebräuchlichen Anwendungen so weit wie möglich hinter dem Interface versteckt. In unserem Projekt machen wir die Algorithmik jedoch handelnd und visuell wieder zugänglich und rücken sie ins Bewusstsein. Dies geschieht einerseits durch die spezifische Konstruktion und Gestaltung des Mediums, andererseits aber auch durch die Einbettung in pädagogisch-didaktisch arrangierte Lernszenarien, was uns mit der Pädagogik verbindet.

Wie gehen die jungen Menschen, die wir in unseren Workshops beobachtet und befragt haben, mit dieser arrangierten Interaktionssituation um? Wir konnten beobachten, dass sie solche Situationen in sehr kreativer und ›sich bildender‹ Weise nutzen können: Studierende des Modedesigns erweitern ihr Selbstverständnis als Kreative um Technikkompetenz, was zuvor nicht zu ihrem Handlungsrepertoire gehörte, und gewinnen Anschluss an innovative Technologiebereiche, die die Gegenwartsgesellschaft prägen und verändert haben. Ihre Kreativität bekam einen Schub und setzte sich auch in ihrem weiteren Studium und ihren Entwürfen als Verbindung von Technologie und Mode fort. Zwei Teilnehmerinnen entwarfen im Workshop beispielsweise eine ›intelligente‹ Fahrradjacke, über die sie einige Wochen nach dem Workshop in einer Zeitschrift publizierten und die sie patentieren ließen. Für sie war die konstruierende Interaktion mit dem Medium ein nachhaltiges Erlebnis mit Auswirkungen für ihr Verhältnis zu Digitalen Medien. Eine Teilnehmerin, die auf dem Dorf lebte und sich dort isoliert in Familien- und Pflegearbeit fühlt, entdeckt in der reflexiven Interaktion eine Erweiterung ihres Handlungsspielraums. Diese jungen Menschen haben wir in ihrer Interaktion mit den Digitalen Medien kreativ und kooperierend bezogen auf die verarbeitenden Prozesse der Medien erlebt und daraus jeweils einen Interaktionstypus abgeleitet. Die Medien, die wir entworfen haben und die wir mit ihnen im Rahmen pädagogisch-didaktisch arrangierter Umgebungen ausprobiert haben, konnten sie für ihre persönliche Entwicklung und ihr Lernen nutzen, und sie verwenden diese Erfahrung auch für ihr Alltagshandeln im Umgang mit Digitalen Medien. In diesem Sinne sind diese Medien in der Tat zu Bildungsmedien (Schelhowe 2011) geworden, wie es unserer Absicht und unseren Zielen als Forschungsgruppe in der Informatik entspricht.

Allerdings ist uns diese positive Intervention nicht bei allen Proband_innen gelungen. Als ›Risikogruppe‹ im Hinblick auf einen Lernzuwachs würden wir insbesondere die Typen sehen, die vorherrschend »koexistent« interagieren (der desinteressierte und der koexistente Typ). Diese gehen zwar mit den Digitalen Medien »irgendwie« um, kümmern sich jedoch wenig um deren interaktive Evokationen. In unseren Settings haben wir diese Typen abgeleitet aus Teilnehmenden, die z.B. ihre Performance mit dem Schwarm so umsetzen, als gebe es keinen Zusammenhang zwischen ihrem eigenen Handeln und den Aktionen der Lichtpunkte. Vielleicht sind mit diesen Typen am ehesten Jugendliche vergleichbar, die – wenn Facebook ihnen neue Freund_innen vorschlägt – weder neugierig sind noch sich fragen, woher Facebook das ›Wissen‹ über diese potenziellen Freund_innen hat – sie klicken einfach. Die Hoffnung wäre, dass Jugendliche, die wissen, was Digitale Medien sind, und ihre Interaktivität nutzen können, sich Fragen stellen und so Antworten selbst finden können, die für sie und ihre Umwelt passen und die ihnen die Erwachsenen heute nicht mehr standardisiert liefern können. Welche Bedingungen für jene junge Menschen, die eher »koexistent« agieren und die nahezu alle unter institutionellem Zwang zu unseren Workshops gekommen sind, zu schaffen wären, bleibt zu diskutieren.

Interessanterweise sind wir auf einen weiteren Typus gestoßen, den wir als »kontrollierend« bezeichnet haben (und der sich besonders ausgeprägt beim professionellen Subjekt wiederfinden lässt). Auch dieser Typus hat die Lernpotenziale der von uns gestalteten Digitalen Technologien nicht voll nutzen können – und das, obwohl sich in diesem Typus insbesondere die Technikaffinen und -erfahrenen finden. Diese jungen Menschen folgen ihren eigenen Planungsprozessen und lassen sich von den Medien und deren Handlungsaufforderungen wenig inspirieren. Vielleicht ist es gerade den Neuen, in hohem Grad interaktiven Medien nicht mehr angemessen, ihnen mit unverrückbaren Vorstellungen und fixierten Plänen zu begegnen. Dies würde der/dem »bricoleur«, den/die Turkle und Papert beschrieben haben (Papert/Turkle 1990), bessere Erfolgschancen im Lernen mit Digitalen Medien in Aussicht stellen als den »kontrollierenden Planer_innen«.

LITERATUR

Ackermann, Edith (1996): »Perspective-Taking and Object Construction. Two Keys to Learning«, in: Yasmin Kafai/Mitchel Resnick (Hg.): Constructionism in Practice, S. 25-35.

Ackermann, Edith (2004): »Constructing Knowledge and Transforming the World«, in: Mario Tokoro/Luc Steels (Hg.): A Learning Zone of One's Own: Sharing Representations and Flow in Collaborative Learning Environments, Amsterdam: IOS Press, S. 15-37.

Albers, Carsten/Magenheim, Johannes/Meister, Dorothee (2011): »Der Einsatz digitaler Medien als Herausforderung von Schule – eine Annäherung«, in: Carsten Albers et al. (Hg.): Schule in der digitalen Welt, S. 7-16.

Albers, Carsten/Magenheim, Johannes/Meister, Dorothee (Hg.) (2011): Schule in der digitalen Welt. Medienpädagogische Ansätze und Schulforschungsperspektiven, Wiesbaden: VS Verlag für Sozialwissenschaften.

Arendt, Hannah (1960): Vita Activa oder Vom tätigen Leben, München: Piper.

Autorengruppe Bildungsberichterstattung (Hg.) (2012): Bildung in Deutschland 2012. Ein indikatorengestützter Bericht mit einer Analyse zur kulturellen Bildung im Lebenslauf, Bielefeld: Bertelsmann, http://www.bildungsbericht.de/daten2012/bb_2012.pdf [letzter Zugriff: 22.02.2013].

Baumgartner, Peter/Payr, Sabine (1994): Lernen mit Software, Innsbruck: Österreichischer StudienVerlag.

Beer, Raphael (2007a): »Bourdieu und die Philosophie. Anmerkungen zu einem Missverhältnis«, in: WestEnd. Neue Zeitschrift für Sozialforschung 2, S. 137-148.

Beer, Raphael (2007b): Erkenntniskritische Sozialisationstheorie. Kritik der sozialisierten Vernunft, Wiesbaden: VS Verlag für Sozialwissenschaften.

Bisky, Lothar (2007): »Politische Kommunikation in der Mediengesellschaft«, in: Johannes Fromme/Burkhard Schäffer (Hg.): Medien – Macht – Gesellschaft, Wiesbaden: VS Verlag für Sozialwissenschaften, S. 15-27.

BMBF – Bundesministerium für Bildung und Forschung (Hg.) (2006): IT-Ausstattung der allgemeinbildenden und berufsbildenden Schulen in Deutschland. Bestandsaufnahme 2006 und Entwicklungen 2001 bis 2006, Bonn/Berlin.

Bockermann, Iris (2011): Wo verläuft der Digital Divide im Klassenraum? Lehrerhandeln und Digitale Medien, Dissertation, Bremen.

Bourdieu, Pierre (1979/1994): Die feinen Unterschiede. Kritik der gesellschaftlichen Urteilskraft, Frankfurt a.M.: Suhrkamp.

Bröckling, Ulrich (2007): Das unternehmerische Selbst, Frankfurt a.M.: Suhrkamp.

Büching, Corinne/Zeising, Anja/Schelhowe, Heidi (2010): »Playing with a Learning Environment. Subject Formations and Digital Culture«, in: Workshop Proceedings Mensch & Computer 2010, München.

Buechley, Leah (2006): »A Construction Kit for Electronic Textiles«, in: Proceedings of IEEE International Symposium on Wearable Computers (ISWC), Montreux.

Bundesregierung (Hg.) (2008): Lebenslagen in Deutschland. Der 3. Armuts- und Reichtumsbericht der Bundesregierung, Kurzfassung, http://www.bmas.de/SharedDocs/Downloads/DE/PDF-Publikationen/ forschungsprojekt-a333-dritter-armuts-und-reichtumsbericht-kurzfassung.pdf?__blob=publicationFile [letzter Zugriff: 22.02.2013].

Chua, Chee Kai/Leong, Kah Fai/Lim, Chu Sing (2010): Rapid Prototyping: Principles and Applications, Singapur: World Scientific Publishing.

Corbin, Juliet M./Strauss, Anselm L. (1996): Grounded Theory: Grundlagen Qualitativer Sozialforschung, Weinheim: Beltz.

Dittert, Nadine/Dittmann, Katharina/Grüter, Thorsten/Kümmel, Anja/ Osterloh, Anja/Reichel, Milena/Schelhowe, Heidi/Volkmann, Gerald/ Zorn, Isabel (2008): »Understanding Digital Media by Constructing Intelligent Artefacts – Design of a Learning Environment for Children«, in: Proceedings of World Conference on Educational Multimedia, Hypermedia and Telecommunications 2008, Chesapeake: AACE, S. 2348-2357.

Dourish, Paul (2001): Where the Action Is – The Foundations of Embodied Interaction, Cambridge: MIT Press.

Eisenberg, Mike/Buechley, Leah (2008): »Pervasive Fabrication: Making Construction Ubiquitous in Education«, in: Journal of Software 3, 4, S. 62-68.

Eisenberg, Mike/Eisenberg, Ann Nishioka (1999): »Middle Tech: Blurring the Devision between High and Low Tech in Education«, in: Allison Druin (Hg.): The Design of Children's Technology, San Francisco: Morgan Kaufmann, S. 244-273.

FabCharter (2007): http://fab.cba.mit.edu/about/charter/ [letzter Zugriff: 22.02.2013].

Gershenfeld, Neil (2005): Fab: The Coming Revolution on Your Desktop – from Personal Computers to Personal Fabrication, New York: Basic Books.

Glasersfeld, Ernst v. (1997): Radikaler Konstruktivismus. Ideen, Ergebnisse, Probleme, Frankfurt a.M.: Suhrkamp.

Hajinejad, Nassrin (2009): Swarming Sounds – Entwicklung eines auditiven Displays für Der Schwarm, unveröffentlichte Bachelorarbeit, Bremen.

Harel, Idit/Papert, Seymour (1991) (Hg.): Constructionsm: Research Reports and Essays, 1985-1990, Norwood: Ablex Publishing Corporation.

Harel, Idit/Papert, Seymour (1991): »Software Desing as a Learning Environment«, in: Idit Harel/Seymour Papert (Hg.): Constructionsm, S. 41-84.

Hasebrink, Uwe/Lampert, Claudia (2009): »Online-Nutzung von Kindern und Jugendlichen in Europa. Ergebnisse aus dem europäischen Forschungsverbund EU Kids Online«, in: Diskurs Kindheits- und Jugendforschung 4, 1, S. 27- 40.

Hashagen, Anja/Hajinejad, Nassrin/Schelhowe, Heidi (2009): »Dancing Sound: Swarm Intelligence based Sound Composition through Free

Body Movements«, in: Proceedings of ISEA2009 – The 15th International Symposium on Electronic Art, 23. August bis 1. September, Belfast.

Hashagen, Anja/Pesina, Roman/Schelhowe, Heidi/Volkmann, Gerald (2008):»Der Schwarm – Körpererfahrung und Algorithmik«, in: Martin Christof Kindsmüller/Michael Herczeg (Hg.): Mensch & Computer 2008: Viel mehr Interaktion, München: Oldenbourg, S. 227-236.

Hepp, Andreas (2010): Cultural Studies und Medienanalyse. Eine Einführung, Wiesbaden: VS Verlag für Sozialwissenschaften.

Herzig, Bardo (2001):»Medienerziehung und informatische Bildung – ein (semiotischer) Beitrag zu einer integrativen Medienbildungstheorie«, in: Bardo Herzig (Hg.): Medien machen Schule. Grundlagen, Konzepte und Erfahrungen zur Medienbildung, Bad Heilbrunn: Klinkhardt.

Herzig, Bardo/Grafe, Silke (2011):»Wirkungen digitaler Medien«, in: Carsten Albers et al. (Hg.): Schule in der digitalen Welt, S. 67-95.

Hornecker, Eva (2009):»Tangible Interaction«, http://www.interactiondesign.org/encyclopedia/tangible_interaction.html [letzter Zugriff: 22.02.2013].

Jenkins, Henry/Purushotma, Ravi/Weigel, Margaret/Clinton, Katie (2006): Confronting the Challenges of Participatory Culture. Media Education in the 21st Century, Chicago: MacArthur Foundation.

Jörissen, Benjamin/Marotzki, Winfried (2009): Medienbildung – eine Einführung. Theorie – Methoden – Analysen, Stuttgart: UTB.

Kafai, Yasmin/Resnick, Mitchel (Hg.) (1996): Constructionism in Practice. Designing, Thinking, and Learning in a Digital World, Mahwah: Lawrence Erlbaum.

Kafai, Yasmin/Resnick, Mitchel (1996):»Introduction«, in: Yasmin Kafai/Mitchel Resnick (Hg.): Constructionism in Practice, S. 1-8.

Kammerl, Rudolf (2009):»Vor den Toren virtueller (Bildungs)Räume: Medienstrukturelle und medienökologische Bedingungen internetbasierter Lernerfahrungen und ihre bildungstheoretische Relevanz«, in: Michael Wimmer/Roland Reichenbach/Ludwig Pongratz (Hg.): Medien, Technik und Bildung, Paderborn: Schöningh, S. 85-106.

Katterfeldt, Eva-Sophie/Dittert, Nadine/Schelhowe, Heidi (2009):»EduWear: Smart Textiles as Ways of Relating Computing Technology to Everyday Life«, in: Proceedings of the 8th International Conference on Interaction Design and Children (IDC 2009), New York: ACM, S. 9-17.

Krotz, Friedrich (2007): Mediatisierung: Fallstudien zum Wandel von Kommunikation, Wiesbaden: VS-Verlag für Sozialwissenschaften.
Leistert, Oliver/Röhle, Theo (Hg.) (2011): Generation Facebook. Über das Leben im Social Net, Bielefeld: transcript.
Levi-Strauss, Claude (1977): Das wilde Denken, Frankfurt a.M.: Suhrkamp.
Luhmann, Niklas (2004): Die Realität der Massenmedien, Wiesbaden: VS Verlag für Sozialwissenschaften.
Lunenfeldt, Peter (1999): The Digital Dialectic. New Essays on New Media, Cambridge: MIT Press.
Manovich, Lev (2001): The Language of New Media, Cambridge: MIT Press.
Marotzki, Winfried (1990): Entwurf einer strukturalen Bildungstheorie: biographietheoretische Auslegung von Bildungsprozessen in hochkomplexen Gesellschaften, Weinheim: Dt. Studien-Verlag.
Marotzki, Winfried/Meister, Dorothee M./Sander, Uwe (Hg.) (2000): Zum Bildungswert des Internet. Bildungsräume digitaler Welten, Opladen: Leske + Budrich.
Mattern, Friedemann (2004): »Ubiquitous Computing: Schlaue Alltagsgegenstände – die Vision von der Informatisierung des Alltags«, Zürich, o.S. http://www.vs.inf.ethz.ch/publ/papers/mattern2004_sev.pdf [letzter Zugriff: 22.02.2013].
Medienpädagogischer Forschungsverbund Südwest [MPFS] (Hg.) (2011): »JIM-Studie. Jugend, Information, (Multi-) Media, Basisstudie zum Medienumgang 12- bis 19-Jähriger in Deutschland 2011«, Stuttgart http://www.mpfs.de/fileadmin/JIM-pdf11/JIM2011.pdf [letzter Zugriff: 22.02.2013]
Meyer-Drawe, Käte (1990): Illusionen von Autonomie, München: Kirchheim.
Murray, Janet H. (2003): »Inventing the Medium«, in: Noah Wardrip-Fruin/Nick Montfort (Hg.): The New Media Reader, Cambridge: MIT Press, S. 3-12.
Nadin, Mihai (1988): »Interface Design and Evaluation – Semiotic Implications«, in: Rex Hartson/Deborah Hix (Hg.): Advances in Human-Computer-Interaction, Bd. 2, Norwood: Ablex Publishing.
Nake, Frieder (1997): »Der semiotische Charakter der informatischen Gegenstände«, in: Udo Bayer/Karl Gfesser/Juliane Hansen (Hg.): Signum

um Signum: Elisabeth Walther-Bense zu Ehren, Sonderausgabe SEMIOSIS, Baden-Baden: Agis, S. 85-90.

Nake, Frieder/Grabowski, Susanne (2007): »Abstraktion, System, Design. Zur Perspektive von Bildung, aus informatischer Sicht«, in: Werner Sesink/Michael Kerres/Heinz Moser (Hg.): Jahrbuch Medienpädagogik, Wiesbaden: VS-Verlag für Sozialwissenschaften, S. 300-314.

Niesyto, Horst (2009): »Digitale Medien, soziale Benachteiligung und soziale Distinktion«, in: Zeitschrift für Theorie und Praxis der Medienbildung 17, o.S. http://www.medienpaed.com/17/niesyto0906.pdf [letzter Zugriff: 22.02.2013].

Norman, Donald (1998): The Invisible Computer, Cambridge: MIT Press.

O'Malley, Claire/Fraser, Danae S. (2005): Literature Review in Learning with Tangible Technologies. Nesta Futurelab Series, Bd. 12, http://archive.futurelab.org.uk/resources/documents/lit_reviews/Tangibl e_Review.pdf [letzter Zugriff: 22.02.2013].

Papert, Seymour (1980): Mindstorms. Children, Computer and Powerful Ideas, New York: Basic Books.

Papert, Seymour (1987): »Constructionism: A New Opportunity for Elementary Science Education«, Award Abstract #8751190, National Science Education, o.S. http://nsf.gov/awardsearch/showAward?AWD_ ID=8751190 [letzter Zugriff: 22.02.2013].

Papert, Seymour (1994): Revolution des Lernens. Kinder, Computer, Schule in einer digitalen Welt, Hannover: Heinz Heise.

Papert, Seymour (1996): »A Word for Learning«, in: Yasmin Kafai/Mitchel Resnick (Hg.): Constructionism in Practice, S. 9-24.

Paus-Hasebrink, Ingrid (2006): »Medienpädagogische Forschung braucht gesellschaftskritischen Handlungsbezug. Besondere Verantwortung gebührt sozial benachteiligten Kindern und Jugendlichen«, in: medien + erziehung 50, 5, S. 22-28.

Piaget, Jean (1974): Theorien und Methoden der modernen Erziehung, Frankfurt a.M.: Fischer.

Prensky, Marc (2011): »Digital Natives, Digital Immigrants«, in: On The Horizon 9, 5, o.S., http://www.marcprensky.com/writing/Prensky - Digital Natives, Digital Immigrants - Part1.pdf [letzter Zugriff: 22.07.2013]

Rammert, Werner (2011): »Distributed Agency and Advanced Technology. Or: How to Analyse Constellations of Collective Inter-Agency«, in:

Technical University Technology Studies Working Papers TUTS-WP-3-2011.

Rammert, Werner/Schulz-Schaeffer, Ingo (Hg.) (2002): Können Maschinen handeln? Soziologische Beiträge zum Verhältnis von Mensch und Technik, Frankfurt a.M./New York: Campus.

Rammert, Werner/Schulz-Schaeffer, Ingo (2007):»Technik und Handeln: Wenn soziales Handeln sich auf menschliches Verhalten und technische Abläufe verteilt«, in: Werner Rammert (Hg.): Technik – Handeln – Wissen. Zu einer pragmatischen Technik- und Sozialtheorie, Wiesbaden: VS-Verlag für Sozialwissenschaften, S. 91-123.

Raufelder, Diana/Fraedrich, Eva/Bäsler, Sue-Ann/Ittel, Angela (2009): »Reflexive Internetnutzung und mediale Kompetenzstrukturen im frühen Jugendalter: Wie reflektieren Jugendliche ihre Internetnutzung und welche Rolle spielen dabei Familie und Peers?«, in: Diskurs Kindheits- und Jugendforschung 4, 1, S. 41-55.

Reichel, Milena (2008): Tagging and Smart Textiles: A Contextual Perspective on Constructionist Learning Environments, Dissertation, Bremen.

Resnick, Mitchel/Ocko, Stephen (1991):»LEGO/Logo: Learning Through and About Design«, in: Idit Harel/Seymour Papert (Hg.): Constructionsm, S. 141-150.

Reynolds, Craig W. (1999):»Steering Behaviors for Autonomous Characters«, in: Proceedings of the Computer Game Developers Conference, San Jose, 15. bis 19. März 1999, San Francisco: Miller Freeman Game Group, S. 763-782.

Robben, Bernd/Schelhowe, Heidi (Hg.) (2012): Be-greifbare Interaktionen – Der allgegenwärtige Computer: Touchscreens, Wearables, Tangibles und Ubiquitous Computing, Bielefeld: transcript.

Schelhowe, Heidi (1997): Das Medium aus der Maschine. Zur Metamorphose des Computers, Frankfurt a.M.: Campus.

Schelhowe, Heidi (2004):»Nur ein neues Werkzeug? Zur Bedeutung von Medienbildung an der Laptop-Universität«, in: Michael Kerres/Marco Kalz/Jörg Stratmann/Claudia de Witt (Hg.): Zur Didaktik der Notebook-University, Münster: Waxmann, S. 28-43.

Schelhowe, Heidi (2006):»Interaktion und Interaktivität. Aufforderungen zu einer technologiebewussten Medienpädagogik«, http://dimeb.infor

matik.uni-bremen.de/documents/Schelhowe_Interaktion_Jahrbuch.pdf [letzter Zugriff: 22.02.2013].

Schelhowe, Heidi (2007): Technologie, Imagination und Lernen: Grundlagen für Bildungsprozesse mit Digitalen Medien, Münster: Waxmann.

Schelhowe, Heidi (2011):»Interaktionsdesign: Wie werden Digitale Medien zu Bildungsmedien? Neue Fragestellungen der Medienpädagogik«, in: Zeitschrift für Pädagogik 3, Mai/Juni, S. 350-362.

Schelhowe, Heidi/Grafe, Silke/Herzig, Bardo et al. (2009): Kompetenzen in einer digital geprägten Kultur. Medienbildung für die Persönlichkeitsentwicklung, für die gesellschaftliche Teilhabe und für die Entwicklung von Ausbildungs- und Erwerbsfähigkeit. Bericht der Expertenkommission des BMBF zur Medienbildung, Bonn.

Schmidt, Siegfried J. (2010):»Radical Constructivism: A Tool, not a Super Theory!« in: Constructivist Foundations, 6, 1, S. 6–11. http://www.univie.ac.at/constructivism/journal/6/1/006.schmidt [letzter Zugriff: 22.07.2013]

Schulte, Carsten/Knobelsdorf, Maria (2011):»Medien nutzen, Medien gestalten – eine qualitative Analyse der Computernutzung«, in: Carsten Albers et al. (Hg.): Schule in der digitalen Welt, S. 97-115.

Schulz-Zander, Renate (2001):»Schulen ans Netz – aber wie? Die wirkungsvolle Einführung neuer Medien erfordert eine lernende Schule«, in: Computer + Unterricht 41, 11, S. 6-9.

Sesink, Werner (2004): In-formatio: die Einbindung des Computers: Beiträge zur Theorie der Bildung in der Informationsgesellschaft, Münster: LIT.

Strauss, Anselm L. (1991): Grundlagen qualitativer Sozialforschung: Datenanalyse und Theoriebildung in der empirischen soziologischen Forschung, München: Fink.

Spitzer, Manfred (2012): Digitale Demenz: Wie wir uns und unsere Kinder um den Verstand bringen, München: Droemer.

Strauss, Anselm L./Corbin, Juliet M. (1996): Grounded Theory: Grundlagen qualitativer Sozialforschung, Weinheim: Beltz.

Sutter, Tilmann (1999): Systeme und Subjektstrukturen. Zur Konstitutionstheorie des interaktionistischen Konstruktivismus, Opladen/Wiesbaden: Westdeutscher Verlag.

Tulodziecki, Gerhard/Herzig, Bardo (2004): Mediendidaktik. Medien in Lehr- und Lernprozessen, Stuttgart: Klett-Cotta.

Turkle, Sherry (1984): Die Wunschmaschine. Der Computer als zweites Ich, Reinbek bei Hamburg: Rowohlt.

Turkle, Sherry (2007): Evocative Objects. Things We Think With, Cambridge: MIT Press.

Turkle, Sherry/Papert, Seymour (1990): »Epistomological Pluralism: Styles and Voices within the Computer Culture«, in: Signs: Journal of Women in Culture and Society, 16, 1, S. 128-157.

Wagner, Wolf-Rüdiger (2004): Medienkompetenz revisited. Medien als Werkzeuge der Weltaneignung: ein pädagogisches Programm, München: kopaed.

Wardrip-Fruin, Noah/Montfort, Nick (2003): The New Media Reader, Cambridge: MIT Press.

Weiser, Mark (1991): »The Computer for the Twenty-First Century«, in: Scientific American 265, 3, S. 66-75.

Wiesner, Heike (2004): »Die Handlungsträgerschaft von Robotern: Robotik zur Förderung von Chancengleichheit im schulischen Bildungsbereich«, in: Historical Social Research/Historische Sozialforschung, Zentrum für Historische Sozialforschung 29, 4, S. 120-153.

Zeising, Anja (2011): Moving Algorithm: Immersive Technologien und reflexive Räume für be-greifbare Interaktion, Dissertation, Bremen.

Zorn, Isabel (2012): Konstruktionstätigkeit mit Digitalen Medien: eine qualitative Studie als Beitrag zur Medienbildung, Boizenburg: Hülsbusch Verlag.

Zuckerman, Oren/Arida, Saeed/Resnick, Mitchel (2005): »Extending Tangible Interfaces for Education: Digital Montessori-inspired Manipulatives«, Paper auf der CHI 2005, 2. bis 7. April, Portland, Oregon.

Das Subjekt im Wandel der Zeit

RAPHAEL BEER

Das moderne Subjekt ist eine Erfindung der Erkenntnistheorie, wie sie im 17. und 18. Jahrhundert diskutiert worden war. Streng genommen ist es allerdings keine Erfindung, sondern eher ein Nebenprodukt. Die erkenntnistheoretische Fragestellung lautete schließlich nicht: »Wer oder was ist das Subjekt?«, sondern: »Wie erkennen wir unsere Umwelt?« Diese Frage drängte sich auf, weil einerseits das Wissen über die Umwelt quantitativ anwuchs, anderseits sich der eine oder andere Wissenszuwachs qualitativ als falsch herausstellte. Es lag also nahe, den Bereich des Wissens so zu ordnen, dass zwischen wahrem Wissen und falschen Wissen differenziert werden konnte. Die Problematisierung der erkenntnistheoretischen Leitfrage sollte dies ermöglichen. Es sollte deutlich werden, welches Wissen ohnehin als falsches Wissen deklariert werden konnte, weil es der Evaluation durch den richtigen Modus der Umwelterkenntnis nicht standhalten konnte. Und andersherum sollte eruiert werden, unter welchen (Erkenntnis-)Bedingungen denn von wahrem Wissen gesprochen werden konnte. So weit herrschte auch noch Einigkeit. Die Geister schieden sich an dem Punkt, an dem es konkreter wurde. Der eher kontinentaleuropäische Rationalismus und der eher angelsächsische Empirismus gingen getrennte Wege bei der Beantwortung der Frage, wie wir die Umwelt erkennen und unter welchen Bedingungen wir wahres Wissen erwerben können. Beide Paradigmen kamen indessen nicht ohne eine Instanz aus, die die Welt erkennt: das Subjekt. Zwar betont der Rationalismus die aktive, verstandesorientierte Subjektivität im Gegensatz zum eher passiven Sinnessubjekt des Empirismus. Allein, dass es ein Subjekt ist, das die Welt erkennt, ist für beide unzweifelhaft.

Was sich in der klassischen Aufklärungsepoche noch recht übersichtlich darstellt – als Gegensatz zweier Paradigmen –, wird freilich im Laufe der weiteren Geschichte immer komplexer und damit unübersichtlich. Bereits im 17. Jahrhundert hatte das Subjekt die Grenzen des epistemologischen Diskurses verlassen und tauchte als Individuum oder als Person im Diskurs der politischen Philosophie auf. In diesem Diskurs ging es freilich um eine andere Fragestellung. Gesucht wurden hier die Bedingungen, unter denen eine Gesellschaft als gerechte Gesellschaft gelten kann, und auch in diesem Diskurs herrschte keineswegs Konsens. Der Liberalismus forderte ein mündiges und gesellschaftlich nicht hintergehbares Subjekt ein, das sich in der Metapher des couragierten Citoyen ausdrücken lässt. Der Republikanismus setzte dagegen eher auf die Dominanz (demokratischer) Strukturen und Prinzipien gegenüber dem Subjekt. Beide sind konstitutiv für die moderne Demokratie, beide zusammengenommen implizieren aber auch ein Spannungsverhältnis, das sich nicht zuletzt um die Stellung des Individuums in der Gesellschaft dreht.

Mit der fortschreitenden Entwicklung der Wirtschaft tauchte im 18. Jahrhundert ein weiterer Diskurs auf, in dem das Subjekt sich als Wirtschaftssubjekt wiederfand. Das Bürgertum hatte sich gegenüber dem Adel insofern in eine günstige Position gebracht, als es über zunehmend große Kapitalreserven verfügte und damit den Adel mitunter in seine finanzielle Abhängigkeit brachte. Die Frage war jetzt: Wie kann die wirtschaftliche Produktion und Verteilung so gestaltet werden, dass eine Wohlstandsentwicklung in Gang gebracht wird, von der alle Gesellschaftsmitglieder profitieren? Anders formuliert: Woher kommt der Reichtum und unter welchen Bedingungen wird er gerecht verteilt?

Alle drei genannten Diskurse erfahren eine Modifikation oder werden, wie im Fall der Epistemologie, einfach abgebrochen, als mit der Französischen Revolution in Europa die politischen, sozialen und wirtschaftlichen Verhältnisse in einen Sog der Veränderung geraten. Das Bürgertum, das bis zur Revolution von 1789 seine Ideen zunächst vorwiegend in philosophischen Debatten äußerte, war jetzt in der Lage, diese Ideen umzusetzen. Ab jetzt ging es nicht mehr darum, sich von der feudalen Herrschaft zu emanzipieren. Ab jetzt ging es darum, die aufklärerischen Ideen in die Praxis zu vermitteln. Und die Art und Weise, wie dies geschah, rief nicht unerheblichen Protest hervor. Das Subjekt, in der Aufklärungsepoche triumphal gefeiert, stand im 19. Jahrhundert einer Gesellschaft gegenüber, die es zu erdrücken schien. Die Versprechen auf Freiheit und Gleichheit waren nur in Ansätzen verwirklicht. Was sich aber auf jeden Fall geändert hatte, war die Form der Unfreiheit. Nicht mehr die persönliche Abhängigkeit willkürlich regierender AristokratInnen war das Problem, sondern die anonyme Herrschaft wirtschaftlicher Strukturen und Prozesse, auf die niemand mehr einen Einfluss ausüben konnte. Die Gesellschaft hatte sich gegenüber ihren Mitgliedern verselbstständigt, und dieser Umstand brachte eine neue wissenschaftliche Disziplin hervor: die Soziologie. Ihre Fragestellungen waren zwar eine lose Fortführung des Diskurses der politischen Philosophie. Ihr Fokus richtete sich indessen auf das Verhältnis Individuum-Gesellschaft in der ganzen Palette des sozialen Lebens. Es musste geklärt werden, wie die aus der feudalen Abhängigkeit freigesetzten Subjekte auf die neue Zeit reagieren – und dies in mindestens zweifacher Hinsicht. Für die politische Linke war die Frage zentral, wieso die Subjekte gegen die bedrückenden Verhältnisse nicht revoltieren. Für eher konservative DenkerInnen stand im Vordergrund die Frage, wie sich die pluralisierten Gesellschaften zusammenhalten lassen. Die feudale Ordnung war immerhin eine Ordnung gewesen, die klar und übersichtlich war, weil alle Subjekte sich in einen göttlich sanktionierten Kosmos eingeordnet hatten. Dieser fehlte jetzt und es drohte, dass die Gesellschaften zerfasern.

Mit den nur skizzenhaft angedeuteten Diskursen, in denen sich das Subjekt unter verschiedenen Vorzeichen ausfindig machen lässt, ist keineswegs Vollständigkeit erreicht. Es dürfte aber deutlich geworden sein, dass das Subjekt in verschiedenen Bezügen residiert, die jeweils unterschiedliche Fragestellungen und Erkenntnisinteressen verfolgen. Es ist unübersichtlich geworden. Wer heute vom Subjekt spricht, muss angeben, welches Subjekt denn gemeint ist. Dies freilich nur unter der Prämisse, die im Folgenden zugrunde gelegt werden soll, dass sich überhaupt legitimerweise in Bezug auf die angeführten Diskurse vom Subjekt sprechen lässt. In der politischen Philosophie der Aufklärungsepoche etwa wird der Subjektbegriff eher nicht verwendet. Es hat also etwas grob Fahrlässiges, das Subjekt im Rahmen der aufgeführten Diskurse zu thematisieren. Um jedoch Übersichtlichkeit wenigstens zu simulieren, soll über die verschiedenen Begrifflichkeiten wie Individuum oder Person hinweggesehen werden oder genauer: Sie sollen unter dem Subjektbegriff subsumiert werden.

1 Der Diskurs der Epistemologie

Wenn der Erkenntnistheorie des 17. Jahrhunderts eine Parole zugeordnet werden müsste, könnte diese lauten: Wahres Wissen! René Descartes, der an der naturwissenschaftlichen Forschung auch selbst partizipierte (vgl. Perler 2006), ist mit seinem Cogito zweifelsohne der Vater des modernen Denkens über das Subjekt. Ihm ging es allerdings darum, ganz im Sinne der Prima Philosophia einen Standpunkt zu finden, von dem aus über die Wissensinhalte bezüglich ihres Wahrheitsgehaltes entschieden werden konnte. Und diesen Standpunkt fand er in seinem Diktum: »Cogito ergo sum« (Descartes 1644/1992: 2). Um zu diesem Diktum zu gelangen, war er einen riskanten Weg gegangen (Descartes 1641/1994). Im Einklang mit der Renaissance des antiken Skeptizismus (vgl. Ricken 1994; Perler 2003) wählte er diesen als Methode, um zunächst Distanz gegenüber allem erworbenen Wissen zu gewinnen. Auf der Ebene des Wissens selbst ließ sich schließlich nicht über wahr und falsch entscheiden. Es sollte ein Entscheidungsstandpunkt gefunden werden, der gleichsam über dem Wissen lokalisiert ist. Solange dieser fehlte, konnte Descartes kein Wissen als wahres Wissen akzeptieren. Er zweifelte also alle Wissensinhalte an. Dies allerdings nicht mit einem Durchlauf durch alle zu seiner Zeit bekannten Wissensinhalte – damit wäre er wohl auch zu Lebzeiten nicht fertig geworden. Er thematisierte vielmehr die Quellen unseres Wissens und prüfte, inwieweit diesen überhaupt Verlässlichkeit zugeordnet werden kann.

Bei der ersten Quelle erfordert es keine besonderen Anstrengungen, um deren Verlässlichkeit in Frage zu stellen. Unsere Sinne, als eine der Hauptquellen unseres Wissens über die Welt, täuschen uns zuweilen. Hinzu kommt, so Descartes, dass wir nicht immer mit Sicherheit zwischen einem Wach- und einem Traumzustand differenzieren können. Selbstverständlich unterstellt er damit nicht, wir würden in einem permanenten Traumzustand leben. Es ist aber widerspruchsfrei denkbar, dass es so wäre, und dann würde den Traumobjekten der gleiche Realitätsgehalt zukommen, wie er der objektiven Welt zugesprochen wird. Kurzum: Unsere Sinne sind kein Kandidat für einen Standpunkt, der über sicheres Wissen zu entscheiden vermag.

Bleibt die zweite Wissensquelle: unser mathematisch-logisches Wissen. Dieses hat einen nominalen Charakter und ist daher auf die trügerischen Sinne nicht angewiesen. Seit der Antike hatte dieses Wissen auch den

Status einer definitorischen Wahrheit, die allen Veränderungen der Wirklichkeit trotzt und letztlich nicht falsch werden kann. Descartes, der den Weg des methodischen Skeptizismus eingeschlagen hat, macht vor der ehrwürdigen Tradition dieses Wissens nicht halt. Wiederum mit einer hypothetischen (aber widerspruchsfreien) Annahme, hebelt er auch die Mathematik und Logik aus. Ein böser Schöpfergott könnte uns intentional täuschen wollen mit der Konsequenz: Unsere mathematischen Berechnungen scheinen uns richtig, sind es aber objektiv nicht. Im Hintergrund dieser Hypothese steht die Unterstellung, dass die Natur nach mathematischen Prinzipien funktioniert und diese also mit der richtigen Mathematik erkannt werden kann. Wenn unsere Mathematik aber falsch ist, weil wir getäuscht werden, wird die Erkenntnismöglichkeit der Natur notwendig unterbrochen. Descartes hat mit dieser Annahme jegliches Wissen disqualifiziert. Er hat nicht behauptet, dass alles, was gewusst wird, falsch ist. Er hat aber expliziert, dass alles Wissen falsch sein könnte und es keine Möglichkeit der Evaluation gibt, weil alle bekannten Wissensquellen mittels des Skeptizismus zum Versiegen gebracht wurden.

An diese ernüchternde Erkenntnis schließt sein zentrales Argument an, das ihn zum Cogito führt. Zwar kann nicht zweifelsfrei entschieden werden, wie die Welt eingerichtet ist, weil alles Wissen über diese Welt falsch sein könnte. Aber eins kann in diesem Kontext nicht in den Sog des Zweifelns geraten: der Umstand, dass überhaupt gezweifelt wird. Und da Zweifeln eine mögliche Form des Denkens ist, kommt Descartes zu dem Ergebnis:

»Indem wir so alles irgend Zweifelhafte zurückweisen und es selbst als falsch gelten lassen, können wir leicht annehmen, dass es keinen Gott, keinen Himmel, keinen Körper gibt; dass wir selbst weder Hände noch Füße, überhaupt keinen Körper haben; aber wir können nicht annehmen, dass wir, die wir solches denken, nichts sind; denn es ist ein Widerspruch, dass das, was denkt, zu dem Zeitpunkt, wo es denkt, nicht existiert. Demnach ist der Satz: Ich denke, also bin ich (ego cogito, ergo sum) die allererste und gewisseste aller Erkenntnisse, die sich jedem ordnungsgemäß Philosophierenden darbietet« (Descartes 1644/1992: 2).

Subjektivität bedeutet demnach, eine geistige Substanz zu sein, die logisch vor aller Sinneserfahrung liegt und die sich dadurch auszeichnet, aktiv die Umwelt zu erkennen. Selbstredend leugnet Descartes nicht, dass wir Wissen über die Welt nur mittels empirischer Informationen erlangen können.

Vor jeder empirischen Information steht jedoch ein Subjekt, dass mit Hilfe seines Verstandes entscheidet, wann empirische Informationen wahr und wann sie unwahr sind. Die entscheidenden Methoden sind die Intuition und die Deduktion. Schließlich hatte Descartes mit seiner skeptischen Methode demonstriert, dass alle subjektinternen Überzeugungen notwendig wahr sind, solange ihnen keine Außenweltreferenz beigelegt wird. Wenn ein Subjekt denkt, vor sich einen blauen Tisch zu sehen, kann dieses Denken und der Inhalt des Denkens nicht bezweifelt werden. Problematisch wird es dann, wenn das Subjekt behauptet, vor ihm stehe objektiv ein blauer Tisch. Dann greift die Irrtumsanfälligkeit unserer Sinne (insbesondere im Fall der Farbwahrnehmung). Dann kann das Subjekt nicht mehr einwandfrei über den Wahrheitsgehalt seiner Wahrnehmung entscheiden, weil es nicht über sich selbst hinausgreifen kann. Es kann nicht sehen, was es nicht sehen kann, was in diesem Fall bedeutet: Es kann nicht zugleich seine subjektinterne Wahrnehmung und den objektiven Wahrnehmungsgegenstand sehen. Es hat, salopp formuliert, nur seine Bilder der Außenwelt im Kopf, ohne diese Bilder mit dem Original vergleichen zu können.

Der Hintergrund für diese problematische Situation ist der cartesianische Dualismus. Wenn Subjektivität bedeutet, eine körperlose Entität zu sein, ist die Dingwelt (inklusive der eigene Körper) Umwelt dieser Subjektivität. Descartes hat einen radikalen Schnitt zwischen dem Denken (res cogitans) und der materiellen Welt (res extensa) gemacht. Einerseits ist das Subjekt damit in der komfortablen Situation, seine subjektinternen Wahrnehmungsinhalte nicht anzweifeln zu müssen und gegenüber der Außenwelt eine aktive Rolle zu spielen. Das cartesianische Subjekt ist ein gestaltendes Subjekt. Andererseits reicht die Sicherheit der subjektinternen Wissensbestände nicht aus, um wahres Wissen über die Welt zu generieren. Descartes muss die Lücke zwischen dem Subjekt und seiner Außenwelt schließen oder wenigstens überbrücken. Dies macht er mit Hilfe Gottes. Unter Verwendung gleich mehrerer Gottesbeweise (vgl. Oeing-Hanhoff 1997) widerlegt er sein Argument eines bösen Schöpfergottes und rehabilitiert eine Gottesvorstellung, die einen gutmütigen und den Menschen wohlgesonnenen Gott annimmt. Dieser Gott leistet dann auch die Vermittlung zwischen Subjekt und Außenwelt. Da Gott, so Descartes, die Welt erschaffen habe, könne diese auch vom Subjekt klar und deutlich erkannt werden. Mögliche Falschaussagen lasten aber dennoch dem Subjekt an, das Gott mit einem freien Willen ausgestattet hat (vgl. Descartes 1644/1992: 12) und das immer wieder droht, in den Fängen seiner Leidenschaften zu landen, die eine klare Verstandesleistung und damit die Welterkenntnis verzerren können (Descartes 1649/1996).

Die Geburtsstunde des modernen Subjekts bringt nicht nur einfach ein Erkenntnissubjekt hervor, das in einer Erkenntnistheorie, die auf dem Paradigma der Dichotomie von Subjekt und Objekt basiert, notwendig gesetzt werden muss, um den einen Pol der Dichotomie nicht frei zu lassen. Es bringt ein triumphales Subjekt hervor, das sich politisch einschmiegt in den Beginn der klassischen Aufklärungsperiode und damit den Beginn modernen demokratischen Denkens. Descartes selbst war kein politischer Philosoph. Wenn er aber konstatiert: »Der gesunde Menschenverstand ist die bestverteilte Sache der Welt« (Descartes 1637/1990: 3), trägt er dazu bei, die formale Gleichheit der Subjekte gegen die Ständegesellschaft des Feudalismus durchzusetzen. Und da sein Cogito ein intellektuelles Cogito ist, dass vor allem im kognitiven Prozessieren seine Bestimmung findet, fügt es sich in diese politische Linie ein: Das Subjekt ist befähigt, mündig über die Welt zu urteilen, und bedarf keiner Lenkung durch säkulare Mächte oder den göttlichen Kosmos – es bedarf nur der Hilfe eines Gottes, der in der Philosophie Descartes allerdings eher die Rolle eines unterstützenden Vaters spielt denn die Rolle einer Macht, die die gesellschaftliche Ordnung des Feudalismus sanktioniert.

Das cartesianische Cogito blieb nun nicht lange kritiklos. Im angelsächsischen Raum machten im 17. Jahrhundert Thomas Hobbes und John Locke darauf aufmerksam, dass ein in sich ruhendes Subjekt zwar möglicherweise tatsächlich zweifelsfrei von seinen subjektinternen Wissensinhalten ausgehen könne. Es hat damit aber noch lange keine Erkenntnis über die Welt, die es wohl auch benötigt, wenn es mündige Urteile abgegeben können soll. Thomas Hobbes macht überdies darauf aufmerksam, dass zwar der Schluss von einem »Ich denke« zu einem »Ich existiere« plausibel ist. Daraus folge aber keineswegs notwendig eine rein geistige Subjektivität, sondern das Subjekt müsse vollständig als materieller Körper gedacht werden (vgl. die Erwiderungen von Thomas Hobbes in Descartes 1641/1994). Soweit ging John Locke (1690/1988) nicht. Aber auch er pocht darauf, dass unser Wissen über die Welt nur dann wahr sein kann, wenn es empirisch mit den Dingen in der Welt übereinstimmt. Nihil est in intellectu, quod non fuerit in sensu, so das Credo des Empirismus, der mit seiner Erkenntnistheorie auf die Vermittlung Gottes verzichten kann. Der von Descartes logisch nicht hintergehbare Verstand des Subjekts ist, so John Locke, zunächst eine Tabula rasa. Beschrieben wird diese allmählich durch Sinneseindrücke, die sich sowohl auf die Außenwelt (Sensation) beziehen als auch auf die Innenwelt des Subjekts selbst (reflection). Das Subjekt liegt also nicht vor jeder Erkenntnis, es wird erst Subjekt durch Erkenntnis. Der aktive Status, den das Subjekt bei Descartes eingenommen hatte, dreht sich in sein Gegenteil. Das Subjekt des Empirismus ist ein passives – mithin leidendes – Subjekt. Es ist auf eine Welt angewiesen, die es mit Informationen versorgt. Diese kann es dann zwar kreativ neu zusammenfügen (etwa zu dem Bild eines Einhorns), es bleibt aber darauf angewiesen, entsprechende Sinnesdaten erworben zu haben. Und dies gilt auch für das Subjekt selbst. Das rationalistische Subjekt war einem intellektuellen Prozessieren entsprungen und konnte daher als oberster Leitsatz fungieren. Im Empirismus muss auch das Subjekt durch die Pforten der Sinneswahrnehmung. Es muss sich selbst erkennen, um als Subjekt gelten zu können. Das damit Explanans und Explanandum zusammenfallen, das Subjekt sich in den Zirkel verstrickt, bereits Subjekt sein zu müssen, um sich als Subjekt wahrnehmen zu können, ist dabei nur ein Problem der empiristischen Variante der Subjektkonstitution. David Hume (1739/1989, 1740/1980, 1748/1993) macht auf ein weiteres aufmerksam. Auch er hält am empiristischen Credo fest. Er verfolgt dieses aber mit einer Konsequenz, die ihn auf der einen Seite zu einem redlichen Aufklärer macht. Auf der anderen Seite stellt er den Empirismus wieder vor die skeptischen Probleme, denen doch gerade mit Hilfe der Sinneswahrnehmung entkommen werden sollte.

Erstens demonstriert Hume, dass sich mittels der Erfahrung allgemeine Begriffe, die unserer Erkenntnis der Welt konstitutiv zugrunde liegen, überhaupt nicht herleiten lassen. Kausalität oder Objektpermanenz sind pragmatisch notwendige Begriffe, mit denen sich die Welt in ein strukturiertes Schema einordnen lässt. Allein: Wahrnehmen lassen sie sich nicht. Das empiristische Credo versagt, wenn über die unmittelbare Einzelperzeption hinausgegangen werden soll. Für Hume war es indessen kein Ausweg, sich in rationalistisches Fahrwasser zu begeben und etwa einen Vernunftbegriff zu operationalisieren, der die in Frage stehenden Begriffe aus sich schöpfen könnte. Er begnügt sich mit der Gewohnheit, die zwar keinen strengen Wahrheitsgehalt liefern kann, die aber in pragmatischer Hinsicht ausreicht, eine kausale und permanente Wirklichkeit zu unterstellen. Und genau diese Strategie bleibt ihm auch nur für das Subjekt übrig. Es müsste erfahrbar sein. In diesem Punkt stimmt Hume seinem Vorgänger Locke zu. Er konstatiert aber ernüchternd: Es ist nicht erfahrbar. Es gibt keine Instanz, die als identische Instanz wahrgenommen würde und die als Subjekt gelten könnte. »Das Ich löst sich ihm in fließende Sinneselemente auf, es ist bloß noch ein Ensemble von Empfindungen, eine Ansammlung von Perlen ohne Kette« (Streminger 1994: 177). Alles, was angesichts dieser Situation getan werden kann, ist, ein Subjekt anzunehmen, weil es pragmatisch sinnvoll ist. Wir benötigen für den Alltagsvollzug und für moralische oder juristische Verurteilungen eine identische Entität, auf die wir unsere Erfahrungen und Erlebnisse projizieren können. Andernfalls müssten wir uns jeden Tag neu erfinden, ohne auf Vergangenes rekurrieren zu können.

Zumindest in puncto der problematischen Begriffe wie Kausalität macht im Anschluss an Hume Immanuel Kant geltend, dass der Schritt zurück in eine rationalistische Strategie keineswegs als metaphysischer Schritt missverstanden werde dürfe. Hume habe ihn, Immanuel Kant, zwar aus dem »dogmatischen Schlummer« (Kant 1783/1993: 118) erweckt, indem er die Problematik des Empirismus tabulos aufgedeckt hat. Ein Sich-abfinden mit der Gewohnheit reichte Kant indessen nicht aus, der stets bemüht war, einen festen Standpunkt zu gewinnen, von dem aus sichere Urteile sowohl in theoretischer als auch in praktischer Hinsicht möglich werden. Und diesen gewinnt er mit der Umdrehung der Subjekt-Objekt-Achse. Alle Epistemologien vorher hatten grundsätzlich eher vom Objekt her versucht, die zentralen Fragen der Erkenntnis zu klären. Immer stand im Vordergrund die Annahme, es müsse geklärt werden, wie denn das Objekt zum Subjekt kommt. Kant sieht, welches Dilemma dabei droht. Entweder das Subjekt wird in diesem Zuge überhöht und verliert den Kontakt zur Außenwelt (Descartes). Oder es wird über die Sinne mit dieser verbunden und kann dann weder allgemeine Begriffe noch sich selbst begründen (Empirismus). Kant fragt daher: Wie kommt das Subjekt zum Objekt? Diese Frage deutet bereits an, dass bei ihm mit einem starken, aktiven Subjekt zu rechnen ist. Und tatsächlich erreicht das Subjekt in der kantischen Epistemologie eine Erkenntnishoheit, die darin wurzelt, dass es die entscheidenden Begriffe wie Kausalität immer schon mitbringt: als Begriffe a priori. Daraus folgt, dass alle Erkenntnis nur nach den Schemata funktioniert, die das Subjekt auf die Welt anwendet. Anders formuliert: Wir erkennen nur, was wir aufgrund der Begriffe a priori erkennen können, nicht aber die Welt, wie sie an sich ist. »Wir haben also sagen wollen: dass alle unsere

Anschauung nichts als die Vorstellung von Erscheinung sei; dass die Dinge, die wir anschauen, nicht das an sich selbst sind, wofür wir sie anschauen, noch ihre Verhältnisse so an sich selbst beschaffen sind, als sie uns erscheinen« (Kant 1781[7]/1992: A 43/B 60).

Das Subjekt entdeckt an der Natur also keine Gesetze, sondern »schreibt sie dieser vor« (Kant 1783/1993: § 36). Es ist logisch nicht hintergehbar, zumindest in Bezug auf die Welterkenntnis. Anders stellt sich dies im Fall des Subjekts selbst dar. Kant zeichnet zwar eine eindeutige Schlagseite zur rationalistischen Theorie aus. Er gibt aber die Einsicht des Empirismus nicht auf, dass letztlich nur die Erfahrung uns Informationen über die Wirklichkeit liefern kann. »Gedanken ohne Inhalt sind leer, Anschauungen ohne Begriffe sind blind« (Kant 1781[7]/1992: A 52/B 76). Und wie Hume schon demonstriert hatte: Der Gedanke eines Subjekts ist leer. Ihm korrespondiert keine Anschauung. Wenn Hume allerdings dieses Ergebnis mehr oder weniger so stehen lässt, geht Kant einen Schritt weiter. »Das: Ich denke, muss alle meine Vorstellungen begleiten können; denn sonst würde etwas in mir vorgestellt werden, was gar nicht gedacht werden könnte, welches ebensoviel heißt, als die Vorstellung würde entweder unmöglich, oder wenigstens für mich nichts sein« (ebd.: B 132/133). Das identische Subjekt als Subjekt de re ist nicht auffindbar. Als Subjekt de dicto muss es aber im Erkenntnisprozess notwendig gesetzt werden. Es ist die Instanz, die in der Lage ist, die mannigfaltigen Perzeptionen zu einem einheitlichen Bild der Wirklichkeit zu synthetisieren. Würde die Idee eines Subjekts aufgegeben, gäbe es einzig einen Erlebnis- und Erfahrungsstrom, in dem unterschiedliche Inhalte einander ablösen, ohne dass es zu einer Erkenntnis kommen würde.

Mit Kant hatte sowohl die Erkenntnistheorie als auch die Subjektphilosophie einen Höhepunkt erreicht, der eigentlich kaum mehr zu überbieten war. Fichte (1794/1971, 1800/1971) wird allerdings das Subjekt noch einmal insofern radikalisieren, als er es zu einem absoluten Subjekt stilisiert. Seine Idee dahinter ist, dass die Subjekt-Objekt-Dualität mit dem Problem der Vermittlung beider Pole nicht fertig wird und diese Dualität daher nicht länger als ein Außenverhältnis des Subjekts begriffen werden darf. Das Subjekt prozessiert die Dualität mit der Außenwelt in seinem eigenen Hoheitsbereich bzw. setzt die Umwelt intrasubjektiv als Nicht-Ich. Nach Fichte bricht der Diskurs der Erkenntnistheorie zunächst ab. Was hätte auch auf das absolute Ich noch folgen sollen? Was historisch tatsächlich folgte, war ein bemerkenswerter Umschwung. Die Erkenntnistheorie wird zur Wissenschaftstheorie, die sich in den Kontext eines naturwissenschaftlichen 19. Jahrhunderts in dem Sinne einfügt, dass sie mit aller idealistischen und spekulativen Philosophie Schluss macht und sich positivistisch aufstellt. Zwar hatten sowohl der angelsächsische Empirismus als auch der französische Materialismus (Baruzzi 1968) gravierende Probleme, eine konsistente Erkenntnistheorie zu begründen. Allein die Erfolge der empirisch aufgestellten Naturwissenschaften ließen wenig Raum für Zweifel daran, dass mit dem Positivismus die richtige Methode zur Erkenntnis der Umwelt gefunden worden war.

Erst im 20. Jahrhundert gibt es ein (kleines) Wiederaufleben der Erkenntnistheorie mit Edmund Husserl (1913/1992). Seine Phänomenologie knüpft wieder an das cartesianisch-kantische Erbe an und stellt das Subjekt wieder auf den Thron, den es im klassischen Aufklärungszeitalter innehatte. Er geht dabei einen ähnlichen Weg wie Descartes, wenn er dem Skeptizismus nicht ausweicht. Er geht aber anders mit dem Skeptizismus um, wenn er postuliert, »den radikalen Subjektivismus der skeptischen Tradition in einem höheren Sinn wahrzumachen« (Husserl 1924/1992: 61). Dies gelingt ihm dadurch, dass er an der Einsicht festhält, dass subjektinterne Wahrnehmungen so lange nicht unwahr sein können, so lange ihnen keine Objektreferenz beigefügt wird. Das cartesianische Cogito krankt nun allerdings daran, so Husserl, dass sich aus ihm keine Außenwelt deduzieren lässt. Er bleibt eigentümlich mit sich allein. Er greift daher Fichtes Idee auf, die Dualität zwischen Subjekt und Objekt im Subjekt selbst zu platzieren. Mit seiner phänomenologische Reduktion oder Epoché legt er das Bewusstsein derart frei, dass es als Untersuchungsgegenstand ohne jeden Bezug auf die Objektivität sein soll. Was er mit dieser Methode zum Diskurs der Erkenntnistheorie beitragen kann, sind vor allem zwei Thesen. Erstens ist alles Bewusstsein immer Bewusstsein von etwas. Der radikale Schnitt des cartesianischen Dualismus ist damit überwunden – wenn auch um den Preis, letztlich nur subjektive Aussagen machen zu können. Zweitens macht Husserl darauf aufmerksam, dass das intentionale Bewusstsein die Objekte in verschiedener Perspektive und mit verschiedenen Glaubensmodalitäten erfährt. Ein Objekt ist letztlich das, was das Subjekt aus ihm macht – ob es also etwa dem Objekt einen Seinsmodus unterstellt oder nicht.

Diese Stellung des Subjekts gegenüber seiner Umwelt kann als Resultat des erkenntnistheoretischen Diskurses gelten. Zwar hatten der Empirismus und der klassische Materialismus eine Passivität des Subjekts gegenüber seiner Umwelt angenommen[1]. Beide Paradigmen haben indessen Probleme in der Herleitung einer konsistenten Theorie der Subjektkonstitution und in der Begründung allgemeiner Begriffe. Die rationalistische und idealistische Philosophie der Aufklärung steht zwar gegenüber den Kontrahenten im Verdacht, spekulativ zu sein. Im Gegenzug kennt sie ein widerspruchsfrei bestimmtes Subjekt, weil sie es letztlich als notwendige Bedingung im Erkenntnisprozess schlichtweg setzt. Damit ist das Erkenntnissubjekt dann ein aktives Subjekt, das sich nicht allein auf seine Sinnesinformationen verlassen kann. Es muss intellektuell aktiv werden, sollen aus den Sinnesinformationen gesicherte Erkenntnisse werden. Bedeutsam ist, dass Aktivität hier noch nicht eine Umformung der Natur impliziert. Aktivität meint hier vor allem eine geistige Aktivität, die zum Verstehen der Außenwelt unabdingbar ist.

2 Der politische Diskurs der Aufklärung

Es wurde schon angedeutet: Die Idee eines aktiven Erkenntnissubjektes kann politische Implikationen haben. Wenn grundsätzlich alle Subjekte befähigt sind, ihren Verstand zu benutzen, ist dies ein Angriff auf die stratifikatorische Ständegesellschaft, und es ist ein Begründungsfundament für die Demokratie. In dieser sollen sich schließlich gleichberechtigte und mündige Subjekte treffen, um über ihre Interessen und Überzeugungen zu debattieren. In der politischen Philosophie wird nun zwar nicht unbedingt vom Subjekt gesprochen, dennoch findet sich hier eine vergleichbare Stellung des Subjekts wie in der Erkenntnistheorie, wenn der Subjektbegriff in diesen Diskurs importiert wird. Die Fragestellung, unter der die politische Philosophie grob subsumiert werden kann, ist: Wie gestaltet sich das Verhältnis zwischen dem Subjekt und seiner Gesellschaft? Im 17. Jahrhundert war das methodologische Fundament zur Beantwortung dieser Frage die Naturrechtslehre. Thomas Hobbes (1647/1994, 1651/1992) hatte mittels des Gedankenexperiments eines vorgesellschaftlichen Naturzustandes die aus

---

1 Was im Fall des Marx'schen Materialismus freilich nur bedingt stimmt. Die Verbindung mit der Hegel'schen Dialektik macht eine eindeutige Zuordnung zu einem passiven Subjekt fragwürdig.

der Antike tradierte Grundannahme einer natürlichen Orientierung des Menschen auf die Gemeinschaft aufgegeben und die politische Philosophie neu justiert. Es ging nicht mehr länger ›nur‹ darum zu eruieren, unter welchen Bedingungen eine staatlich verfasste Gesellschaft gerecht ist. Es ging jetzt darum, überhaupt zu begründen, warum die Subjekte in einer staatlichen Ordnung leben sollten. Thomas Hobbes sah den Vorteil einer bürgerlichen Gesellschaft darin, dass diese in der Lage ist, die ständigen Konflikte im Naturzustand zu befrieden. Der Mensch sei unter den Bedingungen des Naturzustandes dem Menschen ein Wolf, weil die Verhältnisse ihn nötigen zu fressen, um nicht gefressen zu werden. Um diesem Dilemma zu entkommen, das eine nachhaltige Akkumulation von (privatem) Reichtum erschwert, bedarf es eines Staates. Der staatliche Souverän allerdings muss mit absoluten Vollmachten ausgestattet sein, um seine Aufgabe erledigen zu können, und die Bürger müssen im Gegenzug auf ihre natürlichen Rechte (auf Selbsterhaltung mit allen Mitteln) verzichten. Das Verhältnis zwischen Subjekt und Gesellschaft ist bei Hobbes ein Herrschaftsverhältnis.

Dieses liberalisiert sich prompt mit John Locke (1690/1992). Auch er operiert mit der Annahme eines Naturzustandes. Anders als Hobbes rechnet er jedoch mit vernunftbegabten und friedensfähigen Subjekten, deren Konflikte erst mit der Einführung der Geldwirtschaft ein derart bedrohliches Maß annehmen, dass die Konstituierung einer bürgerlichen Gesellschaft vorteilhaft erscheint. Es ist der Verteilungskonflikt der sich ausbreitenden kapitalistischen Wirtschaftsordnung, der einen Staat sinnvoll macht. Gleichzeitig darf dieser Staat, wenn es nach Locke geht, die Subjekte nicht zu sehr bevormunden. Er soll schließlich deren privates Glücksstreben schützen und dazu müssen die Subjekte von Eingriffen des Staates, die nicht aus seiner Schutzfunktion abgeleitet werden können, befreit sein. Locke wartet mit einer liberalistischen Lesart des Staates auf, die vor allem darin besteht, dass die Subjekte bei der Gründung der bürgerlichen Gesellschaft ihre natürlichen Rechte (auf Leben, Freiheit und Eigentum) nicht auf einen Dritten übertragen. Sie behalten ihre Rechte und das verändert deren Stellung gegenüber der Gesellschaft bzw. dem Staat. Dessen Radius ist durch eine rechtlich gesicherte Privatsphäre begrenzt. Er ist auf eine ethisch neutrale Institution reduziert, deren Legitimation einzig darin besteht, im Konfliktfall als unparteiische Justiz aufzutreten. Er darf aber weder die Rechte der Subjekte willkürlich beschneiden noch den Subjekten präskribieren, wie sie die Frage nach dem guten Leben für sich zu beantworten haben. Locke traut den Subjekten zu, eigenständig und autonom ihre persönlichen Geschicke zu gestalten und dies in einem sozial verträglichen Sinne. Eo ipso genießen sie eine Privatsphäre, in die weder der Staat noch die Gemeinschaft eingreifen darf.

Dem damit drohenden Zerfall gemeinschaftlicher Bindungen und der Atomisierung der Subjekte begegnet Samuel von Pufendorf (1673/1994). Ähnlich ist bei ihm nur die allgemeine Idee eines Naturzustandes. Entgegen Locke, der als Begründer der Menschenrechte gelten kann, verfügen die Subjekte bei ihm indessen erst gar nicht über Rechte (Müller 2000), sondern über Pflichten. Diese drehen sich im Kern darum, ein friedliches Miteinander zu organisieren. Der Preis, den die Subjekte bei Pufendorf dafür bezahlen, ist, dass sie sich letztlich der Gemeinschaft unterordnen müssen. Der staatlichen Gewalt ist weder eine andere Instanz als Kontrollfunktion übergeordnet noch wird diese durch eine rechtlich abgesicherte Privatsphäre begrenzt. Die Subjekte haben entsprechend kein Recht auf Widerstand und sind dazu angehalten, auch harte Maßnahmen seitens der Souveränität zu dulden. Ihre Hoffnung können sie nur darauf richten, dass Pufendorf zum einen anmahnt, die Regierung dürfe nicht mit Brutalität regieren und zum anderen von der Regierung erwartet, nicht (allein) auf die Angst der Subjekte zu zählen, sondern diese zu guten BürgerInnen zu erziehen. Gelingt dies, befolgen die Subjekte die Regeln der Gesellschaft aus intrinsischer Überzeugung, so dass staatliche Gewalt zur Ahndung von Regelverletzungen nur begrenzt nötig wird. Kurzum: Die Subjekte genießen nicht den Schutz einer Privatsphäre. Sie sind vielmehr aufgerufen, sich auf die Gemeinschaft hin zu orientieren und ein sozial anerkanntes Leben zu führen. Gelingt dies in hinreichendem Maß, benötigen sie den Schutz ihrer Privatsphäre nicht, weil der Staat aufgrund einer allgemeinen Regelkonformität keine rigiden Formen annehmen muss. Eine wirkliche Individualität, wie sie John Locke den Subjekten empfiehlt und ermöglicht, bleibt ihnen bei Pufendorf aber versagt. Diese, so ließe sich resümieren, hängt jedoch entscheidend von einer (menschen-)rechtlich fundierten Privatsphäre ab. Ohne diese Fundierung droht ein Zusammenfall von Privatsphäre und Öffentlichkeit.

Dies zeigt sich jedenfalls auch im Fall Jean-Jacques Rousseaus. Mit der liberalistischen Variante der Demokratie durch John Locke war erreicht worden, dass die Subjekte über negative Freiheiten (vgl. dazu Berlin 1995) verfügen. Das Bürgertum drängte jedoch auf mehr. Wenn sich zeigen ließ, dass die Subjekte in der Lage sind, selbst über ihre Angelegenheiten zu entscheiden, weil sie vernunftbegabt sind, dann war die Herrschaft des Adels nicht länger legitimierbar. Diese basierte schließlich auf einem Geburtsrecht und einem religiösen Konstrukt, welche vor der Richterin der Vernunft kaum Bestand für sich reklamieren konnten. Die Alternative war klar: Alle Subjekte sollten als freie und gleiche Bürger (die Frauen waren im 18. Jahrhundert noch nicht als demokratische Akteurinnen vorgesehen) an den öffentlichen Entscheidungen partizipieren. Das philosophische Programm dazu hat Jean-Jacques Rousseau (1762/1988) geschrieben. Auch er verwendet noch die Idee eines Naturzustandes. Gegen seine großen Vorgänger Thomas Hobbes und John Locke macht er aber geltend, dass der Naturzustand weder durch einen permanenten Krieg aller gegen alle gekennzeichnet ist noch durch eine formale Rechtsgleichheit. Die Subjekte im Naturzustand zeichnet vielmehr aus, dass sie in einem vorbewussten Zustand leben. Sie kennen weder Rechte noch Sprache noch irgendeine gesellschaftliche Ordnung. Sie leben nach ihren Instinkten und verfügen entgegen den düsteren Vorstellungen vor allem von Hobbes über Mitleid. Es ist ein paradiesisch anmutender Naturzustand, den Rousseau beschreibt. Die Subjekte sind als Nomaden unterwegs, es gibt genügend Ressourcen und Konflikte finden nicht statt. Dies ändert sich mit der Einführung des Privatbesitzes. »Der erste, der ein Stück Land eingezäunt hatte und es sich einfallen ließ zu sagen: dies ist mein und der Leute fand, die einfältig genug waren, ihm zu glauben, war der wahre Gründer der bürgerlichen Gesellschaft.« (Rousseau 1755/1993: 173) Mit dem Privateigentum geraten die Subjekte in eine wechselseitige Abhängigkeit und das ehemalige Mitleid wird zur Selbstliebe. Die Wissenschaften und die Kunst, seit jeher eigentlich als Krone des Fortschritts gefeiert, tragen ihren Teil dazu bei, dass die Subjekte zunehmend degenerieren (vgl. Rousseau 1750/1995). Sie bilden Laster aus und entwickeln einen Egoismus – gespiegelt an der ursprünglichen Natürlichkeit der Subjekte bedeutet dies ein Verfall.

Rousseau dreht den Spieß um. Nicht die Subjekte im Naturzustand sind bösartig, sondern die bürgerliche Gesellschaft macht sie bösartig. Wie ersichtlich, gibt es für Rousseau auch keine Gesellschaftsgründung aus dem Naturzustand heraus. Ein Gesellschaftsvertrag ist zu dem Zeitpunkt nicht nötig, weil es keinen Grund gibt, den Naturzustand zu verlassen. Er wird, so ließe sich formulieren, evolutionär überwunden, um anschließend einen Zustand zu etablieren, der hinreichend Gründe liefert, ihn per Vertrag wieder zu verlassen. Es gilt, die Republik zu gründen, die zwar die Natürlichkeit der Subjekte nicht wieder herstellen kann, die aber die degenerativen Tendenzen der bürgerlichen Gesellschaft aufzuhalten vermag. Wenn also der Naturzustand für die Begründung der Staatskonstitution bei Rousseau keine tragende Rolle spielt, so ist er doch die Negativfolie für die Gesellschaft seiner Zeit und die Positivfolie für die neu zu gründende Republik. Entscheidend ist nämlich, dass die Subjekte erst gar keine Rechte aus dem Naturzustand mitbringen könnten, weil sie dort keine hatten. Es gibt bei Rousseau keine naturrechtliche Absicherung einer Privatsphäre, an der der Staat seine Begrenzung findet. Die Freiheit der Subjekte ist vor allem eine positive Freiheit.[2] Die Republik soll ein basis- bzw. radikaldemokratisches Staatswesen sein, in dem gilt: AutorInnen und AdressatInnen der positiven Gesetze bilden eine Personalunion. Dabei können sie jedoch nicht vollkommen voluntaristisch agieren. »An die Stelle der einzelnen Personen jedes Vertragschließenden setzt ein solcher Gesellschaftsvertrag sofort einen geistigen Gesamtkörper, dessen Mitglieder aus sämtlichen Stimmabgebenden bestehen und der durch ebendiesen Akt seine Einheit, sein gemeinsames Ich, sein Leben und seinen Willen erhält« (Rousseau 1762/1988: 49). Dieser geistige Gesamtkörper, der volonté general, bezeichnet eine Art »Idee des Guten«, die die Republik vor Zerfall oder erneuter Degeneration bewahrt. Die Recht setzenden Subjekte tun gut daran, ihre Beschlüsse in seinem Sinne zu treffen, weil nur auf diese Weise die Republik auf Dauer gestellt werden kann. Transformiert auf die Subjekte meint der volonté general einen moral point of view, von dem die Subjekte sich leiten lassen sollen. Es geht nicht um ihre Interessen, die, wie im Liberalismus, auf der öffentlichen Bühne miteinander in Einklang zu bringen sind. Es geht darum, dass die Subjekte sich von ihren Interessen distanzieren und sich ausschließlich am Allgemeinwohl orientieren. Im Zweifel kann dies bedeuten, sich der Gemeinschaft unterzuordnen – und im extremen Zweifel darf diese Unterordnung auch erzwungen werden. Eine individualistische Privatsphäre weicht in der republikanischen Demokratievariante einer absoluten Volkssouveränität. Dazu passt, dass Rousseau für seine Republik sich einerseits eine homogene Kultur wünscht, und andererseits sozioökonomische Ungleichheiten durch eine staatliche Wirtschaftspolitik

---

2 Dass das Werk von Rousseau dennoch als Plädoyer für individuelle Freiheit gelesen werden kann, zeigt Cassirer (1932/2004).

zu nivellieren trachtet. Pluralisierte Lebensstile und ökonomische Gegensätze bergen die Gefahr einer Differenzierung, die die gleiche Orientierung aller Subjekte auf den volonté general bedroht.

Dass es in der Demokratie aber genau darum geht, um die Ermöglichung pluraler Lebensstile, ist ein Kern der Demokratietheorie von Immanuel Kant. Grundsätzlich geht es ihm um die Frage, wie sich divergierende Subjekte so unter allgemeinen Zwangsgesetzen harmonisieren lassen, dass die Freiheit des Einen die Freiheit des Anderen nicht beschränkt. Der Staat soll also die Aufgabe der Friedenssicherung übernehmen, ohne in einem hobbistischen Leviathan zu münden. Er gründet allerdings nicht in einem voluntaristischen Akt seitens der Subjekte im Naturzustand. Es ist ein Gebot a priori, einen Staat zu gründen, da ohne eine Zwangsinstitution niemand vor Gewaltübergriffen sicher sein kann. Kant übernimmt weder die Vorstellung bösartiger Subjekte von Hobbes noch die Vorstellung friedfertiger Subjekte von Rousseau. Es geht ihm nicht darum, wie die Subjekte (in einem anthropologischen Sinne) sind. Sie könnten bösartig sein und diese Möglichkeit reicht aus, um die Sicherheit eines schützenden Staates zu suchen. Dann nämlich kann die immer mögliche Willkür der Subjekte so gebändigt werden, dass trotzdem ein hinreichender Freiraum für die je eigene Entfaltung übrig bleibt.

Dieser Freiraum konstituiert sich nicht aus einem materialen Naturrecht. Naturrechte kollidieren mit der Volkssouveränität, um die es Kant geht, weil sie den Radius der Rechtsetzung begrenzen. Das heißt nicht, dass Kant die politische Freiheit des Einzelnen leugnen würde. Er geht davon aus, dass die Freiheit ein Recht ist, das »jedem Menschen, kraft seiner Menschheit« (Kant 1797/1991: AB 45) zusteht. Sie muss jedoch im Rahmen einer bürgerlichen Gesellschaft einerseits überhaupt erst als Freiheit (reziprok oder intersubjektiv) gesetzt werden und sie muss andererseits durch demokratische Prozesse ständig neu austariert werden. Mit anderen Worten: Kant sieht in der Freiheit ein hohes Gut, ordnet dieses aber der Republik nicht qua eines naturrechtlichen Status vor. Gleiches gilt für das zweite wichtige Naturrecht: das Recht auf Eigentum. Locke hatte die Akkumulation von privatem Reichtum formationstheoretisch legitimiert, indem er erklärt, dass das Produkt der Arbeit demjenigen gehöre, der diese Arbeit verrichtet hat. »Was immer er [der/die Arbeitende, d.V.] also dem Zustand entrückt, den die Natur vorgesehen und in dem sie es belassen hat, hat er mit seiner Arbeit gemischt und ihm etwas hinzugefügt. Er hat es somit zu seinem Eigentum gemacht« (Locke 1690/1992: 216). Kant weist dagegen darauf hin, dass Eigentum nur unter rechtsstaatlichen Bedingungen denkbar ist. Erst dann könne Eigentum gesetzlich festgeschrieben werden und eine gegenseitige Anerkennung erfahren. Ohne eine rechtsstaatliche Rahmung können die Subjekte keinerlei Anspruch geltend machen, der intersubjektiv geteilt wäre.

Die Durch- und Umsetzung elementarer Freiheitsrechte hängt also von der Rechtsetzung innerhalb der bürgerlichen Republik ab. Während die Subjekte Lockes sich auf die komfortable Situation berufen konnten, mit Rechten qua ihrer Natur ausgestattet zu sein, müssen die kantischen Subjekte diese Rechte erst etablieren und dann so mit Leben füllen, dass sie Bestand haben. Die Frage der Legitimation von Herrschaft und deren Beschränkung wird zu einer Frage der Verfahren. Entsprechend wartet Kant auch mit zwei zentralen Momenten auf, die die Legitimität der Verfahren sichern sollen. Erstens darf es keine aristokratischen Prärogative geben. Allen Bürgern (wiederum ohne die Frauen) muss die gleiche Chance auf die Erwerbung von Ämtern eingeräumt werden. Zweitens setzt Kant auf das Prinzip der Selbstgesetzgebung, denn, so Kants Hoffnung, »nur sich selbst kann niemand unrecht tun« (Kant 1793/1991: A 245). Angedacht ist damit allerdings nicht ein radikaldemokratisches Modell, wie es Rousseau vorschwebte. Kant steht für die Prinzipien der Gewaltenteilung (die bei Rousseau fehlt) und der Repräsentation. Unklar ist, inwieweit er mit letzterem einen »nicht-monologischen Entscheidungsprozeß« (Maus 1994: 331) oder eine monologische Monarchie, die im Sinne des Allgemeinwohls regiert (Young 2006), im Auge hat. Klar dürfte hingegen sein, dass Kant mit aller Deutlichkeit darauf insistiert, dass positive Gesetze nur dann einen legitimen Status haben, wenn sie mit den Interessen und Überzeugungen der Subjekte konform gehen.

Und diese dürfen sich bei Kant im Rahmen einer gesicherten Privatsphäre entfalten. Es ist für ihn eine ausgemachte Sache: »Ein jeder darf seine Glückseligkeit auf dem Weg suchen, welcher ihm selbst gut dünkt, wenn er nur der Freiheit anderer, einem ähnlichen Zwecke nachzustreben, die mit der Freiheit von jedermann nach einem möglichen allgemeinen Gesetze zusammen bestehen kann, [...] nicht Abbruch tut« (Kant 1793/1991: A 236). Daraus folgen Anforderungen an die Subjekte. Sie müssen, weil sie nicht über Naturrechte verfügen, die Konstitution und den Erhalt ihrer Privatsphäre selbst bewerkstelligen. Sie müssen im demokratischen Prozedere solche Gesetzesregeln finden, die die je eigene Freiheit sichern und die Freiheit des Anderen dabei nicht tarieren. Sie müssen ihre Mündigkeit, die Kant ihnen attestiert, dazu verwenden, nur solchen Gesetzen und gesellschaftlichen Prozessen zuzustimmen, die die eigene Freiheit nicht gefährden. Wenn Kant daher aufruft: »Habe Mut, dich deines eigenen Verstandes zu bedienen« (Kant 1783/1991: A 481), so zielt er damit auf einen öffentlichen Vernunftgebrauch, der mit der Metapher des couragierten und aufrechten Bürgertums beschrieben wird. Die Subjekte sind nicht einfach nur Mitglieder ihrer Gesellschaft, sie müssen sich zum Citoen entwickeln. Verfehlen sie dies, droht die Despotie. Kant (und vor ihm Rousseau) demonstrieren, dass Demokratie und Selbstgesetzgebung nicht zum Nulltarif zu haben sind. Freiheit ist immer nur die Freiheit, die die Subjekte gestalten.

3 DAS SUBJEKT IN DER BÜRGERLICHEN GESELLSCHAFT

So war es jedenfalls gedacht worden. Die Realität sah anders aus. Nach der Französischen Revolution begann in ganz Europa ein Prozess, der die aufklärerischen Ideale verwirklichen sollte. Und es lässt sich kaum leugnen, dass dies auch partiell gelang. Mit dem Code Napoléon wurden die liberalen Freiheitsrechte in Europa verbreitet. Mit den unterschiedlichsten Revolutionen während des 19. Jahrhunderts wurde sukzessive der Grundstein für die modernen Demokratien gelegt. Insbesondere im Gefolge von 1848 entstand eine vielfältige Zeitungslandschaft, die das Projekt einer kritischen Öffentlichkeit beflügelte. Die entstehende Arbeiterbewegung trug dazu bei, die sozialen Rechte auf die Agenda der Politik zu setzen und die Lebensverhältnisse der unteren Einkommensklassen zu verbessern, und die Frauenbewegung drängte auf eine Gleichstellung der Geschlechter.

Zugleich waren die Gesellschaften des 19. Jahrhunderts keineswegs durch eine tatsächliche Gleichheit und schon gar nicht durch Brüderlichkeit (heute: Solidarität) gekennzeichnet. Der Adel hatte zwar seine Machtstellung weitestgehend verloren. Dafür waren nunmehr wohlhabende Industrielle an deren Stelle getreten (vgl. Cassis 2004). Diese hatten einen enormen Einfluss auf die gesellschaftliche Entwicklung. Dennoch waren auch sie weit davon entfernt, die Gesellschaft vollständig kontrollieren zu können. Auch sie waren unter die Herrschaft einer anonymen Macht geraten: den kapitalistischen Markt. Selbst die reichsten Industriellen vermochten nicht, diesen zu überblicken oder zu steuern. Es war vor allem Karl Marx, der dies mit seinem Entfremdungsbegriff zum Ausdruck gebracht hat. Zunächst konstatiert auch Marx, dass die Verheißung auf Gleichheit der Wirklichkeit nicht standhielt. Friedrich Engels hatte die Lebensverhältnisse der englischen Arbeiterklasse beschrieben und resümiert: Der Arbeiter ist »rechtlich und faktisch Sklave der besitzenden Klasse« (Engels 1845/1957: 310). Für beide war die soziale Frage eine, wenn nicht die entscheidende Frage ihrer Zeit. Schließlich hatten die aufklärerischen Ideale etwas anderes versprochen! Und die industrielle Revolution (Ziegler 2009) hatte einen faktischen Aufschwung der Wirtschaftsleistung zur Folge, der allerdings nicht im Sinne des Gleichheitsideals verteilt wurde. Der öffentliche Wohlstand wuchs, während auf der privaten Seite die Arbeiterhaushalte verarmten.

Insbesondere Marx ging es jedoch um mehr, als einfach die Verhältnisse zu verändern. Er wollte sie erst einmal erklären und verstehen, um aus seinen wissenschaftlichen Analysen politische Programme ableiten zu können. Bausteine dieses Versuches waren die Entfremdungstheorie und seine Geschichtsphilosophie bzw. der historische Materialismus (zur Ökonomie s.u.). Marx ging es nicht länger um die Frage nach der Erkenntnis der Außenwelt. Ihm ging es um den Austauschprozess mit der Umwelt und dies in einem aktiven Sinne. Der zentrale Begriff bei ihm ist der der Arbeit, wobei Arbeit nicht im engeren Sinne als Erwerbsarbeit gemeint ist, sondern als Tätigkeit, die die Natur zu den Zwecken des Menschen umformt. Die Wirklichkeit ist kein »an sich«, sondern ein Produkt menschlicher Arbeit. Für das Subjekt bedeutet dies, dass seine Verwirklichung von seiner Tätigkeit abhängt. Es veräußert sich im Produkt seiner Tätigkeit und kann sich darin selbst erkennen. Wird dieser Prozess unterbrochen oder verzerrt, kommt es zur Entfremdung (s. Marx 1844/ 1990). Dies ist laut Marx unter kapitalistischen Bedingungen der Fall. Dem/der ArbeiterIn müssen die Produkte seiner/ihrer Arbeit fremd erscheinen, weil sie ihm/ihr nicht gehören. Sie/er verwirklicht sich nicht in der Arbeit und in ihrem/seinem Produkt, weil sie/er nur arbeitet, um sich ihren/seinen Lebensunterhalt zu verdienen. Jegliche Art der Kreativität, die zu einer nicht entfremdeten Tätigkeit dazugehört, weicht dem Takt der Maschinen. Marx geht so weit zu behaupten, die/der ArbeiterIn wird auf ihre/seine tierischen Funktionen der Lebenserhaltung reduziert, und dies wirkt sich auch auf das soziale Zusammenleben aus. Entfremdete Subjekte bringen, grob formuliert, nur entfremdete Sozialbeziehungen hervor. Die Subjekte nehmen sich einander nicht mehr als individualisierte Persönlichkeiten mit Anspruch auf Würde wahr, sondern als austauschbare Ware Arbeitskraft. Der Mensch wird zu einer Wirtschaftsgröße. Das triumphale Subjekt des klassischen Aufklärungszeitalters mutiert zu einem Subjektbild, das wenig humanistisch und in düsteren Farben gemalt ist.

Dennoch ist Marx insoweit Kind seiner Zeit, als er den Fortschrittsoptimismus des 19. Jahrhunderts teilt. Die Subjekte sind aus Sicht von Marx zwar entfremdet und ihr Bewusstsein ist verblendet, trotzdem gibt Marx das Subjekt nicht vollständig auf. Er und Engels betonen: »Die Menschen machen ihre Geschichte selbst, aber bis jetzt nicht mit einem Gesamtwillen nach einem Gesamtplan« (Engels 1894/1978: 206). Dadurch, dass auf der einen Seite die ArbeiterInnen täglich wieder in die Fabriken gehen und auf der anderen Seite die Industriellen für die Kapitalakkumulation sorgen, tragen beide zum Fortbestand der gesellschaftlichen Ordnung bei. Die ersteren treibt die Sorge um ihren Lebensunterhalt und die letzteren die Sorge um den Erhalt ihres Unternehmens. Beide agieren jedoch gleichsam blind gegenüber den Prozessen, die sie damit (nolens volens) in Gang setzen. Sie planen die gesellschaftlichen Verhältnisse nicht und deswegen verselbstständigen sich diese in einer Weise, dass hinter dem Rücken der Subjekte Herrschaftsprozesse am Werk sind, die auf die Subjekte zurückschlagen. Grundsätzlich sind die Subjekte zu einer Planung ihrer gesellschaftlichen Verhältnisse befähigt – sie nutzen diese Fähigkeit nur nicht. Bekanntermaßen glaubte Marx, mit der ArbeiterInnenklasse die Akteurin bzw. das historische Subjekt ausfindig gemacht zu haben, das mittels eines revolutionären Umsturzes solche gesellschaftlichen Verhältnisse etablieren soll, in denen das Subjekt die Bedeutung bekommt, die ihm einst zugedacht worden war, weil dann gelten soll: »Jeder nach seinen Fähigkeiten, jedem nach seinen Bedürfnissen« (Marx 1875/1987: 21). Ersteres soll jedem Subjekt die je eigene Selbstverwirklichung durch eine freie und selbstbestimmte Tätigkeit ermöglichen, Letzteres steht für die Gewähr sozialer Rechte. Die Forderung, die liberalen Freiheitsrechte und die republikanischen Partizipationsrechte um einen sozialen Faktor zu ergänzen, hatte sich schließlich angesichts des gravierenden Pauperismus aufgedrängt, und Marx hat sicherlich dazu beigetragen, diesen sozialen Faktor ernst zu nehmen. Inwieweit er auch dazu beigetragen hat, jene Diktaturen zu legitimieren, die im Namen des Marxismus im 20. Jahrhundert angetreten waren, ist umstritten. Sicher ist: Marx war ein Herrschaftskritiker und es war ihm um eine Gesellschaft gegangen, »worin die freie Entwicklung eines jeden die Bedingung für die freie Entwicklung aller ist« (Marx/Engels 1848/1959: 482). Seine Geschichtsphilosophie erfüllt jedoch, wie Karl Popper (1945/2003, 1960/2003) herausgearbeitet hat, den Tatbestand der Herrschaftslegitimation. Diese Uneindeutigkeit gilt auch für den vorliegenden Kontext. Marx sieht ein bedrängtes, entfremdetes Subjekt auf der einen Seite und ein geschichtsmächtiges Subjekt auf der anderen Seite. Fachdisziplinär ließe sich sagen: Der Soziologe Marx desillusioniert den Blick auf das Subjekt. Der Philosoph Marx jedoch perpetuiert die hervorgehobene Stellung des aufklärerischen Subjekts.

Eine deutlichere Position vertritt demgegenüber Émile Durkheim. Bei ihm klafft keine Lücke zwischen seinen philosophischen Positionen und seiner Soziologie. Wenngleich er gegenüber Marx eine eher konservative Politik verfolgt, so ähneln beide allerdings darin, dass sie im positivistischen Denken zu verorten sind (vgl. dazu Adorno 1967/1998; Beer 2011). Nur: Durkheim wendet dieses Denken konsequenter auf das Subjekt an. Ihm geht es grundsätzlich darum, die neu entstehende Soziologie in den Rang der Wissenschaftlichkeit zu heben, und das hieß ihm: Die Soziologie muss mit den Naturwissenschaften gleichzusetzen sein. Er geht nicht so weit, allen Gehalt des tradierten Subjektbegriffes aufzugeben und auf rein physikalistische Begriffe umzustellen. Bewusstsein bleibt für ihn eine emergente Entität, die über die neurophysischen Tatsachen hinausweist (Durkheim 1898/1976). Im gleichen Verhältnis steht aber das Subjekt zur Gesellschaft. Sie hat gegenüber dem Subjekt einen emergenten Status. Das bedeutet nicht, dass eine Gesellschaft ohne Subjekte denkbar wäre. Dies bedeutet aber, dass das Subjekt auch nicht ohne Gesellschaft denkbar ist. Das Subjekt ist notwendig ein soziales Subjekt, weil es sich erst in sozialen Zusammenhängen zu einem Kulturwesen entwickeln kann und damit zu einem optimal entwickeltem Selbst(-bewusstsein). Durkheim bringt seinen Zeitgeist auf den Punkt: Die Gesellschaft hat sich gegenüber den Subjekten verselbstständigt, diese bleiben aber auf die Gesellschaft angewiesen. Das Ziel Durkheims war es nicht unbedingt gewesen, auf Verselbstständigungstendenzen aufmerksam zu machen. Indem er aber in positivistischer Absicht die Gesellschaft als soziologischen Untersuchungsgegenstand von den psychischen Motiven ihrer Mitglieder entkoppelt, bestätigt er auf theoretischer Ebene diese Tendenzen.

Und er bestätigt einen weiteren Befund. Die persönlichen Abhängigkeiten der feudalen Gesellschaft waren durch anonyme Abhängigkeiten abgelöst worden. Durkheim war es insgesamt darum gegangen, gegen die von ihm diagnostizierten Zerfallstendenzen der Gesellschaften seiner Zeit neue Formen der Sozialintegration zu suchen. In seiner Dissertation findet er diese in Gestalt der Arbeitsteilung (Durkheim 1893/1992), später wird er dieses Modell durch eine Berufsmoral ergänzen (Durkheim 1991). Vor ihm hatte bereits Adam Smith die Arbeitsteilung wegen des impliziten Potenzials zur Steigerung der Produktivität gefeiert und Karl Marx die negativen Auswirkungen auf die Subjekte kritisiert. Durkheim interessiert sich weder für die wirtschaftliche noch für die psychische Seite der Arbeitsteilung, sondern sieht in ihr den Modus einer funktionalen Interdependenz wirken, der die Gesellschaft zu integrieren vermag. Die Moderne hatte schließlich die Subjekte aus allen religiösen Kontexten befreit und einen enormen Individualisierungsschub in Gang gesetzt. Aufgrund der Interdependenz, so Durkheim, verbleiben die zentrifugalen Kräfte jedoch unterhalb einer kritischen Grenze. Erst Wirtschaftskrisen können etwa dazu führen, dass die Arbeitsteilung ihre sozialintegrative Aufgabe nicht mehr erfüllen kann, woraus Durkheim ein Plädoyer für eine staatliche Wirtschaftsregulierung ableitet.

Kurzum: Der methodologische Zugriff auf die Gesellschaft (als emergente Entität) und die Betonung der Arbeitsteilung weisen auch im Fall Durkheim darauf hin, dass das Subjekt im 19. Jahrhundert andere Probleme zu bewältigen hat, als die Erkenntnis der Wirklichkeit. Die Gesellschaft, die es selbst geschaffen hatte, wirkt auf die Subjekte zurück. Durkheim reagiert darauf nicht wie Marx mit der Idee einer revolutionären Veränderung. Etwas böswillig ausgedrückt ließe sich eher sagen: Er möchte die Subjekte an die neuen Verhältnisse anpassen und setzt zu diesem Zweck auf die Erziehung (Durkheim 1922/1972, 1995).

Sie soll die Sozialintegration flankieren: Sie soll solche Subjekte hervorbringen, die aus intrinsischen Gründen ihrerseits am Erhalt des Bestehenden interessiert sind. Die häusliche oder familiäre Erziehung kann dabei nur ein Baustein sein. Sie hat den Nachteil, letztlich zu diversifiziert zu sein, um das Projekt einer homogenen Erziehung unterstützen zu können. Weitaus wichtiger ist für Durkheim die schulische Erziehung, weil sie unter staatlicher Kontrolle steht und somit Ausdruck der Gesellschaft ist. Sein Anliegen ist es nun aber nicht, die schulische Erziehung in Form einer

Dressur zu konzipieren. Die Subjekte müssen in der Lage sein, auf Veränderungen zu reagieren, und das heißt, sie müssen über formale Kompetenzen verfügen, oder: »den Geist bilden, nicht anfüllen« (Fauconnet 1995: 25). Dennoch bleibt die Erziehung dem Ideal der Sozialintegration verpflichtet. Die Subjekte sollen sich in die gesellschaftliche Ordnung einfügen und die Erziehung soll ihnen dabei helfen zu erkennen, dass dies ihrem eigenen Interesse entspricht. Schließlich hängt ihre Persönlichkeitsentwicklung von ihrer Verbundenheit mit der Gesellschaft ab. »Wir können nicht aus der Gesellschaft heraustreten, ohne unser Menschsein aufgeben zu wollen« (Durkheim 1906/1976:109).

Wir müssen aber zuweilen aus ihr heraustreten, um sie auszuhalten. So könnte jedenfalls Nietzsche auf Durkheim geantwortet haben. Herausgetreten ist Nietzsche selbst – laut Habermas – aus dem normativen Denken, das seit der Aufklärungsperiode die Gesellschaften fundierte: »Mit Nietzsche verzichtet die Kritik der Moderne zum ersten Mal auf die Einbehaltung ihres emanzipatorischen Gehaltes« (Habermas 1985: 117). Dieses Zitat, unabhängig davon, ob die Einschätzung geteilt wird oder nicht, impliziert zwei Verweise. Zum einen bleibt auch Nietzsche ein Kritiker der modernen Gesellschaft, der er attestiert, ein Denken zu favorisieren, das sich allein an der Nützlichkeit bzw. Verwertbarkeit orientiert. Hier klingt die Kritik der instrumentellen Vernunft an, wie sie später von der Kritischen Theorie um Adorno und Horkheimer vertreten werden wird. Nietzsche war aber nicht nur gesellschaftskritisch ausgerichtet. Auch wissenschaftstheoretisch trägt er entscheidende Impulse bei. Wenn er postuliert: »Es giebt keine ewigen Thatsachen: sowie es keine absoluten Wahrheiten giebt« (Nietzsche 1878/1999: 25), bricht er mit dem überkommenen Anspruch, die Wissenschaften könnten eine letzte Wahrheit finden. Er wandelt dabei durchaus auf kantischen Pfaden, wenn er davon ausgeht, dass weder Mathematik und Logik noch die Sprache mit der Wirklichkeit identisch sind. Sie sind Konstrukte des Subjekts und daraus folgt die kantische Einsicht: Unsere Erkenntnis reicht nur so weit, wie unsere Konstrukte der Wirklichkeit es zulassen. Nietzsche schränkt die Wissenschaften ganz im Sinne der kantischen Vernunftbeschränkung ein. Ähnliches gilt für die Moral, wenngleich er hier eindeutig von Kant abweicht. Moral ist ihm nämlich keineswegs Ausdruck eines unpersönlichen Interesses, sondern Ausdruck der konkreten Interessen der Beherrschten. Sie ist eine »Sklaven-Moral« (ebd.: 271), der es nur darum geht, die Stärke der Herrschenden einzugrenzen. Mit dieser

Ansicht über die Moral wird der zweite Verweis des obigen Habermas-Zitates berührt. Der normative Gehalt der Moderne lässt sich durch Begriffe wie Gleichberechtigung, Demokratie und sozialen Ausgleich umschreiben. Nietzsche hält davon nicht viel. Er möchte eine Gesellschaft, in der die Kunst einen zentralen Stellenwert einnimmt, und dazu ist ihm jedes Mittel recht:

»Damit es einen breiten tiefen und ergiebigen Erdboden für eine Kunstentwicklung gebe, muß die ungeheure Mehrzahl im Dienste einer Minderzahl, über das Maaß ihrer individuellen Bedürftigkeit hinaus, der Lebensnoth sklavisch unterworfen sein. Auf ihre Unkosten, durch ihre Mehrarbeit soll jene bevorzugte Klasse dem Existenzkampf entrückt werden, um nun eine Welt des Bedürfnisses zu erzeugen und zu befriedigen. Demgemäß müssen wir uns dazu verstehen, als grausam klingende Wahrheit hinzustellen, daß zum Wesen einer Kultur das Sklaventhum gehöre« (Nietzsche 1872/1999b: 767).

Nietzsche wird sicherlich nicht grundlos als ein Vorläufer des Faschismus gelesen. Vom Rassenwahn der NationalsozialistInnen trennt ihn indessen, dass die »bevorzugte Klasse« weder als bestimmte Rasse noch als bestimmte soziale Klasse bestimmt wird. Andererseits steht im Hintergrund seiner eigentümlichen Anschauung eine Verachtung der Masse, der sich der Einzelne zu entziehen habe. Damit wird Nietzsche zum Verfechter eines radikalen Individualismus, der streng genommen wenig mit faschistischen Einstellungen zu tun hat. Es ist allerdings nicht zwingend ein politischer Individualismus. Er ist in erster Linie ästhetisch aufgestellt. Das Subjekt ist aufgerufen, aus seinem Leben »ein Kunstwerk zu machen« (Schönherr-Mann 2008: 74), denn, so Nietzsche (1872/1999a: 47), »nur als aesthetisches Phänomen ist das Dasein und die Welt ewig gerechtfertigt«.

Wie kommt Nietzsche auf diesen Gedanken? Hatten die Menschen seiner Zeit nicht andere Probleme, als aus sich ein Kunstwerk zu machen? Galt es nicht, sich im ökonomischen Feld durchzusetzen – entweder durch Profitsteigerungen oder dadurch, einen lukrativen Arbeitsplatz zu bekommen? Genau das war aus Nietzsches Sicht das Problem: Dass die Subjekte sich mehrheitlich nur noch am Verwertbaren ausrichteten. Hinzu kam der wissenschaftlich induzierte Sinnverlust. Nietzsche hatte, wie kurz angedeutet, die Wissenschaften auf das Logische, das rational Erkennbare eingeschränkt, und damit alle Mythen und Mysterien verbannt. Was für die

Wissenschaften richtig sein mag, ist jedoch für das Subjekt nicht ausreichend. Es möchte, so Nietzsche, hinter die Erscheinungen schauen, es möchte Antworten auf Fragen, die die positivistischen Wissenschaften nicht stellen und daher auch nicht beantworten können. An diesem Punkt springt die Kunst ein, weil sie – zumal in Gestalt der Instrumentalmusik, bei der sich kein Begriff zwischen HörerIn und Gehörtem schiebt – in der Lage ist, das Subjekt wieder mit sich und der Welt zu versöhnen. Es ist aber nicht ein bildungsbürgerlicher Kunstgenuss, den Nietzsche im Blick hat. Es geht ihm um den dionysischen Rausch. In der griechischen Tragödie sieht Nietzsche zwei Gottheiten walten. Die eine ist Apollon. Er steht für eine artifizielle Scheinwelt, die der Welt der Erscheinungen einen weiteren Schein beifügt. Damit überschreitet Apollon die Welt der positiven Wissenschaften, bleibt ihrem rationalen Kalkül aber letztlich verhaftet. Anders Dionysos: Er steht für den Rausch, der alles Rationale hinter sich lässt. Denn im Rausch »schließt sich nicht nur der Bund zwischen Mensch und Mensch wieder zusammen: auch die entfremdete, feindliche oder unterjochte Natur feiert wieder ihr Versöhnungsfest mit ihrem verlorenen Sohne, dem Menschen« (ede.: 29).

Nietzsche steht durchaus in der Tradition der Romantik (vgl. Safranski 2007) und der Idee einer Ästhetisierung des Lebens. Es geht ihm darum, die Nützlichkeit der Wissenschaft beizubehalten, ihren negativen Folgewirkungen aber wenigstens von Zeit zu Zeit zu entrinnen. Das Problem ist, dass dies über die Kunst eben nur temporär möglich ist. Sobald der Rausch aufhört, drängt die sinnentleerte Wirklichkeit wieder mit aller Macht auf das Subjekt ein, und sie wird von diesem mit »einem Ekel als solche empfunden« (Nietzsche 1872/1999a: 56). Es muss also eine andere Lösung des Problems gefunden werden. Und Nietzsche hat nach seiner »Geburt der Tragödie« tatsächlich einen anderen Weg eingeschlagen. Nicht mehr die Weltverneinung durch die Kunst gilt ihm als Rettung, sondern gerade die Anerkennung dessen oder: Das Subjekt soll sich dem Leiden stellen, indem es sich selbst übersteigt.

Dieses Übersteigen wird mit der Formel vom Übermenschen einerseits und mit dem Motiv des Willens zur Macht andererseits zum Ausdruck gebracht. Der Wille zur Macht ist nicht einfach der politische Wille zur Machteroberung (sei es autokratisch oder demokratisch). Im Zusammenhang mit dem Subjekt meint er: »Wille zur Macht über sich selbst« (Safranski 2008: 291). Das Subjekt ist aufgerufen, ein gestaltendes Subjekt zu werden und dabei vor sich selbst keinen Halt zu machen. Für Nietzsche geht dieses Gestalten einher mit einem vorherigen Zerstören des Alten, denn »wer ein Schöpfer sein muss im Guten und Bösen: wahrlich, der muss ein Vernichter erst sein und Werthe zerbrechen« (Nietzsche 1886/1999: 149). Die meisten Menschen scheinen in der Wahrnehmung Nietzsches allerdings weder das Alte zu zerstören noch ein Neues zu gestalten. Seine aristokratisch anmutende Verachtung der Massen bleibt erhalten, wenn er konstatiert, »verdorben ist das Leben durch die Viel-zu-Vielen« (ebd.: 55). Wer es nun aber schafft, sich selbst hin zum Übermenschen zu übersteigen, kann sich zwar den gesellschaftlichen Zwängen und Konformitätsansprüchen entziehen, nicht jedoch der generellen Sinnlosigkeit des Daseins. Aber: Der Übermensch ist in der Lage, dieses Dasein auszuhalten, ohne zu leiden. Die Kunst gibt in diesem Zusammenhang den metaphysischen Trost auf, den sie zunächst spenden sollte. Ihre Aufgabe besteht nunmehr darin, mit dem Dasein zu versöhnen, ohne dieses Dasein im Rausch hinter sich zu lassen.

Mit Marx, Durkheim und Nietzsche liegen drei unterschiedliche politisch-normative Konzeptionen vor. Einigkeit herrscht allerdings darin, dass die neue bürgerliche Gesellschaft nicht ihren einstigen Verheißungen entspricht. Marx möchte diese daher revolutionär weiterentwickeln. Durkheim sieht, dass Anpassungsleistungen der Subjekte nötig werden, und Nietzsche pendelt zwischen einer ästhetisierenden Flucht und einem Aushalten, das allerdings nur von jenen Subjekten praktiziert werden kann, die sich selbst übersteigen und gestaltend werden, und zwar in einem künstlerischen Sinne – wobei anzumerken ist, dass es nicht um eine Kunstproduktion für ein breites Publikum geht, sondern um eine Kunst um der Kunst willen, innerhalb derer sich das Subjekt verliert und zu einem ästhetischen Phänomen wird. Gegenüber dem epistemologischen Diskurs der Aufklärung muss das Subjekt also im 19. Jahrhundert eine praktische, eine handelnde Aktivität entwickeln. Die intellektuelle Aktivität der Wirklichkeitserkenntnis bedarf der Ergänzung durch eine politische (Marx), pädagogische (Durkheim) oder künstlerische (Nietzsche) Praxis. Welche auch immer das Subjekt wählt: Es geht in jedem Fall darum, sich einer neuen gesellschaftlichen Realität zu stellen, die eine anonyme Herrschaft ausübt. Die sich anschließende Frage ist freilich: Kann das Subjekt dies überhaupt leisten? Oder ist es derart in den Fängen der Gesellschaft, dass vom Subjekt keine Praxis mehr erwartet werden kann?

4 DAS SUBJEKT IM 20. JAHRHUNDERT

Diese Fragen wurden, weil sie unbeantwortet blieben, mit in das 20. Jahrhundert genommen. Die Antworten auf diese Frage variieren indessen danach, welche gesellschaftlichen Entwicklungslinien stärker fokussiert werden. Negativ anzurechnen sind zwei Weltkriege und der Holocaust als extremes Menschheitsverbrechen. Positiv dagegen kann das 20. Jahrhundert auch gelesen werden als Fortsetzung des Demokratisierungsprozesses und des Abbaus von Vorurteilen und Diskriminierungen. In jedem Fall bleibt das Thema, das im 19. Jahrhundert zentral wurde, beibehalten: das Subjekt im Verhältnis zur Gesellschaft. Und diese hatte sich u.a. durch die Einführung technikbasierter Kommunikationsmedien ständig verändert (Hartmann 2006). Der Hintergrund für die Entwicklung und Verbreitung neuer Kommunikationsmedien war in der Regel militärisch oder ökonomisch. Sobald sie jedoch gesellschaftlich etabliert waren, führten die neuen Kommunikationsmedien immer wieder zu Diskussionen über ihre Chancen und Risiken und schließlich, nachdem sie sich trotz diverser Mahnungen durchgesetzt hatten, zu Anpassungsleistungen seitens der Subjekte, die wiederum die Medien an ihre Bedürfnisse etc. anpassen. Das Telefon holte die Mitmenschen in die eigenen vier Wände, das Fernsehen machte Bilder aus der ganzen Welt verfügbar und das Web 2.0 schließlich erlaubt eine interaktive Kommunikation. Diese geriet bei jeder technischen Erneuerung ihrerseits ständig unter Veränderungsdruck. Zu denken ist etwa an die neue Form der Kommunikation durch SMS-Nachrichten.

Die (Neuen) Kommunikationsmedien an sich sind ethisch und moralisch zweifelsohne neutral. Es kommt darauf an, was die Subjekte aus ihnen machen, wozu sie sie verwenden. Die Geschichte des 20. Jahrhunderts kennt beides: eine Verwendung für Herrschaftszwecke und eine Verwendung für Aufklärungs- und Demokratisierungsprozesse. Ersteres wurde vor allem von der Kritischen Theorie fokussiert, ohne freilich, dass ihre Vertreter die positiven Möglichkeiten nicht auch gesehen hätten. Sie waren aber Zeitzeugen des Nationalsozialismus und der Einsetzung der neuen Kommunikationsmedien für eine an Menschenverachtung kaum zu überbietende Diktatur.

Gegründet wurde die Kritische Theorie bzw. das Institut für Sozialforschung in Frankfurt bereits in den 20er Jahren. Der theoretische Hintergrund waren die Schriften von Marx, wobei zu dem Zeitpunkt vor allem die ökonomischen Schriften bekannt waren. Die politische Ausrichtung der Kritischen Theorie war damit auch klar: Es ging um die Überwindung des Kapitalismus und leisten sollte dies die Arbeiterbewegung. Die hatte sich aber 1914 geweigert, die Revolution zu machen, und sich stattdessen einen Weltkrieg geleistet, in dem die Soldaten »von feindlichem Kriegsmaterial konsumiert« (Berghan 2009: 16) wurden. An Marx' These, dass das Sein das Bewusstsein bestimme und die ArbeiterInnen aufgrund ihres Seins daher ein revolutionäres Bewusstsein ausbilden würden, konnte also etwas nicht stimmen. Adorno und Horkheimer werden dann die neuen Kommunikationsmedien verantwortlich machen oder allgemeiner: die Kultur, die sich zwischen das gesellschaftliche Sein und das Bewusstsein schiebt und eine Vermittlungsfunktion übernimmt.

Paradox anmutend machen Adorno und Horkheimer die Kultur aufklärerischen Denkens für die Verwerfungen ihrer Zeit verantwortlich. Paradox erscheint dies deswegen, weil beide »keinen Zweifel [hegen], dass die Freiheit in der Gesellschaft vom aufklärenden Denken unabtrennbar ist« (Adorno/Horkheimer 1944/1987: 18). In ihren Prämissen impliziert die Aufklärung jedoch ihren eigenen Umschlag in ihr Gegenteil: in Mythologie. Aufklärerischem Denken war es darum gegangen, die Wirklichkeit unter rationalen Begriffen zu ordnen und sie so den Zwecken des Menschen dienstbar zu machen. Damit wird jedoch das Inkommensurable abgeschnitten und das heißt: das je Individuelle (Adorno 1956/1998). Der rationale Begriff hat die Tendenz zur Gleichschaltung, die dann im Nationalsozialismus politisch praktiziert wurde. Dies bedeutet nicht, das Projekt einer rationalen Wissenschaft aufzugeben. Ohne sie ließe sich kein Flugzeug bauen und ohne rationale Begriffe ließen sich positive Motive wie etwa die Menschenrechte nicht formulieren. Dennoch: Der rationale Begriff ist der Aufklärung bedürftig. Wird er umstandslos, ohne Reflexion, zur Anwendung gebracht, kann dies fatale Folgen haben – für die Gesellschaft insgesamt und für die Subjekte. Diese müssen intrapsychisch die Beherrschung der äußeren Natur auf die je eigene innere Natur ausdehnen. Sie müssen an sich selbst das Inkommensurable, das Individuelle abschneiden. Gelingt ihnen dies, sind sie in der Lage, die schlimmste Barbarei zu begehen. Die Vernunft, die einst als Garantin für Emanzipation und Fortschritt gegolten hatte, schrumpft zur »instrumentellen Vernunft« (Horkheimer 1946/1991), die sich mit Zweck-Mittel-Relationen begnügt. Vernünftig ist, das hatte schon Nietzsche kritisiert, was sich verwerten lässt; für ökonomische Zwecke oder

Zwecke des Machterhalts. Jeglicher moralischen Reflexion entbunden gilt dann nur noch die Mythologie des Machbaren.

Dieses Machbare ist u.a. auch die Herrschaftssicherung. Adorno und Horkheimer war nicht entgangen, dass vor allem die NationalsozialistInnen für ihre Zwecke auf die damals neuen Kommunikationsmedien setzten – den Rundfunk. Sie fassten die neuen Kommunikationsmedien unter dem Begriff der »Kulturindustrie« zusammen und brachten damit zum Ausdruck, dass es mitnichten um Aufklärung geht, sondern um die massenhafte Produktion und Verbreitung kultureller Güter. Die in der öffentlichen Wahrnehmung eher nicht zusammengehörenden Wörter Kultur und Industrie zeigen an, dass diese Massenproduktion nicht harmlos ist: Kultur wird in den Sog der kapitalistischen Profitorientierung gezogen und dadurch zur Ware. Der Inhalt oder die ästhetische Qualität kultureller Güter tritt auf diese Weise in den Hintergrund. Es zählt, was sich verkaufen lässt oder Einschaltquoten bringt. Aber auch diese Ökonomisierung der Kultur ist noch nicht das ganze Problem. Für Horkheimer und Adorno entscheidend ist, dass die Kulturindustrie eine verheerende Wirkung auf die Subjekte hat. Diese, anstatt die gesellschaftlichen Verhältnisse zu durchschauen und ihnen Widerstand entgegenzusetzen, passen sich an die Verhältnisse an. Die Kulturindustrie leistet eine Sinnvermittlung, die die kapitalistische Gesellschaft als alternativlos erscheinen lässt. Dies gelingt ihr formal durch die stete Wiederholung des Immergleichen, die ein Modell einer alternativlosen Wirklichkeit produziert. Inhaltlich korrespondiert damit die Favorisierung eines Lebensstils, der sich in die gesellschaftlichen Verhältnisse einfügt. Im Ergebnis bilden die Subjekte einen Konformismus und autoritäre Dispositionen aus, die den Status quo sichern. Und schlimmer: Sie verlieren ihren Subjektstatus: »Der Kunde ist nicht, wie die Kulturindustrie glauben machen möchte, König, ihr Subjekt, sondern ihr Objekt« (Adorno 1963/1998: 337). Und: »Bei vielen Menschen ist es bereits eine Unverschämtheit, wenn sie Ich sagen« (Adorno 1951/1998: 55).

Die von Marx behauptete Ausbeutung der Ware Arbeitskraft hatte sich nicht geändert. Während diese aber die formale Freiheit impliziert, einen Arbeitsvertrag auch nicht abschließen zu müssen[3], sehen sich Adorno und Horkheimer einer total verwalteten Welt gegenüber. Die Subjekte sind

---

3   Was freilich formal bleibt, da empirisch der Lebensunterhalt für die lohnabhängig Beschäftigten vom Verkauf ihrer Ware Arbeitskraft abhängt.

durch die Kultur in die Gesellschaft integriert, sie haben die Profit- und Verwertungslogik internalisiert und sie leisten keinen Widerstand mehr. Das couragierte Subjekt als Citoyen hat ausgedient. Zurück bleiben Subjekte, die keine mehr sind – zumindest dann nicht, wenn die Subjektidee den Kontakt zur klassischen Aufklärungsepoche nicht abbricht.

Adorno und Horkheimer hatten nicht nur den Nationalsozialismus (sowie den Stalinismus und den amerikanischen Kapitalismus) vor Augen. Nach dem Zweiten Weltkrieg kehrten sie aus dem amerikanischen Exil zurück nach Deutschland und bauten das Institut für Sozialforschung wieder auf. Die einstigen Kämpfe der Arbeiterbewegung, auf die die VertreterInnen der Kritischen Theorie ihre Hoffnungen gelegt hatten, fanden nicht mehr statt. Die Arbeiterklasse war mittels der Kulturindustrie, aber auch mittels einer Verbesserung der Lebensverhältnisse in das System integriert worden. »Der Unterschied«, so Adorno (1942/1998: 377), »von Ausbeutern und Ausgebeuteten tritt nicht so in Erscheinung, dass er den Ausgebeuteten Solidarität als ihre ultima ratio vor Augen stellte: Konformität ist ihnen rationaler«. Dennoch waren die alten Ungleichheitsrelationen erhalten geblieben. Und auch dies, so Pierre Bourdieu, mit Konsequenzen für die Subjekte.

Auch für Bourdieu spielt die Kultur eine wesentliche Rolle zur Reproduktion des Bestehenden. Er bezieht sich aber auch auf das Ökonomische, weil seine zentrale Fragestellung ist, wie sich die Sozialstruktur moderner Gesellschaften beschreiben lässt. Mit anderen Worten: Es geht ihm um die Ungleichheitsforschung. Und da Marx einer seiner theoretischen Bezugspunkte ist, verwendet er dazu den Begriff der Klasse. Anders als Marx, der einen vornehmlich ökonomistischen Klassenbegriff vertreten hatte, bezieht Bourdieu aber kulturelle Momente in seine Analysen mit ein. Um diese Einbeziehung der Kultur theoretisch fundieren zu können, erweitert Bourdieu den klassischen Kapitalbegriff (Bourdieu 1983/1997; Eder 1989). Das ökonomische Kapital ist für Bourdieu ganz traditionell der Besitz monetärer Ressourcen. So, wie Adorno und Horkheimer mit ihrem Begriff der Kulturindustrie bereits darauf hingewiesen haben, dass die Kultur in einer kapitalistischen Gesellschaft ihren autonomen Status zugunsten einer Ökonomisierung der Kultur verlieren kann, so spricht auch Bourdieu bei seiner Kapitalerweiterung von kulturellem Kapital. Dieses wird nochmal binnendifferenziert. Das institutionalisierte Kulturkapital bezeichnet die Bildungsabschlüsse, das objektivierte Kulturkapital den Besitz kultureller Güter, die sich in ökonomisches Kapital transformieren lassen, und das inkorporierte Kulturkapital den habituellen Umgang mit Kultur. Das soziale Kapital schließlich umfasst die sozialen Netzwerke bzw. Beziehungen, die geeignet sind, den Erwerb der anderen Kapitalien zu erleichtern oder überhaupt erst zu ermöglichen. Mittels dieser Erweiterung des Kapitalbegriffes kann Bourdieu dann seinem sozialen Raum zwei Achsen zugrunde legen. Die vertikale Achse gibt Auskunft über das Volumen der Kapitalverfügung (ökonomisches und kulturelles Kapital). Die horizontale Achse teilt den sozialen Raum gemäß der Kapitalzusammensetzung. Diese differiert danach, wie sich im Kapitalvolumen die Relation zwischen ökonomischem und kulturellem Kapital darstellt.

Ob Bourdieu mit seinem Ansatz einen bedeutenden Beitrag zur Ungleichheitsforschung bzw. Sozialstrukturanalyse unterbreitet hat, kann an dieser Stelle unberücksichtigt bleiben. Entscheidend ist, dass er nicht bei einer reinen Sozialstrukturanalyse stehen bleibt. Mit seiner Habitustheorie (Bourdieu 1972/1976, 1979/1997, 1980/1993; Krais 1989) lässt sich der Kontakt zum Subjektbegriff herstellen. Der Habitus bezeichnet die Wahrnehmungs-, Denk- und Handlungsmuster eines Subjekts. Diese werden nach Bourdieu jedoch mitnichten subjektiv erworben oder entwickelt. Sie bilden sich in den ersten Lebensjahren vor dem Hintergrund der sozioökonomischen Position der Herkunftsfamilie aus. Anders formuliert: Die Subjekte bilden solche Muster aus, die der Ausstattung mit ökonomischen und kulturellen Ressourcen ihrer Herkunftsfamilie angepasst sind. Wer in einem finanzschwachen und bildungsfernen Milieu aufwächst, wird mit einer hohen Wahrscheinlichkeit keinen Zugang zu höherer Bildung erlangen. Wer in einem Haushalt aufwächst, in dem die sogenannte klassische Hochkultur selbstverständlich ist, wird vermutlich als Erwachsene/r weiterhin hochkulturelle Güter präferieren. »Deshalb auch bietet sich Geschmack als bevorzugtes Merkmal von Klasse an« (Bourdieu 1979/1997: 18). Es ist nicht eindeutig, inwieweit Bourdieu mit seiner Habitustheorie das Feld der Sozialisationsforschung betreten hat. Eindeutig ist indessen, dass das Subjekt die Summe seiner Erfahrungen ist, wobei Erfahrungen hier nicht in einem epistemologischen Sinne zu verstehen sind. Erfahrungen sind nicht unschuldig. Sie tragen nicht einfach dazu bei, das Subjekt mit Informationen zu versorgen. Sie wirken sich psychisch aus, indem das Subjekt in Anlehnung an seine Ressourcenausstattung spezifische Dispositionen erwirbt, die als je aktuelle Situationsdefinition dienen. Das bedeutet für

Bourdieu allerdings nicht, dass die Subjekte vollkommen chancenlos wären, ihre Dispositionen bewusst zu machen und gegebenenfalls zu verändern. Wie Max Miller (1989) herausgearbeitet hat, denkt sich Bourdieu eine solche Veränderung aber nicht nach dem Modell eines aufgeklärten, mündigen Subjekts, das durch rationale Anstrengungen über sich selbst verfügen könnte. Bourdieu hat eine deterministische Schlagseite (Portele 1985; Pfeffer 1985; Honneth 1990; Müller 1997), und dies zeigt sich u.a. daran, dass Bourdieu Veränderungen der Subjekte auf objektive Anreize zurückführt. Immer dann, wenn die erworbenen habituellen Muster mit der aktuellen sozioökonomischen Position nicht mehr in einem Passungsverhältnis stehen, stehen die Subjekte unter der sanften Nötigung, jene zu ändern. Dass kann ein sozialer Abstieg (etwa durch Arbeitslosigkeit) sein, ein Lottogewinn oder gesellschaftliche Katastrophen wie etwa Kriege. Aus einer objektivistischen Beobachterperspektive ist Bourdieu auch sicherlich zuzustimmen, dass in aller Regel subjektive Denk- und Handlungsmuster in Reaktion auf Veränderungen in der Umwelt weiterentwickelt werden. Wozu auch sollte ein Subjekt sich selbst verändern, wenn der je eigene Habitus an die Umwelt angepasst ist? Bourdieu scheint indessen nicht bei einer empirischen Konstatierung stehen zu bleiben. Er transformiert den Umstand auf die theoretische Ebene und bricht mit der cartesianisch-kantischen Tradition (Beer 2007a).

Und dies nicht nur in Bezug auf potenzielle Entwicklungen des Subjekts. Bourdieu wird nicht müde zu betonen, dass er die subjektive Freiheit keineswegs leugnen möchte. Der Habitus ist für ihn auch ein Ort »des subjektiven Entwurfes« (Bourdieu 1970/1994: 40). Das heißt, je aktuelle Situationsdefinitionen sind nicht vollkommen durch die Habitusbiografie determiniert. Sie enthalten einen subjektiven, kreativen Aspekt. Nun gilt jedoch, dass jede Regel einen Auslegungshorizont impliziert (Bouveresse 1993), der ohnehin eine subjektive Regelinterpretation voraussetzt. Nicht ein autonomes Subjekt reagiert also autonom auf aktuelle Situationen, sondern ein habituell geprägtes Subjekt ist dazu genötigt, in die Situationsdefinition subjektive Anteile einfließen zu lassen, um handlungsfähig zu sein. Wenn es aber auch in diesem Fall eine gleichsam objektive Nötigung ist, die das Subjekt zur Subjektivität treibt, hat dies wenig mit der cartesianisch-kantischen Tradition zu tun. Bourdieu nimmt das Subjekt empirisch in den Blick. Dies hat gegenüber dem idealisierenden Blick der cartesianisch-kantischen Tradition den Vorteil, dass Bourdieu deutlich machen kann, dass die nach wie vor bestehenden Ungleichheitsrelationen Auswirkungen haben: Nicht die Subjekte sind primär verantwortlich für ihr Denken und Handeln. Dass eine Gesellschaft, die sich Ungleichheitsrelationen leistet, dann aber kaum mit hinreichend mündigen Subjekten rechnen kann, ist ein Befund, der sich an Bourdieu anschließen lässt (Beer 2002). Das soll nicht bedeuten, dass die Subjekte grundsätzlich nicht zur Mündigkeit befähigt sind. Das bedeutet aber, dass, wenn Bourdieus Beschreibungen und Erklärungen richtig sind, gesellschaftliche Verhältnisse derart auf dem Subjekt lasten können, dass eine Entwicklung zur Mündigkeit erschwert werden kann.

Bourdieu hinterlässt ein Subjektbild, das den düsteren Befunden von Marx bis Adorno zustimmt und ergänzt. Es ist nicht einfach die Ausbeutung der Ware Arbeitskraft oder die Sinnvermittlung durch die Kulturindustrie, die dem klassischen Subjekt ihren triumphalen Status rauben. Es ist die perpetuierte soziale Ungleichheit in Kombination mit der Kultur, die den Subjekten Barrieren in den Weg legt. Bourdieu selbst beansprucht, mit seiner Soziologie dazu beizutragen, diese Barrieren zu verkleinern. Ihm geht es darum, »jene Freiheit zu erlangen, die sich den sozialen Determinismen mit Hilfe der Erkenntnis dieser sozialen Determinismen immerhin abringen lässt« (Bourdieu 1994/1998: 9). Und wenn er schreibt: »Wir haben alle unsere Grenzen. Allerdings gibt es die Möglichkeit, sich dessen bewusst zu werden« (Bourdieu 1982/1997: 33), macht er deutlich, dass er trotz seines Brechens mit der cartesianisch-kantischen Tradition dennoch an dieser festhalten möchte. Die sich anschließende Frage ist dann: Gehen nicht beide, Adorno und Bourdieu, zu weit in ihrer Ansicht, dass die Gesellschaft in Form der Kulturindustrie oder der sozialen Ungleichheit den Subjekten eigentlich kaum Raum für eine kreative Selbstbestimmung lässt? Können sie überhaupt noch plausibel ein Subjekt denken, dass das Andere der gesellschaftlichen Dominanz denkbar macht?

Diesen Fragen lassen sich auch in einen größeren Kontext setzen. Ist die düstere Gegenwartsbeschreibung nicht insgesamt übertrieben? Gab es nicht im 20. Jahrhundert trotz zweier Weltkriege und dem schlimmsten Menschheitsverbrechen – dem Holocaust – positive Entwicklungen in Sachen Demokratie und Emanzipation? Immerhin war das Grundgesetz der Bundesrepublik Deutschland ein Meilenstein in der Demokratieentwicklung. In Kombination mit einem Sozialstaat, der die schlimmsten Auswirkungen der kapitalistischen Wirtschaft abfederte, war es auch den unteren Schichten möglich, am gesellschaftlichen Leben (Kultur, Politik, ...) zu partizipieren. Die 68er Bewegung (Gilcher-Holtey 2005) hat zu einer Liberalisierung der Gesellschaft beigetragen, die dann u.a. von der Frauenbewegung weitergeführt wurde. Die Diktaturen des ehemaligen Ostblocks wurden ohne Gewaltanwendung überwunden, und mit den Neuen, Digitalen Medien wurden neue Möglichkeiten der Kommunikation geschaffen, die für eine weitere Demokratisierung der Gesellschaft genutzt werden können^4. Und das 20. Jahrhundert kann auch beschrieben werden als ein Jahrhundert, in dem Vorurteile und Intoleranzen abgebaut wurden. Alle diese positiven Entwicklungen lassen sich vom Subjekt als TrägerIn dieser Entwicklungen nicht abkoppeln und ein Paradigma, das geeignet ist, diesen Zusammenhang begrifflich zu erfassen, ist das Paradigma der Intersubjektivität.

Zurückführen lässt sich dieses Paradigma auf George Herbert Mead (insbesondere 1987). Sein Werk kann auch tatsächlich als politische Forderung nach der »Veränderung aller Institutionen zur Beseitigung aller Ungerechtigkeiten und Benachteiligungen« (Joas 1989: 136) gelesen werden.

Ideengeschichtlich ist sein Werk eine Alternative zur klassischen Erkenntnistheorie. Nachdem diese im 19. Jahrhundert aufgegeben worden war, bietet Mead an, das grundsätzliche Axiom zu verändern. An die Stelle der Subjekt-Objekt-Dichotomie setzte er die handlungstheoretische Intersubjektivität und das heißt: das Verhältnis zwischen Subjekt und Subjekt. Er erreicht damit, dass die Subjekte auf Augenhöhe interagieren. Ihnen steht nicht länger eine mehr oder weniger leblose Objektivität gegenüber, sondern Subjekte, die über gleiche Eigenschaften verfügen und die eigensinnig auf je eigene Handlungsangebote reagieren. Damit bietet Mead auch eine Alternative etwa zu Marx und Durkheim, indem er nicht das Verhältnis des Subjekts zu einer anonymen Gesellschaft pointiert. Die Gesellschaft als Gegenpol zum Subjekt wird bei Mead repräsentiert durch andere – mithin konkrete – Subjekte. Das bedeutet in der Konsequenz, dass das Subjekt zwar nicht sozial konstituiert wird, aber über seine Einbindung in intersubjektive Kontexte sozialisiert wird. Nicht zufällig wird Meads Intersubjektivismus dann auch zu einem dominierenden Paradigma der Sozialisationsforschung (Beer 2007b). Diese wird im Anschluss an Mead geltend machen, dass es bei der Sozialisation bzw. Persönlichkeitsentwicklung

---

4   Aber sicherlich auch für das Gegenteil. Wie gesagt: Es hängt eben davon ab, was die Subjekte daraus machen.

nicht um die Übernahme gesellschaftlicher Werte geht, wie dies Durkheim tendenziell angenommen hatte, sondern um einen demokratischen, wechselseitigen Prozess, an dem das Subjekt selbst organisierend beteiligt ist. So u.a. Habermas (1968/1973): Er kritisiert indessen an Mead, dass er die Seite der Gesellschaft zu stark auf handelnde Subjekte reduziert und übersieht, dass es durchaus wirkmächtige Strukturen gibt. Dennoch ist Habermas als Kind der Reeducation davon überzeugt, dass nach dem Zweiten Weltkrieg demokratische Tradition erneuert worden waren, an die sich im Sinne der Emanzipation anknüpfen lässt. Der Idee einer verwalteten Wirklichkeit, wie sie von Adorno entwickelt worden war, hält er entgegen, dass es gesellschaftliche Bereiche gibt, innerhalb derer mit mündigen Subjekten zu rechnen ist. Er adaptiert explizit die Arbeiten von Mead, um einen Subjektbegriff auszuweisen, der dieser Einschätzung entspricht.

Zentral für Habermas ist der Begriff des kommunikativen Handelns, der die »Einigung unter sprach- und handlungsfähigen Subjekten« (Habermas 1981, Bd. 1: 386; vgl. auch Beer/Trienekens 2011) bezeichnen soll. Dabei wird die Idee der Einigung emphatisch aufgeladen. Ausgeschlossen wird eine Einigung durch Zwang oder Herrschaft, die natürlich immer möglich ist. Beim kommunikativen Handeln soll es indessen um eine argumentative Praxis gehen, in der der »zwanglose Zwang des besseren Arguments« (Habermas 1974: 137) über den Ausgang der Argumentation entscheidet. Anders formuliert: Es geht um eine herrschaftsfreie Kommunikation mit dem Ziel einer rational basierten Konsensfindung. Diese ist allerdings nicht primär in den Subjekten verankert, sondern in den formalpragmatischen Sprachbedingungen. Sprache, so Habermas, dient der Verständigung. Und da dies auch dann der Fall ist, wenn vom Sprecher keine konsensuelle Einigung intendiert ist, versteift sich Habermas zu der These: »Verständigung wohnt als Telos der menschlichen Sprache inne« (Habermas 1981, Bd. 1: 387).

Dennoch gibt es Unterschiede zwischen einer kommunikativen Absicht und einer strategischen Absicht. Der wesentliche Unterschied besteht darin, dass in einer kommunikativen Praxis die Subjekte ihre Interessen und Absichten offenlegen, während in einer strategischen Praxis dies hinderlich wäre. Hier stellt sich ein Handlungserfolg dann ein, wenn die HörerInnen über die je eigenen Absichten getäuscht werden können. Legen die Subjekte ihre Absichten offen, bedeutet dies zugleich, dass sie sich auf Argumente stützen müssen. Habermas geht davon aus, dass in jedem kommunikativen

Sprechaktangebot ein Bezug auf drei Welten hergestellt wird, mit dem sich entsprechende Geltungsansprüche verbinden. Dies ist (1) die Welt der existierenden Tatsachen mit dem Geltungsanspruch der Wahrheit, (2) die Welt der legitim anerkannten Normen mit dem Geltungsanspruch der Richtigkeit und (3) die Welt des subjektiv privilegierten Zugangs mit dem Geltungsanspruch der Wahrhaftigkeit. Der/die HörerIn kann nun das Sprachangebot durch die Kritik eines der drei Geltungsansprüche zurückweisen. In diesem Fall trägt die/der SprecherIn die Beweislast für ihre/seine Geltungsansprüche. Sie/er muss zeigen können, dass ihre/seine Aussage der Wahrheit und Richtigkeit entspricht, und sie/er muss durch geeignetes Handeln ihre/seine Wahrhaftigkeit demonstrieren. Für Habermas ist dieses Prozedere mitnichten arbiträr. Die Subjekte agieren unter einer sanften transzendentalen Nötigung. Immer dann, wenn sie sich auf eine kommunikative Praxis einlassen, lassen sie sich auf den Austausch von Argumenten ein und begründen damit eine herrschaftsfreie Praxis. Weder physischer Zwang noch ökonomischer Druck führen zur Einigung, sondern ausschließlich der »zwanglose Zwang des besseren Arguments«.

Es kann an dieser Stelle nicht auf die wahrheitstheoretischen Implikationen eingegangen werden (vgl. dazu Habermas 1972/1984). In Bezug auf das Subjekt nicht unwichtig ist aber, dass die Argumente ihre Überzeugungskraft aus einem intersubjektiv geteilten Hintergrundwissen beziehen: der Lebenswelt. Die Subjekte werden im optimalen Fall über eine kommunikative Praxis sozialisiert und erwerben auf diesem Wege ein Wissen über die Welt der existierenden Tatsachen und der legitim anerkannten Normen. Da sie dieses Wissen mit anderen Subjekten teilen, können SprecherIn und HörerIn dieses Wissen in Anschlag bringen, ohne jedes Mal erneut aufwändige Beweisverfahren in Gang setzen zu müssen. Gesellschaftstheoretisch angewandt markiert die Lebenswelt einen Bereich herrschaftsfreier Kommunikation. Es wäre freilich naiv-idealistisch anzunehmen, moderne Gesellschaften würden sich allein über eine kommunikative Praxis auszeichnen. Habermas hat als Vertreter der zweiten Generation der Kritischen Theorie von seinen Vorgängern gelernt, dass moderne Gesellschaften die Tendenz zu einer Verselbstständigung gegenüber den Subjekten haben. Diese Tendenz bringt er mit seinem System-Lebenswelt-Paradigma auf den Begriff.

Innerhalb der Lebenswelt haben sich im Laufe der Modernisierung der Gesellschaft die beiden Systeme der Ökonomie und der Administration ausdifferenziert. Deren Reproduktion läuft nicht über die Schienen kommunikativen Handelns, sondern über funktionale Handlungslogiken, die dadurch charakterisiert sind, dass sie »nicht intendiert sind und innerhalb des Horizonts der Alltagspraxis meistens auch nicht wahrgenommen werden« (Habermas 1981, Bd. 2: 225). Der Vorteil dabei ist, dass die Subjekte von Verständigungsleistungen entlastet werden. Im Administrationssystem können sie sich auf ein kodiertes Regelwerk und hierarchisch strukturierte Machtbefugnisse stützen und im Ökonomiesystem funktioniert die Handlungskoordination durch das Kommunikationsmedium Geld. Wie bereits Marx gesehen hatte, bedeutet dies, dass anonyme Mechanismen hinter dem Rücken der Subjekte prozessieren. Habermas ordnet dies in seine demokratietheoretische Perspektive und stellt lapidar fest: »Zwischen Kapitalismus und Demokratie besteht ein unauflösliches Spannungsverhältnis.« (ebd.: 507) Der Kapitalismus droht, die Subjekte zu entmündigen, so ließe sich dieses Spannungsverhältnis auf den hier vorliegenden Kontext transformieren. Dies geschieht laut Habermas vor allem dann, wenn die Systemimperative in die Lebenswelt eindringen und dort das kommunikative Handeln ebenfalls suspendieren. Was im Fall der Systemausdifferenzierung für Habermas nicht per se zu Gesellschaftspathologien führt, wird dann dramatisch, wenn die Gesamtgesellschaft über die Mechanismen der hierarchischen Machtbefugnisse und der anonymen Ökonomisierung integriert wird. In Bezug auf die Subjekte bedeutet dies, dass deren Ontogenese nicht mehr über kommunikatives Handeln organisiert ist, und für Habermas folgt daraus, dass die Ressource »Ich-Stärke« verknappt. Es fehlen, anders formuliert, Persönlichkeiten, die ein demokratisches Prozedere tragen könnten. Auf ein solches kommt es aber an, genauer gesagt: auf eine demokratische Öffentlichkeit, die die Grenze zwischen den gesellschaftlichen Teilbereichen Lebenswelt und System stabil halten kann und verhindert, dass die Systemimperative die Lebenswelt kolonialisieren. Exakt dazu bedarf es mündiger Subjekte, deren optimale Sozialisation eben durch die Suspendierung kommunikativen Handelns in der Lebenswelt bedroht ist. Dennoch: Weil die Systeme im Binnenbereich der Lebenswelt ausdifferenziert werden, behalten die Subjekte die potenzielle Hoheit über die Gesellschaft. Sie können die Systeme auf ein Maß reduzieren, das die Funktionalität der Systeme, gleichzeitig aber auch die Lebenswelt und damit das kommunikative Handeln sichert.

Das Bild des Subjekts im 20. Jahrhundert ist, werden die angeführten Autoren zugrunde gelegt, ein zerrissenes Bild. Wie könnte es auch anders sein angesichts der ambivalenten Bilanz dieses Jahrhunderts? Es ist daher eine nachvollziehbare Theorieoption, gleich ganz auf den Subjektbegriff zu verzichten. Die Systemtheorie Niklas Luhmanns (1984, 2002) ist hierfür ein Beispiel. Wird am Subjektbegriff festgehalten, werden damit die hehren Ansprüche der klassischen Aufklärungsepoche perpetuiert und damit ein Subjektbild, das durch Begriffe wie Mündigkeit, Geschichtsmächtigkeit, Autonomie und Emanzipationspotenzial umschrieben werden kann. Angesichts der gesellschaftlichen Entwicklung, die durch die aufklärerischen Ideale angeschoben worden war, macht eine soziologische Desillusionierung allerdings deutlich: Die Ideale mögen wünschenswert sein, allein: die Wirklichkeit sieht anders aus. Während nun etwa Adorno darauf reagiert und ein Subjekt sieht, das angesichts der Kulturindustrie und der total verwalteten Welt keins mehr ist, macht dagegen Habermas geltend, dass mitnichten alles zugerüstet ist. Das Subjekt meldet sich immer mal wieder zu Wort und zeigt, dass seine klassischen Implikationen nicht nur Wunschdenken waren. Einig sind sich beide aber darin, dass die moderne Gesellschaft die Tendenz hat, die Subjekte zu bedrängen. Die Frontstellung zwischen dem Subjekt und der Gesellschaft beschäftigt auch sicher nicht grundlos die soziologischen Theorien seit dem 19. Jahrhundert. Dabei kann der Pol der Gesellschaft ganz unterschiedlich fokussiert werden: als Ungleichheitsrelation, als sich verselbstständigende Funktionssysteme oder als medialer Machtapparat. Letzterer bleibt dabei in sich ambivalent. Schließlich gilt, wie die Beiträge dieses Bandes zeigen, dass die Medien, zumal in ihrer digitalen Form, auch genau dafür eingesetzt werden können: für die klassische Idee eines mündigen Subjekts. Andersherum formuliert: Wenn aber die neuen Medien einen Aufforderungscharakter besitzen, das Subjekt als eindeutige/n TrägerIn der Demokratie einzusetzen, bleibt die Frage (bzw. sie wird wieder aktuell), inwieweit den Subjekten überhaupt eine solche Aufgabe zugemutet werden kann. Und damit knüpft die Gegenwart wieder an die Aufklärung an. Es gilt nach wie vor, die Frage nach der Freiheit des Subjekts zu klären.

5 Das freie Subjekt?

Es kann an dieser Stelle nicht detailliert auf die Fragen nach dem freien Willen eingegangen werden. Dennoch soll ein grober Blick der Frage nachgehen, inwieweit sich überhaupt eine Freiheit des Subjekts denken lässt und welche Argumente dagegen sich ins Feld führen lassen. Denn, wenn oben postuliert wurde, insbesondere auch bei den Neuen Medien käme es darauf an, was die Subjekte daraus machen, muss geklärt werden, ob sie denn überhaupt selbstbestimmt etwas daraus machen können. Zu diesem Zweck soll nochmal die Ideengeschichte befragt werden.

Für Descartes war die Sache klar und, wie sich hinzufügen ließe, distinkt: Das Subjekt verfügt über einen freien Willen und dies deshalb, weil es Gottes Entschluss war. Das Subjekt braucht Gott zwar als Vermittlung zwischen der res cogitans und der res extensa. Aber: Descartes hatte das Subjekt in Bezug auf seine Außenwelt als logisch nicht hintergehbar demonstriert. Dass es dann auch über einen freien Willen verfügt, dürfte unproblematisch einsichtig sein. Problematisch wird die Annahme eines freien Willens, wenn das Subjekt hintergehbar gedacht wird, wie etwa im Empirismus oder Materialismus.

Dann nämlich gerät das Subjekt in die Abhängigkeit gegenüber seiner Außenwelt, die nunmehr das Subjekt mit Informationen versorgen muss, damit es überhaupt Subjekt werden kann. Nicht grundlos wird in diesem Zusammenhang auch vom passiven oder gar leidenden Subjekt gesprochen. Besonders eindeutig ist La Mettrie. Wenn er davon ausgeht: »Der Mensch ist eine Maschine« (La Mettrie 1748/2009: 27), impliziert dies bereits, das von einem freien Subjekt nicht die Rede sein kann. Dieses ist auf rein physische Begriffe zurückführbar und damit den kausalen Gesetzmäßigkeiten, wie sie sich in der Natur finden lassen, unterworfen. Spöttisch fragt La Mettrie: »Werden der beste Wille und die heftigsten Begierden eines erschöpften Liebhabers ihm seine verlorene Potenz zurückgeben? Leider nicht!« (ebd.: 109) Er positioniert sich auf dem Boden eines eliminativen Materialismus und kann für sich verbuchen, damit einen Standpunkt zu beziehen, der den spekulativen Überlegungen eines Descartes die Sicherheit (natur-)wissenschaftlicher Erkenntnisse entgegenhält. Hinzu kommt, dass mit dem französischen Materialismus bereits die Gesellschaft als Einflussgröße auf das Subjekt entdeckt worden war (vor allem: Helvétius 1795/1976). Es ist also nicht einfach ein epistemologischer Sensualismus, der das Subjekt zur Unfreiheit nötigt, sondern das Subjekt ist ein Produkt seiner Erziehung. Der Vorteil ist: Das Theodizeeproblem bekommt eine andere, letztlich soziologische, Lösung. Nicht an Gott muss sich die Frage nach dem Bösen in der Welt richten, sondern an eine falsche Erziehung, und diese lässt sich ändern. Der Nachteil ist: Wird die Prägung des Subjekts durch Erziehung radikal angelegt, wird jegliche Verantwortung des Subjekts geleugnet, und jeder Appell an das Subjekt, den auch die VertreterInnen des französischen Materialismus proklamieren, sich zum Guten zu entwickeln, stellt ein Paradox dar (vgl. Plechanow 1984/1956, 1896/2009). Wenn das Subjekt durch seine Verhältnisse geprägt ist, müssen zuerst die Verhältnisse geändert werden. Dazu bedarf es aber der Subjekte, die sich über die sie prägenden Verhältnisse stellen können. Das können sie aber nicht, wenn sie durch die Verhältnisse geprägt sind.

Kompatibilisten könnten an dieser Stelle einwenden, dass trotz der Zurückweisung eines freien Willens durchaus eine Handlungsfreiheit zugestanden werden kann. Auf diese Weise wird eine moralische oder juristische Verurteilung möglich – und die Veränderung der Erziehungsbedingungen. Es bleibt aber das generelle Problem, ob das Subjekt als logisch nicht hintergehbar oder als eingebunden in die Natur verstanden wird. Ersteres kann der Spekulation kaum entkommen. Letzteres hat die Konsequenz, die Freiheit des Subjekts zu leugnen oder einzuschränken. Ersteres entspricht der Selbstwahrnehmung der Menschen. Bereits Spinoza merkte dazu jedoch an:

»Wenn die Menschen sagen, diese oder jene Handlung des Körpers gehe von der Seele aus, die die Oberherrschaft über den Körper hat, so wissen sie nicht, was sie sagen, und tun nichts anderes, als dass sie mit tönenden Worten eingestehen, dass sie die wahre Ursache dieser Handlung nicht wissen, ohne sich darüber weiter zu wundern« (Spinoza 1677/1989: 113).

Da er nur eine Substanz – Gott bzw. die Natur – gelten lässt und Denken und Ausdehnung nur unterschiedliche Attribute dieser Substanz sind, ist das Subjekt faktisch Teil der Natur und damit deren Gesetzmäßigkeiten unterworfen. Und obwohl unbekannt sei, wie denn der Geist den Körper in Bewegung setzen soll, glaubten die Menschen gleichsam kontrafaktisch, sie seien frei und übten die Herrschaft über ihren Körper aus.

Dass dies so einfach nicht ist, hat Kant gezeigt. Er ist zwar wie kaum ein anderer Autor mit dem Begriff der Freiheit identifiziert worden. Er kommt aber zu dem ernüchternden Ergebnis, dass sich die subjektive Freiheit theoretisch nicht beweisen lässt. Freiheit ist »nur eine Idee der Vernunft, deren objektive Idee zweifelhaft ist.« (Kant 1785/1993: BA 114) Es bleibt aber die Möglichkeit eines praktischen Hinweises auf die Freiheit des Subjekts. In der praktischen Philosophie nämlich geht es um einen anderen Gegenstand: Das Handeln bzw. die moralischen Beweggründe für das Handeln. Für Kant ist es eine ausgemachte Sache, dass sich dieser Gegenstand nicht mit empirischen Mitteln bewerten lässt. Moralische Gesetze können als solche nur gelten, »sofern sie als a priori gegründet und notwendig eingesehen werden können« (Kant 1797/1991: AB 8). Mit anderen Worten: Die Sache der Moral ist allein und ausschließlich eine Sache des Verstandes. Als intelligibeles Verstandeswesen ist das Subjekt aber seiner Einbindung in die empirisch-kausale Wirklichkeit, der es als Sinneswesen unterworfen ist, enthoben. Damit wird es von äußeren Ursachen unabhängig und kann selbst zur Ursache für Handlungen werden. Diese Unabhängigkeit ist für Kant nichts anderes als: Freiheit. Da die sich aber nur auf moralische oder praktische Zusammenhänge beziehen lässt, gilt insgesamt: Weil moralische Urteile empiriefrei operieren und sich auf den intelligibelen Verstand beziehen, ist das Subjekt als moralisches Subjekt frei, oder besser: Es ist frei zu denken. Denn als wirklichen Beweis möchte Kant sein Argument nicht verstanden wissen. Die Freiheit, die er meint, siedelt im Bereich des Noumenon und ist damit der Erkenntnis entzogen. Sie kann nicht demonstriert werden, sie lässt sich dem Subjekt nur beilegen (Kant 1788/1993: A 171).

Kant kann durchaus zu Recht als Autor der Freiheit gelten, auch wenn er mit äußerster Vorsicht vorgeht. Wesentlich radikaler ist dagegen der Autor der Freiheit des 20. Jahrhunderts. Jean-Paul Sartre wandelt auch nicht so sehr auf epistemologischen Pfaden, sondern wagt sich in die Ontologie vor. Sein Untersuchungsgegenstand ist das präreflexive Bewusstsein, das er als intentionales Bewusstsein bzw. als Bewusstsein von etwas begreift. Dieses Bewusstsein hat einen ontologischen Status, aus dem folgt: »Das Bewusstsein hat keine andere Ursache als sich selbst, es bestimmt sich zur Existenz, ohne dass außerhalb seiner etwas vorliegt, was als seine Ursache in Frage käme« (Hengelbrock 2005: 34). Dies allein macht allerdings noch nicht die Freiheit aus. Sartre verweist auf das Fragen. Dieses bestätigt zunächst das Seiende, weil sich ohne eine positive Referenz keine sinnvolle Frage stellen lässt. Dann aber birgt jede Frage die Möglichkeit der Negation. In diesem Moment wird das Seiende, nach dem gefragt wird, zweifelhaft. In Sartres Sprache bedeutet dies, dem Seienden tritt das Nichts gegenüber, wobei dies nicht als ein Hinzukommen verstanden werden soll, sondern: Das Nichts ist immer schon da. Ohne das ständig anwesende Nichts, wäre eine Negation nicht möglich. Logisch primär bleibt allerdings das Sein, so dass das Nichts passiv ist: »das Nichts nichtet sich nicht, das Nichts wird genichtet« (Sartre 1943/1993: 80).

Das Sein an-sich kann dieses Nichten aber nicht leisten. Es ist seinerseits passiv bestimmt. Anders das Für sich, das Bewusstsein: Sartre sieht im Bewusstsein ein ständiges Selbstüberschreiten am Werk oder ein Enthobensein gegenüber der Kausalkette. In der Frage wird dies deutlich. Sie zerschneidet die kausalen Verhältnisse, weil sie grundsätzlich ein Nichtsein impliziert. Diese Implikation ist für Sartre der Nachweis der Freiheit. Wie schon Kant der Ansicht war, Freiheit bedeute ein Jenseits der empirisch-kausalen Verhältnisse, so sieht auch Sartre die Freiheit als dieses Jenseits, und in der Frage wird dieses Jenseits ständig aktuell. Dabei ist die Freiheit nicht etwas, was das Subjekt erwerben müsste. Sie ist sein Existenzmodus. »Der Mensch ist dazu verurteilt, frei zu sein« (Sartre 1946/2007: 155), und: »Der Mensch ist nichts anders als das, wozu er sich macht« (ebd.: 150).

Für Sartre ist dies nicht nur positiv zu bewerten. Es bedeutet schließlich, dass das Subjekt die volle Verantwortung für sich trägt und dies ohne die Sicherheit eines Fangnetzes. Die Existenz des Subjekts ist grundlos und damit ist es auch die zukünftige Existenz. Zwischen dem Jetzt und dem Danach liegt einzig und allein die Freiheit, die aber bezüglich möglicher Entwürfe keine Hilfe bietet. Freiheit heißt, sich entscheiden zu müssen, und dies verursacht Angst. Die Zukunft lässt sich aus der Vergangenheit nicht ableiten. Das Subjekt ist letztlich allein mit sich selbst. Mit der Freiheit ist es auch zum Scheitern verurteilt, weil es seinen eigenen Grund nicht finden kann.

Bereits die Sprache, die Sartre verwendet, macht kenntlich, dass Sartre der Vertreter einer spekulativen Philosophie ist. Eins aber macht er trotz aller möglichen Einwände einmal mehr deutlich: Die Freiheit des Subjekts hängt wesentlich davon ab, ob das Subjekt als intelligibel bestimmt ist oder nicht. Immer dann, wenn das Subjekt als Sinneswesen, als Teil der Natur konzipiert wird, unterliegt es den kausalen Verhältnissen und ist damit nicht frei – zumindest nicht im Sinne der Willensfreiheit. Wird es aber als intelligibeles Wesen gesetzt, entzieht es sich zugleich einer empirischen Evaluation. Es ist dann ein spekulatives Subjekt. Die neuere Hirnforschung etwa kann daher für sich beanspruchen, das Subjekt wieder auf wissenschaftlichen Boden gestellt zu haben, wenn sie einen neurologischen Determinismus behauptet (vor allem Roth 2004). Dahinter steht die Idee, das Subjekt bzw. dass Bewusstsein als naturwissenschaftlichen Gegenstand konzeptionalisieren zu können.

»Alle diese Verhaltensmanifestationen [mentale Zustände des Subjekts, d.V.] lassen sich operationalisieren, aus der Dritte-Personen-Perspektive heraus objektivieren und im Sinne kausaler Verursachung auf neuronale Prozesse zurückführen. Somit erweisen sie sich als Phänomene, die in kohärenter Weise in naturwissenschaftlichen Beschreibungssystemen erfasst werden können« (Singer 2004: 238).

Das bedeutet nicht, dass mentale Zustände und neuronale Prozesse in einem ontologischen Sinne identisch wären. Es bedeutet aber, dass Singer davon ausgeht, »dass die kognitiven Funktionen mit den physiko-chemischen Interaktionen in den Nervennetzen nicht gleichzusetzen sind, aber dennoch kausal erklärbar aus diesen hervorgehen« (ebd.).

Die inzwischen alte Frage nach der Freiheit des Subjekts ist auch im 20. Jahrhundert keineswegs beantwortet worden. Gegen die Hirnforschung bzw. die These der neuronalen Determination gab es erwartbar Widerspruch (etwa Köhler/Mutschler 2003). Dieser dreht sich im Kern darum, jenes kulturelle Selbstverständnis des Subjekts zu bewahren, das seit der Aufklärung ein wichtiger Bestandteil demokratischer Gesellschaften geworden ist. Die Idee eines freien und mündigen Subjekts konstituiert schließlich die Vorstellung, dass die Subjekte selbstbestimmt leben und politisch agieren können. Wird diese Idee aufgegeben, droht sicherlich nicht das Ende der Demokratie. Sie müsste aber neu erfunden werden. Gleiches gilt für die Subjekte. Wird die Idee, dass sie frei sind, aufgegeben, müssen sie sich neu erfinden – dann allerdings nicht nach einem freien Entwurf, wie Sartre es unterstellt hatte.

Wie auch immer die Subjekte die Frage für sich selbst beantworten, sie betrifft die Willensfreiheit. Und die oben angeführte Diagnose, dass die gesellschaftlichen Verhältnisse das Subjekt bedrängen können, wird nicht eo ipso dadurch ausgehebelt, dass die Subjekte sich frei denken. Wenn die Subjekte frei sind, sind sie der Garant dafür, dass die gesellschaftlichen

Verhältnisse ihren bedrängenden Charakter verlieren können. Ein gesellschaftlicher Bereich, der sich in besonderer Weise als bedrängend herausgestellt hat, ist die Wirtschaft. In der bürgerlich-kapitalistischen Gesellschaft spielt sie eine herausragende Rolle gegenüber anderen Gesellschaftsbereichen. Immerhin hängen an ihr die Staatsfinanzen, über diese die Finanzierung etwa des Bildungssystems und natürlich auch die Finanzierung der Subjekte. Diese müssen monetäre Ressourcen erwerben, um überleben zu können. Ein kurzer Blick auf zwei Einschätzungen zum Kapitalismus soll daher diesen Überblick abschließen.

6 DAS ÖKONOMISCHE SUBJEKT

Die Idee einer kapitalistischen Wirtschaft wurde im Zeitalter der Aufklärung entwickelt und von diesem erhält sie auch bis heute ihre positive Strahlkraft. Bis dahin war die Wirtschaft in religiöse Zusammenhänge eingebettet gewesen und das bedeutete u.a., dass Armutsverhältnisse durch Spenden seitens der Wohlhabenden beseitigt werden sollten (vgl. Priddat 2002). Die reichen Adeligen durften zwar mehr besitzen, um ihren adligen Lebensstil finanzieren zu können. Was darüber hinaus erworben wurde, sollte in einem karitativen Sinne der allgemeinen Wohlfahrt zugeführt werden. Die Caritas-Ökonomie operierte mit einem Appell an die altruistische Tugendhaftigkeit der reichen Stände. Erreicht wurde damit nicht viel – jedenfalls nicht im Sinne der Armutsbekämpfung und auch nicht immer im Sinne einer Tugenderziehung. Es lag also nahe, dieses Modell aufzugeben. Bernard Mandeville (1705/1980) kommt der Verdienst zu, das Rad gedreht, die Lasterhaftigkeit des Menschen legitimiert und damit einen Grundstein für eine andere Wirtschaftsform gelegt zu haben. Mandeville ist aber nicht einfach der Ansicht, dass die Tugendappelle sinnlos sind, weil sie ohnehin ungehört geblieben waren. Sie waren kontraproduktiv. Es ist das lasterhafte Subjekt, das den Reichtum erzeugt, und dies eben nicht aus altruistischen Motiven heraus, sondern um der puren Selbstbereicherung wegen. Selbst deviantes Verhalten trägt zum allgemeinen Reichtum bei, weil grundsätzlich »Gutes aus Üblem entspringt« (ebd.: 139).

Soweit wird der große Vordenker des Kapitalismus, Adam Smith, nicht gehen. Aber auch er sieht im egoistischen Subjekt die Hoffnung auf eine Wirtschaftsweise, die nicht mehr mit einem letztlich schwachen Appell operieren muss, sondern Reichtum für alle zur Verfügung stellt, gerade weil alle ihren eigenen Vorteil suchen. Eine Bedingung für das Funktionieren einer solchen Wirtschaft ist, dass der Staat den Markt ohne Eingriffe gewähren lässt. Die Subjekte sollen vielmehr von einer »unsichtbaren Hand« (Smith 1776/2003: 371) geleitet werden. Das meint, sie erfüllen einen Zweck, den sie nicht intendiert hatten, der aber eine positive Nebenfolge ihres Handelns ist.

»Für das Land selbst ist es keineswegs immer das schlechteste, dass der einzelne ein solches Ziel nicht bewusst anstrebt, ja, gerade dadurch, dass er das eigene Interesse verfolgt, fördert er häufig das der Gesellschaft nachhaltiger, als wenn er wirklich beabsichtigt, es zu tun. Alle, die jemals vorgaben, ihre Geschäfte dienten dem Allgemeinwohl, haben meines Wissens niemals etwas Gutes getan« (ebd.).

Kurzum: Wer einen Betrieb eröffnet, macht dies nicht mit dem Ziel, den allgemeinen Wohlstand zu vermehren. Es geht dabei um egoistische Interessen. Diese aber führen dazu, dass andere Subjekte Arbeit finden und auf diese Weise ebenfalls in den Genuss eines regelmäßigen Einkommens kommen. Ihr Reichtum wird vermehrt, weil aus Eigennützigkeit ein Betrieb eröffnet wurde. Würde die/der BesitzerIn des Betriebes ihr/sein Geld einfach gespendet haben, wäre dies womöglich eine kurzfristige Verbesserung der Lebenssituation derjenigen, die von der Spende profitieren. Die Investition in einen Betrieb sichert dagegen, sofern der Betrieb Gewinn abwirft, langfristig den Unterhalt auch der angestellten ArbeiterInnen. Die Subjekte sind bei Adam Smith nicht zwingend als Homo oeconomicus aufgestellt. Der Moralphilosoph Adam Smith (1759/2004) rechnet durchaus mit moralisch integren Subjekten. Sie reihen sich aber ein in die politischen Freiheiten, die im politischen Liberalismus John Lockes angedacht sind. Die Subjekte sind grundsätzlich befähigt, auch im ökonomischen Bereich ihre Geschicke selbstständig zu organisieren. Dem würde Karl Marx auch so weit zustimmen. Er sieht aber, dass der Kapitalismus nicht die Erwartungen erfüllt, die an ihn gerichtet waren. Er steigert zwar den allgemeinen Reichtum, nicht aber den privaten der Arbeitermassen, die diesen Reichtum produzieren. Und er behauptet von sich selbst, das Geheimnis dieses Widerspruches entdeckt zu haben. Seine Mehrwerttheorie (Marx 1867/1988) soll zeigen, dass, salopp formuliert, die ArbeiterInnen ausgebeutet werden, indem sie grundsätzlich mehr arbeiten, als sie Lohn bekommen.

Dem Kapitalismus attestiert Marx trotz aller Kritik dennoch, ein Motor des Fortschritts zu sein. Er hat, so Marx, tatsächlich Bruchstücke des aufklärerischen Gleichheitsprinzips durchgesetzt, einmal als formale Rechtsgleichheit und einmal in Form des Äquivalenztausches. Der/die ArbeiterIn verkaufe aber mit seiner/ihrer Arbeitskraft eine Ware, die sich dadurch von allen anderen Waren unterscheidet, dass ihr Gebrauch Mehrwert produziert. Und da der/die ArbeiterIn seine/ihre Arbeitskraft für einen ganzen Arbeitstag verkauft, produziert er/sie mehr, als er/sie durch den Verkauf seiner/ihrer Ware bekommt. »Dass ein halber Arbeitstag nötig ist, um ihn während 24 Std. am Leben zu erhalten, hindert den Arbeiter keineswegs, einen ganzen Tag zu arbeiten.« (Ebd.: 207) Der Kapitalismus entpuppt sich als das Gegenteil dessen, was Adam Smith versprochen hatte. Die »unsichtbare Hand« ist nicht ein Ausgleichsprinzip, sondern in der Marx'schen Lesart ein Ausbeutungsprinzip. Hinzu kommt, dass die Arbeitersubjekte mitnichten freie Subjekte sind. Sie sind zum Verkauf ihrer Arbeitskraft gezwungen, wenn sie überleben wollen.

Die Folge ist, dass die Gesamtgesellschaft durch eine Dominanz des Kapitals über die Arbeit gekennzeichnet ist. Dies zumindest so lange, wie die Arbeiterklasse kein revolutionäres Bewusstsein ausbildet. In Form der Arbeiterbewegung (Abendroth 1997) hat sie dies auch getan und sicherlich dazu beigetragen, die Lebenssituation der ArbeiterInnen zu verbessern. Was geblieben ist, ist der Zwang, eine Erwerbsarbeit aufzunehmen oder sich selbstständig zu machen. Die Erosion der klassischen Erwerbsarbeitsbiografie, die nach dem Zweiten Weltkrieg zum Standardmodell der sozialen Absicherung geworden ist, übt inzwischen zusätzlichen Druck aus. Die Subjekte sind genötigt, als »unternehmerisches Selbst« (Bröckling 2007) die Marktstrategien zu verfolgen, die ursprünglich für kommerzielle Betriebe galten. Die Subjekte werden, anders formuliert, in einen ökonomischen Sog gezogen, der die einstige Trennung zwischen Privatsphäre und Erwerbsarbeit aushebelt. »Für die Arbeitskraftunternehmer verschwimmen die Grenzen zwischen Erwerbsarbeit und Freizeit, Berufs- und Privatleben, und der Ökonomisierungsdruck erfasst alle Bereiche des Alltags« (ebd.: 48). Die Ausdifferenzierung der Ökonomie, für die Adam Smith ideengeschichtlich Pate steht, kehrt sich um: Die einst als wirtschaftsfern geltenden Bereiche wie die Privatsphäre oder die Kultur werden durch ökonomistische Prinzipien in ihrer Eigenlogik irritiert und die Subjekte müssen darauf reagieren: Der Druck der Gesellschaft auf die Subjekte hat nicht nachgelassen. Im Gegenteil: Er hat sich verstärkt.

7 DAS SUBJEKT IM WANDEL?

Das moderne Subjekt hatte zunächst eine methodische Funktion. Es füllte den einen Pol der epistemologischen Subjekt-Objekt-Dichotomie aus. Bei Descartes bekommt das Subjekt dabei durchaus einen realen Status als res cogitans. Die damit einhergehende Vorstellung eines identischen Ichs wird aber bald aufgegeben. Hume und Kant beharren darauf, dass ein solches Ich der Erfahrung zugänglich sein müsste. Da sie beide keine Entität finden, die der Vorstellung eines identischen Ichs korrespondieren könnte, bleibt nur der Rückzug in ein Ich aus Gewohnheit oder ein Ich de dicto. Auf den Subjektterminus bezogen bedeutet dies, er ist eine Fiktion in dem Sinne, als er zwar logisch unterstellt werden kann bzw. muss. Er referiert aber auf keine empirische Anschauung. Es ist daher nicht schwer, den Subjektbegriff auf andere Diskurse zu übertragen. In der Epoche, der Epoche der Aufklärung, in der das moderne Subjekt entwickelt wird, findet es sich schnell als Individuum oder Rechtsperson im politischen Diskurs wieder. Beide Diskurse, der epistemologische und der politische, transportieren die gleiche Hoffnung: Das Subjekt ist der entscheidende Referenzpunkt. Epistemologisch kann das Subjekt vornehmlich im Rationalismus und dann im Idealismus eine Position für sich reklamieren, die es unhintergehbar macht. Alle Erkenntnis richtet sich nicht nach der Außenwelt, sondern nach subjektinternen Operationen. Das Subjekt entdeckt an der Natur keine Gesetze, es »schreibt sie dieser vor« (Kant 1783/1993: § 36). Politisch übersetzt heißt das, das Subjekt ist die Legitimationsquelle für die staatliche Ordnung. Diese kann nicht länger als ontologische Setzung dem Rechtfertigungsdruck entzogen werden, weil mit dem Subjekt ein neues Staatsverständnis einhergeht. Es ist ein voluntativer Akt der Subjekte, der den Staat begründet, so dass jene die Kontrolle über den Staat gewinnen. Aber auch hier zeigt sich eine ähnliche Auflösungserscheinung wie in der Epistemologie. Locke hatte die Subjekte mit Naturrechten ausgestattet, die gleichsam einen Substanzcharakter haben. Wiederum sind es vor allem Hume und Kant, diesmal assistiert von Rousseau, die die Idee eines materialen Naturrechts aufgeben. An die Stelle tritt der prozedurale Charakter der Demokratie – also ein Verfahren, das einen vergleichbar formalen Status hat wie das Subjekt des dicto.

In der Aufklärungsepoche kann das Subjekt als eine Idee gegen die feudale Herrschaft gelesen werden. Sicher nicht zufällig rangieren Begriffe wie Mündigkeit, Autonomie und Emanzipation um das Subjekt. Die Idee des Subjekts ist zugleich die Idee, dass die Menschen ihre persönlichen Geschicke und ihre öffentlichen Angelegenheiten selbstständig wahrnehmen können. Sie können selbstständig die Umwelt erkennen und es ist möglich, ihnen eine rechtlich geschützte Privatsphäre zuzugestehen, innerhalb derer sie ihre eigne Definition des Guten finden, ohne dass die Gesellschaft im Chaos versinkt. Es gibt aber in der Aufklärungsepoche bereits Stimmen, die skeptisch sind. Der angeführte französische Materialismus weist in Gestalt des Helvétius bereits darauf hin, dass das Subjekt möglicherweise gar nicht über die Ideale der Autonomie verfügt. Vielmehr sei es die Erziehung, die die Subjekte prägt. Anders formuliert: Die Subjekte sind hintergehbar. Nun folgert Helvétius keineswegs, dass eine gesellschaftliche Veränderung im Sinne der aufklärerischen Ideale nicht möglich wäre. Im Gegenteil: Sie wird nötig, damit die prägenden Verhältnisse besser werden und in deren Gefolge dann die Subjekte.

Die Verhältnisse sind dann auch besser geworden, jedenfalls insofern besser, als mit der formalen Rechtsgleichheit der erste Schritt in Richtung einer weitergehenden Demokratisierung eingeleitet wurde. Ob die Subjekte besser wurden, ist freilich eine andere Frage. Der Duktus ab dem 19. Jahrhundert wird jedenfalls ein anderer. Das Subjekt verliert mit der Epistemologie seinen Geburtshelfer und findet sich wieder im desillusionierenden Blick der soziologischen Gesellschaftstheorie. Zwar wird dort der Kontakt zum klassischen Subjektbegriff durchaus aufrechterhalten und es finden sich auch Versuche, direkt an das klassische Subjekt anzuschließen und die damit verbundenen Ideale zu retten. Aber es überwiegt die Skepsis, ob die ursprünglichen Ziele tatsächlich erreicht wurden. Zum einen lastet ein ökonomischer Druck auf den Subjekten, der die rechtlichen Autonomieräume zustellt. Daran schließt sich die Frage der sozialen Ungleichheit an, die – wenn Bourdieu Recht hat – zu Verzerrungen des Emanzipationspotenzials führt. Schließlich hatten die VertreterInnen der Kritischen Theorie die Medien ins Visier genommen, denen sie unterstellen, die Subjekte an die Verhältnisse anzupassen. Summa summarum steht es nicht gut um das klassische Subjekt.

Was nicht bedeutet, dass es hoffnungslos ist. Mit Sartre und Habermas gibt es auf der anderen Seite gewichtige Hinweise darauf, dass der Prozess der Aufklärung zwar nicht unbedingt vollendet ist, aber auch keineswegs abgebrochen. Die Subjekte melden sich noch zu Wort und fordern die

Realisierung der Versprechen ein. Sie können herrschaftsfrei kommunizieren, und die neuen Digitalen Medien stellen zweifelsohne ein Instrument zur Verfügung, mit dem sich dieses Potenzial gesellschaftsweit – mithin: global – realisieren ließe. Und wenn Sartre Recht hat, dass die Subjekte frei sind im Sinne der Willensfreiheit, haben sie tatsächlich alle Möglichkeiten, aber auch die Verantwortung dafür, ihre gesellschaftlichen Rahmenbedingungen so zu gestalten, dass die Subjekte als Subjekte im klassischen sich entwerfen können.

LITERATUR

Abendroth, Wolfgang (1997): Einführung in die Geschichte der Arbeiterbewegung, 3. durchges. Aufl., Heilbronn: Diestel-Verlag.
Adorno, Theodor W. (1942/1998): »Reflexionen zur Klassentheorie«, in: Theodor W. Adorno: Gesammelte Schriften Bd. 8 (Soziologische Schriften I), Darmstadt: Wissenschaftliche Buchgesellschaft, S. 373-392.
Adorno, Theodor W. (1951/1998): »Minima Moralia«, in: Theodor W. Adorno: Gesammelte Schriften Bd. 4, Darmstadt: Wissenschaftliche Buchgesellschaft.
Adorno, Theodor W. (1956/1998): »Zur Metakritik der Erkenntnistheorie«, in: Theodor W. Adorno: Gesammelte Schriften Bd. 5, Darmstadt: Wissenschaftliche Buchgesellschaft.
Adorno, Theodor W. (1963/1997): »Résumé über Kulturindustrie«, in: Theodor W. Adorno: Gesammelte Schriften Bd. 10.1 (Kulturkritik und Gesellschaft I), Darmstadt: Wissenschaftliche Buchgesellschaft, S. 337-346.
Adorno, Theodor W. (1967/1998): »Einleitung zu Émile Durkheim: Soziologie und Philosophie«, in: Theodor W. Adorno: Gesammelte Schriften Bd. 8 (Soziologische Schriften I), Darmstadt: Wissenschaftliche Buchgesellschaft, S. 245-280.
Adorno, Theodor W./Horkheimer, Max (1944/1987): »Dialektik der Aufklärung«, in: Max Horkheimer: Gesammelte Schriften Bd. 5, Frankfurt: Fischer.

Ahrens, Johannes/Beer, Raphael/Bittlingmayer, Uwe H./Gerdes, Jürgen (2011) (Hg.): Normativität. Über die Hintergründe sozialwissenschaftlicher Theoriebildung, Wiesbaden: VS Verlag für Sozialwissenschaften.

Baruzzi, Arno (Hg.) (1968): Aufklärung und Materialismus im Frankreich des 18. Jahrhunderts, München: Paul List Verlag.

Beer, Raphael (2002): Zur Kritik der demokratischen Vernunft. Individuelle und soziale Bedingungen einer gleichberechtigten Partizipation, Wiesbaden: DVU.

Beer, Raphael (2007a):»Bourdieu und die Philosophie. Anmerkungen zu einem Missverhältnis«, in: WestEnd. Neue Zeitschrift für Sozialforschung 2, S. 137-148.

Beer, Raphael (2007b): Erkenntniskritische Sozialisationstheorie. Kritik der sozialisierten Vernunft, Wiesbaden: VS Verlag für Sozialwissenschaften.

Beer, Raphael (2011):»Normativität bei Émile Durkheim. Reflexionen zur Möglichkeit einer positivistischen Soziologie«, in: Johannes Ahrens et al. (Hg.): Normativität, S. 45-63.

Beer, Raphael/Trienekens, Bryndis (2011):»Normativität bei Jürgen Habermas«, in: Johannes Ahrens et al. (Hg.): Normativität, S. 287-313.

Berghan, Volker (2009): Der Erste Weltkrieg, 4. Aufl., München: Beck.

Berlin, Isaiah (1995): Freiheit. Vier Versuche, Frankfurt: Fischer.

Bourdieu, Pierre (1972/1976): Entwurf einer Theorie der Praxis auf der ethnologischen Grundlage der kabylischen Gesellschaft, Frankfurt a.M.: Suhrkamp.

Bourdieu, Pierre (1979/1994): Die feinen Unterschiede. Kritik der gesellschaftlichen Urteilskraft, 7. Aufl., Frankfurt a.M.: Suhrkamp.

Bourdieu, Pierre (1980/1993): Sozialer Sinn. Kritik der theoretischen Vernunft, Frankfurt a.M.: Suhrkamp.

Bourdieu, Pierre (1982/1997):»Die verborgenen Mechanismen der Macht enthüllen«, in: Pierre Bourdieu: Die verborgenen Mechanismen der Macht, S. 81-87.

Bourdieu, Pierre (1983/1997):»Ökonomisches Kapital – kulturelles Kapital – soziales Kapital«, in: Pierre Bourdeieu: Die verborgenen Mechanismen der Macht.

Bourdieu, Pierre (1997): Die verborgenen Mechanismen der Macht, Hamburg: VSA-Verlag.

Bourdieu, Pierre (1994/1998): Praktische Vernunft. Zur Theorie des Handelns, Frankfurt a.M.: Suhrkamp.
Bouveresse, Jacques (1993): »Was ist eine Regel?«, in: Gunter Gebauer/Christoph Wulf (Hg.): Praxis und Ästhetik: neue Perspektiven im Denken Pierre Bourdieus, Frankfurt a.m.: Suhrkamp, S. 41-57.
Bröckling, Ulrich (2007): Das unternehmerische Selbst. Soziologie einer Subjektivierungsform, Frankfurt a.M.: Suhrkamp.
Cassirer, Ernst (1932/2004): »Das Problem Jean-Jacques Rousseau«, in: Ernst Cassirer: Gesammelte Werke (Hamburger Ausgabe, hg. von Birgit Recki) Bd. 18, Darmstadt: Wissenschaftliche Buchgesellschaft, S. 3-83.
Cassis, Youssef (2004): »Unternehmer und Manager«, in: Ute Frevert/ Heinz-Gerhard Haupt (Hg.): Der Mensch des 19. Jahrhunderts, Essen: Magnus-Verlag, S. 40-67.
Descartes, René (1637/1990): Discours de la méthode, Hamburg: Meiner.
Descartes, René (1641/1994): Meditationen über die Grundlagen der Philosophie (mit den sämtlichen Einwänden und Erwiderungen), Hamburg: Meiner.
Descartes, René (1644/1992): Die Prinzipien der Philosophie, Hamburg: Meiner.
Descartes, René (1649/1996): Die Leidenschaften der Seele, 2. durchges. Aufl., Hamburg: Meiner.
Durkheim, Émile (1893/1992): Über soziale Arbeitsteilung. Studie über die Organisation höherer Gesellschaften, Frankfurt a.M.: Suhrkamp.
Durkheim, Émile (1898/1976): »Individuelle und kollektive Vorstellungen«, in: Émile Durkheim: Soziologie und Philosophie, Frankfurt a.M.: Suhrkamp, S. 45-84.
Durkheim, Émile (1906/1976): »Bestimmung der moralischen Tatsache«, in: Émile Durkheim: Soziologie und Philosophie, Frankfurt a.M.: Suhrkamp, S. 84-118.
Durkheim, Émile (1922/1972): Erziehung und Soziologie, Düsseldorf: Pädagogischer Verlag Schwann.
Durkheim, Émile (1991): Physik der Sitten und des Rechts, Frankfurt a.M.: Suhrkamp.
Durkheim, Émile (1995): Erziehung, Moral und Gesellschaft. Vorlesung an der Sorbonne 1902/1903, 2. Aufl., Frankfurt a.M.: Suhrkamp.

Eder, Klaus (1989) (Hg.): Klassenlage, Lebensstil und kulturelle Praxis, Frankfurt a.M.: Suhrkamp.

Eder, Klaus (1989): »Klassentheorie als Gesellschaftstheorie. Bourdieus dreifache kulturtheoretische Brechung der traditionellen Klassentheorie«, in: Klaus Eder (Hg.): Klassenlage, S. 15-47.

Engels, Friedrich (1845/1957): »Die Lage der arbeitenden Klasse«, in: Marx-Engels-Werke Bd. 2, Berlin: Dietz.

Engels, Friedrich (1894/1978): »Brief an W. Borgius vom 25. Januar 1894«, in: Marx-Engels-Werke Bd. 39, Berlin: Dietz S. 205-208.

Fauconnet, Paul (1995): »Das pädagogische Werk Durkheims«, in: Émile Durkheim: Erziehung, Moral und Gesellschaft, S. 7-37.

Fichte, Johann Gottlieb (1794/1971): »Grundlage der gesamten Wissenschaftslehre«, in: Johann Gottlieb Fichte: Fichtes Werke Bd. 1 (Zur theoretischen Philosophie I) (hg. von Immanuel Hermann Fichte), Berlin: Walter de Gruyter.

Fichte, Johann Gottlieb (1800/1971): »Die Bestimmung des Menschen«, in: Johann Gottlieb Fichte: Fichtes Werke Bd. 2 (Zur theoretischen Philosophie II) (hg. von Immanuel Hermann Fichte), Berlin: Walter de Gruyter.

Gilcher-Holtey, Ingrid (2005): Die 68er Bewegung, 3. Aufl., München: Beck.

Habermas, Jürgen (1968/1973): »Stichworte zur Theorie der Sozialisation«, in: Jürgen Habermas: Kultur und Kritik. Verstreute Aufsätze, Frankfurt a.M.: Suhrkamp, S. 118-195.

Habermas, Jürgen (1972/1984): »Wahrheitstheorien«, in: Jürgen Habermas: Vorstudien und Ergänzungen zur Theorie des kommunikativen Handelns, Frankfurt a.M.: Suhrkamp, S. 127-187.

Habermas, Jürgen (1974): »Vorbereitende Bemerkungen zu einer Theorie der kommunikativen Kompetenz«, in: Jürgen Habermas/Niklas Luhmann: Theorie der Gesellschaft oder Sozialtechnologie – Was leistet die Systemforschung? Frankfurt a.M.: Suhrkamp, S. 101-142.

Habermas, Jürgen (1981): Theorie des kommunikativen Handelns (2 Bd.), Frankfurt a.M.: Suhrkamp.

Habermas, Jürgen (1985): Der philosophische Diskurs der Moderne, Frankfurt a.M.: Suhrkamp.

Hartmann, Frank (2006): Globale Medienkultur. Technik, Geschichte, Theorien, Wien: WUV.

Helvétius, Claude-Adrien (1795/1976): Vom Menschen, von seinen geistigen Fähigkeiten und von seiner Erziehung, Berlin/Weimar: Aufbau-Verlag.
Hengelbrock, Jürgen (2005): Jean-Paul Sartre. Freiheit als Notwendigkeit, Freiburg/München: Karl Alber.
Hobbes, Thomas (1647/1994): Vom Bürger. Elemente der Philosophie III, Hamburg: Meiner.
Hobbes, Thomas (1651/1992): Leviathan, Frankfurt a.m.: Suhrkamp.
Honneth, Axel (1990): »Die zerrissene Welt der symbolischen Formen«, in: Axel Honneth: Die zerrissene Welt der symbolischen Formen, Frankfurt a.m.: Suhrkamp, S. 177-203.
Horkheimer, Max (1946/1991): Kritik der instrumentellen Vernunft, in: Max Horkheimer: Gesammelte Schriften Bd. 6, Frankfurt: Fischer.
Hume, David (1739/1989): Ein Traktat über die menschliche Natur. Buch I (Über den Verstand), 2. Aufl., Hamburg: Meiner.
Hume, David (1740/1980): Abriß eines neuen Buches: Ein Traktat über die menschliche Natur, Hamburg: Meiner.
Hume, David (1748/1993): Eine Untersuchung über den menschlichen Verstand, Hamburg: Meiner.
Husserl, Edmund (1913/1992): »Ideen zu einer reinen Phänomenologie«, in: Edmund Husserl: Gesammelte Schriften Bd. 5 (hg. von Elisabeth Ströker), Hamburg: Meiner.
Husserl, Edmund (1924/1992): »Erste Philosophie. Erster Teil«, in: Edmund Husserl: Gesammelte Schriften Bd. 6 (hg. von Elisabeth Ströker), Hamburg: Meiner.
Joas, Hans (1989): Praktische Intersubjektivität, Frankfurt a.m.: Suhrkamp.
Kant, Immanuel (1781[7]/1992): »Kritik der reinen Vernunft« (2 Bd.), in: Immanuel Kant: Werkausgabe Bd. 3/4 (hg. von Wilhelm Weischedel), Frankfurt a.M.: Suhrkamp.
Kant, Immanuel (1783/1991): »Beantwortung der Frage: Was ist Aufklärung?«, in: Immanuel Kant: Werkausgabe Bd. 11 (hg. von Wilhelm Weischedel), Frankfurt a.m.: Suhrkamp, S. 53-65.
Kant, Immanuel (1783/1993): »Prolegomena zu einer jeden künftigen Metaphysik, die als Wissenschaft wird auftreten können«, in: Immanuel Kant: Werkausgabe Bd. 5 (hg. von Wilhelm Weischedel), Frankfurt a.M.: Suhrkamp, S. 113-267.
Kant, Immanuel (1785/1993): »Grundlegung zur Metaphysik der Sitten«,

in: Immanuel Kant: Werkausgabe Bd. 7 (hg. von Wilhelm Weischedel), Frankfurt a.M.: Suhrkamp.
Kant, Immanuel (1788/1993): »Kritik der praktischen Vernunft«, in: Immanuel Kant: Werkausgabe Bd. 7 (hg. von Wilhelm Weischedel), Frankfurt a.M.: Suhrkamp.
Kant, Immanuel (1793/1991): »Über den Gemeinspruch: Das mag in der Theorie richtig sein, taugt aber nicht für die Praxis«, in: Immanuel Kant: Werkausgabe Bd. 11 (hg. von Wilhelm Weischedel), Frankfurt a.M.: Suhrkamp, S. 127-175.
Kant, Immanuel (1797/1991): »Die Metaphysik der Sitten«, in: Immanuel Kant: Werkausgabe Bd. 8 (hg. von Wilhelm Weischedel), Frankfurt a.M.: Suhrkamp.
Köhler, Wolfgang R./Mutschler, Hans-Dieter (Hg.) (2003): Ist der Geist berechenbar? Philosophische Reflexionen, Darmstadt: Wissenschaftliche Buchgesellschaft.
Krais, Beate (1989): »Soziales Feld, Macht und kulturelle Praxis«, in: Klaus Eder (Hg.): Klassenlage, S. 47-71.
La Mettrie, Julien Offray de (1748/2009): Die Maschine Mensch, Hamburg: Meiner.
Locke, John (1690/1988): Versuch über den menschlichen Verstand (2 Bd.), Hamburg: Meiner.
Locke, John (1690/1992): Zwei Abhandlungen über die Regierung, Frankfurt a.M.: Suhrkamp.
Luhmann, Niklas (1984): Soziale Systeme. Grundriß einer allgemeinen Theorie, Frankfurt a.M.: Suhrkamp.
Luhmann, Niklas (2002): Einführung in die Systemtheorie (hg. von Dirk Baecker), Heidelberg: Carl-Auer Verlag.
Mandeville, Bernard (1705/1980): Die Bienenfabel, Frankfurt a.M.: Suhrkamp.
Marx, Karl (1844/1990): »Ökonomisch-philosophische Manuskripte«, in: Karl Marx/Friedrich Engels: Marx-Engels-Werke Bd. 40, Berlin: Dietz.
Marx, Karl/Engels, Friedrich (1848/1959): »Manifest der kommunistischen Partei«, in: Karl Marx/Friedrich Engels: Marx-Engels-Werke Bd. 4, Berlin: Dietz.
Marx, Karl (1867/1988): »Das Kapital Bd. 1«, in: Karl Marx/Friedrich Engels: Marx-Engels-Werke Bd. 23, Berlin: Dietz.

Marx, Karl (1875/1987): »Kritik des Gothaer Programms«, in: Karl Marx/Friedrich Engels: Marx-Engels-Werke Bd. 19, Berlin: Dietz.

Maus, Ingeborg (1994): Zur Aufklärung der Demokratietheorie. Rechts- und demokratietheoretische Überlegungen im Anschluß an Kant, Frankfurt a.M.: Suhrkamp.

Mead, George Herbert (1987): Gesammelte Aufsätze Bd. 1 (hg. von Hans Joas), Frankfurt a.M.: Suhrkamp.

Miller, Max (1989): »Systematisch verzerrte Legitimationsdiskurse«, in: Klaus Eder (Hg.): Klassenlage, S. 191-221.

Müller, Hans-Peter (1997): Sozialstruktur und Lebensstile, 2. Aufl., Frankfurt a.M.: Suhrkamp.

Müller, Sibylle (2000): Gibt es Menschenrechte die Samuel Pufendorf?, Frankfurt a.M.: Europäischer Verlag der Wissenschaften.

Münker, Stefan/Roesler, Alexander (2000): Poststrukturalismus, Stuttgart/Weimar: Metzler.

Nietzsche, Friedrich (1872/1999a): »Die Geburt der Tragödie«, in: Friedrich Nietzsche: Kritische Studienausgabe Bd. 1 (hg. von Giorgio Colli/Mazzino Montinari), München: DTV.

Nietzsche, Friedrich (1872/1999b): »Fünf Vorreden zu ungeschriebenen Büchern. Der griechische Staat«, in: Friedrich Nietzsche: Kritische Studienausgabe Bd. 1 (hg. von Giorgio Colli/Mazzino Montinari), München: DTV.Nietzsche, Friedrich (1878/1999): »Menschliches, Allzumenschliches 2«, in: Friedrich Nietzsche: Kritische Studienausgabe Bd. 2 (hg. von Giorgio Colli/Mazzino Montinari), München: DTV.

Nietzsche, Friedrich (1886/1999): »Also sprach Zarathustra«, in: Friedrich Nietzsche: Kritische Studienausgabe Bd. 4 (hg. von Giorgio Colli/Mazzino Montinari), München: DTV.

Oeing-Hanhoff, Ludger (1997): »René Descartes: Die Neubegründung der Metaphysik«, in: Josef Speck (Hg.): Grundprobleme der großen Philosophen. Philosophie der Neuzeit I, 3. durchges. Aufl., Göttingen: UTB, S. 35-74.

Perler, Dominik (2003): »Wie ist ein globaler Zweifel möglich? Zu den Voraussetzungen des frühzeitlichen Außenwelt-Skeptizismus«, in: Zeitschrift für philosophische Forschung 4, S. 481-512.

Perler, Dominik (2006): René Descartes, München: Beck.

Pfeffer, Gottfried (1985): »Das fehlende Positive. Sozialdeterministische Aspekte bei Bourdieu und ihr möglicher Aufklärungswert«, in: Neue Sammlung 25, S. 279-297.

Plechanow, Georgi Walentinowitsch (1984/1956): Zur Frage der Entwicklung der monistischen Geschichtsauffassung« Berlin: Dietz.

Plechanow, Georgi Walentinowitsch (1896/2009): Beiträge zur Geschichte des Materialismus. Holbach – Helvétius – Marx, Zittau: Bernd Müller Verlag.

Popper, Karl (1945/2003): »Die offene Gesellschaft und ihre Feinde II«, in: Karl Popper: Gesammelte Werke Bd. 6 (hg. von Hubert Kiesewetter), Tübingen: Mohr Siebeck.

Popper, Karl (1960/2003): »Das Elend des Historizismus«, in: Karl Popper: Gesammelte Werke Bd. 4 (hg. von Hubert Kiesewetter), 7. durchges. und ergänzte Aufl., Tübingen: Mohr Siebeck.

Portele, Gerhard (1985): »Habitus und Lernen«, in: Neue Sammlung, 3, S. 298-313.

Priddat, Birger P. (2002): Theoriegeschichte der Wirtschaft, München: Fink.

Pufendorf, Samuel von (1673/1994): Über die Pflicht des Menschen und des Bürgers nach dem Gesetz der Natur, Frankfurt/Leipzig: Insel.

Ricken, Friedo (1994): Antike Skeptiker, München: Beck.

Rousseau, Jean-Jacques (1750/1995): »Über Kunst und Wissenschaft«, in: Jean-Jacques Rousseau: Schriften zur Kulturkritik, Hamburg: Meiner, S. 5-62.

Rousseau, Jean-Jacques (1755/1993): Diskurs über die Ungleichheit, Paderborn/München/Wien/Zürich: UTB.

Rousseau, Jean-Jacques (1762/1988): Der Gesellschaftsvertrag, 6. Aufl., Leipzig: Reclam.

Roth, Gerhard (2004): »Worüber dürfen Hirnforscher reden – und in welcher Weise?«, in: Deutsche Zeitschrift für Philosophie, 2, S. 223-234.

Safranski, Rüdiger (2007): Romantik. Eine deutsche Affäre, München/Wien: Hanser.

Safranski, Rüdiger (2008): Nietzsche. Biographie seines Denkens, 4. Aufl., Frankfurt: Fischer.

Sartre, Jean-Paul (1943/1993): Das Sein und das Nichts. Versuch einer phänomenologischen Ontologie, Hamburg: Rowohlt.

Sartre, Jean-Paul (1946/2007): »Der Existentialismus ist ein Humanismus«, in: Jean-Paul Sartre: Der Existenzialismus ist ein Humanismus und andere philosophische Essays 1943-1948, Hamburg: Rowohlt.

Schönherr-Mann, Hans-Martin (2008): Friedrich Nietzsche, Paderborn: Fink.

Singer, Wolf (2004): Selbsterfahrung und neurobiologische Fremdbestimmung. Zwei konfliktträchtige Erkenntnisquellen, in: Deutsche Zeitschrift für Philosophie, 2, S. 235-255.

Smith, Adam (1759/2004): Theorie der ethischen Gefühle, Hamburg: Meiner.

Smith, Adam (1776/2003): Der Wohlstand der Nationen, 10. Aufl., München: DTV.

Spinoza, Baruch de (1677/1989): Die Ethik nach geometrischer Methode dargestellt, Hamburg: Meiner.

Streminger, Gerhard (1994): David Hume. Sein Leben und sein Werk, Paderborn/München/Wien/Zürich: Schöning.

Young, Ho-Won (2006): Volkssouveränität, Repräsentation und Republik. Eine Studie zur politischen Philosophie Immanuel Kants, Würzburg: Königshausen & Neumann.

Ziegler, Dieter (2009): Die Industrielle Revolution, Darmstadt: Wissenschaftliche Buchgesellschaft.

Das Potenzial der Grounded Theory für die Technik- und Medienforschung

JANA BALLENTHIEN, CORINNE BÜCHING
& KATJA KOREN OŠLJAK

Die aktuelle Medien- und Technikforschung in den Kultur- und Sozialwissenschaften verwendet eine Bandbreite methodischer Ansätze, die der Vielfältigkeit des Medien- und Technikforschungsfeldes in einer mediatisierten Gesellschaft (Krotz 2005) entsprechen. Um die verschiedensten Forschungsziele zu verfolgen, wie beispielsweise die Beobachtung von Artefakten, Plattformen, Medien, individuellen und kollektiven Nutzungsweisen, kulturellen Normen oder gesellschaftlichen Wandlungsprozessen, werden meist unterschiedliche empirische Forschungsansätze im Methodendesign angewendet. Auch im Projekt »Subjektkonstruktion und digitale Kultur« (SKUDI), in dem sich drei der vier interdisziplinär zusammengesetzten Forschungsteams der Analyse neuer Subjektkonstruktionen im Kontext Digitaler Medien und Technik widmeten, wurden verschiedene empirische Methoden miteinander kombiniert. Die Verbindung der empirischen Projekte bestand u.a. im methodischen Zugang mit dem Verfahren der Grounded Theory. Dieses Verfahren wurde von Barney Glaser und Anselm Strauss (1967/2005) in den 60er Jahren entwickelt und systematisiert. Es handelt sich um einen Forschungsansatz, der auf einer pragmatischen Handlungstheorie und der Theorie des Symbolischen Interaktionismus basiert. Das Ziel der Grounded Theory ist die Generierung von gegenstandsbezogenen, also aus den empirischen Daten hervorgehenden, theoretischen Konzepten. In diesem Kapitel beleuchten wir das methodische Vorgehen der drei empirischen Teilprojekte und reflektieren dabei das Potenzial der Grounded Theory für die empirische Medien- und Technikforschung.

1 METHODOLOGIE UND METHODEN DER MEDIEN- UND TECHNIKFORSCHUNG – EINE HISTORISCHE BETRACHTUNG

Die empirische Sozialforschung des 20. Jahrhunderts wurde bestimmt durch mehrere Werturteilsdispute und Methodenstreite zwischen Vertreter_innen des Methodenmonismus, des Methodendualismus, des Positivismus und des Interpretativen Paradigmas sowie zwischen Vertreter_innen von qualitativen und quantitativen Verfahren. Neben der in den ersten Jahrzehnten des 20. Jahrhunderts etablierten quantitativen Sozialforschung erfreuen sich seit den 60er Jahren qualitative Methoden wachsender Beliebtheit. Eine zunehmende Koexistenz von qualitativen und quantitativen empirischen Vorgehensweisen ist in der Sozialforschung vorzufinden. Heutzutage sind kombinierte Methodendesigns, engl. multiple, mixed and emerged methods, in der sozial- und kulturwissenschaftlichen Forschung allgegenwärtig (Denzin 2010: 419). Neuere und an gesellschaftlicher Weiterentwicklung orientierte Forschung fragt nicht mehr, welche empirische Methode richtiger sei. Das von Denzin diskutierte ›Neue Paradigma‹ gründet sich auf methodischen Bilingualismus und auf multiplen methodischen Fähigkeiten, die die Forscher_innen in ihrem jeweiligen Methodenfundus reflektiert verwenden, um ihre Arbeiten detaillierter und beispielreicher ausarbeiten zu können. Die methodische Vielfalt sozial- und kulturwissenschaftlicher Studien soll im Folgenden aufgezeigt werden, um ein forschungspraktisches Bild der qualitativen und quantitativen methodischen Vielfalt in der Medien- und Technikforschung zu illustrieren.

Die Ansätze gegenwärtiger Hermeneutik lassen sich bis in die Antike zurückführen. Damals wurden bereits Untersuchungen gesellschaftlicher Milieus, Strukturen und Handlungen durchgeführt. Die anfänglichen Ansätze der Erforschung des Sozialen und Kulturellen führten gegen Ende des 19. Jahrhunderts u.a. zu explorativen Verfahren in der Psychologie, der Phänomenologie, der Psychoanalyse sowie zu den soziologischen Forschungen der Chicago School, des Pragmatismus und des Symbolischen Interaktionismus in den folgenden Jahrzehnten. Diese Arbeitsweisen stehen der Ethnologie besonders nahe und legten im 20. Jahrhundert wichtige Grundsteine für die empirischen Vorgehensweisen in der heutigen sozialwissenschaftlich orientierten Medien- und Technikforschung. Zu nennen sind hier beispielhaft die ethnologischen Beobachtungen der Mediennutzung durch Robert Park (1922), der in diesem Rahmen eine historische Analyse der Zeitungsentwicklung, eine Inhaltsanalyse von Immigrant_innenzeitungen, Expert_inneninterviews und Feldbeobachtung durchführte. Den persönlichen Einfluss von vertrauten und bewunderten Personen auf die Meinungsbildung im politischen Wahlkampf erforschten Elihu Katz und Paul Lazarsfeld (1955/1962) mit einem von den Mediennutzer_innen follow-up strukturierten Fragebogen. John Dewey (19271999) betrachtete philosophisch und anthropologisch den Rückgang politischer Nachrichten in Zeitungen. Charles Cooley (1894) beleuchtete, wie die Transportierbarkeit der Nachrichten und Informationen in Medien zur Entstehung des modernen Imperialismus und der Kontrollierbarkeit der Kommunikation führten, wobei Cooley seine Daten mit Hilfe der Demografieforschung erhob (weitere Beispiele bei Jensen 2002: 43ff., 52f.). Die deutschen Shell Jugendstudien, die seit 1953 über das Leben und die Werte von Jugendlichen informieren, verwenden repräsentativ zusammengesetzte Stichproben und ergänzen diese mit vertiefenden explorativen Interviews (Albert/Hurrelmann/Quenzel 2011). In den letzten Jahren veröffentlichte Henry Jenkins (2006) mehrere auto- bzw. ethnografische Studien über Medienkulturen, wie das Buch »Fans, Bloggers and Gamers: Media Consumers in a Digital Age«, für das er hauptsächlich mit der Methode der teilnehmenden Beobachtung arbeitete. Über das Leben von Kindern und Erwachsenen am Computerbildschirm forschte auch Sherry Turkle, die dafür vor allem themenzentrierte Interviews verwendete (vgl. zum Beispiel »Together alone« von Turkle 2011). Anna Tuschling (2009) untersuchte inhaltsanalytisch die Chatkommunikation als Plattform für Identitätsspiele und subkulturelle Meinungsbildung. Christina Schachtner und Gabriele Winker (2005) schrieben über das partizipative Potenzial von Frauen- und Mädchennetzen im Internet und verwendeten dafür themenzentrierte Interviews, die Methode der Visualisierung und softwarebasierte Aufzeichnungen von Internetpraktiken.

Diese Beispiele illustrieren eine methodische Vielfalt, die nicht nur die Kultur- und Sozialforschung prägt, sondern auch im SKUDI-Projekt anzutreffen ist. Neben den thematisch relevanten Forschungszielen nach den

Subjektkonstruktionen im Kontext Digitaler Medien und Technologien war auch die Kombination verschiedener Methoden ein Anliegen. Im Projekt war es den Forscher_innen wichtig, die Offenheit für das Neue zu gewährleisten und noch nicht benannte Phänomene der Digitalen Medien und Technologien zu erschließen. Aus den Forschungszielen resultierte ein breit angelegtes Sample und ein vielfältiges Spektrum an Erhebungsmethoden.

Um von den gleichen methodologischen Grundlagen und Vorannahmen bei gleichzeitiger Diversität der konkreten Erhebungs- und Analyseschritte auszugehen, orientierten sich alle Forschungsteams an den Prinzipien der Grounded Theory. Die Grounded Theory ist ein induktiver Forschungsansatz, der die Entwicklung neuer oder alternativer theoretischer Konzepte fördert. Historisch wurzelt sie in der Chicago School und wurde dadurch von den postpositivistischen und interpretativen Denkrichtungen wie der Hermeneutik, der Phänomenologie und dem Symbolischen Interaktionismus geprägt. Sie ist vor allem (aber nicht nur) gekennzeichnet durch qualitativ erhobene Daten, Offenheit der Erhebungsinstrumente und das Analysewerkzeug des Kodierens. So konnten unsere Analysen einen breitgefächerten und je nach Forschungsdesign angebrachten Zugang zum weitreichenden Forschungsfeld von Subjektkonstruktionen innerhalb der digitalen Kultur erreichen.

2 Offenheit für das Neue, Unbekannte und Unbenannte – die Suche nach Theorie in den empirischen Daten

Während einer Feldforschung wird wissenschaftliches Neuland betreten und der Forschungsgegenstand in der relevanten und bedeutsamen persönlichen Welt aufgesucht und verstanden. Mit der qualitativen empirischen Forschung kann bislang Unbekanntes ergründet werden, indem alle denkbaren und möglichen Perspektiven auf das interessierende Forschungsfeld eingenommen werden. Der Prozess der Auseinandersetzung mit empirischen Daten und die vielfältigen Blickwinkel eröffnen etwas Neues und zuvor Unbenanntes. Es wird eine Möglichkeit eröffnet, nah an die soziale Wirklichkeit des Forschungsgegenstands und das Erleben der Subjekte heranzukommen. Die Forschung bewegt sich dicht am Einzelfall und generiert Fallanalysen, wie beispielsweise in der Biografieforschung (Rosenthal 2010).

Der Wert solcher Fallanalysen liegt darin, einen typischen Einzelfall, der am Fallbeispiel analysiert werden konnte, ›entdeckt‹ zu haben. Es ist davon auszugehen, dass dieser Fall idealtypisch für viele gleichartige Fälle innerhalb einer Gesellschaft steht. Die Grounded Theory erhebt als qualitatives Verfahren aufbauend darauf den Anspruch und hat zum Ziel, theoriegenerierend zu wirken, abgehoben von Einzelfalldarstellungen. Dies lässt die Grenzen von wissenschaftlichen Disziplinen für Anselm Strauss und Barney Glaser verschwinden. Barney Glaser und Anselm Strauss (1967/2005) entwickelten gemeinsam das Verfahren, welches später von Strauss und Juliet Corbin (1996) didaktisch aufbereitet wurde. Die Grounded Theory ist keine statische Methode, sondern eine Herangehensweise an empirische Daten, die variabel und anpassungsfähig für das jeweilige Forschungsvorhaben ist.

Innerhalb der qualitativen Sozialforschung existiert ein Konsens darüber, den Forschungsfeldern offen gegenüberzutreten. Dieses Credo hat sich als Prinzip der Offenheit durchgesetzt, welches einen Grundpfeiler der Grounded Theory darstellt. Das bedeutet vor allem eine »Suspendierung des theoretischen Vorwissens« (Glaser/Strauss 1967/2005: 37), also der Verzicht auf Vorannahmen aufgrund des vorhandenen Vorwissens aus der Literaturrecherche. Nur dieser Verzicht auf Hypothesenbildung ex ante ermöglicht eine »gleichschwebende Aufmerksamkeit« (Flick 1995: 74), um die Entdeckung von Neuem zu ermöglichen. Dies war vor dem Hintergrund unseres thematischen Forschungsfeldes der Digitalen Medien von Vorteil. Die Forschungsteams begaben sich mit Vorwissen zum Thema »Arbeit, Kommunikation und Lernen in der Digitalen Kultur«, aber ohne Hypothesen ins Forschungsfeld. Im Zuge der Untersuchung wurde das vorhandene Wissen erweitert, modifiziert und neues Wissen über den Forschungsgegenstand generiert. In drei empirischen Teilprojekten wurden unterschiedliche Zugangsweisen zum Feld und der zentralen Fragestellung realisiert. Einhergehend damit wurde in einem Wechselverhältnis zwischen Erhebung und Analyse das jeweilige Sample entwickelt. Diese bewusst wechselnde Perspektive zwischen Erhebungs- und Analysephase wird theoretical sampling genannt (Glaser/Strauss 1967/2007). Das ständige Vergleichen der Daten, das Finden und die Kreation von Gegenbeispielen bei der Sampleentwicklung und während der Analyse sowie das Hinterfragen des vorhandenen und neu generierten Wissens kennzeichnete den Prozess der Entwicklung einer gegenstandsbezogenen Theoriebildung der Subjektkonstruktionen in der digitalen Kultur, in der das kontinuierliche Testen und Prüfen der erarbeiteten Theorieteile und die Systematisierung dieser im Vordergrund stand. Um diesen Voraussetzungen gerecht zu werden, begleiteten Gedanken und Ideen, die in Memos verschiedenster Art (Planungsmemos, Methodenmemos, Theoriememos etc.) festgehalten wurden, den gesamten Forschungsprozess. Memos sind Notizen, in denen auch abstraktere Aussagen festgehalten werden, die weit entfernt von beispielsweise dem tatsächlich Gesagten in einem Interview erfolgen können, aber dennoch eventuell für die spätere Theorie relevant sind. Das Ziel des Verfahrens ist die Entwicklung einer auf empirischen Daten gegründeten Theorie, wie es der Titel »Grounded Theory« ausdrückt.

2.1 Zur Diversität des Samples

Über die kooperative, interdisziplinäre Zusammensetzung des Projekts hinausgehend beinhaltete das Gesamtprojekt per se unterschiedliche Fokusse auf das Forschungsfeld. Ein Teilprojekt begab sich mit arbeitssoziologischer Perspektive ins Feld der Erwerbsarbeit im Internet, ein weiteres Teilprojekt fokussierte aus kulturwissenschaftlicher Perspektive kommunikative Öffentlichkeiten im Internet und das dritte empirische Teilprojekt vereinte die Disziplinen der Pädagogik und Informatik mit dem Schwerpunkt des Lernens in der Interaktion mit digitalen Artefakten.

Subjekte in der digitalen Kultur durch ihre Praktiken zu begreifen, war das projektübergreifende, gemeinsame Ziel. So ergab sich, über das theoretical sampling, ein breit gefächertes Gesamtsample. Die in die Untersuchung einbezogenen Gruppen umfassten Kinder, die sich auf Social-Network-Sites bewegen; Schüler_innen unterschiedlicher Schulformen (Hauptschule, Realschule, Gymnasium, Berufsschule); Studierende vieler Disziplinen; Webworker_innen, die täglich im Internet agieren und dieses mit unterschiedlichen Graden mitgestalten; Blogger_innen und Netzaktivist_innen verschiedener Weltregionen sowie Jugendliche und junge Erwachsene, die bislang den Umgang mit Digitalen Medien vermeiden.

Im Teilprojekt »Webbasierte Erwerbsarbeit« wurden 30 junge Menschen interviewt, deren Erwerbsarbeit zentral durch das Internet geprägt ist. Damit wurde eine maximale Offenheit bezüglich möglicher Berufsfelder der webbasierten Erwerbsarbeit angelegt. Nach einigen Interviews zeigte sich, dass zwar viele Berufsfelder mittlerweile von Tätigkeiten mit dem

Internet geprägt sind, dieses allerdings in vielen Fällen nur als ein weiteres Medium der Kommunikation und als Informationstool genutzt wird. Daher fokussierten wir das Sample im Weiteren auf Menschen, die das Internet in ihrer Erwerbstätigkeit aktiv mitgestalten. Auf diese Weise entwickelten wir im Laufe des Forschungsprozess ein genaueres Bild davon, was webbasierte Erwerbsarbeit ausmacht, welche Berufe im engeren Sinne dazu gezählt werden können, und konnten Erkenntnisse über neuartige, erst mit dem Internet entstandene Berufe wie Onlinejournalismus, Webdesign und Social-Media-Beratung gewinnen. Trotz der Diversität der vorgefundenen Berufe stellten wir schon zu einem frühen Zeitpunkt der Forschung fest, dass sich die Menschen innerhalb unserer Sampleauswahl mit ähnlichen Diskursen und Anforderungen der digitalen Kultur auseinandersetzen. Die Auseinandersetzungen drehten sich vermehrt um Diskurse über Öffentlichkeit, Privatsphäre, Datenschutz und Lernen. Des Weiteren wurde mit der Zeit immer deutlicher, dass unser Sample sich überwiegend aus männlichen, weißen Personen ohne Migrationshintergrund mit hohem Bildungsniveau und einem Lebensschwerpunkt im großstädtischen Raum zusammensetzt. Vor diesem Hintergrund unseres Fokus auf Erwerbstätige überrascht es zudem nicht, dass wir keine Interviewten finden konnten, die jünger als 20 Jahre alt waren. Nur eine Interviewperson hatte bereits ein Kind. Die ›Männerlastigkeit‹ des Samples, insbesondere in den ›härteren‹ Branchen wie Programmierung, ließ sich mit einigem Bemühen ausgleichen; die Versuche, webbasiert Erwerbstätige ohne Abitur im Sinne unseres auf Gestaltung gelegten Fokus zu finden, gelangen jedoch nicht. Ebenso fanden wir letztendlich nur zwei Menschen, die selbst oder deren Eltern nach Deutschland migrierten, wobei diese Familien gleichzeitig ein hohes Bildungsniveau aufweisen. Diese Samplezusammensetzung ist Hinweis auf soziale Ungleichheiten und Ausschlüsse, die im Feld der webbasierten Erwerbsarbeit existieren. Offensichtlich ist die Mitgestaltung des Internets als Erwerbsarbeit gegenwärtig eher privilegierten Menschen vorbehalten. Unser Sample setzte sich zum Abschluss der Erhebungsphase wie folgt zusammen: Von den 30 Interviewpersonen waren 18 männlich; neun der Männer waren wiederum Programmierer. Vier Männer arbeiten im eher administrativen Bereich. Die weiteren Männer sind im Social-Media-Management, im Webdesign, in der Medienbildung und in der Veranstaltungstechnik tätig. Die Berufe der Interviewpartnerinnen verteilen sich auf zwei Frauen im Webdesign, drei Programmiererinnen, zwei Onlinejournalistinnen sowie weitere Frauen in den Branchen Social-Media-Management, E-Government und Kultur. Zwar werden hier klar zu benennende Branchen aufgezählt, allerdings sind die Bereiche in der Praxis oft nicht trennscharf zu ziehen. So haben einige Programmierer_innen auch Erfahrungen im Webdesign oder andersherum. Auch die Felder des Journalismus, Managements und Designs können sich in der Arbeit überschneiden.

Das Teilprojekt »Kommunikative Öffentlichkeiten im Cyberspace« beschäftigte sich mit Kindern, Jugendlichen und jungen Erwachsenen im Alter zwischen elf und 32 Jahren, die überwiegend von klein auf regelmäßig online kommunizieren. Vorbereitend zur empirischen Untersuchung wurden aktuelle internationale Kinder- und Jugendstudien gesichtet, um einen Überblick über die Wert- und Lebensorientierungen dieser Generation zu erhalten. Vor diesem Hintergrund und im Anschluss an eine fokussierte Netzanalyse wurden zunächst Interviews mit Netzakteur_innen durchgeführt, die tendenziell nur eine Onlineplattform nutzen; es folgten Interviews mit Netzaktivist_innen[1], die mehrere Plattformen nutzen, und Blogger_innen, die ein eigenes Blog führen. Es stellte sich heraus, dass diese Differenzierung zwischen Netzakteur_innen, Netzaktivist_innen und Blogger_innen überflüssig ist, weil unsere Interviewpartner_innen dazu neigen, die verschiedenen Internetangebote nicht ausschließlich, sondern komplementär zu nutzen. Insgesamt wurden 33 Personen interviewt: fünf Kinder und Jugendliche zwischen elf und 14 Jahren sowie 28 junge Erwachsene zwischen 19 und 32 Jahren; 18 Interviewpartner_innen waren weiblich, 15 männlich. Die Interviewpartner_innen lebten in folgenden Ländern: Bahrain, Deutschland, Italien, Jemen, Nepal, Österreich, Saudi-Arabien, Schweiz, Slowenien, Vereinigte Arabische Emirate und Vereinigte Staaten von Amerika. Die Mehrheit der befragten Erwachsenen befand sich im Studium oder hatte ein solches bereits abgeschlossen. Die interviewten Kinder und Jugendlichen besuchten Gymnasien. Die Zusammensetzung des Samples zeigt eine deutliche Dominanz bildungsnaher Schichten, was zum Teil daran liegen dürfte, dass Angehörige aus bildungsnahen Schichten im

---

1 Netzaktivist_innen sind im Rahmen des Klagenfurter Teilprojekts die interviewten Nutzer_innen, die im Internet auf mehreren Plattformen aktiv teilnehmen. Obwohl unter diesen auch einige politisch engagierte Nutzer_innen waren, bezieht sich der hier verwendete Begriff nicht auf den politischen Aktivismus der Internetnutzer_innen.

Internet generell stark vertreten sind, und zum Teil daran, dass sie eher zu einem Interview bereit sind. Die fokussierte Netzanalyse erfasste auch Personen aus bildungsfernen Schichten.

Motive für die Nutzung von Onlineplattformen und der Teilnahme an Communitys sind das Interesse an sozialen Kontakten, daran, neue Erfahrungen zu machen, die eigene Persönlichkeit weiterzuentwickeln und Arbeitsstellen bzw. Jobs zu finden. Kinder und Jugendliche schätzen das Internet als Ort der Selbstdarstellung und begreifen diesen als uneingesehenen Ort, der sich für Identitätsexperimente eignet. Die Interviewpartner_innen aus den arabischen Ländern nutzten das Internet im Regelfall auch als einen Raum zur Konstitution einer politischen Öffentlichkeit, die sich als Gegenöffentlichkeit zu den etablierten autokratischen Systemen charakterisieren lässt. Darüber hinaus bietet die Onlineöffentlichkeit für die arabischen Netzakteur_innen die Chance zur kritischen Reflexion tradierter Werte und Normen.

Das Sample des Teilprojektes »Lernen in Interaktion mit Digitalen Medien« umfasste junge Menschen, die an einem von insgesamt fünf angebotenen Workshops zum Lernen in Interaktion mit Digitalen Medien teilnahmen. Die Konzeptionierung der Workshops erfolgte sukzessive und setzte an den Interessen der jungen Menschen an. Dadurch konnte ein Zugang zu Digitalen Medien eröffnet und es konnten Anstöße für neue Lernszenarien gegeben werden, um das Interesse der jungen Erwachsenen zu wecken. Die Teilnehmer_innen der Workshops wurden mittels E-Mail-Anfragen an Vereine, Schulen und soziale Einrichtungen gewonnen. Weiterhin erfolgten Aushänge, Plakatankündigungen und die Verteilung von Flyern. Das Schneeballsystem generierte ebenso einen Teil des Samples. So wurden Freund_innen und Bekannte mitgebracht und die Informationen zum Workshop mündlich an Interessierte weitergegeben. Dadurch ergab sich folgendes Sample: Ein großer Teil des Teilnehmer_innenkreises bestand aus Schüler_innen verschiedener Schulformen (ein Drittel des Samples) und Studierenden verschiedener Fächer (ein weiteres Drittel des Samples). Das letzte Drittel des Samples bestand aus Auszubildenden, Arbeitssuchenden sowie Praktikant_innen. Es ergab sich eine gleichmäßige Altersverteilung über das gesamte Spektrum von 15 bis 29 Jahren sowie eine gleichmäßige Verteilung der Geschlechter auf weibliche und männliche Untersuchungspersonen. Der Bildungshintergrund der Teilnehmenden erstreckt sich von Personen ohne schulischen Abschluss bis hin zu welchen mit Hochschulabschluss.

Haupt- und Realschulabschluss, Abitur, Berufsschulabschluss in handwerklichen und künstlerischen Berufen sind vertreten. Insgesamt weisen die meisten einen hohen Bildungsabschluss auf. So haben über die Hälfte das Abitur abgelegt. Trotz unserer Bemühungen, gestaltete es sich als schwierig, mehr junge Menschen mit geringerem Bildungsniveau und vor allem in Berufsausbildung zu gewinnen. Nahezu ein Drittel der Interviewpartner_innen wurde nicht in Deutschland geboren und wies einen Migrationshintergrund auf. Vertreten waren vorrangig Spätaussiedler_innen aus verschiedenen Regionen der ehemaligen Sowjetunion sowie Personen aus Südeuropa. Alle Interviewpartner_innen hatten jedoch in Deutschland den Großteil ihrer Bildung und Sozialisation erfahren.

Die Teilnehmer_innen der Workshops erwiesen sich als vielseitige Nutzer_innen von Digitalen Medien. Nur sehr wenige verfügten über Programmiererfahrungen. Der familiäre Hintergrund der Interviewpartner_innen ist in nahezu allen Fällen als technologiefern einzustufen.

2.2 Vielfalt der Erhebungsmethoden

Die individuellen Feldzugänge der drei empirischen Teilprojekte bedienten sich eines breit gefächerten Spektrums an Erhebungsmethoden, die dem jeweiligen Sample entsprechend (re-)kombiniert wurden. Diese (Re-)Kombination der angewandten Methoden wird wie bereits dargestellt als Mashup oder »mixed methods« (Denzin 2011) bezeichnet. Das SKUDI-Projekt nutzte folgende Erhebungsmethoden:

- unterschiedliche Formen des Interviews sowohl Einzel- wie auch Gruppeninterviews,
- Beobachtungen, teilnehmend und offen,
- Bild- und Videoaufzeichnungen mit festinstallierten und handgeführten variablen Geräten,
- softwarebasierte Aufzeichnung von Internetpraktiken;
- Websiteanalysen,
- fokussierte Netzanalysen und
- Visualisierung, wobei die Interviewten einzelne Fragen mit Zeichnungen beantworteten.

Die wichtigste Form der Datenerhebung war bei allen Teilprojekten das Interview. Die projektspezifisch entwickelten Interviewleitfäden ließen – aufgrund offen formulierter Fragen und dem Vermeiden einer »Leitfadenbürokratie« (Hopf 1978) – den Interviewten Raum, ihre Interessen und damit verbundenen Sinn- und Bedeutungshorizonte darzustellen. Alle Interviewpartner_innen hatten die Möglichkeit zur Darstellung ihrer biografischen Daten und wichtiger persönlicher Erlebnisse. Alltagsroutinen und Selbstdarstellung wurden erfragt, ebenso wurde eine Reflexion des Selbst in der digitalen Kultur angestrebt. Die Teilprojekte entwickelten darüber hinaus spezifische Fragen zu den Bereichen Arbeit, Kommunikation und Lernen. Die Leitfäden wurden im Laufe des Erhebungszeitraums an das zu untersuchende Feld angepasst, Fragen wurden in eine neue Ordnung gebracht, es kamen neue Fragen hinzu und andere wurden verworfen.

Kernstück der Erhebung des Teilprojekts »Webbasierte Erwerbsarbeit« bildeten narrativ-biografische Leitfadeninterviews mit episodischen Anteilen. Auf eine erzählgenerierende Eingangsfrage nach der eigenen Internetsozialisation folgten Blöcke zu den Tätigkeiten und der Selbstdarstellung im Internet, zum Tagesablauf und Alltag (auch über die Erwerbsarbeit hinaus), zum Bedeutungshorizont von Arbeit für die Interviewten und schließlich zur Zufriedenheit und zu den Zukunftsperspektiven. Die Interviewten wurden von den Interviewerinnen in der Regel nicht unterbrochen und konnten nach jeder Frage ihre Antwort nach Belieben strukturieren. Nach allen Redepassagen der Interviewten wurden tiefergehende Sättigungsfragen gestellt.

Die Interviews gaben vor allem Aufschluss über Bedeutungskonstruktionen und Sinnhorizonte der Subjekte. Um konkrete Praktiken und Routinen mit dem Internet zu erheben, deren Versprachlichung nur schwer möglich ist (Carstensen/Winker 2005: 92; Carstensen/Derboven/Winker 2012: 19f.), führten die Forscherinnen im Anschluss an das Interview softwarebasierte Aufzeichnungen von Internetpraktiken durch. Sie baten die Interviewpersonen, an einem Laptop ihre alltäglichen Internetroutinen durchzuführen und Recherche- und Programmieraufgaben zu lösen. Ihr Handeln und ihre Gedanken oder Irritationen sollten die Interviewten während der gesamten Aufzeichnung durch ›lautes Denken‹ begleiten. Eine Software zeichnete einen Mitschnitt des Desktops sowie eine zeitlich-tabellarische Auflistung der besuchten Websites, eine Videoaufnahme der Person, ihre Aussagen, die Hintergrundgeräusche, Tastatureingaben und Mausbewegungen auf

(Carstensen/Ballenthien 2012). Dieser Schritt kann als praxeologisch modifizierte Fortführung des Interviews in dem Sinne betrachtet werden, dass die Situation, in der den Interviewten ein Artefakt zur Verfügung gestellt wird, das Praktiken generiert, nicht nur beobachtbare Praktiken hervorbrachte, sondern auch äußerst erzählgenerierend wirkte.

Schließlich wurde die Erhebung des Datenmaterials durch die Analyse von persönlichen Websites und der Internetprofile auf Social-Network-Sites komplettiert.

Auch im Teilprojekt »Kommunikative Öffentlichkeiten im Cyberspace« waren Interviews eine wichtige Datenquelle zur Untersuchung des Kommunizierens in digitalen Räumen. Fokussierte Leitfadeninterviews wurden entweder face to face oder per Skype geführt. Die Interviewleitfäden sowie die Strategien der Interviewführung wurden dem technischen Erhebungsinstrument (Raum und Ort, Aufnahmegerät, Aufnahmesoftware für Skype, Telefonieren mit oder ohne Videokamera) jeweils angepasst. Als Grundlage zur Leitfadengestaltung dienten neben den erwähnten aktuellen Jugendwertestudien die empirischen Ergebnisse der fokussierten Netzanalysen. Die Netzanalysen starteten mit Häufigkeitsauszählungen in folgenden acht Netzwerken: Facebook, Global Modules, Knuddels, Mideast Youth, Netlog, StudiVZ, SWR-Kindernetz und Taking It Global.[2] Auf der Basis festgestellter thematischer Häufigkeiten wurden folgende sechs Kategorien gebildet: Beziehungen, digitale Kommunikationsspiele, Gender, Partizipation/Mitgestaltung, Politik und Werte. Der Begriff »fokussierte Netzanalyse« bezeichnete einen Typus von Analyse, bei der die Auswahl unter dem Fokus einer der genannten Kategorien erfolgte. Es wurden insgesamt 24 fokussierte Netzanalysen durchgeführt. Die Auswertung orientierte sich an dem von der Grounded Theory vorgesehenen Prinzip des axialen Kodierens (Glaser/Strauss 1967/2005; Schachtner 1994: 288). Die Einzelauswertungen wurden einem Quervergleich unterzogen. Aufgrund der gewonnenen Erkenntnisse aus den fokussierten Netzanalysen wurde ein thematisch

---

2 Die Webadressen der erwähnten Netzwerke sind: http:/www.facebook.com für Facebook, http:/www.globalmodules.net für Global Modules, http:/www.knuddels.at für Knuddels, http:/www.mideastyouth.com für Mideast Youth, http:/www.netlog.com für Netlog, http:/www.studivz.net für StudiVZ, http:/www.kindernetz.de für das SWR-Kindernetz und http:/www.tigweb.org für Taking It Global.

strukturierter Leitfaden entwickelt, in dem zu bestimmten Themen – wie Motive und Art der Nutzung insbesondere zu Selbstpräsentation, Kommunizieren, Arbeiten, Lernen, Spielen im Netz sowie zum Zusammenhang zwischen real life und virtual life – Fragen formuliert wurden. Der Frageleitfaden diente den Forscherinnen vorrangig zur Orientierung im Feld; das Interview konnte sich entsprechend der Relevanzkriterien der Interviewpartner_innen frei entwickeln.

Im Anschluss an die Interviews wurden die Interviewten gebeten, Fragen wie »Wer bin ich online?« oder »Ich wechsle zwischen verschiedenen Onlineplattformen – wie schaut das aus?« mit einer Zeichnung zu beantworten. Die Methode der Visualisierung eröffnet einen Zugang zu empirischen Daten, die die Interviewaussagen vertiefen, differenzieren und kontrastieren können (Roth-Ebner 2008: 66-70; Schachtner 2005: 137-138; Neuß 1998: 48).

Das Teilprojekt »Lernen in Interaktion mit technischen Artefakten« wies eine Besonderheit in der Erhebungssituation auf, auf die schon hingewiesen wurde: Die Konzeptionierung von Lernszenarien in Interaktion mit Digitalen Medien bildete die Voraussetzung zur Generierung von Erhebungssituationen. Die Erhebungssituationen waren als Workshops gestaltet. Die Forscherinnen gingen davon aus, dass die Entwicklungsmöglichkeiten der Subjekte in der Interaktion und im konstruierenden Handeln mit Digitalen Medien und Artefakten sichtbar werden. Besonders in arrangierten Lernumgebungen können sich die Potenziale der Subjekte in der digitalen Kultur entfalten und die den Technologien zugrunde liegenden Spezifika handlungsorientiert erfahrbar werden. Die Workshops stellten somit einerseits ein Bildungsangebot zum Lernen in Interaktion mit Digitalen Medien zur Verfügung und bildeten andererseits die Grundlage der Erhebung. Insgesamt wurden vier Workshopkonzepte (s. den Beitrag von Büching/Walter-Herrmann/Schelhowe in diesem Band) im Laufe von zwei Jahren konzeptioniert und durchgeführt. Aufbauend auf der Auswertung eines Workshops wurde ein neuer Workshop entwickelt, der bestehende Fragen sättigte und weiterentwickelte. Die Erhebung und Auswertung von Daten erfolgte somit im Wechselspiel, wie es die Grounded Theory vorschlägt (vgl. Legewie/ Schervier-Legewie 2004). Im Laufe der Workshops erfolgten narrative Gruppeninterviews und qualitative Beobachtungen, weiterhin wurde mit hand- und festinstallierten Kameras gefilmt und fotografiert. Im Anschluss an die Workshops erfolgten fokussierte leitfadengestützte

Einzelinterviews mit den Teilnehmer_innen. Diese gaben Einblick in lern-, medien- und technologiebiografische Aspekte sowie zum Verständnis der Lebenswelt und des Alltags der interviewten Personen.

2.3 Die Exemplifizierung des Kodierparadigmas der Grounded Theory für das Forschungsfeld der digitalen Kultur

Nachdem die ersten Daten erhoben waren und eine gründliche Sichtung erfolgte, begann die systematische Auswertung mit dem Kodierverfahren der Grounded Theory. Glaser und Strauss schlagen ein dreistufiges Kodierverfahren vor, was ursprünglich auf textbasierte Daten zurückgreift, im Laufe unserer Forschung aber auch auf anderes Material angewendet wurde. Ausgangspunkt dabei war die Verschriftlichung von Material, welches in einem ersten Schritt offen kodiert wurde. Das offene Kodieren erfolgte nahe am Text, der mit Hilfe von textbasierten Kodes in abstrakte Konzepte transferiert wurde. Der Text wurde aufgebrochen, verdichtet und neu strukturiert, bis aus Konzepten Kategorien analysierbar wurden. Kategorien sind solche Kodes, die im Zusammenhang mit der Forschungsfrage stehen und »bereits strukturelle Elemente der zu entwickelnden Theorie« (Krotz 2005: 175) beinhalten. Mit diesem Wissen begaben wir uns gemäß des theoretical sampling wieder ins Feld und eine neue Erhebungsphase wurde eingeleitet, die die Konzepte und Kategorien der ersten Erhebungsphase berücksichtigte. Die Daten wurden im Anschluss mit dem Instrument des axialen Kodierens in eine neue Struktur gebracht. »Damit ist gemeint, dass die Beziehungen der Kategorien untereinander genauer untersucht werden und dabei eine gegenstandsbezogene Hierarchie von Kategorien entsteht« (ebd.: 183). Ursachen der Phänomene, wie diese sich in Handlungen wiederfinden, und Schlussfolgerungen dieser Tatsachen wurden nach Strauss und Corbin (1996) erarbeitet, bis sich für die Forschungsfrage zentrale Kategorien, die sogenannten Schlüsselkategorien, herauskristallisierten. Es ergaben sich in diesem Schritt, dem sogenannten selektiven Kodieren, teilprojektinterne Schlüsselkategorien, die sich in einigen Fällen überschnitten und teilweise thematisch eng verbunden waren (vgl. hierzu die Artikel der Teilprojekte). Als die Aussagen und Konzepte sich wiederholten und kein neues Wissen mehr zu erwarten war, beendeten wir das (Forschungs-)Verfahren, sahen die theoretischen Implikationen als gesättigt an und arbeiteten die Ergebnisse auf.

3 REFLEXION DER GROUNDED THEORY IN DER INTERDISZIPLINÄREN MEDIEN- UND TECHNIKFORSCHUNG

Wie einleitend anhand methodengeschichtlich relevanter Studien und aktueller empirischer Untersuchungen der Medien- und Technikforschung erläutert, greift die Medien- und Technikforschung von jeher auf ein breites Spektrum an empirischen Methoden zurück. Teilnehmende Beobachtungen, Inhaltsanalysen, verschiedene Arten von Interviews und Fragebögen sind seit Anfang des 20. Jahrhunderts wiederkehrende und etablierte Werkzeuge zur analytischen Konzeptualisierung der empirischen Sozialforschung innerhalb der Medien- und Technikforschung. Sie konnte und kann sich damit entsprechend der sich wandelnden gesellschaftlich relevanten Medien- und Techniklandschaft und der damit verbundenen zeithistorisch kontextualisierten Fragestellungen jeweils flexibel den Untersuchungsgegenständen nähern. Makroanalytische Fragestellungen über Massenmedien und/oder Regierungssysteme vor dem Hintergrund der Medienverbreitung und -rezeption blieben für die sozialwissenschaftliche Forschung ebenso handhabbar wie mikroanalytisch fokussierte Untersuchungen über Medienmilieus, technische Artefakte, Nutzungsweisen oder den subjektiv gemeinten Sinn einzelner Medienakteur_innen. In einer Welt des technischen, medialen und gesellschaftlichen Wandels werden etablierte empirische Erhebungs- und Analysemethoden der Sozialforschung stets neu herausgefordert.

Auch wir strapazierten innerhalb unseres interdisziplinären Forschungsprojekts die Grenzen von Methoden zur Untersuchung der digitalen Kultur. Mit dem Verfahren der Grounded Theory war es uns gelungen, eine methodische und methodologische Grundlage für das SKUDI-Projekt zu schaffen. Das Verfahren gewährleistete ein großes Maß an Flexibilität für die teilprojektspezifischen Fragestellungen und methodischen Modifikationen vor dem Hintergrund der großen gemeinsamen Projektidee – der Suche nach Subjektkonstruktionen und gesellschaftlichen Herausforderungen in der digitalen Kultur. Die Grounded Theory, die in den vergangenen Jahren in der empirischen Sozialforschung zunehmend beliebter wurde, hatte auch innerhalb einer zunehmend digitalisierten Welt mit neuen Verhaltensschauplätzen und subjektiven Praktiken und Subjektkonstruktionen das geboten, was zur Umsetzung unserer Projektidee benötigt wurde. Nach wie vor ging es darum, über Textmaterial soziale Tatbestände zu entschlüsseln, Theorien zu generieren und Subjektformen der Gegenwart zu identifizieren. Darüber hinaus hatte sich gezeigt, dass sich die Grounded Theory auch dafür eignet, Datenmaterial wie Zeichnungen und Internetroutinen von Interviewpartner_innen, Websites in ihrer eigenen Komplexität und Videos von Menschen in Interaktion mit Digitalen Medien nach dem Prinzip der Offenheit zu erheben und mit Hilfe des Kodierparadigmas zu analysieren. Damit wurde den Vorstellungen von Juliet Corbin und Anselm Strauss nachgekommen, neben einer Kontinuität auch die Veränderungen des Verfahrens zuzulassen. So formuliert Corbin (2011: 165), dass Methodologie und Methodik lebendig seien und ihnen zugebilligt werden müsse, die Möglichkeit zur Veränderung zu besitzen. Jedes Forschungsprojekt sei anders, und jede Person, die ein Verfahren nutze, verändere es in jedem Projekt sowohl subjektiv als auch für das konkrete Projekt, um es angemessener nutzen zu können. Corbin (ebd.) betont, dass selbst Strauss seine Methodik sicher bis heute weiter verändert hätte, da er darin zu Lebzeiten niemals stehen blieb.

Die Grundprinzipien der interpretativen Sozialforschung (deren prominenteste Vertreterin die Grounded Theory ist) und das Kodierparadigma der Grounded Theory bereiten einen geeigneten methodologischen und methodischen Weg zur Analyse der digitalen Kultur.

LITERATUR

Albert, Mathias/Hurrelmann, Klaus/Quenzel, Gudrun (2011): Jugend 2010: Eine pragmatische Generation behauptet sich (hg. von Shell Deutschland Holding) Frankfurt a.M.: Fischer.

Carstensen, Tanja/Ballenthien, Jana (2012): »Interaktionen zwischen Subjekt und Internet. Zur Aufzeichnung, Auswertung und Typisierung von Internetpraktiken«, in: Julian Stubbe/Mandy Töppel (Hg.): Muster und Verläufe der Mensch-Technik-Interaktivität (Bd. zum gleichnamigen Workshop am 17./18. Juni 2011 in Berlin), Technical University Technology Studies, Working Papers, TUTS-WP-2-2012, Berlin, S. 51-58.

Carstensen, Tanja/Derboven, Wibke/Winker, Gabriele (2012): Soziale Praxen Erwerbsloser. Gesellschaftliche Teilhabe – Internetnutzung – Zeithandeln, Münster: LIT.

Carstensen, Tanja/Winker, Gabriele (2005): »Problemorientierte Suchstrategien und die Auffindbarkeit frauenpolitischer Inhalte im Internet«, in: Christina Schachtner/Gabriele Winker (Hg.): Virtuelle Räume – neue Öffentlichkeiten. Frauennetze im Internet, Frankfurt a.M./New York: Campus, S. 91-106.

Cooley, Charles H. (1894): »The Theory of Transportation«, zuerst in: Publications of the American Economic Association 1894, 9, S. 17-118, http://www.brocku.ca/MeadProject/Cooley/Cooley_1894.html [letzter Zugriff: 18.05.2013].

Corbin, Juliet M. (2011): »Eine analytische Reise unternehmen«, in: Günter Mey/Katja Mruck (Hg.): Grounded Theory Reader, Wiesbaden: VS Verlag für Sozialwissenschaften, S. 163-180.

Corbin, Juliet M./Holt, Nicholas L. (2005): »Grounded Theory«, in: Bridget Somekh/Cathy Lewin (Hg.): Research methods in the social sciences, London/Thousand Oaks/New Delhi: Sage, S. 113-120.

Denzin, Norman K. (2010): »Moments, Mixed Methods, and Paradigm Dialogs«, in: Qualitative Inquiry 2010, 16, S. 419-427, http://qix.sagepub.com/content/16/6/419 [letzter Zugriff: 24.05.2012].

Dewey, John (1927/1999): Javnost in njeni problemi. Ljubljana: Fakulteta za družbene vede.

Flick, Uwe (1995): Handbuch qualitative Sozialforschung: Grundlagen, Konzepte, Methoden und Anwendungen, Weinheim: Beltz.

Glaser, Barney G./Strauss, Anselm L. (2005/1967): Grounded Theory: Strategien qualitativer Forschung, Bern: Hans Gruber.

Hopf, Christel (1978): »Die Pseudo-Exploration – Überlegungen zur Technik qualitativer Interviews in der Sozialforschung«, in: Zeitschrift für Soziologie 7, 2, S. 97-115.

Jenkins, Henry (2006): Fans, bloggers and gamers: exploring participatory culture, New York/London: New York University Press.

Jensen, Klaus B. (2002): A Handbook of Media and Communication Research: Qualitative and Quantitative Methodologies, London/New York: Routledge.

Katz, Elihu/Lazarsfeld, Paul F. (1955/1962): Persönlicher Einfluß und Meinungsbildung, Wien: Verlag für Geschichte und Politik.

Krotz, Friedrich (2005): Neue Theorien entwickeln. Eine Einführung in die Grounded Theory, die Heuristische Sozialforschung und die Ethnographie anhand von Beispielen aus der Kommunikationsforschung, Köln: Halem.

Legewie, Heiner/Schervier-Legewie, Barbara (2004): »Forschung ist harte Arbeit, es ist immer ein Stück Leiden damit verbunden. Deshalb muss es auf der anderen Seite Spaß machen«. Anselm Strauss im Interview mit Heiner Legewie und Barbara Schervier-Legewie [90 Absätze]. Forum Qualitative Sozialforschung/Forum: Qualitative Social Research 5, 3, Art. 22, http://www.qualitative-research.net/fqs-texte/3-04/04-3-22b-d.htm [letzter Zugriff: 18.05.2013].

Neuß, Norbert (1998): »Bilder des Verstehens: Zeichnungen als Erhebungsinstrument der qualitativen Rezeptionsforschung«, in: medien praktisch, 3, S. 19-22.

Park, Robert E. (1922): The immigrant press and its control, New York/London: Harper & Brothers, http://archive.org/details/immigrant pressit00parkuoft [18.05.2013].

Rosenthal, Gabriele (2010): Interpretative Sozialforschung. Eine Einführung, Weinheim: Beltz.

Roth-Ebner, Caroline E. (2008): Identitäten aus der Starfabrik, Opladen/Farmington Hills: Budrich Unipress.

Schachtner, Christina (1994): »Zum empirischen Vorgehen einer interpretativen Psychologie«, in: Heiner Keupp (Hg.): Zugänge zum Subjekt. Frankfurt a.M.: Suhrkamp, S. 175-195.

Schachtner, Christina (2005): »Netze verbinden, fangen auf und bilden Raum: Zur Erforschung virtueller Mädchen- und Frauenräume«, in: Christina Schachtner/Gabriele Winker (Hg.): Virtuelle Räume, S. 127-143

Schachtner, Christina/Winker, Gabriele (2005) (Hg.): Virtuelle Räume – neue Öffentlichkeiten: Frauennetze im Internet, Frankfurt a.M.: Campus.

Strauss, Anselm L. (1991): Grundlagen qualitativer Sozialforschung, München: Fink.

Strauss, Anselm L./Corbin, Juliet M. (1996): Grounded Theory: Grundlagen Qualitativer Sozialforschung, Weinheim: Beltz.

Strübing, Jörg (2004): Grounded Theory. Zur sozialtheoretischen und epistemologischen Fundierung des Verfahrens der empirisch begründeten Theoriebildung, Wiesbaden: VS Verlag für Sozialwissenschaften.
Turkle, Sherry (2011): Alone together: why we expect more from technology and less from each other, New York: Basic Books.
Tuschling, Anna (2009): Klatsch im Chat: Freuds Theorie des Dritten im Zeitalter elektronischer Kommunikation, Bielefeld: transcript.

Autorinnen und Autoren

Ballenthien, Jana, M.A., Soziologin. Studium der Soziologie, Sozialpolitik und Geschlechterforschung in Göttingen. Von 2009 bis 2012 Wissenschaftliche Mitarbeiterin der Forschungsgruppe Arbeit–Gender–Technik der TU Hamburg-Harburg. Dissertationsstipendiatin der Hans-Böckler-Stiftung zum Thema »Umweltaktivismus im digitalisierten Zeitalter«. Arbeitsschwerpunkte: Biografieforschung, qualitative Methoden der empirischen Sozialforschung, Internetforschung, Protest- und Bewegungsforschung. E-Mail: umweltaktivismus@riseup.net. Twitter: @skudij

Beer, Raphael, PD Dr., Studium in Münster. Privatdozent am Institut für Soziologie der Universität Münster. Arbeitsschwerpunkte: Subjektphilosophie, Erkenntnistheorie, Gesellschaftstheorie, Praktische Philosophie, Sozialisationstheorie. E-Mail: RaphaelBeer@gmx.de

Büching, Corinne, studierte Soziologie in Göttingen und schloss mit dem Diplom ab. Sie ist Wissenschaftliche Mitarbeiterin in der Arbeitsgruppe Digitale Medien in der Bildung der Universität Bremen. Sie forscht im Bereich qualitativer Sozialforschung in den Themengebieten Mensch-Maschine-Interaktion, Objektforschung, Psychologie und Pädagogik und promoviert zum Verhältnis von Virtualität und Materialität bei digitalisierten Objekten. E-Mail: corinnebueching@gmx.de

Carstensen, Tanja, Dr., Soziologin. Studium in Marburg und Hamburg. Wissenschaftliche Mitarbeiterin der Forschungsgruppe Arbeit–Gender–Technik der TU Hamburg-Harburg. Lehrbeauftragte an der Leuphana Universität Lüneburg. 2013 Visiting Scholar am Institute for Advanced

Studies on Science, Technology and Society (IAS-STS) in Graz, Österreich. Arbeitsschwerpunkte: Technik-, Medien- und Internetsoziologie, Arbeitssoziologie, Geschlechter- und Intersektionalitätsforschung. Mitbegründerin des Feministischen Instituts Hamburg (http://www.feministischesinstitut.de). E-Mail: carstensen@tuhh.de. Twitter: @TanjCar

Duller, Nicole, Mag., Medienwissenschaftlerin. Studium in Klagenfurt. Universitätsassistentin im Arbeitsbereich Neue Medien – Technik – Kultur am Institut für Medien- und Kommunikationswissenschaft der Alpen-Adria-Universität Klagenfurt, Österreich. Arbeitsschwerpunkte: Neue Medien und Technik, Subjekttheorien und Cultural Studies. E-Mail: Nicole.Duller@uni-klu.ac.at

Koren Ošljak, Katja, Doktorandin an der Universität Klagenfurt, Institut für Medien und Kommunikationswissenschaft. Untersucht die Motivation für die Teilnahme in Onlinecommunitys (Beispiel Twitter) und arbeitet als Beraterin für die Entwicklung digitaler Produkte. Forschungsschwerpunkte: Informations- und Kommunikationstechnologien, computervermittelte Kommunikation, Onlinecommunitys, Mediatisierung, Subjektkonstruktion und Onlinepartizipation. E-Mail: katja.osljak@gmail.com

Schachtner, Christina, DDr., Professorin für Medienwissenschaft an der Alpen-Adria-Universität Klagenfurt, Institut für Medien- und Kommunikationswissenschaft, Arbeitsbereich Neue Medien – Technik – Kultur. Leiterin des FWF- und VW-Forschungsprojekts »Kommunikative Öffentlichkeiten im Cyberspace«. Visiting Fellow am Goldsmiths, University of London und am Massachusetts Institute of Technology in Cambridge/USA. Gastprofessorin an der Shanghai International Studies University. Arbeitsschwerpunkte: Transkulturalität im Cyberspace, Soziale Bewegungen im Netz, Subjektkonstruktionen im virtuellen Raum, digitale Narrationen, Medien und Technik. Homepage: http://christinaschachtner.wordpress.com/

Schelhowe, Heidi, ist Professorin für Digitale Medien in der Bildung in der Informatik an der Universität Bremen. Sie hat sowohl Germanistik und Kath. Theologie studiert wie auch Informatik, promoviert hat sie in der Informatik. Ihre Forschungsgebiete sind Software für Bildungskontexte,

Gestaltung von Bildungsumgebungen, empirische Forschung über Digitale Medien und Medienbildung. E-Mail: Schelhow@tzi.de

Walter-Herrmann, Julia, studierte (Digitale) Medien aus den Perspektiven der Geistes- und Sozialwissenschaften in Konstanz, Boston und Bremen. Sie arbeitet als Wissenschaftliche Mitarbeiterin in der Arbeitsgruppe Digitale Medien in der Bildung an der Universität Bremen. E-Mail: jwh@informatik.uni-bremen.de

Winker, Gabriele, Dr., Professorin für Arbeitswissenschaft und Gender Studies an der TU-Hamburg-Harburg und Leiterin der Forschungsgruppe Arbeit–Gender–Technik. Ihr Interesse gilt feministischen, intersektionalen und polit-ökonomischen Theorieansätzen. Empirisch arbeitet sie im Bereich der Arbeits-, Geschlechter- und Technikforschung. Sie ist Mitbegründerin des Feministischen Instituts Hamburg (http://www.feministisches-institut.de). E-Mail: winker@tuhh.de

Kultur- und Medientheorie

ERIKA FISCHER-LICHTE, KRISTIANE HASSELMANN,
ALMA-ELISA KITTNER (HG.)
Kampf der Künste!
Kultur im Zeichen von Medienkonkurrenz
und Eventstrategien

April 2014, ca. 300 Seiten, kart., zahlr. Abb., ca. 28,80 €,
ISBN 978-3-89942-873-5

SANDRO GAYCKEN (HG.)
Jenseits von 1984
Datenschutz und Überwachung in
der fortgeschrittenen Informationsgesellschaft.
Eine Versachlichung

März 2013, 176 Seiten, kart., 19,80 €,
ISBN 978-3-8376-2003-0

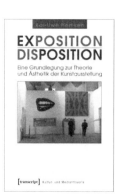

KAI-UWE HEMKEN
Exposition/Disposition
Eine Grundlegung zur Theorie und Ästhetik
der Kunstausstellung

August 2014, ca. 250 Seiten, kart., zahlr. Abb., ca. 25,80 €,
ISBN 978-3-8376-2095-5

Leseproben, weitere Informationen und Bestellmöglichkeiten
finden Sie unter www.transcript-verlag.de

Kultur- und Medientheorie

Annette Jael Lehmann,
Philip Ursprung (Hg.)
Bild und Raum
Klassische Texte zu Spatial Turn
und Visual Culture

Juli 2014, ca. 300 Seiten, kart., ca. 29,80 €,
ISBN 978-3-8376-1431-2

Kai Mitschele, Sabine Scharff (Hg.)
Werkbegriff Nachhaltigkeit
Resonanzen eines Leitbildes

November 2013, 222 Seiten, kart., 24,99 €,
ISBN 978-3-8376-2422-9

Hermann Parzinger, Stefan Aue,
Günter Stock (Hg.)
ArteFakte: Wissen ist Kunst – Kunst ist Wissen
Reflexionen und Praktiken
wissenschaftlich-künstlerischer Begegnungen

Februar 2014, 400 Seiten, Hardcover, zahlr. Abb., 29,80 €,
ISBN 978-3-8376-2450-2

**Leseproben, weitere Informationen und Bestellmöglichkeiten
finden Sie unter www.transcript-verlag.de**

Kultur- und Medientheorie

VITTORIA BORSÒ (HG.)
**Wissen und Leben –
Wissen für das Leben**
Herausforderungen einer affirmativen
Biopolitik
Januar 2014, ca. 260 Seiten,
kart., ca. 29,80 €,
ISBN 978-3-8376-2160-0

FRÉDÉRIC DÖHL,
RENATE WÖHRER (HG.)
Zitieren, appropriieren, sampeln
Referenzielle Verfahren
in den Gegenwartskünsten
Januar 2014, ca. 288 Seiten,
kart., zahlr. Abb., ca. 34,99 €,
ISBN 978-3-8376-2330-7

ÖZKAN EZLI, ANDREAS LANGENOHL,
VALENTIN RAUER,
CLAUDIA MARION VOIGTMANN (HG.)
**Die Integrationsdebatte zwischen
Assimilation und Diversität**
Grenzziehungen in Theorie, Kunst
und Gesellschaft
September 2013, 376 Seiten, kart., 32,80 €,
ISBN 978-3-8376-1888-4

BEATE FLATH (HG.)
Musik/Medien/Kunst
Wissenschaftliche und künstlerische
Perspektiven
Oktober 2013, 198 Seiten, kart.,
zahlr. z.T. farb. Abb. , 28,99 €,
ISBN 978-3-8376-2346-8

URS HANGARTNER, FELIX KELLER,
DOROTHEA OECHSLIN (HG.)
Wissen durch Bilder
Sachcomics als Medien von Bildung
und Information
Oktober 2013, 336 Seiten, kart.,
zahlr. z.T. farb. Abb., 32,99 €,
ISBN 978-3-8376-1983-6

JAN HENSCHEN
Die RAF-Erzählung
Eine mediale Historiographie
des Terrorismus
September 2013, 276 Seiten, kart., 33,90 €,
ISBN 978-3-8376-2390-1

CHRISTIAN HISSNAUER,
STEFAN SCHERER,
CLAUDIA STOCKINGER (HG.)
Zwischen Serie und Werk
Fernseh- und Gesellschaftsgeschichte
im »Tatort«
Juli 2014, ca. 400 Seiten,
kart., zahlr. Abb., ca. 33,99 €,
ISBN 978-3-8376-2459-5

MARCUS S. KLEINER,
HOLGER SCHULZE (HG.)
SABOTAGE!
Pop als dysfunktionale
Internationale
Juli 2013, 256 Seiten, kart.,
zahlr. z.T. farbige Abb., 29,80 €,
ISBN 978-3-8376-2210-2

CHRISTOPHER F. LAFERL,
ANJA TIPPNER (HG.)
Künstlerinszenierungen
Performatives Selbst und
biographische Narration
im 20. und 21. Jahrhundert
Februar 2014, ca. 300 Seiten,
kart., zahlr. Abb., ca. 32,80 €,
ISBN 978-3-8376-2215-7

BASTIAN LANGE,
HANS-JOACHIM BÜRKNER,
ELKE SCHÜSSLER (HG.)
Akustisches Kapital
Wertschöpfung in
der Musikwirtschaft
August 2013, 360 Seiten, kart., 29,80 €,
ISBN 978-3-8376-2256-0

Leseproben, weitere Informationen und Bestellmöglichkeiten
finden Sie unter www.transcript-verlag.de

Zeitschrift für Kulturwissenschaften

Nacim Ghanbari,
Marcus Hahn (Hg.)

Reinigungsarbeit
Zeitschrift für
Kulturwissenschaften,
Heft 1/2013

Juni 2013, 216 Seiten, kart.,
8,50 €,
ISBN 978-3-8376-2353-6

■ Der Befund zu aktuellen Konzepten kulturwissenschaftlicher Analyse und Synthese ist ambivalent. Die **Zeitschrift für Kulturwissenschaften** bietet eine Plattform für Diskussion und Kontroverse über »Kultur« und die Kulturwissenschaften – die Gegenwart braucht mehr denn je reflektierte Kultur sowie historisch situiertes und sozial verantwortetes Wissen. Aus den Einzelwissenschaften heraus wird mit interdisziplinären Forschungsansätzen diskutiert. Insbesondere jüngere Wissenschaftler und Wissenschaftlerinnen kommen dabei zu Wort.

Lust auf mehr?
Die **Zeitschrift für Kulturwissenschaften** erscheint zweimal jährlich in Themenheften. Bisher liegen 13 Ausgaben vor.
Die **Zeitschrift für Kulturwissenschaften** kann auch im Abonnement für den Preis von 8,50 € je Ausgabe bezogen werden.
Bestellung per E-Mail unter: bestellung.zfk@transcript-verlag.de

www.transcript-verlag.de